CIVIL SERVICE INNOVATIONS : FROM THEORY TO PRACTICE

인사혁신론

: 이론과 실제

-이론편-

박성민 저

박영사

추천의 말

유민봉 (전) 성균관대학교 행정학과 교수, (현) 새누리당 국회의원

『인사혁신론: 이론과 실제』는 인적자원관리 업무를 현장에서 담당하는 실무자나 이를 학술적으로 연구하는 학자 모두가 원하는 훌륭한 전문서이다. 신분이 보장되고 법집행의 일관성과 정책의 연속성을 중시하는 공무원은 필연적으로 변화저항적일 수밖에 없고, 역설적으로 인사혁신은 그만큼 중요한 화두일 수밖에 없다. 이 책은 인사혁신의 이론과 실제를 균형 있게 다루었다. 특히 인사혁신을 제도, 사람, 문화의 세 차원으로 나누고 각 차원별 SWOT 분석을 바탕으로 인사혁신의 방향성과 핵심 인사혁신 가치를 도출하였다. 이와 같은 체계적인 틀 속에서 최신의 관련 이론을 설명하고 적실한 사례와 토론 문제를 제시함으로써, 인사혁신에 대한 독자의 이해를 돕고 창조적 학습을 유도하는 매우 유익한 이론서이자 실무지침서라 할 것이다.

김홍갑 (전) 행정안전부 인사실장, (전) 우즈베키스탄 대통령직속 국립행정아카데미 수석 부총장

대학교에서 인사행정을 공부할 때는 물론이거니와 정부에서 오랫동안 인사 관련 업무를 담당하던 시절에 이론적인 부분과 현장의 실무나 정책 업무를 직접 접목시키면서 소개하는 실용적인 자료들을 발견할 수 없어서 항상 답답하고 아쉬워했던 기억을 갖고 있다. 이번 『인사혁신론: 이론과 실제』는 그러한 갈증을 해소해준 가뭄에 단비 같은 고마운 책이다. 이 책은 인사혁신을 시기별로 단기과제, 중기과제, 장기과제로 대별한 후 인사혁신의 대상을 제도, 사람, 문화라는 관점으로 구분한 다음 SWOT 분석을 통해 핵심 인사혁신 가치를 도출하고 있다. 특히 이론적 관점에서 인사혁

신의 가치와 개념을 재정립하고 실무적 관점에서 인사혁신수준을 측정하고 평가와 환류 방향을 제시하는 등 인사혁신 분야를 참신하면서도 이해하기 쉽게 설명하여 인사행정을 전공하는 학자나 연구자들은 물론 인사업무를 담당하는 공무원이나 기업체 임직원 그리고 학교에서 공부하는 학생들에게 적극 추천하고 싶다.

이선우 (현) 한국방송통신대학교 행정학과 교수, (현) 한국갈등학회 회장

"신공공관리론(NPM)"이 휩쓸고 지나간 행정학은 이론적으로 거의 암흑의 시기를 지내고 있다. 이 책은 새로운 이론을 갈구하는 학자들과 공직자들에게 4차 산업혁명을 준비할 수 있는 새로운 방향성을 제시해 줄 것으로 기대한다. 저자의 심화된 학문적 깊이와 넓이, 창의성, 그리고 통찰력은 공공 인적자원관리에 큰 영감을 주고 인사혁신 실천전략을 마련하는데 도움을 줄 것으로 기대한다. 앞으로의 국가혁신은 공직자와 국민 간의 신뢰를 기반으로 공무원 때리기로 권위를 얻기보다는 따뜻한 리더십으로 사회와 공직을 하나로 아우를 수 있어야 한다. 이 책은 이와 같이 따뜻한 국가혁신을 추진하는 데 있어 등대로서의 역할을 수행할 것이다.

권기헌 (전) 한국정책학회 회장, (현) 성균관대학교 국정전문대학원 원장

이 책은 인사혁신에 대한 종합적인 이해를 도와주는 이론서이면서 동시에 혁신을 추진하고자 하는 사람을 위한 필독서이다. 저자는 인사혁신의 차원과 과정을 1) 제도혁신, 2) 사람혁신, 3) 문화혁신으로 유형화 하면서, 이들을 다시 i) 토대적 차원과 ii) 발전적 차원으로 구분하는 등 인사혁신에 대한 다차원적 이해를 안내하고 있다. 이론적 관점에서 인사혁신의 개념정립과 함께 실무적 관점에서 인사혁신의 진단/측정/평가/환류 방향을 제시함으로써 독자들의 이해의 폭을 넓혔다는 점에서 『인사혁신론: 이론과 실제』는 인적자원관리 업무를 담당하는 실무자나 이를 학술적으로 연구하는 연구자 모두에게 유익한 서적이라 생각된다. 그런 의미에서 이 책을 행정학, 정책학을 연구하는 한국 지성사회 뿐 아니라, 정부, 공공기관의

실무자들에게 본 서적의 일독을 권하고 싶다. 통찰력과 창의성, 심도 깊은 분석에 바탕을 둔 역작을 내놓은 저자에게 축하와 찬사를 드린다.

조경호 (현) 국민대학교 사회과학대학장, (현) 한국인사행정학회장

이 책은 우리나라가 선진사회로 도약하기 위해 반드시 추진해야 하는 인사혁신의 방향과 방법론에 목말라 하는 사람들에게 근본적이고 구체적인 해결방안을 제시하고 있다. 인사혁신은 제도의 변혁을 동반한다. 저자는 인사혁신의 사슬을 제도-사람-문화의 변화 프레임 속에서 찾고 있다. 명쾌하다. 문화는 정부 혁신의 가장 강력한 보수적 영향력이다. 이 점에서 저자는 문화 혁신을 인사혁신의 장기적 과제이자 제도 혁신과 사람 혁신의 결과적 관점에서 조망하고 있다. 진솔하다. 이 책은 인사혁신의 동력을 찾고자 하는 모든 이들에게 귀중한 스토리를 제공해 준다. 혁신이론에 관심이 있는 학자나 혁신을 추진하고자 하는 실무자 모두에게 유익한 필독서이다.

문명재 (현) 연세대학교 행정학과 교수, (현) 한국행정하회 연구위원장

이 책은 기존의 인사행정론과는 다른 특별함이 있다. 인사제도를 중심으로 인사행정의 핵심사항을 담고 있으면서도 '혁신'의 관점에서 공공부문의 인사문제를 다루고자 한 저자의 고민이 오롯이 담겨있다. 특히 이 책에서는 국가인재, 공공인재, 우수인재, 핵심인재, 퇴직인재 등의 개념을 새로 도입하고 제도의 혁신, 사람의 혁신, 문화의 혁신으로부터 인사혁신의 성과와 발전방향을 제시하고 있는데 그러한 논의 속에서 이론적이고 실무적인 저자의 통찰력을 엿볼 수 있다. 『인사혁신론: 이론과 실제』는 공공부문의 인사문제를 진단하는 나침반이자 미래 청사진을 만들어가는 데 있어 중요한 지침서이다.

최상옥 (현) 고려대학교 행정학과 교수, (현) International Review of Public Administration(IRPA) 편집장

이 책은 우리나라 인사혁신의 체계와 과제를 단기·중기·장기로 구분하고 제도, 사람 그리고 문화혁신의 측면에서 심도 있는 논의를 전개하고 있다. 특히 SWOT 분석을 바탕으로 핵심 인사혁신 가치를 도출하고 이를 기반으로 이론적 쟁점을 정리하였고, 동시에 실무적 관점에서 인사혁신의 측정·평가·환류 방향을 제시함으로써 독자들로 하여금 인사혁신의 이론과 실제에 대한 균형적 시각을 키우는데 도움을 주고 있다.

서 문

저자의 학문적 멘토인 조직심리학자 애덤 그랜트(Adam Grant)는 그의 최근 저서 『오리지널스』에서 다양한 사례들을 바탕으로 '독창성'을 이루기 위한 내재적 동기의 역할들을 이야기하면서 조직의 지속가능한 혁신과 발전전략을 제시하고 있다. 더불어 저명한 미래학자인 다니엘 핑크(Daniel Pink)는 그의 저서 『새로운 미래가 온다: 미래 인재의 6가지 조건』에서 미래인재가 갖추어야 할 가장 중요한 덕목 중 하나로 '공감 능력'을 제시하고 있다. 이밖에도 저자는 지난 수년간 많은 행정학자, 조직학자, 정치학자, 사회학자들의 논문과 저서, 학회발표 및 대화 등을 통해 공식적·비공식적 담론들을 접하면서 '공감적 독창성'을 소유한 미래인재를 발굴, 개발, 관리, 진단하는 인사 시스템과 조직문화를 어떠한 방식과 공식으로 효과적으로 공공부문에 도입, 내재화 할 수 있을까에 대해 오랫동안 고민해 왔다. 본 서적은 이러한 혁신담론의 Big Questions에 대한 저자의 고민에 대한 답변들이 담겨져 있는 책이다.

인사혁신은 공공 인적자원관리 프로세스를 지속적으로 발전시키고 이를 토대로 사람과 문화를 바람직한 방향으로 변화시켜나가는 과정으로 이해할 수 있다. 따라서 인사혁신은 하드웨어 측면과 더불어 소프트웨어 측면을 함께 다루어야 하며 미시적 맥락이 아닌 거시적 맥락에서 접근해야 한다. 이에 본 서적은 공공부문, 특별히 정부조직법에서 정하고 있는 중앙행정기관들의 인사혁신 기능과 프로세스 혁신에 초점을 맞추었다. 인사혁신의 차원과 과정을 1) 제도혁신, 2) 사람혁신, 3) 문화혁신으로 유형화 하고 이들을 다시 i) 토대적 차원과 ii) 발전적 차원으로 구분하였다. 그리고

SWOT분석 및 학문적·정책적 연구를 바탕으로 각각의 단계에서 강조해야 할 인사혁신 가치가 무엇인지를 도출하고 한국적 맥락을 반영하여 해당 인사혁신 가치를 새로운 시각에서 정의하면서 혁신 장벽들과 혁신 전략을 논의했다는 측면에서 본 서적의 차별성과 독창성을 발견할 수 있다. 무엇보다 이론적 시각에서 인사혁신의 개념 정립과 함께 실무적 관점에서 인사혁신의 진단-측정-평가-환류의 방향성을 제시함으로써 독자들의 이해의 폭을 넓혔다는 데 큰 의의가 있다고 하겠다.

본서는 제 1장인 [인사혁신의 기초]부터 제 14장인 [인사혁신의 발전 방향]까지 총 14장으로 구성되어 있으며 『제 1권: 인사혁신의 이론』과 『제 2권: 인사혁신의 실제』로 각각 나누어 인사혁신에 대한 내용들을 논의하였다. 제 1편에서는 인사혁신의 기초와 체계를 설명하면서 이론적 관점과 환경적 맥락에서 인사혁신의 담론과 쟁점들을 조명해보고, 인사혁신의 기초로서 구조적, 제도적 이해를 도모하고자 하였다. 제 2편에서는 인사혁신의 단기과제인 제도혁신을 논의하면서 토대적 차원에서의 전략성과 체계성, 발전적 차원에서의 국가인재확보, 공공인재개발, 우수인재활용, 핵심인재평가, 퇴직인재관리 등에 대해 제도주의적 시각을 투영하여 재조명 해보았다. 제 3편에서는 인사혁신의 중기과제인 사람혁신을 논의하면서 토대적 차원에서의 공공성과 기업가정신, 발전적 차원에서의 자율성, 역량성 등에 대해 살펴보았다. 특히 공공 가치가 더욱 중시되는 이 시대를 사는 공직자들이 어떻게 하면 공공기업가적 정신과 혁신적 리더십을 가지고 내재적 동기와 성과를 제고시켜 나갈 수 있는가에 대한 구체적인 해답을 구하고자 노력하였다. 제 4편에서는 인사혁신의 장기과제인 문화혁신을 논의하면서 토대적 차원에서 어떻게 하면 우리나라의 공공조직에서 행복감, 삶의 질, 신뢰 등의 긍정적 심리자본 및 사회자본을 적극적으로 구현할 수 있을지에 대해 조직 문화론적 시각에서 논의를 전개하였다. 또한, 발전적 차원에서는 부정적 공직문화 철폐와 긍정적 조직문화 구축을 위한 다양한 방법들을 분석, 제시하였다. 끝으로 제 5편인 인사혁신의 미래 편에서는 인사혁신의 성과 공유 및 확산을 위한 장벽들과 요건들에 대해 논의하고 인사혁신의 당위성과 지속성을 확보하기 위해 '인사혁신 공감성의 내재화'를 위한 핵심 요소들과 전략들을 검토해 보았다. 이와 더불어 『제 2권: 인사혁신의 실제』편에서는 1) 인사혁신 활동의 진단 및 측정, 2) 사례로 보는 인사혁신, 3) 연구로 보는 인사혁신 부분을 중심으로 혁신활동의 내용들을 실무적 시각에서 담아내고자 노력하였다. 현재 공공부문은 지속가능한 미래지향적 인사제도, 창의적이고 혁신적인 기업가적 공직자, 발전적이고 개방적인 한국형 조직문화 등을 요구받고 있다. 본서에서 제시하는 바와 같이 인사혁신의 구체적인 목표, 대상, 방향성을 기반으로 단기적·중장기적인 관점에서 창조적 파괴에 대한 두려움과 회의감을 버리고 혁신의 길에 동참한다면 보다 의미 있는 혁신의 열매를 거둘 수 있다고 확신한다.

본 서적은 대학과 대학원의 인사행정론, 인사혁신론, 인사조직론 등 관련수업을 위한 교재로는 물론, 국가공무원 5급, 7급, 9급 공개경쟁채용 시험 준비를 위한 수험서, 현장의 공직자들이 참고할 수 있는 인사혁신 지침서로서 활용될 수 있도록 내용을 구성하였다. 이러한 구성을 가능하게 해 준 학계의 동료, 선배 연구자들과 함께 많은 실무적 지식과 경험을 허락해 주신 정부부처 공무원 분들께도 감사인사를 드린다. 그리고 본 서적의 출판 취지를 이해, 지지해 주시면서 바쁘신 가운데 기꺼이 추천의 글을 실어 주신 유민봉 의원님, 김홍갑 부총장님, 이선우 교수님, 권기헌 교수님, 조경호 교수님, 문명재 교수님, 최상옥 교수님 등 7분의 교수님들께 감사의 인사를 올린다. 평소 행정학 및 정책학 학계와 실무분야에서 왕성한 활동을 통해 많은 정책적 제언들을 주시는 분들이라 그 말씀들이 독자들에게 더 크게 다가오리라 생각한다. 또한, 이 책의 출판 작업 과정에 참여한 성균관대학교 국정전문대학원 김선아 박사와 동 대학원 김화연 연구원의 노고에 진심으로 감사한다. 이들의 열정적인 참여와 협조가 없었다면 본 출판 작업이 진행되기가 매우 어려웠을 것이라 생각한다. 아울러 부족함이 많은 본서의 출간을 위해 아낌없는 도움과 지원을 제공해 주신 박영사

강상희 과장님과 편집을 맡아주신 배근하 선생님께도 감사 말씀을 드린다. 본서를 접하는 독자들의 가정과 일터에 행운과 축복이 언제나 함께하시길 기원한다.

2016년 12월 캘리포니아의 상쾌한 겨울바람이 가득한 어느 저녁
미국 University of Southern California
Sol Price School of Public Policy 객원교수 연구실에서
대한민국을 바라다보며
박성민 씀 (성균관대학교 행정학과/국정전문대학원 교수)

차 례

제 1 편 인사혁신의 출발

제 1 장 인사혁신의 기초

제 2 장 인사혁신의 체계

제 2 편 인사혁신의 단기 과제: 제도혁신

제 3 장 제도혁신의 토대적 차원

제 4 장 제도혁신의 발전적 차원: 국가인재확보

제 5 장 제도혁신의 발전적 차원: 공공인재개발

제 6 장 제도혁신의 발전적 차원: 우수인재활용

제 7 장 제도혁신의 발전적 차원: 핵심인재평가

제 8 장 제도혁신의 발전적 차원: 퇴직인재관리

제 3 편 인사혁신의 중기 과제: 사람혁신

제 9 장 사람혁신의 토대적 차원

제10장 사람혁신의 발전적 차원

제 4 편 인사혁신의 장기 과제: 문화혁신

제11장 문화혁신의 토대적 차원

제12장 문화혁신의 발전적 차원

제 5 편 인사혁신의 미래

제13장 인사혁신의 성과

제14상 인사혁신의 발전방향

제 1 편

인사혁신의 출발

제1장

인사혁신의 기초

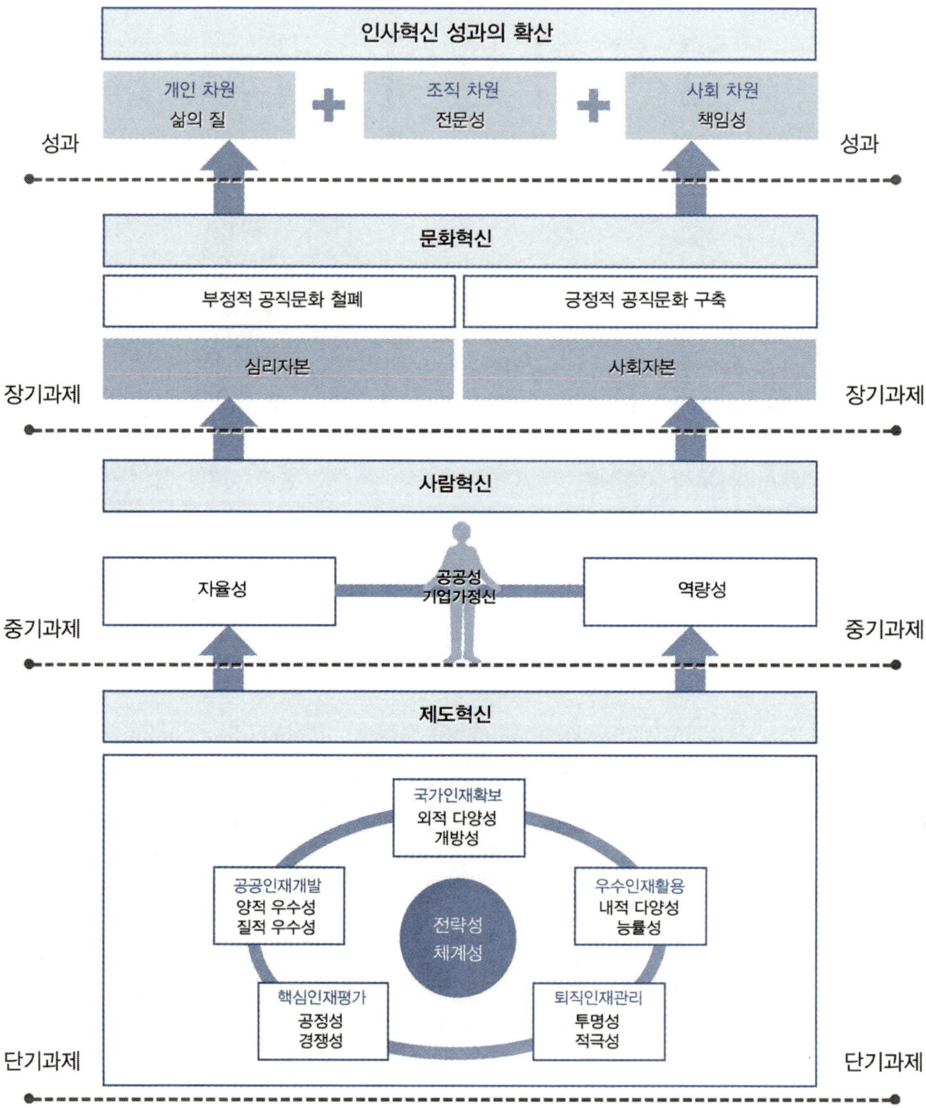
인사혁신 성과의 확산
개인 차원
삶의 질
조직 차원
전문성
사회 차원
책임성
성과
성과
문화혁신
부정적 공직문화 철폐
긍정적 공직문화 구축
심리자본
사회자본
장기과제
장기과제
사람혁신
자율성
공공성
기업가정신
역량성
중기과제
중기과제
제도혁신
국가인재확보
외적 다양성
개방성
공공인재개발
양적 우수성
질적 우수성
전략성
체계성
우수인재활용
내적 다양성
능률성
핵심인재평가
공정성
경쟁성
퇴직인재관리
투명성
적극성
단기과제
단기과제

개 요

인사혁신의 개념

정부의 인적자원관리 프로세스를 지속적으로 발전시키고, 이를 토대로 사람과 문화를 바람직한 방향으로 변화시켜나가는 과정

핵심 용어

인사혁신, 신공공관리론, 후기-신공공관리론

제1절 이론적 관점에서 인사혁신의 이해[1)]

1. 인사혁신의 이해

인사행정 및 공공관리의 패러다임이 기존의 전통적 패러다임인 관료제 중심에서 정부의 효율성 및 효과성과 같은 성과 향상에 중점을 두는 신공공관리(NPM: New Public Management) 패러다임으로 대체되었다. 신공공관리 패러다임이 국정운영의 핵심 패러다임으로 자리 잡게 되면서 각 국가들은 경쟁, 고객, 시장, 목표, 전략 지향 등 신공공관리론적 가치를 기반으로 보다 나은 정부를 구현하기 위해 지속적인 노력을 전개하고 있다. 이러한 정부의 노력은 정부혁신(Government Innovation), 행정 개혁(Administration Reform), 정부개혁(Government Reform), 공공서비스 혁신(Public Service Innovation), 행정 쇄신 등의 다양한 용어로 구체화·제도화되어 나타나고 있다.

우리의 경우 문민정부가 출범한 이후부터 혁신·개혁·쇄신이라는 표현이 국정운영의 핵심 아젠다로 다루어지기 시작하였다(김선아·박성민, 2016a). 혁신, 개혁, 쇄신이라는 용어의 사전적 의미는 서로 다르지만 부정적인 현상을 해소하고 더 나은 상태로의 변화를 지향한다는 측면에서 공통점을 갖고 있기 때문에 다양한 분야에서 이들 3개 용어는 혼재되어 사용되어 왔다. 국립국어원(2015)은 혁신을 "묵은 풍속, 관습, 조직, 방법 등을 완전히 바꾸어 새롭게 함"이라고 정의하였고 개혁은 "제도나 기구 따위를 새롭게 뜯어고침"이라고 정의하였다. 또한 쇄신은 "그릇된 것이나 묵은 것을 버리고 새롭게 함"이라고 정의하였다. 사전적 정의를 토대로 쇄신이 부정적인 상태의 해소에 중점을 두고 있는 개념이라면 혁신과 개혁은 보다 나은 방식의 도입 및 보다 나은 상태를 지향하는 것에 중점을 두고 있는 개념으로 이해할 수 있다(김선아, 2016). 특히 이중에서도 혁신은 개혁 및 쇄신과 달리 가장 장기적이고 포괄적이며 지속적인 노력으로 이해할 수 있다(권기헌, 2007). 이에 우리나라에서도

---

1) 해당 내용은 저자가 Park & Joaquin(2012)의 연구와 김선아·박성민(2016a; 2016b)의 연구에서 제시했던 내용을 본서의 구조에 맞추어 재구성한 것이다.

보다 나은 국정운영을 위한 일련의 노력을 정부혁신이라는 용어로 표현하고 있다(김선아·박성민, 2016a).

혁신이라는 개념은 행정학 뿐만 아니라 경제학, 경영학, 자연과학 등 다양한 분야에서 사용되어 왔다. 공공관리 분야에서 사용된 혁신(Innovation)의 정의를 구체적으로 살펴보면 Zegans(1992)는 공공조직에서의 혁신이란 "조직의 성과를 향상시키기 위한 도구이자 주어진 상황에서 참신한 아이디어와 기술을 활용하는 과정이다"라고 정의하였고(Zegans, 1992: 145), 이종수(2003)는 혁신이란 "업무과정이나 산출, 행태, 문화, 기술 등의 측면에서 바람직한 상태를 새롭게 도입하는 과정 및 그 결과를 지칭한다"라고 정의하였다(이종수, 2003: 3-4). 특히 이종수(2003)는 새로운 제도나 새로운 기술을 도입하는 것만으로는 혁신이라고 할 수 없으며 기존의 사고와 과정, 정체성과 관행 등의 측면에서도 변화가 수반되어야 이를 혁신이라고 볼 수 있다고 설명하였다(이종수, 2003: 3-4). 이와 더불어 권기헌(2007)은 혁신을 "세계화, 정보화, 지식화, 분권화 등으로 대표되는 현대 사회의 지각변동에서 흔들리지 않는 내부관리 구조, 문화, 역량 등을 갖춘 유기체가 되기 위한 노력"이라고 정의하였고(권기헌, 2007: 31), 김선명(2008)은 정부혁신을 "미래의 기대 가치 실현을 위해 현재의 낡은 부분을 개선시키는 것이다"라고 정의하였다(김선명, 2008: 28). 또한 김보경·서정욱(2014)은 정부혁신을 "조직 내 업무를 수행함에 있어서 효율성 및 효과성을 제고하여 결과적으로 국민의 삶의 질과 만족도를 높이는 데 그 목적이 있다"라고 설명하면서 정부혁신의 목적을 명확히 하였으며(김보경·서정욱, 2014: 139), Rainey(2014)는 공공조직은 조직의 목적 및 조직 구성원들의 행태 차원에서 공공성(Publicness) 및 공공가치(Public Value)를 지향하는 특수성으로 인해 조직 구성원들의 행태 및 조직의 운영 측면에서 민간조직과 분명한 차이점을 갖는다는 것을 지적하면서 공공조직에서의 혁신은 민간조직과 달리 효율성(Efficiency)과 효과성(Effectiveness)과 같은 경제적 성과뿐만 아니라 형평성(Fairness)이나 도덕성(Ethicality)과 같은 사회적 가치를 함께 담아내야 함을 강조하였다.

학자들의 의견을 종합할 때 공공관리에서의 혁신은 보다 나은 국정운영을 위해 새로운 아이디어나 발전적인 관리방식을 도입하여 이를 구현해 나가는 활동으로 이해할 수 있다(김선아, 2016). 혁신이라는 용어의 개념적 포괄성으로 인해 정부혁신은 제도혁신, 구조혁신, 재정혁신, 지방혁신, 인사혁신 등 다양한 형태로 제도화되어 나타난다. 이 중 제도혁신, 구조혁신, 재정혁신, 지방혁신이 정부의 운영 체계 및 일하는 방식에 관한 개선 노력으로 이해할 수 있다면, 인사혁신은 일하는 주체에 대한 개선 노력으로 이해할 수 있다(김선아·박성민, 2016a). 특히 정부혁신을 추진하는 데 있어 핵심적인 전략으로서 그 중요성이 지속적으로 강조되고 있는 것은 인사혁신이다. 선진화된 관리 체계를 구축하고, 작동 방식을 효율적으로 개선한다 할지라도 국정운영의 핵심 역할을 담당하는 공무원의 행태가 변화하지 않는 한 혁신의 성과는 한계에 직면할 수밖에 없기 때문이다. 특히 우리나라의 경우 2014년에 발생한 세월호 사건, 2015년에 발생한 메르스 사건 등으로 인해 우리나라 공공조직에서 발생하고 있는 전문성과 대응성 저하 문제에 대해 강도 높은 비판이 이루어졌고 이로 인해 인사혁신에 대한 사회적 요구가 어느 때보다 강력하게 제기되었다. 이러한 맥락에서 2014년 조직 개편에서 우리나라 최초로 인사혁신을 최우선 과제로 다루는 인사혁신처가 출범하였다. 중앙인사기관의 명칭에 일반적 의미의 "관리"가 아닌 "혁신"이라는 표현을 사용한 것은 변화에 대한 강력한 의지가 반영된 것으로 이해할 수 있다(김선아·박성민, 2016a: 3).

인사혁신에 대해 중앙인사위원회(2005)는 "정부의 인사행정체제가 정부인력의 효율적 관리라는 본래의 목적에 맞게 효과적으로 작동하고 있는지를 진단하여 미흡한 측면을 개선해 나가는 작업 과정이다"라고 정의하였으며(중앙인사위원회, 2005: 25), 백종섭 외(2007)는 인사혁신이란 "인사행정시스템이 그 사명을 잘 감당하는지, 그 역할에 맞게 작동하고 있으며 효과적으로 대응하고 있는지를 면밀하게 검토하여 미흡한 부분을 시정하고 개선해나가는 과정이다"라고 정의하였다(백종섭 외, 2007: 5). 또한 김선아·박성민(2016a)은 인사혁신이란 "정부의 인사행정 프로세스를 지속적으로 개선하고 공무원 개인에게 올바른 가치를 내재화하여 바람직한 공직문화를 형성해 나가는 과정이다"라고 정의하였다(김선아·박성민, 2016a: 4). 특히 김선아·박성민(2016a)은 인사혁신을 정의하는 데 있어 제도적 측면 뿐만 아니라 사람과 문화의 변화가 함께 수반되어야 함을 강조하였다(김선아·박성민, 2016a: 4). 이에 본서에서는 인사혁신을 논의하는 데 있어 가장 포괄적으로 정의한 김선아·박성민(2016a)의 연구를 토대로 인사혁신을 정부의 인적자원관리 프로세스를 지속적으로 발전시키고 이를 토대로 사람과 문화를 바람직한 방향으로 변화시켜 나가는 과정으로 이해하였다.

그림 1-1 인사혁신

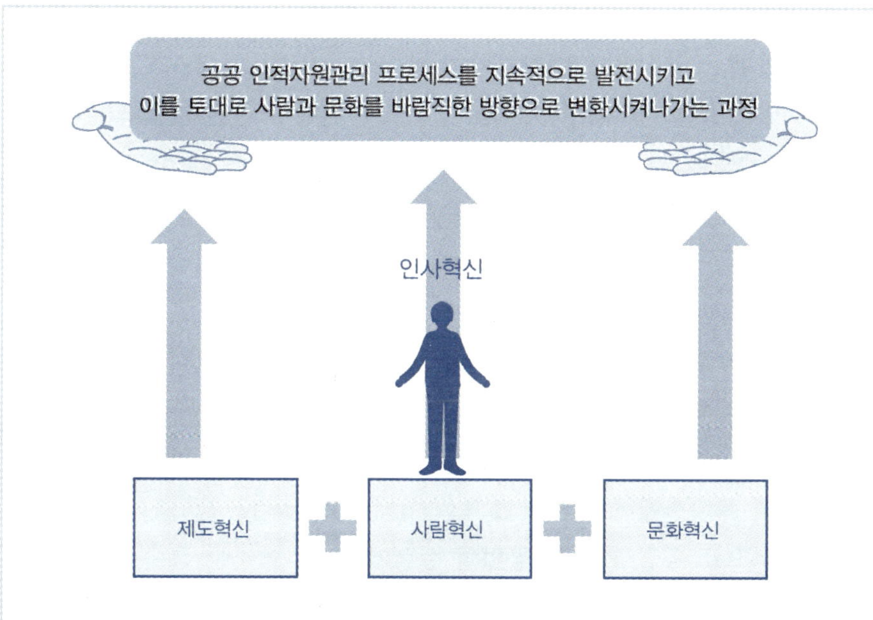

2. 인사혁신 패러다임의 이해

인사혁신의 패러다임은 특정 시대가 추구하는 가치를 담으며 관료제 패러다임, 신공공관리 패러다임, 후기 신공공관리 패러다임 등으로 서서히 변화해 왔다. 관료제 패러다임은 계층적 권한 관계, 규칙과 절차 등을 강조하는 패러다임으로 오랫동안 공공부문의 전통적 관리 방식으로 자리 잡고 있었다. 그러나 1929년에 시작된 대공황으로 설득력을 얻게 된 케인즈 이론을 기반으로 복지국가, 공기업의 국유화 등 공공관료제의 규모가 거대해지면서 비효율성의 문제가 지속적으로 제기되었고 1970년대 오일쇼크를 겪으면서 많은 국가들이 재정 운영에 있어 어려움을 겪게 되었다. 이에 영국과 미국을 중심으로 신자유주의 사상을 토대로 작은 정부, 경제적 자유주의, 규제 완화, 민영화 등 정부 운영에 있어 새로운 방향성을 설정하고 내적 효율성을 증진시키기 위한 강력한 정부혁신을 추진하게 되었고, 이 과정 속에서 등장하게 된 새로운 패러다임이 신공공관리(NPM: New Public Management)이다. 신공공관리 패러다임은 신자유주의적 사상을 토대로 경쟁과 성과, 고객을 강조하며 핵심 이념으로 효율성을 내재화하고 있다(Park & Joaquin, 2012). 신공공관리 패러다임에 기초한 정부혁신은 내용과 강도 차원에서 이전과는 다른 뚜렷한 차별성을 갖게 되면서 중요한 위상을 차지하게 되었고 이에 1990년대 중반까지 기존의 관료제 패러다임을 대체하는 정부 운영의 표준 모형으로 자리잡게 되었다(Schedler & Proeller, 2002). 그러나 공공조직과 민간조직은 조직의 존재 목적 및 성격 측면에서 분명한 차이를 갖고 있는데 신공공관리는 이를 고려하지 않고 민간조직의 관리 방식을 공공조직에 그대로 적용하면서 관리적 차원에서 부작용을 유발하게 되었고 이로 인해 여러 가지 비판에 직면하게 되었다. 이러한 비판은 근본적으로 "공공성의 수호"라는 공공조직의 존재 목적 측면의 특수성에서 유발된 것으로 이해할 수 있다. 공공조직의 존재 목적은 궁극적으로 공공 가치와 공익의 실현에 있고, 이러한 특수성으로 인해 공공조직은 활동과정에서 경쟁, 성과, 효율성 등과 같은 경제적 가치와 더불어 형평성, 민주성, 공정성 등과 같은 비경제적 가치를 함께 담아낼 것을 요구받게 된다. 하지만 신공공관리 패러다임 중심의 정부혁신은 이러한 비경제적 가치를 담아내지 못하면서 한계를 맞이하게 되었다. 특히, 정부 인사행정에 있어 신공공관리에 기초한 인사혁신은 성과 평가의 강화 및 이와 연계된 보상체계의 운영 등을 주요한 관리 도구로 활용하였는데 이를 구현하는 데 있어 동기, 태도, 행동 등의 차원에서 민간조직 구성원들과 다른 공공조직 구성원들의 특수성을 고려하지 않았다(Rainey, 2014). 그 결과 인사혁신 도구들이 효과적인 역할을 해내지 못했고 역으로 내적 동기의 감소, 위화감 조성 등의 부작용을 유발하였다(이종수, 2010).

이에 기존의 관료제 패러다임과 신공공관리 패러다임의 한계를 극복하고,

국정운영에 있어 공익 달성, 공공 가치의 창출 등 공공성을 수호하기 위한 새로운 패러다임의 필요성이 제기되었고, 신공공서비스(NPS: New Public Service)와 뉴거버넌스(New Governance) 등의 패러다임이 등장하게 되었다. 후기-신공공관리(Post-NPM: Post-New Public Management)는 신공공서비스와 뉴거버넌스 등의 경향을 종합한 새로운 패러다임을 의미한다. "얼마나 효율적으로 행정의 기능을 수행할 수 있는가?"에 중점을 둔 결과 지향적 신공공관리 패러다임과 달리 후기-신공공관리 패러다임은 "어떻게 하면 시민의 삶의 질 향상에 기여할 수 있는가?"에 중점을 둔 과정 지향적 패러다임으로 이해할 수 있다. 신공공관리가 성과와 경쟁, 능률성 등 경제적 가치를 강조하는 패러다임이라면 후기-신공공관리는 형평성, 민주성, 인본주의 등 비경제적 가치를 강조하는 패러다임으로 이해할 수 있다. 따라서 후기-신공공관리 관점에 기초한 정부혁신은 과정적 차원에서 행정이 담아내야 할 바람직한 가치들을 다루면서 국민에 대한 외적 대응성을 향상시키는 것에 중점을 둔다. 특히 미래학자 Rifkin(2009)은 미래의 사회는 인간이 갖고 있는 공감 능력의 확장을 바탕으로 경쟁, 폐쇄성, 위계성, 경제적 자본, 경제적 우수성을 강조하는 사회에서 탈피하여, 경쟁이 아닌 협력과 상생을, 폐쇄가 아닌 소통과 개방을, 위계가 아닌 포용과 신뢰를, 물적 자본보다는 사회 자본과 공적 자본을, GDP보다는 삶의 질과 행복을 강조하는 사회가 될 것이라고 설명하였다. 이러한 맥락을 고려할 때, 후기-신공공관리 패러다임은 현재의 시대적 흐름을 적실하게 반영한 패러다임으로 이해할 수 있다.

그러나 인사혁신의 패러다임을 논의하는 데 있어 신공공관리 패러다임이 후기-신공공관리로 완전히 대체되었다고 이해하는 것은 바람직하지 않다. 정부혁신 및 인사혁신에 있어 후기-신공공관리에 기초하여 외적 대응성을 향상시키고, 과정적 차원에서 중요하게 다루어져야 할 비경제적 가치들을 확산시켜 나가는 노력도 중요하지만 신공공관리에 기초하여 관리적 차원에서 내적 효율성을 지속적으로 향상시켜 나가기 위한 노력 역시 여전히 중요하기 때문이다. 이러한 맥락에서 Park & Joaquin(2012)은 미국 연방정부 공무원을 대상으로 진행한 실증 연구를 통해 정부혁신에 있어 신공공관리론적 혁신 가치인 성과 및 결과 지향, 시장 및 고객 지향, 목표 및 전략 지향 등과 후기-

신공공관리적 혁신 가치인 사회적 형평성, 인본주의, 민주성 등이 함께 공존하고 있음을 실증적으로 규명하였다(<그림 1-2> 참조). Park & Joaquin(2012)은 이러한 연구 결과를 바탕으로 현재 정부 인사혁신에 있어 신공공관리론적 혁신 가치가 후기-신공공관리론적 혁신 가치로 완전히 대체되는 것이 아니라 서로 상충되는 가치라 할지라도 이들 간의 지속적인 상호 작용을 바탕으로 밀물과 썰물과 같이 함께 공존하며 시대적 흐름에 따라 발전해 나간다고 설명하였다.

이러한 논의를 종합해 볼 때 보다 바람직한 인사혁신은 신공공관리론적 혁신 가치와 후기-신공공관리론적 혁신 가치의 '공존'을 통해 이루어 나갈 수 있을 것이며 이를 통해 개인적 차원에서는 조직 구성원의 성장과 삶의 질 향상을 유도하고 조직적 차원에서는 진취적이고 역동적인 공직문화를 형성하여 전문성을 향상시키며 사회적 차원에서는 이러한 혁신 가치가 확산되어 궁극적으로 책임성 향상으로 이어지는 효과를 기대할 수 있을 것이다.

그림 1-2 | 인사혁신의 패러다임

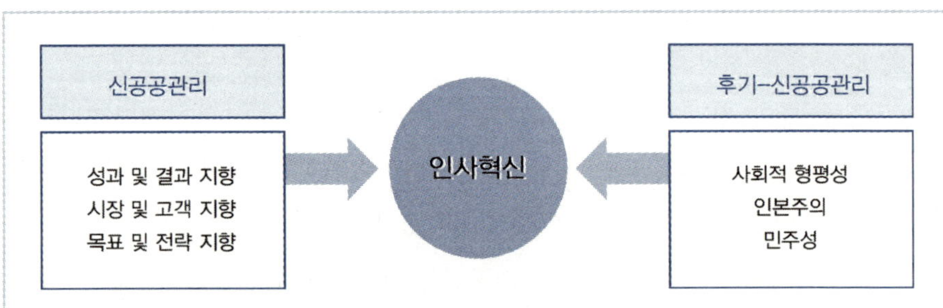

자료: Park & Joaquin(2012)

제2절 환경적 맥락에서 인사혁신의 이해[2)]

1. 인사혁신의 배경

공공 인적자원관리에 있어 인사혁신의 필요성을 이해하기 위해서는 우리나라 공공 인적자원관리가 직면한 내·외부 환경에 대한 이해가 선행되어야 한다. 이에 본서에서는 우리나라 공공 인적자원관리에서 인사혁신의 필요성을 이해하고 당위성을 확보하기 위해 SWOT 분석을 실시하였다. SWOT 분석을 통해 혁신 과정에서 내부적 차원의 강점 요인과 외부적 차원의 기회 요인을 효과적으로 활용해 나갈 수 있을 것이며 내부적 차원의 약점 요인과 외부적 차원의 위협 요인에 선제적으로 대응해 나감으로써 보다 발전적인 인사혁신이 가능해질 것이다. 궁극적으로 종합적 시각에서 진행된 내·외부 환경 분석 프로세스를 바탕으로 사회적 변화와 사회적 수요를 적실하게 담아낸 혁신의 방향을 설정함으로써 혁신 활동의 당위성과 타당성을 확보해 나갈 수 있을 것이라 기대된다. 이에 SWOT 분석 내용을 구체적으로 살펴보면 다음과 같다.

1) 내부적 환경 분석

(1) 내부 강점 요인 (Strengths: Internal & Helpful)

내부적 차원에서 공공 인적자원관리의 강점 요인으로는 인사혁신 전담조직 설립으로 인한 인사관리의 전문성 강화, 직업공무원제 정착으로 인한 유능한 인적자원의 보유, 우수한 정보통신 기술을 활용한 인사행정의 효과성 극대화 등을 살펴볼 수 있다. 이를 구체적으로 살펴보면 다음과 같다.

첫째, 인사혁신 전담조직 설립으로 인한 인사관리 및 혁신의 전문성 강화이다. 2014년 11월 정부 조직개편에서 우리나라 최초로 인사혁신을 최우선

---

2) 해당 내용은 저자가 박성민·최성주·김선아(2015)의 <공직의 경쟁력 수준진단을 위한 정부 인사혁신지수 개발 연구(인사혁신처, 2015)>에서 제시했던 내용을 본서의 구조에 맞추어 재구성한 것이다.

과제로 다루는 인사혁신처가 출범하였다. 인사혁신처는 "국민을 위한 혁신, 미래를 여는 공무원"이라는 비전 아래, 공무원의 전문성을 높이고 공직의 개방성을 넓혀 '일 잘하고 경쟁력 있는 공직사회' 구현 및 생산적인 공무원 문화를 조성하고 공직가치를 재정립하여 '반듯하고 신나는 공직사회' 구현이라는 미션을 달성하기 위해 지속적으로 노력하고 있다. 이처럼 인사혁신처의 출범으로 정부 인사행정 및 인사혁신에 있어 전문성을 확보할 수 있게 되었다.

둘째, 직업공무원제 정착으로 인한 유능한 인적자원의 보유이다. 우리나라의 경우 직업공무원제의 정착으로 인해 젊고 유능한 인재를 확보하는 데 어려움이 없다. 실제, 5급 공채의 경우 약 40 : 1, 7급 공채는 110 : 1, 9급 공채는 90 : 1 등 높은 수준의 경쟁률을 유지하고 있다. 뿐만 아니라 우리나라의 경우 공직 입직에 있어 학력에 대한 지원 자격 제한을 설정하고 있지 않음에도 불구하고, 5급 공개채용시험을 비롯하여 7급과 9급 초급직 합격자의 대부분이 고학력자(대학교 및 대학원 졸업)의 우수인재들로 이루어져 있다.

셋째, 우수한 정보통신 기술을 활용한 인사행정의 효과성 극대화이다. 우리나라의 정보통신 기술은 세계 최고 수준으로 평가 받고 있으며 이에 기초하여 공공부문에서는 전자정부 구축 및 운영에 있어서도 그 우수성을 인정받고 있다. 이러한 우수한 정보통신 기술을 공공 부문의 인사관리에서 활용하여 e-HRM 및 e-HRD를 효과적으로 구현함으로써 인사 기능의 지원 및 인사관리자의 의사결정 지원, 구성원 간 의사소통 지원 등 인사관리 및 인사혁신의 효율적 실행을 가능케 하고 있다.

(2) 내부 약점 요인 (Weaknesses: Internal & Harmful)

내부적 차원에서 공공 인적자원관리의 약점 요인으로는 직업위세 하락으로 인한 공무원 사기저하, 유교적 정서 및 계급제로 인한 실적주의 및 능력주의의 훼손, 공공윤리 부재로 인한 공공가치 훼손 및 악습 존재 등을 살펴볼 수 있다. 이를 구체적으로 살펴보면 다음과 같다.

첫째, 직업위세 하락으로 인한 공무원 사기 저하 문제가 발생하고 있다. 우리나라의 경우 직업공무원제의 정착과 더불어 관존민비의 사고방식과 민간기업의 미성숙으로 인해 공직에 대한 사회적 평가가 높은 편이었으나, 최근 발생한 크고 작은 행정 실패 사례들로 인해 정부에 대한 불신이 공무원에 대한 신뢰 저하로 이어지면서 공무원에 대한 직업위세가 하락하고 있는 실정이다. 뿐만 아니라 최근 진행되고 있는 연금개혁도 공직의 직업위세 하락의 주요 요인으로 작용하였다. 이러한 변화로 인해 공무원들의 사기가 여느 때보다 저하된 상태이며 이는 효과적인 인적자원관리 체계를 실현하는 데 있어 주요 약점 요인으로 작용하고 있다.

둘째, 유교적 정서 및 계급제로 인한 실적주의 및 능력주의의 훼손 문제가 발생하고 있다. 우리나라는 유교적 정서로 인해 조직관리에 있어 연공서열의 문화가 남아있다. 정부 인적자원관리에 있어 5급 이하 공무원에게 적용되는 근무성적평가제, 고위공무원단에게 적용되는 성과계약제 등 체계적인 성과관리제도를 구축하고 있으며 이를 보상 및 승진 제도와 연계하고 있으나 실제 조직에서는 연공자에게 높은 점수를 부여하는 것이 관례화 되어 있다. 뿐만 아니라 우리나라의 공직분류체계는 계급제를 근간으로 하고 있어 직무분석 및 직위 분류가 제대로 되어 있지 않아 실질적으로 실적과 보수가 직접적으로 연계되지 못하고 있다.

셋째, 공공윤리 부재로 인한 공공가치 훼손 및 조직 내 악습의 존재 문제가 발생하고 있다. 일부 공무원의 윤리의식 부재로 부정부패, 민관유착 등의 폐해가 발생하면서 공공가치를 훼손하는 결과를 가져왔으며 이는 국민으로 하여금 공무원과 정부에 대한 불신을 초래하는 요소로 작용하고 있다. 더불어 이러한 윤리의식 부재로 인해 우리나라 공직문화에는 권위주의, 복지부동, 무사안일 등의 3대 악습이 존재하게 되었다.

2) 외부적 환경 분석

(1) 외부 기회 요인 (Opportunities: External & Helpful)

외부적 차원에서 공공 인적자원관리의 기회 요인으로는 글로벌 다문화 사회의 도래로 인한 인적구성의 다양성 증대, 행정한류의 확산, 정서적 가치의 강조 등을 살펴볼 수 있다. 이를 구체적으로 살펴보면 다음과 같다.

첫째, 글로벌 다문화 사회의 도래로 인한 인적구성의 다양성 증대이다. 국제 결혼의 증가, 외국인 노동자의 유입 등으로 인해 우리나라의 인적구성이 다양해지면서 점차 다문화 사회로 접어들고 있다. 다양성은 조직의 창의성 및 혁신을 촉진하는 데 있어 중요한 역할을 하기 때문에 이를 적절히 활용한다면 조직의 효과성 향상에 기여할 수 있을 것이다. 뿐만 아니라 다양한 문화적 배경을 갖고 있는 인력이 공직에 유입되면 행정의 대표성 확보 차원에서도 중요한 역할을 할 수 있을 것으로 기대된다.

둘째, 행정 한류 확산이다. 현재 우리나라의 공무원 채용 제도, 전자 정부 등은 그 우수성을 세계적으로 인정받아 개발도상국을 중심으로 우리나라의 인사관리 체계 및 제도 등을 벤치마킹하고자 하는 수요가 증대되고 있다. 실제 학계에서는 국가 공공인재 채용 및 인재개발 시스템의 우수성을 체계적으로 정리하고 이를 매뉴얼화 하여 세계적으로 전파하고자 하는 노력이 진행되고 있다. 이러한 행정 한류의 확산은 현재에 머무르지 않고 우리나라의 행정에서 부족한 점을 뒤돌아보며 보완해야 할 과제가 무엇인지 탐색하고 환류하는 등 지속적 혁신을 가능케 하는 동력으로 작용하고 있다.

셋째, 삶의 질, 행복과 같은 정서적 가치가 강조되고 있다는 점이다. 신공공관리론(NPM) 이념이 지배하던 과거의 국정운영은 성과, 경쟁과 같은 경제적 가치를 강조하였으나 후기-신공공관리론(Post-NPM) 이념이 국정운영의 핵심 패러다임으로서의 역할을 하고 있는 현재는 삶의 질, 행복과 같은 정서적 가치의 중요성이 보다 강조되고 있다. 공공 인적자원관리에서 신공공관리론(NPM) 이념은 성과 평가 및 성과급 제도의 운영 등 외재적 보상체계를 강조하여 경쟁을 유도함으로써 공공부문의 전문성을 향상시킬 수 있다는 강력한 믿음을 갖고 있었으나 민간부문에서 유효한 역할을 했던 이러한 관리 방식은 공공부문의 특수성을 고려하지 않았다는 한계로 인해 기대했던 성과를 거두지 못했다. 공공 인적자원관리에 있어 후기-신공공관리론(Post-NPM)은 신공공관리론(NPM)과 달리 신뢰, 공유 등과 같은 문화적 가치와 내재적 보상체계 등을 강조하는데, 예산 제약과 같은 공공 인사관리의 관리적 특수성과 공공 봉사 동기(PSM)와 같은 공공 인사관리의 정서적 특수성을 고려할 때 후기-신공공관리론(Post-NPM)는 공공조직에서 보다 정합성 높은 인사관리 기법이 무엇인지에 대한 적실한 고민을 가능케 했다는 측면에서 그 중요성을 살펴볼 수 있다.

(2) 외부 위협 요인 (Threats: External & Harmful)

외부적 차원에서 공공 인적자원관리의 위협 요인으로는 전문 행정가 양성의 필요성 대두, 투명하고 적극적인 퇴직관리의 요구, 노사 갈등의 심화 등을 살펴볼 수 있다. 이를 구체적으로 살펴보면 다음과 같다.

첫째, 전문 행정가 양성의 필요성이 대두되고 있다는 점이다. 현재의 우리나라 공직분류체계는 계급제를 기반으로 운영되고 있는데 계급제는 일반행정가(Generalist) 양성을 목표로 하는 공직분류체계로서 인문지식을 바탕으로 다방면의 업무를 수행할 수 있고 필요에 따라 신축적으로 보직을 관리할 수 있다는 장점을 갖고 있다. 그러나 행정환경의 복잡성과 다양성의 증대로 일반적 지식만으로는 해결하기 어려운 문제가 생겨나고 있고 이에 특정 분야의 전문지식을 지니고 있는 전문행정가(Specialist) 양성의 필요성이 제기되고 있다. 전문행정가의 양성은 직위분류제 하에서 보다 용이한데 계급제와 직위분류제는 작동 원리 차원에서 상충되는 측면이 많아 계급제를 기반으로 하는 우리나라의 공직사회에서 직위분류제적 요소를 도입하는 데 많은 어려움이 발생하고 있다.

둘째, 투명하고 적극적인 퇴직관리가 요구되고 있다는 점이다. 현재 관피아 척결이 사회적 이슈로 등장하면서 민관유착 가능성이 있는 분야에서의 재취업이 원천적으로 차단되었고 퇴직공무원들을 지속적으로 관리하여 퇴직관리의 투명성을 확보할 것이 요구되고 있다. 다만 평균수명의 연장으로 인해 퇴직 이후의 삶을 설계하는 것이 개인적 차원에서 중요하게 다루어지고 있고 특히 경험이 풍부한 우수 공무원들의 능력이 사장되지 않고 사회적 차원에서 활용될 수 있도록 퇴직 이후의 삶에 대한 체계적이고 적극적인 지원 시스템의 구축 역시 함께 강조되고 있다.

셋째, 노사 갈등이 심화되고 있다는 점이다. 현재 우리나라에서는 국가가 보유한 인적구성의 특수성을 고려하여 민간조직과 공공조직 모두에서 보다 바람직한 인적자원관리가 이루어질 수 있도록 다양한 노력이 시도되고 있다. 최근 노사 협의에 있어 핵심 이슈로 제시되었던 임금피크제 역시 인구의 고령화라는 환경 변화에 대응하기 위한 혁신과제로 이해할 수 있는데, 인사 및 조직 관리에 있어 기존과 다른 새로운 정책의 도입은 조직 구성원들의 피로감을 유발할 뿐만 아니라 특정 정책에 대한 노사 관계의 이해관계가 상충할 경우 노사 관계를 악화시키는 요인으로 작용하게 된다. 특히 과거에는 민간조직으로 한정하여 노사문제가 논의되었으나 공공조직에서도 노동조합의 역할이 확대되면서 노사갈등 문제가 공공조직에서도 중요한 문제로 다루어지고 있다. 이에 국가 및 조직 차원에서 혁신을 추진하는 과정에서 위로부터의 일방적 혁신이 아니라 혁신의 당위성과 정당성에 대한 숙의의 과정을 요구하게 되었다.

그림 1-3 인사혁신의 배경

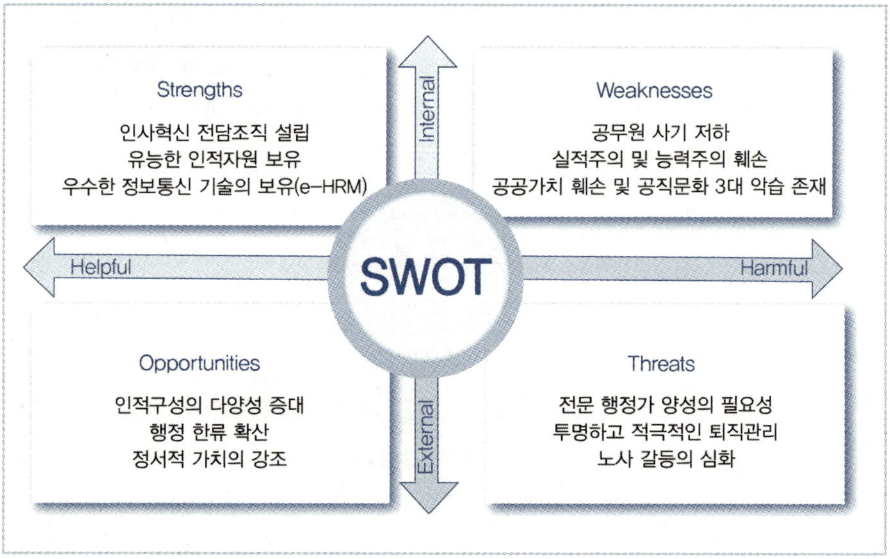

2. 인사혁신의 방향

공공 인적자원관리가 직면한 내·외부 환경 분석을 바탕으로 다음의 세 가지 측면에서 인사혁신의 방향을 이해해 볼 수 있다. 첫째, 저출산 고령화, 여초 사회로의 진입, 외국인 비율의 증가 등 미래 우리나라 인적구성의 변화 등 빠르게 변화하고 있는 인사행정 환경에 선제적으로 대응하기 위해서는 현재의 환경과 상황, 미래의 환경 변화 및 수요를 총제적으로 고려하고 이를 전략적으로 관리하려는 노력이 필요하다. 이에 상기에서 살펴본 외적 환경과 내적 환경을 이해하고 이를 전략적으로 활용하고 관리하려는 노력이 중요할 것이다.

둘째, 인사혁신이 지향해야 할 궁극적 목표는 국민 신뢰 및 국민 행복의 실현을 가능케 하는 것이다. 우리나라는 현재 최근 발생한 크고 작은 행정 실패 사례들로 인해 어느 때보다 정부에 대한 신뢰가 저하된 상태이며 이로 인해 갈등 및 분열의 유발, 협력의 저하, 정책 실패 등 국정운영의 어려움이 발생하고 있다. 뿐만 아니라 높은 수준의 물질적 성장에도 불구하고 국제기구에서 실시하는 다양한 조사에서 국민이 행복하지 않은 것으로 나타나 국민의 행복 증진에 있어 국가의 역할이 무엇인가에 대한 고민을 필요로 하게 되었다. 이에 인사혁신은 국정운영의 목표인 국민 신뢰 향상 및 국민 행복 증진을 실현하는데 있어 핵심적 역할을 수행할 수 있도록 설계되어야 한다.

셋째, 정부혁신의 핵심으로서 인사혁신의 전략적 역할을 강화해 나가야 한다. 정부혁신의 방법은 법·제도를 변화시키는 방법과 공무원을 변화시키는 방법 등 크게 2가지 차원으로 구분하여 살펴볼 수 있다. 법·제도의 변화는 정부혁신의 기초 토대로서의 역할을 수행한다는 측면에서 그 중요성을 찾

그림 1-4 인사혁신의 방향

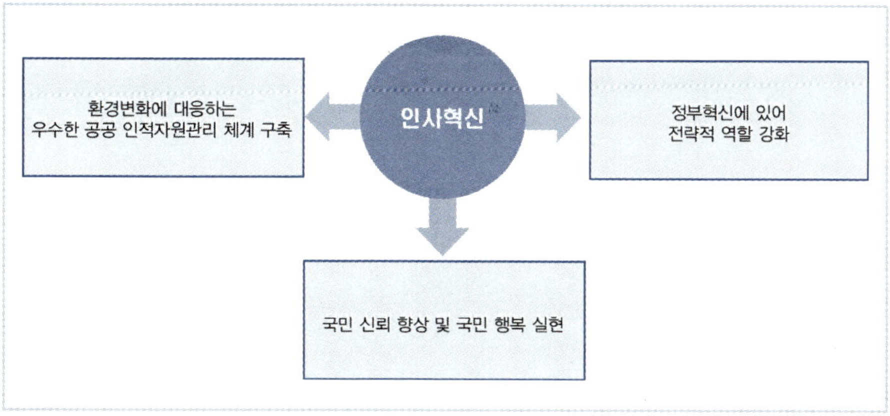

아 볼 수 있다. 그러나 정책의 결정, 공공 서비스와 재화의 공급 등 국정운영에 있어 실질적 주체가 공무원이라는 점을 고려할 때 정부혁신에 있어 법·제도의 개선보다는 인사혁신이 보다 근본적이고 핵심적인 도구로서의 역할을 수행할 수 있을 것이다. 이에 정부혁신에 있어 인사혁신의 위상 및 전략적 역할을 강화해 나갈 필요가 있다.

토론 문제

다음 질문에 대해 함께 토론해 보세요.

1. 본서에서는 인사혁신의 핵심 패러다임으로 신공공관리(NPM)와 후기-신공공관리(Post-NPM)를 제시하고 있다. 우리나라 공공 인적자원관리 및 인사혁신 진행 과정에 있어 두 개 패러다임의 의의 및 장·단점에 대해 논의해보자.

2. 우리나라 공공 인적자원관리에 있어 인사혁신의 원동력인 중앙인사기관의 위상과 역할에 대해 논의해보자.

3. 우리나라 정부의 인사혁신에 있어 제도혁신, 사람혁신, 문화혁신 등의 세 가지 측면에서 직면하고 있는 문제점 및 이의 해결방안에 대해 논의해보자.

제2장

인사혁신의 체계

제2장 인사혁신의 체계

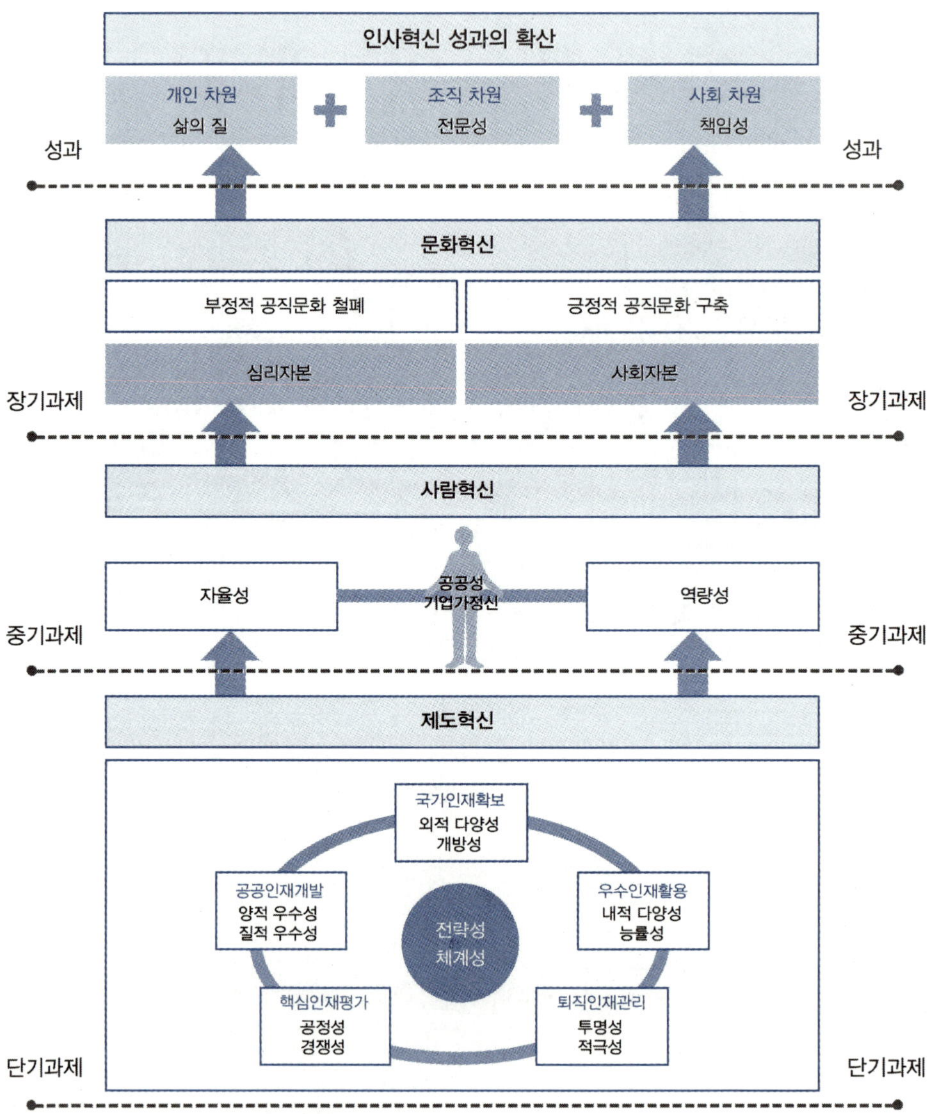
인사혁신 성과의 확산
개인 차원
삶의 질
조직 차원
전문성
사회 차원
책임성
성과
성과
문화혁신
부정적 공직문화 철폐
긍정적 공직문화 구축
심리자본
사회자본
장기과제
장기과제
사람혁신
자율성
공공성
기업가정신
역량성
중기과제
중기과제
제도혁신
국가인재확보
외적 다양성
개방성
공공인재개발
양적 우수성
질적 우수성
전략성
체계성
우수인재활용
내적 다양성
능률성
핵심인재평가
공정성
경쟁성
퇴직인재관리
투명성
적극성
단기과제
단기과제

개 요

인사혁신의 단계

① 제도혁신(단기과제)

: 국가인재확보, 공공인재개발, 우수인재활용, 핵심인재평가, 퇴직인재관리 등 공공 인적자원관리 프로세스를 개선하기 위한 노력

② 사람혁신(중기과제)

: 공무원 개인에게 올바른 직업관을 정립하고 올바른 윤리의식을 확립하기 위한 노력

③ 문화혁신(장기과제)

: 공공조직 내에서 발생하는 부정적인 관행을 개선하고 바람직한 공직문화를 형성해 나가고자 하는 노력

핵심 용어

제도혁신, 사람혁신, 문화혁신, 중앙인사기관, 인사혁신처

제1절 구조적 시각에서 인사혁신의 이해

1. 인사혁신의 단계[1)]

인사혁신은 공공 인적자원관리 프로세스를 지속적으로 발전시키고 이를 토대로 사람과 문화를 바람직한 방향으로 변화시켜나가는 과정으로 이해할 수 있다. 즉, 인사혁신은 적합한 인적자원관리 제도를 구현하는 것과 더불어 공무원의 가치관 변화, 조직의 문화 개선 등의 노력이 함께 수반되어야 한다. 따라서 인사혁신은 하드웨어 측면과 더불어 소프트웨어 측면을 함께 다루어야 하며 미시적 맥락이 아닌 거시적 맥락에서 접근해야 한다. 이에 본서에서는 정부 인사혁신을 제도혁신, 사람혁신, 문화혁신 등 3개 단계로 구성하였다. 이를 구체적으로 살펴보면 다음과 같다.

1) 제도혁신

인사혁신에 있어 제도혁신은 인사행정 프로세스를 개선하기 위한 노력으로 단기적 차원의 인사혁신 과제로 이해할 수 있다. 일반적으로 공공 인적자원관리 프로세스는 모집·선발, 교육·훈련, 유지·활용, 평가·보상, 퇴직 관리 등 5개 단계로 구분하여 살펴볼 수 있다(유민봉·박성민, 2014). 모집·선발은 부적합한 인재가 공직에 유입되는 것을 방지하고 가장 적합한 인재를 공직에 유치하는 단계이며, 교육·훈련은 공무원의 지식, 기술, 태도, 능력 등을 조직의 목표 달성에 기여할 수 있도록 변화 및 발전시켜 나가는 단계이다. 다음으로 유지·활용은 공무원 개인이 건강한 동기에 기초하여 업무를 수행할 수 있도록 관리하는 단계이며, 평가·보상은 공무원 개인의 업무 성과를 평가 및 환류하고 노동의 대가로 금전 및 비금전적 보상을 제공하는 단계이다. 마지막으로 퇴직관리는 조직 구성원들의 은퇴 이후의 삶을 지원하고 관리하는 단계이다.

---

1) 해당 내용은 저자가 박성민·최성주·김선아(2015)의 연구와 김선아·박성민(2016a; 2016b)의 연구에서 제시했던 내용을 본서의 구조에 맞추어 재구성하고 수정·보완한 것이다.

이러한 논의를 종합하여 본서에서는 첫 번째 모집·선발 기능을 "국가인재확보" 단계로 설정하였고, 두 번째 교육·훈련 기능을 "공공인재개발" 단계로 설정하였다. 또한 세 번째 유지·활용 기능은 "우수인재활용" 단계로 설정하였고, 네 번째 평가·보상 기능은 "핵심인재평가" 단계로 설정하였다. 마지막으로 다섯 번째 퇴직 관리 기능은 "퇴직인재관리" 단계로 설정하였다. 즉, 국가를 위해 일할 수 있는 인재를 확보하고 이들에게 공공가치, 공공윤리, 공공봉사동기 등의 공공성과 공직 역량을 내재화하여 공공인재로 개발한 후 공공조직과 직무에 적합한 최적의 인재로 개발된 우수한 인재를 적재적소에 활용하고 핵심인재 중심의 평가·보상체계를 확립하는 것, 그리고 조직이 보유하고 있던 우수한 인재의 퇴직 이후의 삶을 관리·지원해주는 등의 다섯 가지 단계를 공공 인적자원관리의 핵심 기능으로 이해할 수 있다. 과거부터 현재까지 진행된 정부의 인사혁신이 주로 제도 개선에 중점을 두어왔기 때문에 국가인재확보, 공공인재개발, 우수인재활용, 핵심인재평가, 퇴직인재관리 등 인적자원관리 프로세스 전반에 걸친 제도혁신은 인사혁신을 논의하는 데 있어 핵심 차원으로 이해되고 있다.

2) 사람혁신

인사혁신에 있어 사람혁신은 공무원 개인에게 올바른 직업관을 정립하고 올바른 윤리의식을 확립하기 위한 노력으로 중기적 차원의 인사혁신 과제로 이해할 수 있다. 정부의 조직 관리 및 인사관리를 연구하는 행정학자의 시각은 두 가지 유형으로 구분할 수 있다. 하나는 민간조직과 공공조직은 운영 및 작동 방식에 있어 차이가 없기 때문에 두 조직에 동일한 관리 방식을 적용해도 문제가 없다고 보는 시각이며 다른 하나는 민간조직과 공공조직은 조직의 운영 및 작동 방식, 내·외부 환경, 구성원들의 행태 등에 있어 차이를 갖고 있기 때문에 서로 다른 관리 방식을 적용해야 한다는 시각이다. 특히 후자의 시각을 갖고 있는 행정학자들 중 일부는 공공조직과 민간조직 간의 다양한 차이를 설명하는 데 있어 구성원들의 정서 및 심리적 차원의 특수성에 주목하였다. 대표적으로 Perry & Wise(1990)와 Rainey(2014)는 공공조직 구성원들은 민간조직 구성원들에 비해 상대적으로 내재적 동기를 보다 중시

함을 설명하였다. 이에 Perry & Wise(1990)와 Rainey(2014)는 공공조직 구성원들이 강한 의욕을 갖고 열정적으로 업무를 수행해 나갈 수 있도록 외재적 동기구조가 아닌 내재적 동기구조에 주목해야 하며 이러한 동기를 강화시켜 나갈 수 있도록 민간조직과는 차별화된 관리가 필요함을 강조하였다. 또한 공공조직 구성원들은 국민에 대한 봉사자, 공익 실현의 주체라는 직업적 특수성으로 인해 보다 높은 수준의 직업관과 윤리 의식을 요구받게 된다. 이에 정부 인사혁신에 있어서는 공무원 개인의 공공 봉사 동기를 강화하고 올바른 직업관과 윤리의식을 확립할 수 있도록 지원해야 한다. 이러한 사람혁신은 제도혁신의 노력이 수반되어야 가능하기 때문에 인사혁신의 중기적 과제로 이해할 수 있다.

3) 문화혁신

인사혁신에 있어 문화혁신은 공공조직 내에서 발생하는 부정적인 관행을 개선하고 바람직한 공직문화를 형성해 나가고자 하는 노력으로 장기적 차원의 인사혁신 과제로 이해할 수 있다. 문화(Culture)는 다소 추상적인 개념으로 명확히 정의를 내리는 것이 쉽지 않다. 문화에는 모든 집단이 공유하는, 즉 모든 사람들에게 옳다고 여겨지는 가치를 중심으로 모두에게 통용되는 보편적 측면도 존재하고, 각 국가, 각 조직 구성원들만이 공유하여 다른 집단과 구분될 수 있게 하는 차별적 측면도 존재한다(박성민 & 김선아, 2015). 이에 문화라는 개념은 특정 집단과 조직을 이해하고 묘사하는데 자주 사용되곤 한다. Deal & Kennedey(1982)는 문화란 "여기서 우리의 행동 양식이 결정되는 방식(The way things get done around here)"라고 정의하였고, Slocum & Hellriegel(2011)은 문화란 "개인으로 하여금 인식의 방식을 결정하고 행동과 패턴을 결정하는데 영향을 주는 것으로 집단 구성원들이 공유하는 가치, 규범, 신념체계 등 집단생활의 양식"이라고 정의하였다. 즉 문화는 조직 구성원들의 행태에 영향을 미치는 행동 양식으로 이해할 수 있다. 인사혁신에 있어 이러한 문화를 주요하게 다루어야 하는 이유는 문화의 개념적 정의에서 알 수 있듯 조직의 문화가 그 집단을 구성하고 있는 구성원들이 현상을 인식하는 방식에 영향을 미치고 그들의 행동을 규정하기 때문이다. 따라서 어떠한 문화적 속성을 갖고 있는 조직인지, 부정적 문화가 형성되어 있는지, 긍정적 문화가 형성되어 있는지에 따라 구성원들에게 동기를 부여하는 방법, 의사소통을 하는 방법, 문제를 해결하는 방법 등이 달라질 수 있다. 이에 정부가 추구하는 인사혁신의 목표를 효과적으로 실현하기 위해서는 바람직한 공직문화 형성을 위한 노력이 반드시 함께 수반되어야 한다. 다만 조직의 문화는 오랜 시간 동안 형성되고 조직 내에 고착화 된 것이기 때문에 단기적으로 변화시키는 것이 쉽지 않다. 특히 문화혁신은 제도혁신과 사람혁신이 선행될 때 보다 성공적으로 추진될 수 있기 때문에 인사혁신의 장기적 과제로 이해할 수 있다.

2. 인사혁신의 핵심가치

본서에서는 인사혁신을 제도혁신, 사람혁신, 문화혁신 등의 3개 단계로 구분하여 구성하였다. 특히 본서에서는 인사혁신의 3단계를 각각 토대적 차원과 발전적 차원으로 구분하여 구성하였다. 토대적 차원은 각 단계의 혁신을 가능케 하는 동력 확보 단계로 이해할 수 있으며 발전적 차원은 실질적 개신을 통해 주요 혁신 가치들을 제도, 사람, 문화에 내재화하여 바람직한 모습으로 변화해 나가는 단계로 이해할 수 있다(박성민·최성주·김선아, 2015; 김선아·박성민, 2016a; 2016b). 이러한 맥락에서 본서에서 논의하고자 하는 제도혁신, 사람혁신, 문화혁신 단계별 토대적 차원과 발전적 차원의 핵심 인사혁신 가치를 바탕으로 <그림 2-1>과 같은 인사혁신 체제모형을 도출하였다. 인사혁신 단계별 핵심 인사혁신 가치를 살펴보면 다음과 같다.

1) 제도혁신

(1) 토대적 차원: 전략성과 체계성

제도혁신의 토대적 차원에서 핵심 인사혁신 가치는 전략성과 체계성을 제시하였다. 전략성은 공무원이 국정운영에 있어 핵심적인 역할을 수행할 수 있도록 지원하기 위해 국정운영의 목표를 공공 인적자원관리 체계에 내재화시키고 이를 중심으로 인적자원관리 기능 간의 유기적 연계를 강화해나가려는 노력을 의미하며, 체계성은 직무와 사람에 대한 과학적 분석을 토대로 거시적 차원에서 국정운영을 안정적으로 지원하는 선진화된 인적자원관리 체계를 구현하기 위한 노력을 의미한다.

(2) 발전적 차원

제도혁신의 발전적 차원에서 핵심 인사혁신 가치는 국가인재확보, 공공인재개발, 우수인재활용, 핵심인재평가, 퇴직인재관리 등 공공 인적자원관리 5대 프로세스를 중심으로 논의하였다. 이를 구체적으로 살펴보면 다음과 같다.

① 국가인재확보: 외적 다양성과 개방성

제도혁신의 발전적 차원에서 국가인재확보 단계의 핵심 인사혁신 가치는 외적 다양성과 개방성을 제시하였다. 외적 다양성은 국가인재확보 과정에서 소수집단에 대한 배려를 통해 인적구성의 다양성을 확보하고 이들을 포용적으로 관리하고자 하는 노력을 의미하며, 개방성은 민간부문에 공직의 문호를 개방하고 공공부문 내에서의 인사교류 활성화를 통해 조직 내에 새로운 인적자원을 적극적으로 충원하고자 하는 노력을 의미한다.

② 공공인재개발: 양적 우수성과 질적 우수성

제도혁신의 발전적 차원에서 공공인재개발 단계의 핵심 인사혁신 가치는 양적 우수성과 질적 우수성을 제시하였다. 양적 우수성은 공공인재개발 프로그램의 운영에 있어 수요자의 선호를 반영하고 다변화된 행정수요에 대응할 수 있는 다양한 역량 개발을 지원하기 위해 교육의 내용, 교육의 장소, 교육의 유형 등의 측면에서 다양성을 확보하려는 노력을 의미하며, 질적 우수성은 공공인재개발 프로그램의 운영에 있어 과정적·내용적 측면의 질적 관리를 통해 공공인재개발 체계의 타당성과 효과성을 향상시키기 위한 노력을 의미한다.

③ 우수인재활용: 내적 다양성과 능률성

제도혁신의 발전적 차원에서 우수인재활용 단계의 핵심 인사혁신 가치는 내적 다양성과 능률성을 제시하였다. 내적 다양성은 조직 생활과 일상 생활에 대한 통합적 관리를 바탕으로 조직 구성원들의 심리적·문화적 차이를 포용하여 삶 전반에서 즐거움을 느끼는 행복한 인재를 양성하기 위한 노력을 의미하며, 능률성은 개인의 역량과 노력에 상응하는 직무 성과를 도출하고 조직 구성원의 역량을 행정수요에 적실하게 활용할 수 있도록 지원하는 합리적인 역량 관리 체계 구축 노력을 의미한다.

④ 핵심인재평가: 공정성과 경쟁성

제도혁신의 발전적 차원에서 핵심인재평가 단계의 핵심 인사혁신 가치는 공정성과 경쟁성을 제시하였다. 공정성은 평가체계의 도구적·내용적 타당성 확보를 통해 조직 구성원들의 노력과 실적을 정확히 평가하고 이에 합당한 보상이 이루어질 수 있도록 지원하기 위한 노력을 의미하며, 경쟁성은 온정주의, 연공서열, 보직우선 관행 등을 탈피하고 직무 성과 중심의 평가·보상 체계의 운영을 통해 공공 인적자원관리 체계에 실적주의와 성과주의 문화를 확립하기 위한 노력을 의미한다.

⑤ 퇴직인재관리: 투명성과 적극성

제도혁신의 발전적 차원에서 퇴직인재관리 단계의 핵심 인사혁신 가치는 투명성과 적극성을 제시하였다. 투명성은 퇴직공무원의 재취업에서 발생하는 비윤리적 행태를 근절하기 위해 구체적이고 명확한 취업심사 기준을 마련하여 이를 교육하고 위반사항을 철저하게 관리하고자 하는 노력을 의미하며, 적극성은 퇴직공무원의 역량이 사회적 차원에서 활발히 활용될 수 있도록 지원함으로써 은퇴 이후 개인의 사회적·경제적 삶의 질을 보장하고 사회의 안정적 성장을 가능케 하는 노력을 의미한다.

2) 사람혁신

(1) 토대적 차원: 공공성과 기업가정신

사람혁신의 토대적 차원에서 핵심 인사혁신 가치는 공공성과 기업가정신을 제시하였다. 공공성은 공익 실현의 실질적 주체인 공무원에게 자신들의 존재 목적인 공공 가치와 이를 달성하는 데 있어 요구되는 행태적·정서적 규범인 공공 윤리를 내재화하고 보다 발전적 차원에서 공공 봉사 동기를 강화해 나가고자 하는 노력을 의미하며, 기업가정신은 공공성의 수호를 위해 불확실성에 대한 개인적 위험을 감수하고 모험 정신과 도전 정신을 바탕으로 혁신을 주도해 나가는 진취적 행태를 공공조직 구성원들에게 내재화 하려는 노력을 의미한다.

(2) 발전적 차원: 자율성과 역량성

사람혁신의 발전적 차원에서 핵심 인사혁신 가치는 자율성과 역량성을 제시하였다. 자율성은 조직 내의 업무 수행 과정과 의사 결정 과정에서 개별 조직 구성원들에게 자기결정권을 부여하고 조직 구성원들의 능동적 활동을 장려하는 노력을 의미하며, 역량성은 조직 차원에서 공공조직 구성원에게 요구되는 공통 핵심 역량과 직급 및 직무 특성에 따라 차별화된 전문 직무 역량을 도출하여 이의 내재화를 지원하고자 하는 노력을 의미한다.

3) 문화혁신

(1) 토대적 차원: 심리자본과 사회자본

문화혁신의 토대적 차원에서 핵심 인사혁신 가치는 심리자본과 사회자본을 제시하였다. 심리자본은 자기효능감, 희망, 낙관주의, 회복탄력성과 같이 조직 구성원들의 긍정적인 마음 상태에 관심을 기울이고 이를 조직 차원으로 확산해 나가고자 하는 노력을 의미하며, 사회자본은 인적네트워크를 기반으로 구성원 간의 신뢰를 형성하고 조직 내 상호협력을 강화해 나가고자 하는 노력을 의미한다.

(2) 발전적 차원: 부정적 공직문화 철폐와 긍정적 공직문화 구축

문화혁신의 발전적 차원에서 핵심 인사혁신 가치는 부정적 공직문화 철폐와 긍정적 공직문화 구축을 제시하였다. 부정적 공직문화의 철폐는 권위주의, 복지부동, 무사안일 등과 같이 공공조직 내에 존재하는 부정적인 요소를 철폐하고 이를 통해 조직의 민주성과 창의성 및 혁신성을 강화하려는 노력을 의미하며, 긍정적 공직문화 구축은 우리나라 공공조직의 문화에 성과·경쟁·시장·복지·공정·지식·융합 지향 문화 등 신공공관리론적 혁신 가치와 후기-신공공관리론적 혁신 가치를 통합적으로 내재화하여 조직의 경쟁력을 강화해 나가고자 하는 노력을 의미한다.

그림 2-1 인사혁신 체제모형

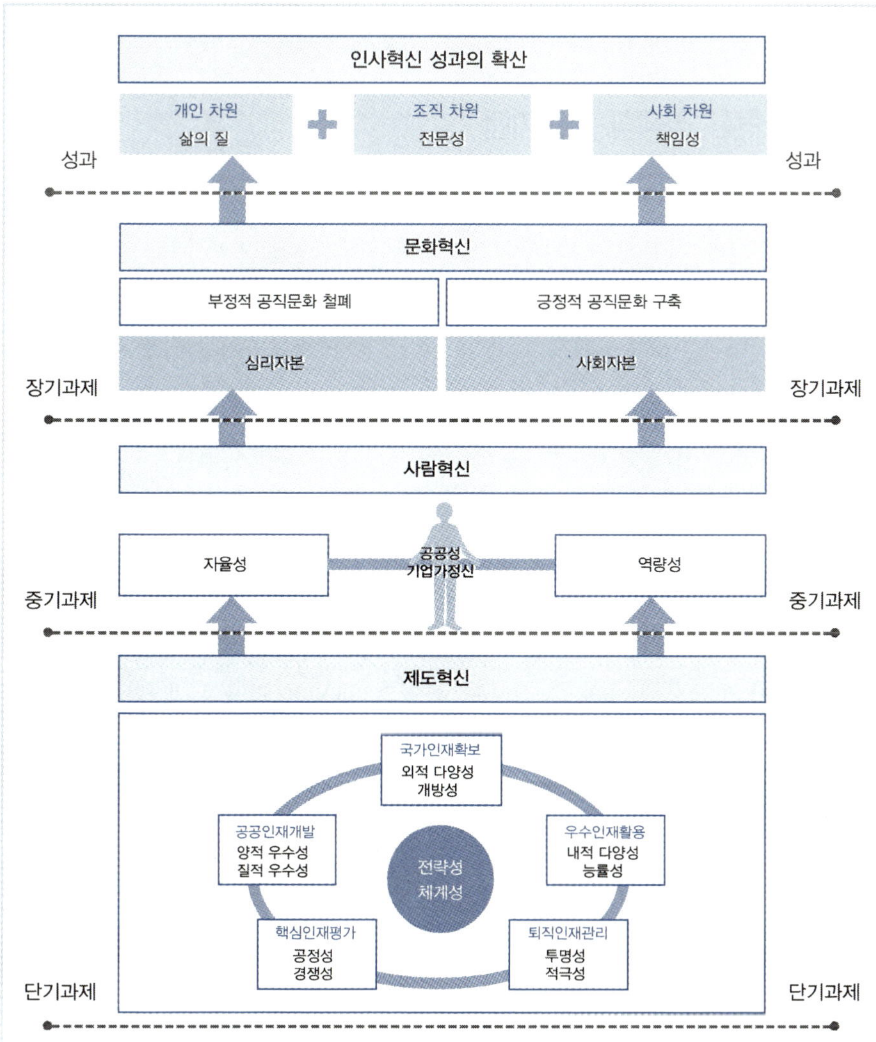

제2절 정책적 차원에서 인사혁신의 이해[2)]

1. 인사혁신 정책의 주관기관

정부의 인사혁신은 정부의 인사행정을 총괄하는 중앙인사기관이 관장한다. 이에 1999년 이전에는 총무처가, 1999년 이후에는 기획 기능은 중앙인사위원회가, 집행 기능은 행정자치부가 인사혁신과 관련된 업무를 총괄하였다. 이후 2004년에 집행적 성격을 갖는 모든 업무가 행정자치부에서 중앙인사위원회로 위임되면서 국가의 인사혁신 기능이 중앙인사위원회로 일원화되었다. 특히 중앙인사위원회의 출범과 함께 고위공무원단 제도, 성과 및 능력 중심 평가·보상체계 운영, 개방형 직위 운영 등 기존과는 차별화된 인사혁신이 추진되었다. 하지만 이명박 정부에서 중앙인사위원회가 폐지되면서 다시 복합기능을 수행하는 행정안전부가 인사혁신 기능을 전담하게 되었고 이후 박근혜 정부가 출범하면서 안전행정부에서 인사혁신 기능을 담당하게 되었다. 그러나 2014년 발생한 세월호 사건으로 공직의 대응성 저하 문제, 관피아 척결 등의 문제가 사회적 이슈로 다루어지면서 인사혁신에 대한 사회적 요구가 어느 때보다 강력하게 제기되었고 이에 공직의 인사혁신을 전담하는 중앙인사기관인 인사혁신처가 출범하게 되었다. 현재 지방공무원 인사기능은 행정자치부가 관장하고 있으나 이를 제외한 국가의 인적자원관리 업무는 대부분 인사혁신처가 총괄하고 있다. 중앙인사기관의 명칭에 일반적 의미의 "관리"가 아닌 "혁신"이라는 표현을 사용한 것은 단순히 인적자원의 효율적 "운영" 및 "관리"에 중점을 두는 것이 아니라 공직 전반을 "변화" 및 "발전"시키고자 하는 강력한 의지가 반영된 것으로 이해할 수 있다(김선아·박성민, 2016a: 3).

현재 인사혁신처는 '국민을 위한 혁신', '미래를 여는 공무원'이라는 비전하에 공무원의 전문성과 공직의 개방성을 향상시켜 '일 잘하고 경쟁력 있는

2) 해당 내용은 저자가 인사혁신처의 「2015년 국가혁신 분야 업무보고」 및 「2015년 인사혁신처 업무계획」, 「2016년 인사혁신처 업무계획」의 내용을 바탕으로 김선아·박성민(2016c)에서 제시했던 내용을 본서의 구조에 맞추어 재구성한 것이다.

공직사회'를 구현하고, 생산적인 공무원 문화를 조성하고 공직 가치를 재정립하여 '반듯하고 신나는 공직사회'를 구현한다는 2개 미션을 바탕으로 다양한 정책과 프로그램을 기획하여 운영하고 있다. '일 잘하고 경쟁력 있는 공직사회'가 신공공관리 패러다임에 근거한 미션이라면, '반듯하고 신나는 공직사회의 구현'은 후기-신공공관리 패러다임에 근거한 미션으로 이해할 수 있다. 이러한 핵심 미션을 바탕으로 인사혁신처는 국민인재 채용 및 공직개방 확대, 전문성 제고 및 인적 협업 증진, 직무·성과 중심 인사관리 체계 구축, 생산적 공직문화 조성, 100세 시대 퇴직 후 활동 지원, 깨끗한 공직사회 실현 등 6대 핵심 과제를 설정하였다. 이러한 6대 핵심 과제의 내용과 목표를 간략하게 살펴보면 다음과 같다(관계부처 합동 업무보고, 2015). 첫째, 국민인재 채용 및 공직 개방 확대는 국민인재를 공직에 적극 초빙하고 공무원(국민의 인재)도 민간 등에 진출하여 쌍방 교류를 통한 경쟁력 도모를 목표로 한다. 둘째, 전문성 제고 및 인적 협업 증진은 잦은 순환보직 관행을 개선하고 모든 공무원이 각자 전문분야에서 최고의 전문가가 될 수 있도록 전략적으로 양성하는 것을 목표로 한다. 셋째, 직무·성과 중심 인사관리 체계 구축은 성과에 따라 제대로 평가·보상 받는 시스템을 구축하고 현재의 계급 중심 인사관리를 직무 중심 인사관리로 개편하는 것을 목표로 한다. 넷째, 생산적 공직문화 조성은 일·가정 양립 지원 등 생산적으로 일하는 근무여건을 조성하고 권위주의 문화 타파 등을 통해 인사혁신의 성공적 추진기반을 마련하는 것을 목표로 한다. 다섯째, 100세 시대 퇴직 후 활동 지원은 기대 수명 연장과 연금수급연령 조정에 대비하여 퇴직 후에도 사회공헌 등을 통해 공무원의 전문성이 사회적 차원에서 활용될 수 있도록 하는 것을 목표로 한다. 여섯째, 사람과 문화에 대한 혁신으로 깨끗한 공직사회의 실현이다. 이는 공직 기강을 다잡고 신상필벌 원칙의 확립을 통해 비위를 근절하여 청렴문화를 확산하는 것을 목표로 한다.

인사혁신처가 추진하고 있는 6대 핵심 과제를 종합해 볼 때 현재 정부의 인사혁신에 있어 제도혁신의 비중이 가장 큰 것이 사실이나 과거와 다르게 사람혁신 및 문화혁신에 관한 내용도 핵심 과제로 포함하여 논의하고 있는 것을 확인할 수 있었다. 2015년 1월 국가혁신 분야 업무보고 자료를 바탕으로 인사혁신처가 시행하고 있는 인사혁신의 주요 과제를 제도혁신, 사람혁신, 문화혁신으로 구분하여 구체적으로 살펴보면 다음과 같다(관계부처 합동 업무보고, 2015).

참고 2-1 인사혁신처 조직도

자료: 인사혁신처(2016a)

2. 인사혁신 정책의 운영

1) 제도혁신

(1) 국가인재확보 단계의 인사혁신

국가인재확보 단계에서 인사혁신처가 추진하고 있는 주요 혁신 과제는 공무원 채용 경로 다양화와 국민 인재 채용 확대, 외적 다양성 확보 등 3개로 구분할 수 있다. 이를 구체적으로 살펴보면 다음과 같다.

첫째, 공무원 채용 경로 다양화를 위해 현재 인사혁신처는 전 직급에 국민인재 경력채용제도 도입을 검토하고 있다. 기존의 경력채용제도는 5급에서만 이루어지고 있었으나 전 직급으로의 확대 운영을 추진하여 점진적으로 5급 이하 공채(행정고시) 비율과 경력경쟁채용 제도의 신규채용 비율을 5 : 5로 조정하는 것을 목표로 하고 있다. 이에 2015년에 인사혁신처 주관 '7급 민간경력자 채용시험'을 시범적으로 실시하였고, 5급 민간경력자 일괄채용시험의 선발단위를 현재 직무분야에서 직무군 또는 직렬(직류) 단위로 변경하고 채용규모 확대를 추진하였다. 더불어 고위공무원단에서는 전문성을 갖춘 유능한 인재를 영입하기 위해 채용절차를 간소화 하고 기존의 5년 임기 제한을 완선히 철폐하였으며 개방형 직위를 민간에만 개방하는 '경력개방형 직위'로의 개편을 진행하고 있다.

둘째, 스펙을 초월한 국민 인재 채용 확대를 위해 중소기업·사회적기업 등 다양한 현장근무 경력자 채용 확대를 추진하여 '스펙초월 채용시스템' 활성화를 추진하고 6급 이하 공무원채용시험에서 정보화 자격증 등 불필요한 스펙이라고 판단되는 항목을 가산점에서 제외하였다. 또한, 국가인재를 적극적으로 발굴하기 위해 일반 국민, 민간전문가로부터 다양한 분야(농업·문화 등)에 숨은 인재를 추천받아 국가인재 DB에 등재하여 분야별 인재 풀 확충을 위해 노력하고 있다. 이와 더불어 재난 등 국민 안전, 여성·이공계 등 소수 분야 인재 및 해외동포·방한 외국 리더 인물정보 발굴을 위한 노력도 함께 진행하고 있다.

셋째, 사회적 약자를 배려하고 공공조직 내 외적 다양성을 확보하기 위해 인사혁신처는 장애인, 지역인재, 지방인재, 저소득층, 공익기여자 등을 대상으로 장애인 공채 구분모집 확대, 중증장애인 경채 직위 30개 이상 발굴, 지역인재 추천채용제 7·9급 선발 확대, 9급으로 한정하였던 지방인재채용 목표제를 7급 공채에 적용, 9급 공채에 저소득층 구분 모집·선발 비율 확대, 6급 이하 채용 시 의사자 배우자·자녀에 대한 가점 도입 등 사회통합형 인재의 채용 기회 확대를 위해 노력하고 있다.

(2) 공공인재개발 단계의 인사혁신

공공인재개발 단계에서 인사혁신처가 추진하고 있는 주요 혁신 과제는 맞춤형 경력개발제도 운영 및 교육·훈련의 지원 확대 등 2개로 구분할 수 있다. 이를 구체적으로 살펴보면 다음과 같다.

우선 맞춤형 경력개발제도 운영은 공무원의 경력경로를 "일반행정가(관리자형)"유형과 "전문행정가(전문가형)" 등의 2개 유형으로 구분하여 각각의 유형에 맞게 계급·급여·승진 등 인사관리 전반을 차별화 하여 관리하는 것이다.

더불어 기존에는 공무원 교육·훈련에 있어 일반행정가 양성에 중점을 둔 훈련방식으로 상시 학습 체계 등을 강조하였으나 현재는 지식 습득, 개인 학습, 퇴직 준비 등을 위한 연수 휴직의 지원 및 직무연구회(공무원 연구모임) 활성화 등 교육·훈련 체계의 다양화를 추진하고 있다. 특히 직무연구회의 경우 타부처 공무원 및 외부전문가의 참여를 통해 공직 내·외부의 협업(공동연구)을 촉진하기 위함이다. 또한 관리자에 대한 리더십 교육을 확산하고자 리더십 특화교육을 위해 <리더십 스쿨>을 개설하고, 역량평가 결과에 기초하여 개인별 부족역량에 대한 심화학습을 가능케 하는 계획을 추진 중에 있다. 특히 2016년에는 기존의 중앙공무원교육원을 국가공무원인재개발원으로 개편하면서 국가인재개발의 허브(Hub)로서 그 기능을 강화하였다.

(3) 우수인재활용 단계의 인사혁신

우수인재활용 단계에서 인사혁신처가 추진하고 있는 주요 혁신 과제는 순환보직제도 개선 및 전문직위 확대, 직위분류제적 요소 도입, 후생 복지 지원제도 개선 등 3개로 구분할 수 있다. 이를 구체적으로 살펴보면 다음과 같다.

첫째, 잦은 순환보직의 부작용을 극복하고 전문성을 강화하기 위해 전문직위 지정 확대를 추진하고 있다. 우선적으로 환경, 안전 등 전문성을 필요로 하는 분야를 전문직위로 지정하여 해당직위 4년, 전문직위군 내 8년간 보직이동을 제한하고 있으며 현재 전문직위가 아닌 직위에 대한 재분석을 통해 인사·조직 및 홍보와 같은 전문성 필요 직위에 대한 전문직위 지정 확대를 추진하고 있다. 더불어 전문직위로 미지정된 직위에 대해서도 필수보직기간을 2년에서 3년으로 확대하는 등의 보완적 대책을 마련하였다.

둘째, 계급제의 부작용을 극복하기 위해 직무중심의 인력운영방식을 도입하고 있다. 이에 현재 직위 현황을 고려하여 직책단계를 3개~4개로 그룹화하고 직책 단계 내에서 업무의 난이도, 책임도 등에 따라 계급 분류를 시도하고 있으며 직책 간 이동 및 승진은 능력과 성과 중심의 운영을 목표로 하고 있다. 이에 직책단계 내 이동은 능력 우수자의 경우 2개 이상 상위 계급 직위에도 발탁 임용을 가능케 하고 상위 직책단계로의 승진은 역량평가 등 엄격한 자질 검증을 거쳐 승진 임용될 수 있도록 제도를 개선하였다.

셋째, 공무원 사기진작을 위해 후생 복지 제도의 개선을 추진하고 있다. 구체적으로 위험 직무 재해율(사망, 부상 등)을 활용하여 위험등급 및 지급액을 차별화 하고 고위험군 공무원에 대한 처우를 개선하고자 노력하고 있다. 더불어 민간 대비 공무원 보수 수준을 개선하고자 지속적으로 노력하고 있다.

(4) 핵심인재평가 단계의 인사혁신

핵심인재평가 단계에서 인사혁신처가 추진하고 있는 주요 혁신 과제는 직무 및 성과 중심 평가 및 보상 제도 운영, 고성과자에 대한 보상 강화 및 저성과자에 대한 특별관리 강화 등 2개로 구분할 수 있다. 이를 구체적으로 살펴보면 다음과 같다.

우선, 직무 및 성과 중심 인사관리 체계 구축을 위해 연공·보직 위주의 평가체계를 성과·역량 중심으로 개편하고 있다. 이에 현행 점수 및 서열화 체계를 등급제로 개편하는 것을 검토 중에 있으며, 승진 시 경력 점수 반영을 축소하였다. 또한 소속기관장, 부서장 등에 승진 임용의 재량권을 확대하고자 계획하고 있으며, 성과 평가 시 부서장 면담을 의무화 하였다. 그리고 평가 적정성에 대한 점검 시스템(공정성 지수 및 관대화 지수)을 마련하여 연공·보직 위주의 평가체계를 성과·역량 중심으로 개편하고자 노력하고 있다.

더불어, 고성과자에게는 파격적 인센티브를 제공하고 저성과자에게는 역량개발을 지원하고 있다. 고성과자에 대해서는 발탁승진 및 2계급 이상 특별승진, 성과급 및 연봉액 등 급여 확대 지급 등을 꾀하고 있으며, 저성과자에 대해서는 전문성 교육 실시 및 직무 전환 배치 등 역량개발 지원을 추진하고 있다.

(5) 퇴직인재관리 단계의 인사혁신

퇴직인재관리 단계에서 인사혁신처가 추진하고 있는 주요 혁신 과제는 공무원 재취업에 있어 부정적 관행을 근절하고자 하는 것이다. 이에 민관유착 가능성이 있는 분야에서 재취업을 원천적으로 금지하고자 퇴직공직자 취업 현황 분석 및 분야별·직종별·기관별 구체적인 취업심사기준을 마련하여 운영하고 있다. 또한 고위공직자 취업이력 공시제도 운영방안을 마련하여 취업제한 위반 적발 시 상응하는 조치를 취할 수 있도록 노력하고 있다.

2) 사람혁신

인사혁신처가 추진하고 있는 사람혁신의 주요 과제는 올바른 국가관 및 공직관의 확립과 공직동기의 강화이다. 이에 채용 단계에서 헌법소양을 검증하기 위해 5급 공채시험 1차 시험과목에 헌법을 추가하였으며, 모든 경력경쟁채용시험에 '한국사' 가점제 적용, 공공가치 검증을 위한 면접방식 및 평가체계 개선 등의 노력을 진행하였다.

또한 현재 인사혁신처는 국가공무원법에 공무원이 추구해야 할 방향성을 제시한 공공가치 관련 조항을 신설하였다. 개정안에 따르면 공공가치는 국가관(애국심, 헌신성, 다양성), 공직관(책임성, 공평성, 전문성), 윤리관(청렴성, 정직성, 투명성) 등을 포함하였고 공무원이 이러한 공직가치를 준수하고 실현하기 위해 노력해야 한다고 규정하였다. 또한 공무원 교육체계를 확대 개편하여 기존 공무원들을 대상으로 공직 가치 및 헌법적 가치에 대한 교육을 강화해 나가고 있다.

뿐만 아니라 인사혁신처는 공무원 스스로 긍정적인 행태를 정립하고 부정적인 행태를 사전에 예방할 수 있도록 다양한 노력을 전개하고 있다. 우선, 바람직한 공무원상 정립을 위해 대한민국 공무원상 수여 및 명예의 전당을 설립하였다. 이에 전문성을 갖고 헌신한 공무원을 포상 대상자로 선발하고 인사상 우대를 통해 동기 부여 및 자긍심을 제고하며, 이들의 공적을 공유함으로써 우수 행태가 확산될 수 있도록 하고 있다. 또한 2015년 11월 최초로 <반듯한 공무원, 신뢰받는 정부>라는 제목의 공무원 징계사례집을 발간하였는데 이는 공무원과 일반 국민들로 하여금 징계제도에 대한 이해를 높이고 공무원에게 반면교사가 될 수 있도록 하기 위함이다. 구체적으로 징계사례집에는 징계제도 및 징계관련 질의·답변, 징계 통계, 징계 사례 등을 수록하였는데 이를 통해 공무원들이 스스로 부정적 행태를 경계하고 바람직한 직업윤리를 확립해 나감으로써 비위행위를 척결하는 데 기여할 수 있을 것으로 판단된다. 이와 함께 <공무원 자원봉사-재능나눔 우수사례집>, <소극적/적극적 행정 사례집> 등을 발간하여 국민이 행복한 국가를 구현하기 위해 공무원에게 요구되는 규범적 행태 및 자세가 무엇인가에 대한 정보를 제공하고 있다. 이러한 노력과 더불어 인사혁신처는 2016년 2월 중앙공무원교육원을 국가인재원으로 개편하여 공무원에게 바람직한 공직자상을 내재화하고, 공직가치 교육을 확대하는 등 교육·훈련을 바탕으로 사람혁신을 추진하기 위해 노력하고 있다.

3) 문화혁신

인사혁신처가 추진하고 있는 문화혁신의 주요 과제는 깨끗한 공직문화 조성과 생산적 공직문화 조성 등 2개로 구분할 수 있다. 이를 구체적으로 살펴보면 다음과 같다. 우선 인사혁신처는 엄정한 공직기강 확립 및 깨끗한 공직사회 실현을 위해 고의 및 계획적 비위를 엄중히 처벌할 수 있도록 징계기준을 강화하고, 직무와 관련이 없는 단순 과실 비위에 대해 과감히 관용 조치하는 등 비위공직자에 대한 신상필벌 원칙을 강화하였다.

이와 더불어 생산적 공직문화 조성을 위해 부처별로 직원이 사용해야 할 권장연가일수를 자율적으로 결정할 수 있도록 하였으며 2016년부터는 미사

참고 2-2 인사혁신의 확산 및 실천의 3단계

2015

추진성과

인사혁신의 기틀 마련

4개 법(6회), 16개 대통령령(22회) 개정

개방성 제고

경력개방형 직위 도입

전문성 제고

필수보직기간 확대(2년→3년)

능력, 성과중심 인사관리

저성과 고위공무원 관리강화 성과연봉 적용대상 및 성과급 비중 확대

공직가치 확립

공직가치의 재정립 및 교육 확대

신상필벌

우수공무원에 대한민국공무원상 수여, 퇴직자 취업제한 및 3대비위(금품, 성, 음주) 강화

공무원연금의 성공적 개혁

사회적 대타협을 통한 연금개혁

국민과 미래세대 부담 경감, 국민연금과의 형평성 제고

*해외전문가 평가: "한국 공무원 연금개혁 대성공, 재정안정화와 형평성 제고를 위한 과감한 조치"

추진방향

- 인사혁신 과제들이 각 부처에 제대로 뿌리내릴 수 있도록 지원하고, 지자체, 공공기관까지 확산하여 국민이 체감하는 가시적 성과 달성
- 도입된 과제들의 문제점을 세밀하게 보완, 발전시켜 실행력 확보
- 제도 뿐 아니라 관행, 문화까지 변화시킬 수 있도록 정교한 변화관리 실시

2016

인사혁신의 확산 및 실천

2016년 주요과제

01. 공직 다양성 제고 및 개방 확대
02. 공무원 인재개발체계 재정립
03. 능력, 성과중심 인사관리 및 공직 전문성 강화
04. 반듯하고 생산적인 공직문화 조성

2017

인사혁신의 정착

글로벌 경쟁력을 갖춘 미래지향적 공직사회 실현

자료: 인사혁신처(2016a)

용연가를 이월·저축하여 안식월과 같은 장기휴가로 활용할 수 있도록 제도 개선을 추진하였다. 또한 유연근무제 유형을 단순화 하여 자기주도 근무여건을 조성할 수 있도록 하였으며 기관별 초과근무 총량관리제를 확대 실시하여, 불필요한 근무시간을 감축할 수 있도록 유도하였다. 뿐만 아니라 육아휴직 시 업무대행 지정, 한시임기제공무원 채용 등 대체인력 활용 및 시간선택제 근무를 손쉽게 활용할 수 있도록 하였으며, 남성 육아휴직기간을 확대하여 향후 3년으로 연장하는 방안을 추진 중에 있다. 더불어 업무대행 수당 인상을 추진하는 등 조직 구성원의 일과 삶 균형 지원을 통해 생산적인 공직문화를 조성해 나가고 있다.

토론 문제

다음 질문에 대해 함께 토론해 보세요.

1. 우리나라 공공 인적자원관리의 제도혁신에 있어 혁신의 목표 및 과제, 성과에 대해 논의해보자.

2. 우리나라 공공 인적자원관리의 사람혁신에 있어 혁신의 목표 및 과제, 성과에 대해 논의해보자.

3. 우리나라 공공 인적자원관리의 문화혁신에 있어 혁신의 목표 및 과제, 성과에 대해 논의해보자.

제 2 편

인사혁신의 단기 과제: 제도혁신

제3장

제도혁신의 토대적 차원

제3장 제도혁신의 토대적 차원

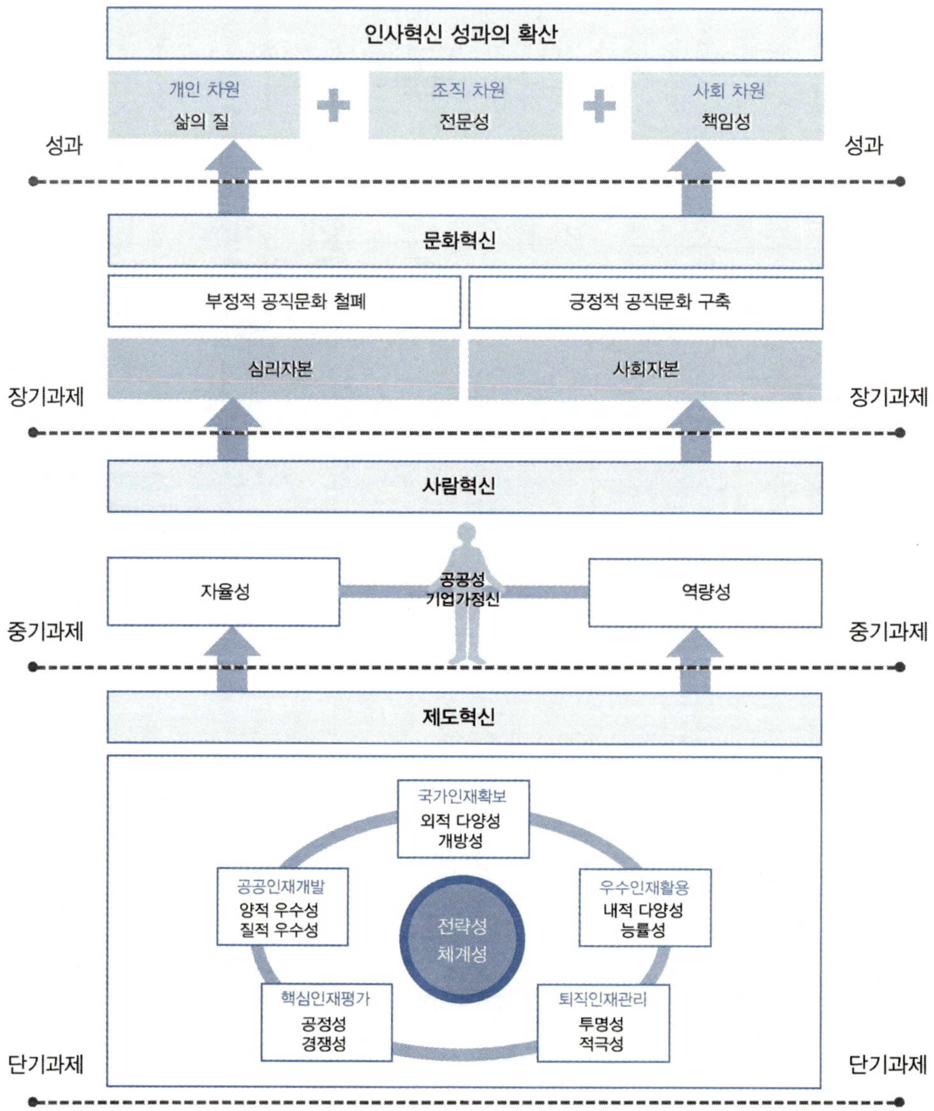

개 요

☞ 전략성

핵심 인사혁신 가치로서 전략성의 의의	
공무원이 국정운영에 있어 핵심적인 역할을 수행할 수 있도록 지원하기 위해 국정운영의 목표를 공공 인적자원관리 체계에 내재화시키고 이를 중심으로 인적자원관리 기능 간의 유기적 연계를 강화해 나가려는 노력	
혁신 장벽	혁신 전략
부합성 저하	수직적·수평적 부합성 강화
유연성 저하	부처의 특수성을 반영한 상향식 SHRM 체계 구축
한국적 맥락을 반영한 전략적 인적자원관리 전문지식 부족	관학협력 강화

☞ 체계성

핵심 인사혁신 가치로서 체계성의 의의	
직무와 사람에 대한 과학적 분석을 토대로 거시적 차원에서 국정운영을 안정적으로 지원하는 선진화된 인적자원관리 체계를 구현하기 위한 노력	
혁신 장벽	혁신 전략
직무기술서의 우수성 저하	직무 분석의 고도화
미국식 인력개발모델의 적합성 서하	한국형 인력관리계획 수립
인적자원의 역량에 대한 체계적 분석 기법의 미비	역량 예측 및 분석 기법 개발

핵심 용어
전략성, 체계성, 전략적 인적자원관리, 직무분석, 직무평가, 인력관리계획

제1절 제도혁신의 토대적 차원에 대한 이해

1. 혁신의 배경

토대적 차원의 제도혁신은 "거시적 차원에서 공공 인적자원관리 제도의 발전을 지속하기 위해 필요한 핵심 과제는 무엇인가?"라는 질문에서 시작한다. 공공 인적자원관리는 우수한 인적자원을 확보하고 개발하여 이들의 역량을 효과적으로 활용할 수 있도록 관리해나감으로써 국정운영에 있어 핵심적인 역할을 수행하는 최적의 인재 양성을 지원한다는 측면에서 그 중요성을 살펴볼 수 있다(유민봉·박성민, 2014; 김선아·박성민, 2016a). 이에 공공 인적자원관리의 기초가 되는 제도를 보다 나은 방향으로 발전시키기 위한 혁신 활동은 국정운영의 효율성 향상을 위해 필수적이라 할 수 있다. 특히 공공 인적자원관리의 패러다임이 인사관리(Personnel Management)에서 인적자원관리(Human Resource Management)로 전환되었고 여기서 한 걸음 더 나아가 인적자본관리(Human Capital Management)로의 변화를 지향하게 되면서 공공 인적자원관리에 있어 보다 거시적이고 미래지향적 관점을 포함시킬 것을 요청받게 되었다.

이에 본서에서는 우리나라 공공 인적자원관리에서 거시적이고 미래지향적 관점을 포함하기 위해 필요한 요소들이 무엇인가에 대한 고민을 담아내고자 SWOT 분석을 통해 공공 인적자원관리 제도혁신의 토대적 차원에서 내·외부적 환경을 이해하고 이를 기반으로 혁신의 방향을 도출하였다. 이러한 분석을 통해 혁신 과정에서 내부적 차원의 강점 요인과 외부적 차원의 기회 요인을 효과적으로 활용해 나갈 수 있을 것이며 내부적 차원의 약점 요인과 외부적 차원의 위협 요인에 선제적으로 대응해 나감으로써 보다 발전적인 인적자원관리 체계의 구축이 가능해 질 것이다. 궁극적으로는 종합적 시각에서 진행된 내·외부 환경 분석 프로세스를 바탕으로 사회적 변화와 사회적 수요를 적실하게 담아낸 혁신 과제를 도출하여 혁신 활동의 당위성과 타당성을 확보하고자 하였다. 공공 인적자원관리 제도혁신의 토대적 측면에서 내부적 차원의 강점(Strengths) 및 약점(Weaknesses) 요인과 외부적 차원의 기회(Opportunities) 및 위협(Threats) 요인을 살펴보면 다음과 같다.

첫째, 내부적 차원의 강점(Strengths) 요인으로 인사 전담 중앙인사기관의 출범으로 인한 인사혁신의 동력 확보 및 인사조직 직류 설립을 통한 전문성 강화를 살펴볼 수 있다. 2014년 공공 인적자원관리 및 혁신 업무를 전담하는 중앙인사기관인 인사혁신처가 출범함으로써 공공 인적자원관리 제도의 선진화를 위해 다양한 노력이 전개되고 있고 이에 지속적인 혁신 동력을 강화해 나갈 수 있게 되었다. 이와 더불어 행정직렬 내에 인사조직직류를 신설하여 정부 조직의 인사관리 및 조직관리 기능을 수행하는 데 있어 전문성을 확보할 수 있게 되었다.

둘째, 내부적 차원의 약점(Weaknesses) 요인으로 계급제 기반의 인사운영으로 인해 사람과 직무에 대한 분석이 부족하다는 점과 인적자원관리 제도 운영에 있어 목표지향적·미래중심적 요소가 부족하다는 점을 살펴볼 수 있다. 우리나라의 공공 인적자원관리는 일반행정가 양성을 원리로 하는 계급제를 기반으로 운영되고 있어 직위분류제와 비교할 때 상대적으로 직무분석 및 직무평가의 과학성 및 구체성이 다소 결여되어 있다. 이로 인해 직무와 사람 간의 매칭(Matching)이 체계적으로 이루어지지 못하고 있다는 비판에 직면하고 있다. 뿐만 아니라 인적자원관리 제도를 개선하려는 노력이 단기적 시각에서 현재 당면한 문제점을 해결하는 것에 중점을 두고 있어 조직의 목표와 미래 지향적 요소를 담아내지 못하고 있다. 그러나 공공 인적자원관리가 지속적으로 조직운영 및 국정운영의 성과 향상을 지원하기 위해서는 중기적 차원에서는 조직의 목표를 인적자원관리 체계에 내재화시켜 인적자원관리가 목표지향적으로 운영될 수 있도록 해야 하며, 장기적 차원에서는 미래에 발생할 수 있는 수요와 문제점을 과학적으로 예측하고 이에 대한 대응책을 포함하여 미래지향적으로 운영될 필요가 있다. 이에 보다 거시적인 관점에서 공공 인적자원관리 체계를 조망하는 노력이 요구된다.

셋째, 외부적 차원의 기회(Opportunities) 요인으로 국정운영의 패러다임이 통치(Government)에서 협치(Governance)로 변화하면서 민관협력이 강화되고 있다는 점을 살펴볼 수 있다. 이로 인해 과거의 시행착오를 통해 보다 선진화·개방화된 인적자원관리 기법과 체계를 구축하고 있는 민간조직의 기법과 체계를 연구하고 벤치마킹 할 수 있는 기회를 확보하게 되었다. 이와 더불어 민관협력의 강화로 공공조직이 활용할 수 있는 인재 풀(Pool)이 확장되었으며 공공조직과 민간조직 간 인사교류가 활성화 되면서 공공조직에 활력을 불어넣게 되었다.

넷째, 외부적 차원의 위협(Threats) 요인으로 인구 구조 및 인적구성의 변화 문제를 살펴볼 수 있다. 베이비붐 세대의 대규모 은퇴 및 고령화·저출산 문제로 인해 인구 구조가 변화하면서 경제활동인구가 감소하고 있고 국제결혼 이주자 및 외국인 노동자의 증대로 인해 인적구성이 변화하고 있다. 이는 공공 인적자원관리에 있어 가용 인적자원의 감소 문제를 야기하며 공직의 대표성 확보 문제 등을 촉발할 수 있어 중장기적 차원에서 공공 인적자원관리 체계를 안정적으로 운영해 나가기 위해서는 이에 대한 철저한 대응체계를 구축해 나가야 한다.

2. 혁신의 과제

공공 인적자원관리의 제도혁신의 토대적 차원에서 SWOT 분석 내용을 종합해 볼 때 인사혁신의 방향은 사람과 직무에 대한 체계적 분석을 바탕으로 조직의 목표 및 전략과 유기적으로 연계된 전략적 인적자원관리 체계를 구축하고, 행정환경 변화 및 인적구성의 변화에 선제적으로 대응해 나갈 수 있는 체계적 인력관리계획을 수립해야 함을 확인할 수 있었다.

이에 본서에서는 제도혁신의 토대적 차원에서 핵심 인사혁신 가치로서 전략성과 체계성을 제시하였다. 전략성은 공무원이 국정운영에 있어 핵심적인 역할을 수행할 수 있도록 지원하기 위해 국정운영의 목표를 공공 인적자원관리 체계에 내재화시키고 이를 중심으로 인적자원관리 기능 간의 유기적 연계를 강화해 나가려는 노력을 의미하며, 체계성은 직무와 사람에 대한 과학적 분석을 토대로 거시적 차원에서 국정운영을 안정적으로 지원하는 선진화된 인적자원관리 체계를 구현하기 위한 노력을 의미한다.

그림 3-1 제도혁신의 토대적 차원에서 혁신 과제

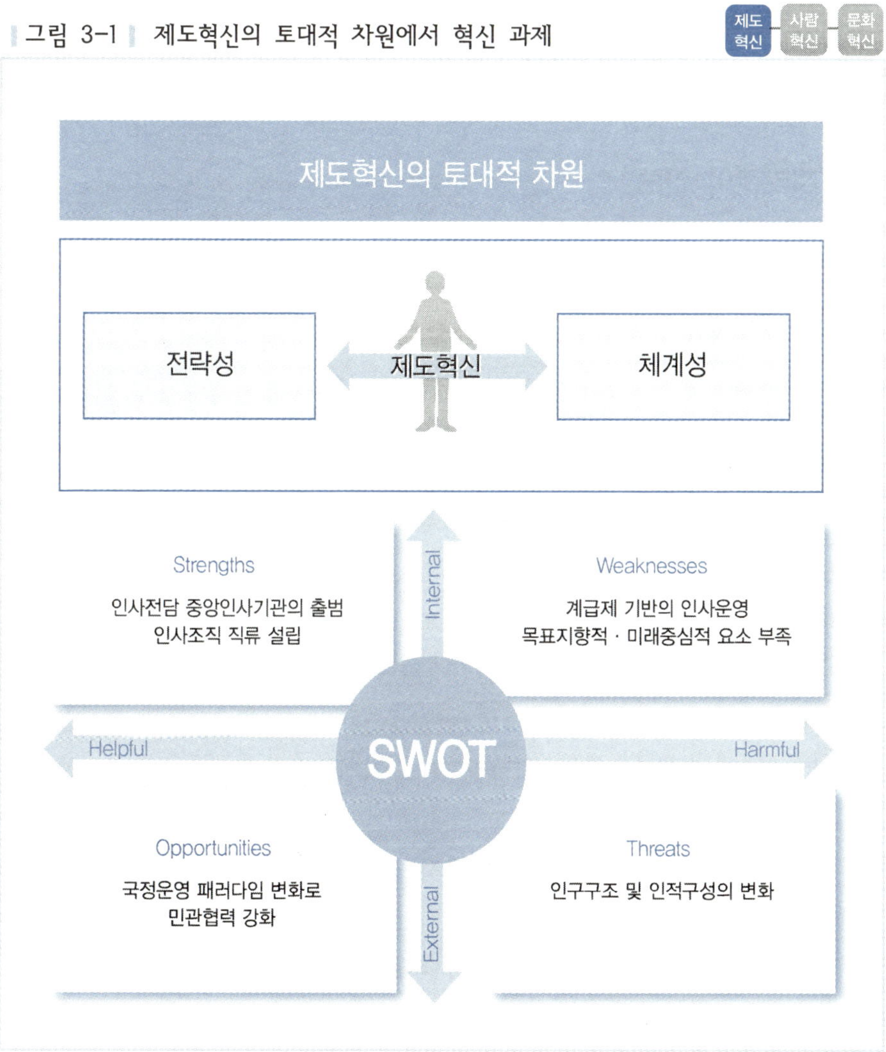

제2절 핵심 인사혁신 가치로서 전략성과 체계성

1. 전략성의 이해[1)]

1) 개념적 이해

정부 인사혁신의 세 가지 차원의 구성 요소 중 제도혁신의 토대적 차원에서 전략성은 조직이 추구하는 목표와 비전, 미션을 달성하고 성과를 향상시키기 위해 조직의 전략과 사람을 통합하는 과정으로 이해할 수 있다. 즉 인적자원관리에서 전략성의 실현이란 조직의 비전과 목표를 반영하여 인적자원관리 과정을 설계하고 인적자원관리의 각 기능 간의 조화를 통해 조직의 목적을 효율적으로 달성시켜나가려는 노력으로 이해할 수 있다(Wright & McMhan, 1992). 조직의 인적자원관리 체계 운영에 있어 전략성을 구현하게 되면 조직 운영의 최상위 전략과 인적자원관리 체계와의 일치와 통합을 통해 인적자원관리 체계가 조직의 목표와 비전을 달성하는 데 있어 핵심적인 도구로서의 역할을 수행하게 되며 "사람"은 조직의 성과 향상을 가능하게 되는 핵심적인 자산(Asset)으로서의 위상을 부여받게 된다.

이에 본서에서는 제도혁신의 토대적 차원에서 핵심 인사혁신 가치로서 전략성을 "공무원이 국정운영에 있어 핵심적인 역할을 수행할 수 있도록 지원하기 위해 국정운영의 목표를 공공 인적자원관리 체계에 내재화시키고 이를 중심으로 인적자원관리 기능 간의 유기적 연계를 강화해 나가려는 노력"으로 정의하였다. 제도혁신의 토대적 차원에서 핵심 인사혁신 가치로서 전략성의 중요성은 공공조직의 성과 향상, 공공 인적자원관리의 효과성 향상, 지속적인 경쟁우위의 확보 등의 측면에서 살펴볼 수 있다. 이를 구체적으로 살펴보면 다음과 같다.

첫째, 제도혁신에 있어 전략성의 실현을 통해 공공조직의 성과 향상을 기대할 수 있다. 신공공관리론(NPM: New Public Management)에 기초한 행정개

---

1) 해당 내용은 저자가 유민봉·박성민(2014)의 <한국인사행정론(박영사, 2014: 209-213)>에서 제시했던 내용을 본서의 구조에 맞추어 재구성하고 수정·보완한 것이다.

혁에 따라 공공부문에서도 민간부문과 유사하게 경쟁과 효율을 핵심으로 하는 성과중심적 인적자원관리 체제가 형성되었다. 이에 공공 인적자원관리 프로세스에 목표·성과지향적 요소를 내포하고 있는 전략성이라는 인사혁신 가치를 구현하게 될 경우 공공조직의 성과 향상에 기여할 수 있게 된다.

둘째, 조직의 전략과 인적자원관리 기능 간의 유기적 연계를 통해 인적자원관리의 효과성 향상을 기대할 수 있다. 기존의 인사관리(PM: Personnel Management), 인적자원관리(HRM: Human Resource Management)에서는 인적자원관리의 모집·선발, 교육·훈련, 유지·활용, 평가·보상 등과 같은 기능이 독립적으로 역할을 수행하였다. 이에 인적자원관리에 있어 각 기능별 실행의 용이성을 확보할 수 있었으나 각 기능 간 연계와 조직의 비전 및 미션과 인적자원관리 체계 간의 일치성을 추구하는 데 있어서는 한계를 갖고 있었다. 하지만 인적자원관리 프로세스에서 전략성을 실현하면 보다 거시적인 관점에서 인적자원관리 기능 간의 연계 및 조직의 전략 목표와 인적자원관리 기능을 유기적으로 연계해 나갈 수 있으므로 인적자원관리의 효율성 향상이 가능해진다.

그림 3-2 제도혁신의 토대적 차원에서 전략성의 의의

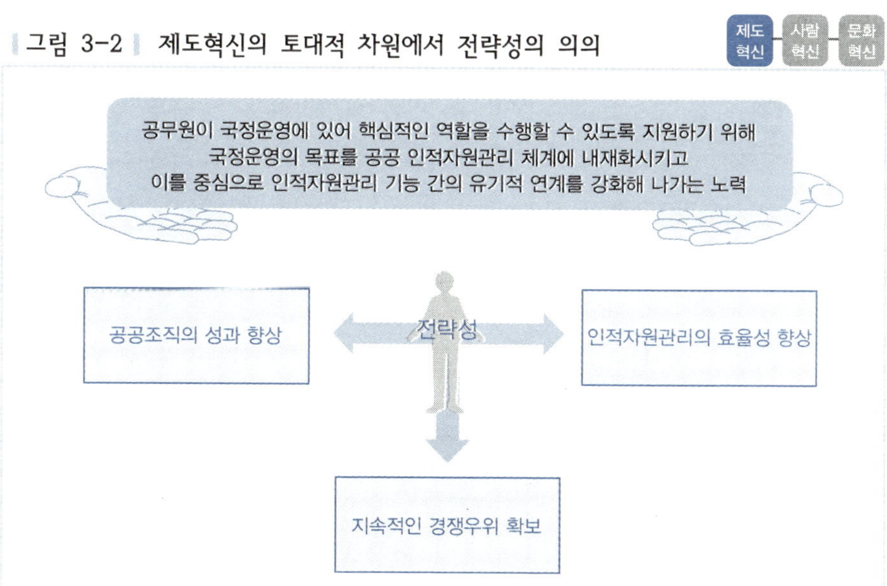

마지막으로 조직 내 인적자원을 인적자본화 함으로써 조직과 국가는 지속적인 경쟁우위를 확보해 나갈 수 있다. 기존의 인적자원관리(HRM)의 관점에서는 교육·훈련에 있어 단기적이고 형식적인 기본교육 위주의 교육이 시행되었다. 그러나 인적자원관리에서 전략성을 실현하게 되면 인적자원관리가 인적자본관리(HCM)로 발전할 수 있으며 이 경우 교육·훈련 체계가 고도화됨으로써 조직이 현재 처한 환경 분석과 미래의 환경 변화에 대한 예측을 기반으로 필요 역량 분석을 시행하고 이를 기반으로 조직 내에 요구되는 역량을 중심으로 교육·훈련이 시행된다. 궁극적으로 이를 통해 조직 구성원이 조직 내에서 핵심 자산으로서의 위상을 차지하게 되면서 조직은 지속적인 경쟁우위 확보가 가능해진다.

2) 정책적 이해

우리나라 공공 인적자원관리 프로세스 중 제도혁신의 토대적 차원에서 전략성이라는 인사혁신 가치를 담아내고자 하는 시도는 전략적 인적자원관리(SHRM: Strategic Human Resource Management) 체계 구축 노력으로 구체화되어 나타난다. 전략적 인적자원관리는 인적자원관리 체계를 조직의 최상위 비전 및 목표와 일치하도록 구성하고 인적자원관리 기능 간의 연계를 강화하여 개인과 조직을 하나로 통합함으로써 파트너적 관계를 기반으로 조직의 전략을 수행해 나갈 수 있도록 지원하는 것을 의미한다.

특히 전략적 인적자원관리의 개념은 일반 인적자원관리(HRM: Human Resource Management)와의 비교를 통해 그 개념을 보다 명확히 이해할 수 있다. 이에 전략적 인적자원관리와 일반 인적자원관리의 차이점에 대해 구체적으로 살펴보면 다음과 같다(<표 3-1> 참조). 우선 인적자원관리의 특징을 살펴보면, 인적자원관리에서는 직무만족 및 동기부여, 조직시민행동에 중점을 두면서 개인의 심리적 측면을 다루었다. 또한 미시적인 관점에서 인적자원관리에 접근함으로써 개별 인적자원관리 기능의 부분 최적화를 추구하였고, 단기적 관점에서 인적자원관리 계획을 수립함으로써 이러한 계획은 인적자원관리상의 단기적 문제해결에 중점을 두었다. 따라서 인적자원관리는 조직의 목표와는 무관하거나 혹은 조직의 목표달성을 보조하는 부수적·기능적·도구적·수

그림 3-3 제도혁신의 토대적 차원에서 전략성의 정책적 실현

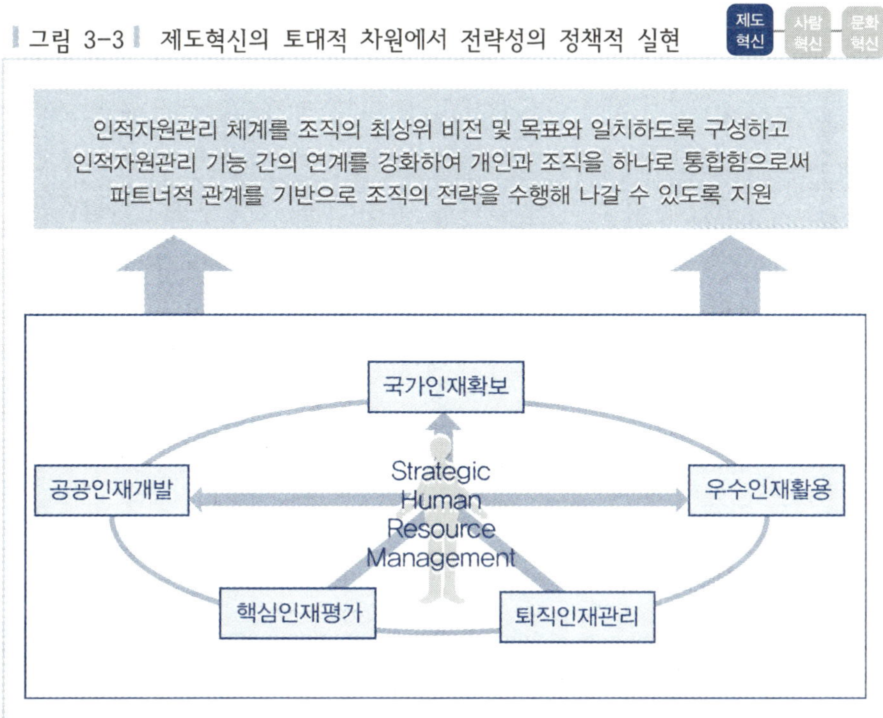

단적 역할을 수행하는 데 그쳤다. 이에 인적자원관리가 조직 내에서 소극적인 역할만을 담당하였고 주로 '통제 메커니즘'을 마련하는 것에 집중하였다.

반면 전략적 인적자원관리는 이러한 소극적 관점에서 탈피하여 보다 적극적인 기능을 담당하기 위해 목표중심적·성과중심적 인적자원관리로의 전환을 추구하였다. 개인의 심리적 측면에 중점을 두었던 인적자원관리와는 달리 조직의 전략 및 성과와 인적자원관리 활동 간의 연계에 중점을 두었다. 따라서 보다 거시적인 관점에서 인적자원관리에 접근하였고 이에 개별 인적자원관리 기능 간의 연계 및 수직적·수평적 통합을 통한 전체 최적화를 추구하였다. 뿐만 아니라 전략적 인적자원관리 계획은 보다 장기적인 관점에서 수립됨으로써 조직의 전략수립과 이러한 전략달성을 가능하게 하는 인적자본의 육성에 중점을 두었다. 이에 전략적 인적자원관리는 조직의 전략수립과 실행 및 목표달성에 있어 적극적인 역할을 담당하게 되었고 단순히 통제 메커니즘을 구축하는 것에 그치지 않고 조직 구성원에게 권한과 자율성을 부여

하여 이들이 보다 주체적 역할을 담당할 수 있도록 하였다.

이상의 내용을 종합해 볼 때 전략적 인적자원관리란 조직의 전략목적을 효율적으로 달성시키기 위해 조직과 개인 간의 비전과 목표를 정합(Alignment)시키는 과정이며 조직의 목표달성을 위해 적정한 사람을 적시·적소에 확보토록 하는 과정이라 정의할 수 있다(OPM, 2005). 특히 전략적 인적자원관리의 핵심적인 특징은 기존의 인사관리 및 인적자원관리와는 달리 장기적이며 목표 중심적·성과 중심적 인사관리 방식이라는 것이다. 따라서 전략적 인적자원관리는 약 3~5년 후에 조직이 추구하는 장기적 목표를 달성하는 데 있어

표 3-1 인적자원관리와 전략적 인적자원관리의 특징 비교

구 분	인적자원관리	전략적 인적자원관리
우선순위	• 직무 • 결과	• 사람 • 과정
계획 및 전략 수립	• 운영계획에만 관련	• 전반적인 인력관리계획 및 조직 전략과 HR 기능과의 연계에 관련
관점	• 미시적 관점: 인적자원관리 기능의 부분 최적화	• 거시적 관점 : 인적자원관리 기능 간의 연계 및 수직적·수평적 통합을 통한 전체 최적화
의사결정	• 타 기능과의 제한적 통합 • 조직 일부 기능과의 제한적 연계	• 타 기능과의 완전한 통합 • 조직, 마케팅, 예산, 법무, 생산 등의 업무와 연계
범위	• 단기 : 인적자원관리상의 단기적 문제해결	• 장기 : 조직의 전략 수립에 관여 및 인적자원의 육성
기능	• 조직의 목표 달성과 무관하거나 부수적·기능적·도구적·수단적 역할 수행	• 조직의 전략 수립에 적극적 관여 • 조직의 목표 달성에 있어 적극적·핵심적 역할 수행
역할	• 통제 메커니즘 마련	• 권한 부여 및 자율성 확대 • 인적자본의 체계적 육성 및 개발

자료: 배귀희 외(2008); Mangkuparawira(2004)의 내용을 토대로 저자가 재구성

필요한 인적자본의 규모와 특성을 종합적으로 파악하고 현재(공급)와 미래(수요) 간의 인력 및 역량 차이(Gap)를 파악하며 조직의 비전 및 목표를 달성할 수 있는 해결책을 개발하여 실행하는 방법론적 과정으로 이해할 수 있다(안양호, 2009).

2. 체계성의 이해

1) 개념적 이해

정부 인사혁신의 세 가지 차원 중 제도혁신의 토대로서 체계성은 공공 인적자원관리의 핵심 대상인 직무와 사람에 대한 분석을 통해 과학적 인적자원관리를 실현하는 것으로 이해할 수 있다. 정부 인적자원관리의 패러다임이 인사관리(PM)에서 인적자원관리(HRM) 및 인적자본관리(HCM)로 변화하면서 인적자원관리의 주된 목표는 개인과 조직의 목표 및 성과를 통합적으로 관리하여 목표지향적이고 성과지향적인 인사관리체계를 구현하는 것에 관심을 두게 되었다. 이에 개인에게는 조직과 직무가 요구하는 임무를 성공적으로 수행할 수 있는 능력과 노력을 겸비할 것을 요구하게 되었고 조직에게는 개인의 목표와 조직의 목표를 전략적으로 일치시켜 이를 달성해 나갈 수 있도록 지원하는 역할을 수행할 것을 요구하게 되었다. 상호 간에 이러한 요구를 충족시켜 나가기 위해서는 조직의 요구인 동시에 사람이 수행해야 하는 '직무'에 대한 분석과 이에 알맞은 '사람'을 확보하는 노력이 수반되어야 한다.

이에 본서에서는 제도혁신의 토대적 차원에서 핵심 인사혁신 가치로서 체계성을 "직무와 사람에 대한 과학적 분석을 토대로 거시적 차원에서 국정운영을 안정적으로 지원하는 선진화된 인적자원관리 체계를 구현하기 위한 노력"으로 정의하였다. 제도혁신의 토대적 차원에서 핵심 인사혁신 가치로서 체계성의 중요성은 인적자원관리의 합리성 및 효율성 향상, 조직의 안정적 발전 등의 측면에서 살펴볼 수 있다. 이를 구체적으로 살펴보면 다음과 같다(유민봉·박성민, 2014[2]).

---

2) 해당 내용은 저자가 유민봉·박성민(2014)의 <한국인사행정론(박영사, 2014)>에서 제시했던 내용을 본서의 구조에 맞추어 재구성하고 수정·보완한 것이다.

첫째, 직무에 대한 이해를 바탕으로 공공 인적자원관리의 합리성 및 효율성 향상을 기대할 수 있다. 직무분석 및 직무평가 결과는 인적자원의 확보, 개발, 유지·활용, 평가, 보상 등 인적자원관리 프로세스 전반에 걸쳐 유용한 정보를 제공하기 때문이다. 직무분석 및 직무평가 결과는 인적자원의 확보 단계에서 인재 선발의 기준으로서의 역할을 수행하여 우수한 인적자원 확보에 기여하며, 개발 단계에서는 교육훈련 프로그램의 내용을 구성하는 기준으로서의 역할을 수행하여 교육훈련 프로그램의 효과성 향상에 기여한다. 뿐만 아니라 보상 및 승진에 있어서도 보수의 규모와 승진 여부를 결정하는 핵심 기준으로서의 역할을 수행하여 해당 제도 운영의 공정성 및 타당성 향상에 기여하게 된다. 궁극적으로 인적자원관리 체계 전반에 직무 분석 자료를 활용함으로써 공공 인적자원관리의 합리성 및 효율성 향상을 기대할 수 있게 된다.

둘째, 조직의 요구 및 직무가 요구하는 사람에 대한 장·단기 분석을 바탕으로 적시에, 적재적소의 인력배치가 가능해지기 때문에 업무 공백의 최소화를 통한 조직의 안정적 발전을 기대할 수 있다. 조직은 인력관리계획을 수립하기 위해 현재의 보유 인력 수준과 미래의 기대 인력 수준 간에 대한 차이(Gap) 분석을 실시하게 되는데, 이러한 차이 분석을 통해 조직에 요구되는 인력과 역량을 사전에 파악할 수 있게 되고 이에 입직, 퇴직, 인사이동 등을

그림 3-4 | 제도혁신의 토대적 차원에서 체계성의 의의

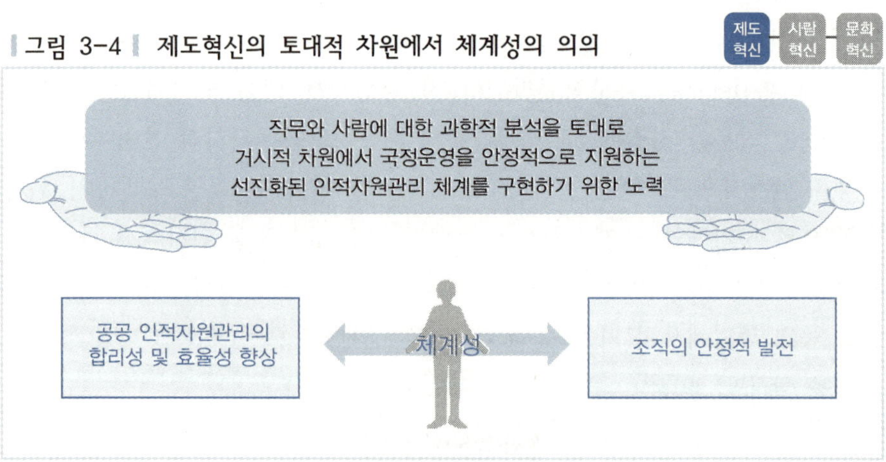

효율적으로 관리할 수 있게 된다.

2) 정책적 이해

제도혁신의 토대 차원에서 체계성이라는 인사혁신 가치를 담아내고자 하는 시도는 직무에 대한 이해를 높이기 위한 직무분석 및 직무평가의 시행, 사람에 대한 이해를 높이기 위한 인력관리계획의 수립 등으로 구체화되어 나타난다. 이를 구체적으로 살펴보면 다음과 같다.

그림 3-5 제도혁신의 토대적 차원에서 체계성의 정책적 실현 (제도혁신 - 사람혁신 - 문화혁신)

(1) 직무에 대한 이해[3]

직무를 이해하기 위한 노력은 직무분석과 직무평가의 수행으로 구분하여 살펴볼 수 있다. 먼저 직무분석은 직무에 관한 정보를 획득하고 이를 토대로 그 직무에서 요구하는 구체적인 임무와 성공적인 임무수행에 필요한 지식과 기술 등의 요건이 무엇인지를 결정하는 작업이다. 이러한 직무분석은 자료수집 단계, 직무기술서(Job Description)작성 단계, 직무분류(Job Classification) 단계 등 크게 세 단계로 구분할 수 있다. 이를 구체적으로 살펴보면 다음과 같다.

첫째, 자료수집단계는 직무와 그 직무를 수행하는 점직자의 특성에 대한 자료를 수집하는 것을 의미한다. 이를 위해 직무 분석 설문지를 개발하고, 이를 토대로 면접·설문지법·관찰 등의 자료수집 방법을 동원하여 실제로 자료

3) 해당 내용은 저자가 유민봉·박성민(2014)의 <한국인사행정론(박영사, 2014: 122-124, 169-192)>에서 제시했던 내용을 본서의 구조에 맞추어 재구성한 것이다.

를 수집한다(<참고 3-1> 참조).

둘째, 직무기술서 작성 단계는 수집된 자료 중 유용한 정보만을 발췌하여 직무 및 점직자에 대한 일반적 배경, 직무 요약, 입무와 책임, 최소자격요건,

참고 3-1 직무분석 설문지(예시)

직무명	직무분류번호	일지
직급명	부서명	
점직자명	상관명	
근무시간	작성자	

1. 현 직무의 주요 목적
2. 주요 임무·책임(가장 중요한 것, 어려운 것 표시)
   - 일상적 임무·책임
   - 주기적 임무·책임(주, 월, 분기 등)
   - 비정규적으로 상관이 부과하는 임무
   - 불필요하다고 생각하는 임무
   - 주어진 임무가 아닌데 수행하는 임무와 그 이유
3. 감독
   - 본인이 감독하는 부하의 수, 직무명, 감독하는 횟수(일, 주), 주된 감독내용
   - 본인을 감독하는 상관의 수, 직무명, 감독받는 횟수(일, 주), 주된 감독내용
4. 다른 직무와의 관계
   - 전보되어 가는 직무
   - 승진되어 가는 직무
   - 직전의 직무
5. 자격
   - 학력(요구되는 최소학력, 본인의 직무 담당 시 학력)
   - 직무경험(요구되는 최소경험, 본인의 직무 담당 시 경험)
   - 기술(장비, 기계, 기타 보조도구를 다루는)
   - 능력(육체적, 인지적)
6. 기계, 장비, 기타 직무수행 보조도구(컴퓨터 소프트웨어 포함)
7. 근무조건
   - 근무장소의 위치(실내, 실외, 지하…)
   - 근무장소의 위생, 안전도
8. 자료조사 점검
   - 자료수집 방법
   - 자료 확인(확인자, 소속)

자료: Werther & Davis(1989)의 내용을 바탕으로 재구성

기계·장비·도구, 다른 직무와의 관계 등의 내용을 포함하여 간결하고 구체적으로 작성하게 된다(<참고 3-2> 참조).

참고 3-2 직무기술서: 기술형 설문지(예시)

직무명	직무분석가	직무분류번호	3027
작성일지	2013.1.31	작성자명	한빛
직무명	직무분석담당		

직무요약: 면접, 설문지, 관찰, 기타의 방법을 이용하여 직무분석을 위한 정보를 수집한다.

임무와 책임
- 직무분석의 일정표를 만들고 설문지를 개발한다.
- 직무정보를 수집한다.
- 점직자, 감독관, 동료와 상호협조한다.
- 직무기술서를 작성한다.
- 수집된 자료를 안전하게 관리한다.

다른 직무와의 관계
- …로부터 승진: 초입직
- …으로의 승진: 인사협력관(Personnel Coordinator)
- …으로의 이동: 인사정보관리자
- 감독관: 인사감독자(Personnel Supervisor)
- 감독하는 부하: 없음

근무조건
- 자료수집을 위해 같은 빌딩 내 다른 부서 사무실의 방문이 자주 요구된다.
- 한 달에 1~3번의 문헌자료 수집을 위한 출장을 제외하고는 오전 8시부터 오후 6시까지 사무실에서 근무한다.

최소자격요건
- 교육: 4년제 대학의 행정학, 경영학, 산업심리학 전공자
- 경력: 인사부서에서 최소한 1년 이상 근무
- 의사소통: 직무관련 정보를 간략하게 요약할 수 있는 문장력과 직무분석 자료 수집의 면접을 위한 대화능력

기계·장비·도구
- mp3, 레코디(면접기록용)
- 컴퓨터(PC 및 MS Word 프로세스) 및 팩스

자료: 유민봉·박성민(2014: 171)

마지막으로 직무분류단계는 직무기술서 내용을 토대로 직무의 성격이 유사한 것끼리 한데 모으는 작업을 의미한다. 이때 유사성의 정도를 어느 정도로 넓게 또는 좁게 인정하는가에 따라 직군, 직렬, 직류 등의 용어를 사용하게 된다.

다음으로 직무평가(Job Evaluation)는 각 직무가 가지는 상대적 가치를 결정하는 과정으로서 직위분류제의 실현 및 직무의 가치를 보수화한 직무급의 실현에 있어 필수적인 역할을 담당하며, 조직 내 직무들 간의 보수형평성을 달성하는 데 있어서도 중요한 역할을 한다. 직무평가의 기준이 되는 직무의 가치는 직무가 조직의 목표달성에 얼마나 기여하는지를 의미한다. 그러나 이것을 측정할 만한 직접적인 방법이 존재하지 않기 때문에 이를 간접적으로 측정할 수 있는 요소로서 직무기술, 노력도, 책임감, 근무조건 등을 고려한다.

구체적으로 직무평가는 직무기술서를 바탕으로 서열법, 분류법, 점수법, 요소비교법 등의 방법을 활용하여 이루어진다. 이들은 <표 3-2>에 제시된 바와 같이 가로축은 직무 전체를 비계량적으로 비교하는지 혹은 부분요소들을 계량적으로 비교하는지를 기준으로 분류한 것이며, 세로축은 직무와 직무의 비교인지 혹은 직무와 척도(등급표)와의 비교인지를 기준으로 하여 분류한 것이다. 이에 서열법은 가장 단순한 직무평가 방법으로 직무기술서의 정보를 검토한 후 직무 상호 간에 직무 전체의 중요도를 종합적으로 비교하여 평가하는 방식이며 분류법은 직무 전체를 종합적으로 판단한다는 점에서는 서열법과 같지만 미리 정해 놓은 등급기준표와 비교해서 등급을 결정한다는 측면

표 3-2 직무평가의 방법

직무가치의 결정 방식	비계량적 비교 (직무 전체 비교)	계량적 비교 (직무 구성 요소 비교)
직무와 직무	서열법 (Job Ranking)	요소비교법 (Factor Comparison)
직무와 척도	분류법 (Classification)	점수법 (Point Method)

자료: Ivancevich(1986)

에서 차이를 보인다. 이와 달리 점수법은 계량적인 척도를 도입하여 평가를 진행하는 것이며, 요소비교법은 점수법과 마찬가지로 직무를 요소별로 계량화하여 측정하지만 등급화 된 척도에 따라 직무를 평가하는 것이 아니고, 대표가 될 만한 직무들을 선정하여 비교의 기준 직무(Key Job)로 정해 놓고 각 요소별로 평가할 직무와 기준 직무를 비교해가며 점수를 부여한다.

(2) 사람에 대한 이해[4)]

사람에 대한 이해를 높이고 조직과 직무가 요구하는 적합한 인재를 확보해 나가기 위한 노력은 인력관리계획(Workforce Planning)의 수립 측면에서 살펴볼 수 있다. 인력관리계획은 조직이 목표를 달성하는데 필요한 인력을 적시에 확보하기 위해 수립하는 체계적인 중장기 계획으로서 전략적 인적자원관리에 있어 핵심적인 부분이라 할 수 있다. 이러한 활동을 위해서는 인력관리계획 전담 조직 설립과 관련 업무 전문가 확보 등 체계적 인사관리·인사혁신 활동을 위한 추진 기반 마련이 필수적이라 할 수 있다. 인력관리계획은 현재 조직이 보유한 인력을 분석하고, 향후 필요한 인력을 예측하는 과정을 거쳐 보유 인력과 필요 인력 간의 차이를 해소하기 위해 필요한 중장기적 지향 목표와 단기적 실행계획 등을 수립하는 것을 기본으로 한다.

유능한 인재를 충원하고 각자가 역할수행에 필요한 역량을 갖추도록 육성하는 것은 단기간에 이루어지지 않기 때문에 장기적인 관점에서 접근해야 하며, 체계적인 분석에 기초한 인력관리계획을 수립하고 시행함으로써 조직은 필요한 인력을 적시에 확보할 수 있게 된다. 또한 5급 승진·특별 채용 예정 인원 사전협의제 폐지 등 각종 인사규제가 폐지·완화되면서 각 기관의 인사자율성이 확대되었고 이에 기관 스스로가 필요한 인력을 자율적으로 확보하기 위한 노력으로서 인력관리계획의 중요성이 부각되었다. 이에 우리나라에서는 공무원임용령(제8조 및 제34조), 공무원임용시험령(제3조 및 제42조)에 근거하여 인력관리계획을 수립하여 운영하고 있다. 각 기관은 인력에 대한 체계적인 분석 및 예측에 기초하여 공채·승진·특채 등 균형 잡힌 계획을

---

4) 해당 내용은 중앙인사위원회(2006)의 『인력관리계획 매뉴얼』 내용 중 일부를 발췌하여 수정·보완하였다.

자율적으로 수립하고 있으며 인사혁신처는 각 기관의 계획에 근거하여 공채 선발·배정인원 등을 결정하고 있다. 각 기관의 인력관리계획은 기관의 특성에 따라 일부 다르게 구성되긴 하지만 일반적으로 중장기 비전·목표, 인력현황, 인력관리의 목표와 실천계획 등 크게 4가지 요소로 구성된다. 중장기 비전과 목표는 조직의 환경 분석 및 예측, 중장기 비전과 미션, 주요 목표와 추진 전략 등의 내용을 포함하며, 인력현황 분석에는 인력규모와 구조(직위, 직종, 연령, 성별 등), 인력 운영(채용, 승진, 전보 등), 필요역량과 보유역량 등의 내용을 포함한다. 또한 인력관리 5개념 계획의 목표는 5개년 뒤에 도달할 인적자원의 목표수준과 이를 가능케 하는 조직 구성원들의 역량, 인력관리 계획의 방향 등의 내용을 포함하며, 실천계획은 향후 2년간의 구체적인 충원, 육성, 활용 계획 등의 내용을 포함한다(행정안전부, 2011).

그림 3-6 인력관리계획의 구성 요소

제도혁신 사람혁신 문화혁신

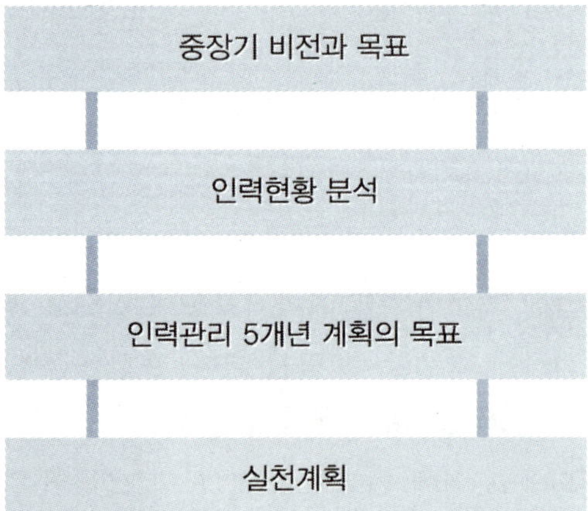

특히 우리나라의 인력관리계획 모델은 미국의 인력관리계획 모델을 바탕으로 수립되었다. 우리나라의 경우 행정수요의 변화와 성과중심의 관리개혁에 따른 인적자본의 중요성 강조, 인사 자율권 확대와 같은 대내외적 환경변화와 정부 인력충원방식의 문제점 극복을 위한 대안으로서 인력관리계획에

그림 3-7 우리나라 인력관리계획 모델

제도 혁신 - 사람 혁신 - 문화 혁신

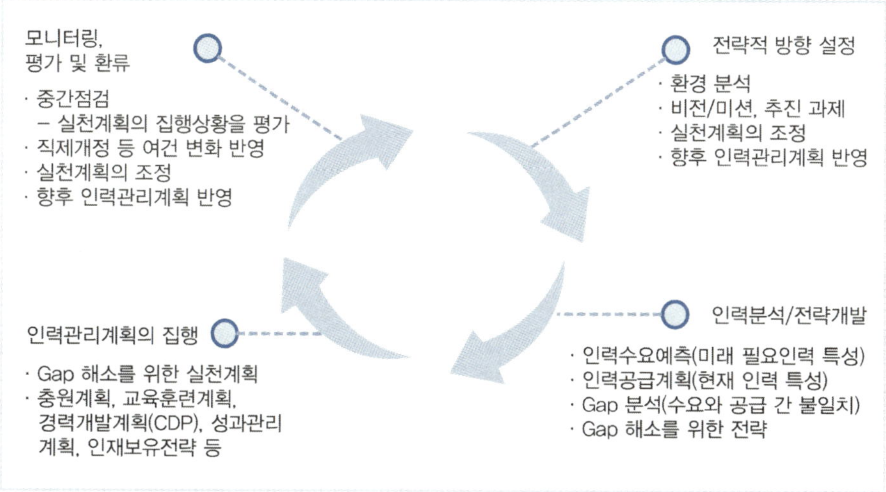

자료: 중앙인사위원회(2007)

대한 중요성이 강조되었다.

현재 우리나라의 인력관리계획 모델은 2005년 중앙인사위원회가 설계한 4단계 인력관리계획 모델을 토대로 유지되고 있다. <그림 3-7>에서 보는 바와 같이 우리나라 인력관리계획 모델은 전략적 방향 설정, 인력분석 및 전략개발, 인력관리계획의 집행, 효과성 측정 등 4단계로 구성되어 있다. 각 단계별 구체적인 내용을 살펴보면 다음과 같다.

① 1단계: 전략적 방향 설정

우리나라 인력관리계획 모델의 1단계는 전략적 방향설정 단계이다. 전략적 방향설정 단계에서는 조직 내·외직 환경 분석을 동해 시사점을 도출하고 그 결과에 근거하여 조직의 비전과 목표를 설정하며 이를 달성하기 위한 주요 전략과제를 개발하게 된다. 따라서 전략적 방향설정 단계에서는 비전 및 목표, 전략과제 도출에 있어 기초가 되는 환경 분석 활동이 매우 중요하다고 할 수 있다. 이에 환경 분석에서는 각종 연구보고서, 통계자료 등에 대한 분석뿐만 아니라 필요에 따라 초점집단인터뷰(Focused Group Interview), 이해관계자 등을 대상으로 진행하는 설문조사, SWOT분석, 수요분석(Needs Analysis)

등 다양한 방식을 활용하게 된다. 또한 조직의 비전과 미션 설정은 핵심그룹에 의한 워크숍 등을 통해 조직 구성원들이 공유할 수 있도록 해야 한다.

② 2단계: 인력분석/전략개발

우리나라 인력관리계획 모델의 2단계는 인력분석 및 전략개발 단계이다. 인력분석 및 전략개발 단계에서의 주요 활동은 현재 보유 인력분석, 미래 필요 인력예측, 보유-필요 간 차이 확인, 차이 해소를 위한 전략수립 등을 포함한다.

특히 보유 인력에 대한 분석은 그 자체가 목적이 아니라 미래에 필요한 인력과 현재 보유한 인력 간의 격차를 파악하기 위한 것이므로 모든 측면을 상세하게 분석하는 것보다는 향후 필요 인력에 대한 예측과 관련된 분석에 중점을 두는 것이 바람직하다. 이때 인력 수요 예측은 간부들의 의견을 반드시 조사하여 반영하도록 하고 있다. 보유 인력분석에 필요한 자료는 전자인적자원관리시스템(PPSS: Personnel Policy Support System)으로부터 추출한 데이터, 최근 수년간의 인사실무자료, 직제 그리고 설문조사 결과 등을 활용할 수 있다. 이러한 자료를 토대로 직위, 직종, 연령, 성별 등 조직의 인력규모, 배치, 구조, 구성에 대한 정보와 최근 수년간의 조직·정원 변동, 채용·승진·전보 등과 같은 정보, 기본역량, 공통역량, 직무역량, 관리자역량 등 보유역량에 대한 정보 구축이 가능하다.

필요 인력예측은 가급적 숫자로 계량화하여 제시하는 것이 바람직하나 계량화가 어려운 경우 대략적인 숫자나 방향으로 제시할 수 있어야 한다. 특히 계획기간 전체(5년)에 대한 정확한 예측은 어렵더라도 향후 2년에 대한 필요 인력예측은 보다 정밀하게 할 것을 요구하고 있다. 필요 인력분석에 필요한 자료는 중장기 업무계획, 연두업무계획, 최근에 발간된 백서 등 자료, 간부회의·워크숍 등에서 논의된 내용, 설문조사 및 인터뷰 결과 등을 활용할 수 있으며 이를 토대로 조직의 중장기 비전과 목표달성을 위해 필요한 인력의 규모·구성·역량 등을 예측할 수 있다.

다음으로, 이러한 보유 인력분석과 필요 인력예측 결과를 기초로 현재 수준과 미래 수준 간의 차이(Gap)를 확인할 수 있다. 이를 통해 현재 보유 인력과 미래 필요 인력 간에 어떤 차이가 있고, 이러한 차이로 인해 어떠한 문제가 발생할 수 있는지, 향후 5년 내에 이러한 문제를 어느 정도 해소해야 할지를 검토하게 된다. 그리고 이를 바탕으로 기관장의 의지, 간부들의 전략적 판단, 인사담당자의 경험·전문성, 설문조사나 인터뷰에서 나타난 의견 등을 기초로 인력관리계획의 목표를 설정하고, 향후 2년간 추진할 실천계획을 수립하게 된다.

③ 3단계: 인력관리계획의 집행

우리나라 인력관리계획 모델의 3단계는 인력관리계획의 집행 단계이다. 2단계 인력분석을 통해 약 5년간의 인력관리계획 목표가 설정되며 향후 2년간 추진하게 될 구체적인 실천계획이 도출된다. 즉, 인력관리계획의 집행은 인력관리계획의 작성시점으로부터 2년간 실천계획을 중심으로 이루어진다. 실천계획은 각 기관의 인적자원에 대한 구체적인 충원·육성·활용계획으로서 충원계획(신규채용, 내부승진, 타부처로부터의 전입 등), 육성계획(자체교육, 외부위탁교육, 상시학습, 멘토링 등), 배치계획(경력개발, 내부직위공모, 부서 간 전보·재배치 등) 등이 중심이 되며 그 밖에 조직개편계획, 승계계획, 아웃소싱계획 등이 포함된다. 이에 여기서는 충원계획과 육성계획, 배치계획을 중심으로 주요 내용을 살펴보고자 한다.

a. 충원계획

충원계획은 신규채용, 내부승진, 타 부처로부터의 전입 등의 내용을 포함하여 작성된다. 특히 미래 필요 인력충원에 있어서 신규채용에 의한 충원 비중이 가장 큰 바, 여기서는 신규채용에 의한 충원계획을 구체적으로 살펴보고자 한다.

우선 신규채용을 통한 충원계획을 작성하기 위해서는 예상되는 결원을 산정해야 한다. 이때 결원 예측은 직제개정으로 늘어날 연도별 평균 소요정원(5급: ㅇ명, 6급 ㅇ명, …)과 현재 결원으로 운영 중인 인원을 감안하여 산정하게 된다. 이와 같이 예상결원을 산정하게 되면 결원 충원방법에 대해 결정해야 한다. 일반적으로 5급 충원의 경우 5급 공채 ㅇㅇ%, 일반승진(6→5급)을 ㅇㅇ%, 자율채용(일반직 특별채용과 일반직과 복수직위에 별정직·일반 계약직을 채용한 경우 포함)을 ○○%로 구분하여 제시하는 것을 원칙으로 하되, 기관의 사정에 따라 융통성 있게 변경 가능하다. 또한 7급 충원의 경우 기본적으로 7급 공채로 충원하되 특히 전문성이 필요한 경우에 한하여 자격증·학위소지자 등의 전문인력을 자율 채용한다.

이러한 충원계획을 작성할 때는 부서 전체에서 부족한 역량을 보완하는 데 역점을 두며 특히 외국어와 전산능력이 우수한 인력을 매년 ○○명씩 추가로 확보하기 위해 노력해야 한다. 또한, 여성, 장애인, 이공계 인력 등 균형인사와 관련하여 목표수준을 준수하는 것에 유의해야 한다.

b. **육성계획**

육성계획은 자체교육, 외부위탁교육, 상시학습, 멘토링 등의 내용을 포함하여 작성된다. 특히 이러한 구체적인 교육 방식은 중장기 교육·훈련 계획을 바탕으로 도출된다. 중장기 교육·훈련계획은 <그림 3-8>에서 보는 바와 같이 필요 역량 설정, 역량별 진단, 능력개발계획 수립, 교육수요 파악, 교육 운영 등의 내용을 포함한다. 우선적으로 인사부서가 직원들이 갖추어야 할 필요 역량을 설정하고 이를 바탕으로 실·국장은 소속직원의 역량진단을 실시하게 된다. 직원들은 실·국장의 역량진단과 자신의 희망을 반영하여 능력개발계획을 수립하게 된다. 이를 바탕으로 인사부서는 조직 내 교육수요를 파악할 수 있게 되며 수요를 충족시켜 줄 수 있는 맞춤형 교육과정을 개발하여 운영한다.

그림 3-8 | 중장기 교육·훈련 계획

제도혁신 – 사람혁신 – 문화혁신

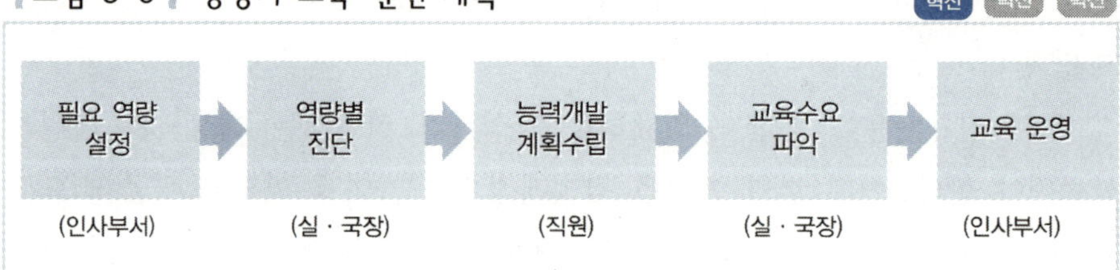

특히 이러한 중장기 교육·훈련 계획을 도출하고 실행하는 데 있어 가장 중요한 것은 각 조직 구성원이 갖추어야 할 역량을 설정하는 것이라 할 수

있다. 조직 구성원이 갖추어야 할 역량은 기본역량, 공통역량, 직무역량, 관리자역량 등으로 구분할 수 있다. 기본역량은 조직 내 모든 구성원에게 요구되는 역량으로서 행정기관에 필수적으로 수반되는 업무를 수행할 수 있는 행정능력을 의미한다. 조직은 생성과 함께 기본적인 업무가 내·외부 환경으로부터 발생하며 여기서 말하는 기본역량이란 내부 환경으로부터 발생하는 업무의 수행능력을 말한다. 기본역량은 조직의 활동성 수준을 좌우할 만큼 중요하므로 조직 구성원들에게 필수적으로 요구되는 부분이라 할 수 있다. 공통역량은 기본역량과 마찬가지로 세부 집단을 구분하지 않고 조직의 전체 구성원에게 요구되는 역량을 의미한다. 이에 직무를 효과적으로 수행할 수 있도록 하는 법해석 능력, 기획능력, 설득력, 협상력 등이 포함된다. 이와 달리 직무역량은 수평적 측면에서 직군·직렬·직무 등의 영역에 따라 차별적으로 요구되는 역량을 의미한다. 특정 부서 소속 구성원이 해당 업무를 효과적으로 수행하는 데 필요한 관련법령의 이해능력, 신지식 이해능력, 외국제도 이해능력 등과 같은 직무전문지식이 포함된다. 특히 직무역량은 부서별 직원에게 요구되는 직무역량과 부서별 관리자에게 요구되는 직무역량으로 구분되는데 관리자 직무역량은 부서별 직무특성을 반영하여 설정한다. 또한 관리자역량은 수직적 측면에서 역할이나 직급 등의 기준에 따라 특정 조직 계층(상위계층)의 구성원에게 요구되는 역량을 의미한다. 이에 관리자로서 조직 구성원의 역량을 최대한 발휘할 수 있게 하는 리더십 등이 포함된다. 이렇게 설정된 필요 역량을 바탕으로 역량진단이 이루어지고 역량진단 결과와 조직 구성원의 선호가 반영된 개인의 능력개발계획이 수립되면 개인별 맞춤형 교육이 실시된다.

c. **배치계획**

배치계획은 경력개발, 내부직위공모, 부서 간 전보·재배치 등의 내용을 포함하여 작성된다. 특히 이러한 배치계획은 경력개발제도(CDP: Career Development Program)를 토대로 운영되는데 각 부처는 경력개발제도(CDP)를 운영하고 이 제도가 취지에 맞게 개인의 자기개발과 업무능력 발전에 기여하면서, 동시에 부서에 필요한 인재가 육성되고 조직의 성과 향상으로 이어지도록 운영해야 한다.

또한 전보는 희망전보제를 기본으로 하며 대상인원이 ○명 이상일 경우에 연 ○회 내외 직위 단위로 실시하는 것을 원칙으로 한다. 단, 조직이 필요로 하는 역량을 보유하고 있는 직원들이 특정부서에 편중되는 등 조직 차원에서 재배치할 필요가 있는 경우는 희망전보제를 적용하지 않아도 된다. 뿐만 아니라 주요직위에 결원이 발생할 경우 내부직위공모를 실시하게 되는데 이때는 공모자 및 공모직위에 필요로 하는 역량, 공모직위 부서장의 의견 등을 반영하여 전보인사를 실시하게 된다. 주요 역량보유자들이 특정부서에 집중되거나 전보희망자의 현 소속 부서장이 잔류를 요청할 때 등의 경우에는 인사담당부서에서 조정할 수 있다.

④ 4단계: 모니터링, 평가 및 환류

우리나라 인력관리계획 모델의 마지막 4단계는 인력관리계획의 효과성 평가 단계로서 모니터링 및 평가·환류가 이루어진다. 인력관리계획은 많은 변수가 내재된 복잡하고 역동적인 과정으로 주기적인 평가가 필요하며 환경변화 등의 여건을 고려하여 실천계획 등을 수정하여야 한다. 따라서 이러한 평가결과는 차기 인력관리계획에 반영된다.

제3절 전략성과 체계성 확보의 장벽

1. 전략성 확보에 있어 주요 장벽

정부 인사혁신의 세 가지 구성 요소 중 제도혁신의 토대적 차원에서 핵심 인사혁신 가치로서 전략성은 공무원이 국정운영에 있어 핵심적인 역할을 수행할 수 있도록 지원하기 위해 국정운영의 목표를 공공 인적자원관리 체계에 내재화시키고 이를 중심으로 인적자원관리 기능 간의 유기적 연계를 강화해 나가려는 노력으로 이해할 수 있다. 우리나라 정부 인사혁신에서 제도혁신의 토대적 차원에서 전략성이라는 인사혁신 가치를 담아내고자 하는 시도는 전략적 인적자원관리의 구현으로 구체화되어 나타났고 이는 공공조직의 성과 향상, 인적자원관리의 효율성 향상, 조직과 국가의 지속적인 경쟁우위 확보 등의 측면에서 그 중요성을 살펴볼 수 있었다. 하지만 현재 전략적 인적자원관리를 중심으로 제도혁신의 토대적 차원에서 전략성 확보를 위해 다양한 노력을 전개하고 있음에도 불구하고 작동 과정에서 내·외부적으로 존재하는 장벽으로 인해 이의 실질적 실현에 있어 한계에 직면하고 있다. 제도혁신의 토대적 차원에서 전략성 확보에 있어 혁신장벽으로 작용하는 요소들을 구체적으로 살펴보면 다음과 같다.

첫째, 전략적 인적자원관리의 실행에 있어 "부합성(Fit)" 실현 차원의 장벽이다. 전략적 인적자원관리에서 부합성은 전략적 인적자원관리 체계가 조직의 목표와 비전을 달성하는 데 기여할 수 있도록 그 실행력을 확보하는 데 있어 핵심적인 역할을 담당한다. 부합성은 수직적 부합성(Vertical Fit)과 수평적 부합성(Horizontal Fit)으로 구분하여 살펴볼 수 있는데, 수직적 부합성은 조직 전반의 전략적 관리와 인적자원관리 전략 간의 일치성(Alignment)을 의미하며, 수평적 부합성은 인적자원관리 프로세스 기능 간의 조화(Congruence)를 의미한다(Wright & Snell, 1998, 김선아, 2016). 이러한 부합성을 실현하기 위해서는 기관장의 의지와 더불어 간부들의 전략적 판단, 인사 담당자의 경험, 전문시식 등이 필요하다. 그러나 현재 공공조직 내에는 조직 구성원들의 전략적 마인드와 전문지식이 다소 결여되어 있어 수직적 부합성과 수평적 부합성을 실현하는 데 있어 어려움을 겪고 있다.

둘째, 전략적 인적자원관리의 실행에 있어 "유연성(Flexibitliy)" 구현 차원의 한계이다. Wrigh & Snell(1998)은 유연성이라는 개념이 부합성의 개념과 상충되는 개념임에도 불구하고 이를 통합적으로 고려해야 한다고 주장하였다. 개별 조직에 일정 수준의 유연성이 부여되어야 조직이 처한 복잡하고 역동적인 환경에 선제적으로 대응하고 때때로 직면하게 되는 위기 상황을 적절히 관리하여 이를 극복할 수 있기 때문이다(Wright & Snell, 1998: 757-758, 김선아, 2016). 그러나 우리나라의 공공 인적자원관리에서는 부처별 특수성 및 직무별 특수성이 적절히 반영되지 못하고 있고, 이에 유연성 차원에서 한계를 나타내고 있다.

셋째, 한국적 맥락을 반영한 전략적 인적자원관리 관련 전문지식과 학술

연구가 부족하다는 점이다. 우리나라에서 진행되고 있는 학술 연구는 대부분 인적자원관리 제도와 조직 성과 간의 관계를 규명하는 연구가 중심이 되고 있어 인사실무에서 전략적 인적자원관리를 적용하고 이의 모듈화를 지원할 수 있는 연구가 다소 부족한 실정이다.

2. 체계성 확보에 있어 주요 장벽

정부 인사혁신의 세 가지 구성 요소 중 제도혁신의 토대적 차원의 핵심 인사혁신 가치로서 체계성은 직무와 사람에 대한 과학적 분석을 토대로 거시적 차원에서 국정운영을 안정적으로 지원하는 선진화된 인적자원관리 체계를 구현하기 위한 노력으로 이해할 수 있다. 우리나라 정부 인사혁신에서 제도혁신의 토대적 차원에서 체계성이라는 인사혁신 가치를 담아내고자 하는 시도는 직무분석 및 직무평가의 시행, 인력관리계획의 수립 등으로 구체화되어 나타났고 이는 공공 인적자원관리의 합리성 및 효율성 향상, 업무 공백의 최소화를 통한 조직의 안정적 발전 지원 등의 측면에서 그 중요성을 살펴볼 수 있었다. 하지만 현재 직무분석 및 직무평가와 인력관리계획의 수립을 중심으로 제도혁신의 토대적 차원에서 체계성 확보를 위해 다양한 노력을 전개하고 있음에도 불구하고 작동 과정에서 내·외부적으로 존재하는 장벽으로 인해 이의 실질적 실현에 있어 한계에 직면하고 있다. 제도혁신의 토대적 차원에서 체계성 확보에 있어 혁신장벽으로 작용하는 요소들을 구체적으로 살펴보면 다음과 같다.

첫째, 직무기술서 및 직무평가표의 질적·양적 우수성의 저하이다. 직무분석과 직무평가는 직위 분류를 위한 기초작업이기 때문에 계급제보다 직위분류제 하에서 그 중요성이 강조된다. 하지만 직위분류제가 아닌 계급제 원리를 기반으로 운영되고 있는 우리나라 공공 인적자원관리에서도 직무분석과 직무평가 활동은 인사이동으로 인해 담당 직무가 변경될 경우 효과적인 인수인계를 지원하고 평가·보상체계의 합리성을 향상시키는 데 활용될 수 있다는 측면에서 그 중요성을 발견할 수 있다. 이에 현재 우리나라 공공 인적자원관리에서도 직무기술서의 작성을 요구하고 있다. 2000년도에 외교통상부와 기상청을 대상으로 정부 직무분석 사업을 시범 실시하였고 2001년에는 중앙인사위원회, 건설교통부, 국세청에 대한 직무분석을 실시하였으며 직무분석지원시스템(JASP)을 개발하여 직무분석과정을 전산화하였다. 그러나 현재 외교통상부를 제외한 대부분의 조직에서 직무분석 및 직무평가는 형식적 수준에 머무르고 있는 실정이다.

둘째, 우리나라 인력관리계획 모델은 서구의 조직 및 환경적 맥락 속에서 개발된 미국식 인력관리계획 모델에 기초하고 있어 실제적 적용에 있어 한계를 나타내고 있다. 대부분의 국가에서 실행하고 있는 인사혁신 제도들은 보편적 관점에서 고성과 조직에서 공통적으로 나타나는 인적자원관리 방식을 최선의 인적자원관리 방식이라고 간주하고 이를 벤치마킹하여 적용하고 있다(김선아, 2016). 그러나 직위분류제를 기반으로 운영되는 미국의 공공 인적자원관리제도와 달리 우리나라는 계급제를 기반으로 운영되고 있고, 환경적·조직적 차원에서 다양한 차이를 갖고 있기 때문에 한국적 특수성에 대한 고려가 필요하다.

셋째, 현재 보유하고 있는 인적자원과 해당 인적자원이 보유한 역량에 대한 체계적인 분석 기법이 아직까지 확립되지 못한 실정이다. 현재 보유한 인적자원에 대한 분석은 현재 보유한 인적자원과 미래에 필요한 인적자원과의 격차를 파악함으로써 인력관리계획을 토대로 미래 수요에 선제적으로 대응해 나갈 수 있도록 지원한다. 이에 체계적인 역량분석이 선행되지 않는다면

그림 3-9 전략성과 체계성 확보의 주요 장벽

제도 혁신 - 사람 혁신 - 문화 혁신

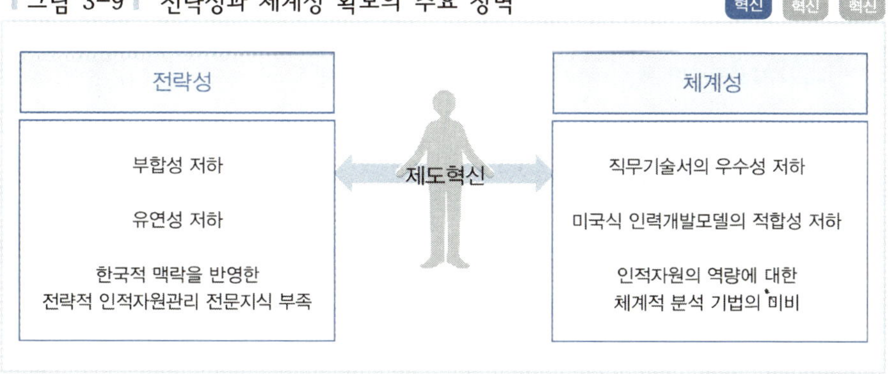

현재인력과 미래인력 사이의 차이(Gap)를 설정할 수 없어 타당성 높은 인력관리계획을 도출할 수 없게 된다.

제4절 전략성과 체계성 확보를 위한 전략

1. 전략성 확보를 위한 주요 전략

우리나라 정부는 제도혁신의 토대적 차원에서 전략적 인적자원관리를 중심으로 전략성이라는 핵심 인사혁신 가치를 실현하기 위한 다양한 노력을 전개하고 있다. 그러나 부합성 구현 차원의 한계, 유연성 구현 차원의 한계, 한국적 맥락을 반영한 전략적 인적자원관리 관련 전문지식과 학술 연구의 부족 등 전략성 실현에 있어 몇 가지 장벽이 존재하고 있음을 확인할 수 있었다. 이에 이러한 장벽을 극복하고 제도혁신의 토대적 차원에서 핵심 인사혁신 가치인 전략성을 적극적으로 실현하기 위한 혁신 전략을 논의하면 다음과 같다.

첫째, 전략적 인적자원관리 체계를 운영하는 데 있어 수직적·수평적 부합성을 강화할 수 있도록 조직 구성원들의 전략적 마인드를 배양하고 공공조직 내에서 인사 전문가를 지속적으로 양성해야 한다. 기관장, 간부 및 조직 구성원들의 참여와 합의를 바탕으로 인적자원관리 체계를 수립해 나감으로써 전략적 인적자원관리 체계 운영의 중요성, 실행 방법 등에 대한 조직 구성원들의 이해수준을 높일 수 있을 것이며 이는 궁극적으로 전략적 마인드 배양에 기여할 수 있을 것이다. 더불어 단기적 성과를 목표로 운영되는 기존의 인적자원관리 방식을 넘어 보다 장기적 관점에서 조직의 전략을 수립하고 이에 기초한 인적자원관리 체계의 구축을 가능케 할 수 있도록 자체적으로 인재를 양성하거나 외부로부터 인재를 영입하여 전략적 안목과 전문적 지식을 갖춘 인사 전문가를 확보해야 할 것이다. 뿐만 아니라 이들에게 상당한 권한과 지위를 부여하여 업무 수행에 있어 충분한 자율성이 발현될 수 있도록 보장해야 할 것이다.

둘째, 부처의 특수성을 반영한 상향식(Bottom-Up) 전략적 인적자원관리 체계를 개발하고 이를 적용해야 한다. 김선아·박성민(2016b)은 우리나라 중앙행정기관의 위상, 예산 규모, 인원 규모, 특정직 비율과 같은 조직의 일반 특성과, 직무의 일반성·전문성·전략성 수준 등과 같은 업무 특성, 기관의 정책 기능 및 유형별 특성에 따라 조직이 추구하는 인사혁신의 최우선 과제가 달라질 수 있음을 실증적으로 규명하였다. 현재 우리나라의 공공 인적자원관리 체계는 하향식(Top-Down) 형태로 결정되고 있어 기관의 특수성을 반영하는 데 있어 한계를 나타내고 있다. 이에 공공 인적자원관리 체계를 구축하는 데 있어 상향식(Bottom-Up) 형태의 결정을 통해 부처별 특수성을 반영함으로써 전략적 인적자원관리체계가 조직 내에서 보다 적실성 있게 활용될 수 있도록 지원해야 할 것이다.

셋째, 관학협력 강화를 통해 한국적 맥락에서 전략적 인적자원관리의 실현을 위한 내·외부 환경적 조건을 탐색하고 전략적 인적자원관리의 효과성을 다각적인 측면에서 지속적으로 진단할 필요가 있다. 이를 통해 공공 인적자원관리에서 전략적 실현의 정당성과 실천성을 확보해 나갈 수 있을 것이다.

2. 체계성 확보를 위한 주요 전략

우리나라 정부는 제도혁신의 토대적 차원에서 직무분석 및 직무평가의 시행, 인력관리계획의 수립 등을 중심으로 체계성이라는 핵심 인사혁신 가치를 실현하기 위한 다양한 노력을 전개하고 있다. 그러나 직무기술서 및 직무평가표의 질적·양적 우수성의 저하, 미국식 인력관리계획 모델 활용의 한계, 체계화된 역량분석 기법의 부재 등 체계성 실현에 있어 몇 가지 장벽이 존재하고 있음을 확인할 수 있었다. 이에 이러한 장벽을 극복하고 제도혁신의 토대적 차원에서 핵심 인사혁신 가치인 체계성을 적극적으로 실현하기 위한 혁신 전략을 논의하면 다음과 같다.

첫째, 공무원이 담당하고 있는 직무에 대한 체계적 관리와 평가를 지속해 나가야 한다. 다만 미국식 직무분석 기법을 그대로 적용하는 것이 아니라 우리나라 공공조직의 특수한 업무수행방식과 조직문화를 고려한 맞춤형 직무분석 기법을 개발할 필요가 있다. 우리나라의 중앙행정기관은 정책 수립 및 정책 집행의 성격이 강한 직무로 구성되어 있기 때문에 미국식 직무분석을 적용하는데 한계가 존재한다. 유럽국가들이 계급제의 근간을 유지한 채 직무분석을 제한적으로 활용하고 있는 것처럼 우리나라의 경우에도 한국의 조직적·문화적 특성을 반영한 직무분석을 개발하여 시행할 필요가 있다(유민봉·박성민, 2014: 188).

둘째, 우리나라 공공조직의 문화적·환경적 맥락과 적합한 인력관리계획을 수립하기 위해 우리나라 공공조직의 내·외부 환경을 면밀히 분석하고 국제적 연구의 흐름도 유심히 살펴야 할 것이다. 이와 더불어 조직 구성원 개인의 태도와 행위에 대해 심도 있는 분석이 필요하며 인적자원관리 체계의 변화 방향과 속도, 강도와 범위, 절차 등 공공 인적자원관리 '과정'을 종합적이고 다각적 시각에서 진단할 필요가 있다.

셋째, 현재 보유하고 있는 인력 및 역량과 미래에 요구되는 인력 및 역량 간의 합리적 분석을 위해 인력관리계획에 효과적으로 활용될 수 있는 개인·조직 차원의 역량예측 및 분석 기법을 지속적으로 개발해야 한다. 또한 이를 바탕으로 중앙인사기관은 표준화된 운영 매뉴얼을 개발하여 각 기관에 배포함으로써 기관 단위에서 필요 역량에 대한 과학적 분석이 이루어질 수 있도록 지원해야 할 것이다(유민봉·박성민, 2014: 230).

그림 3-10 전략성과 체계성 확보를 위한 전략

제도혁신 - 사람혁신 - 문화혁신

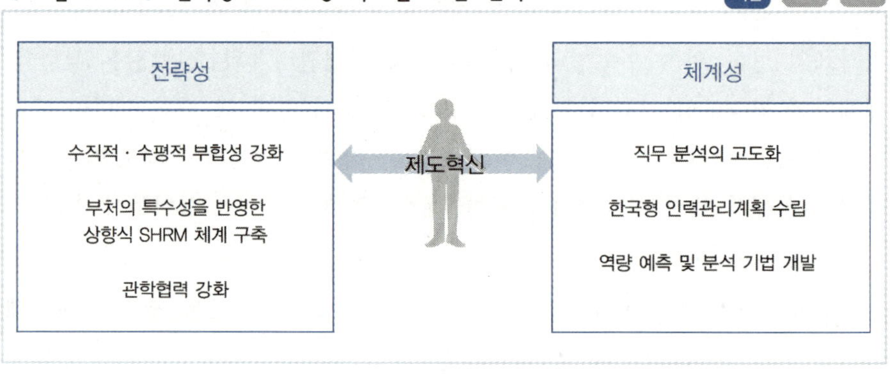

토론 문제

다음 질문에 대해 함께 토론해 보세요.

1. 공공 인적자원관리 제도혁신의 토대적 차원에서 핵심 인사혁신 가치인 전략성과 체계성을 적극적으로 구현하기 위해 필요한 중앙인사기관의 역할에 대해 논의해보자.

2. 제도혁신의 토대적 차원에서 전략성을 실현하기 위해 우리나라 공공조직의 특수성을 반영한 전략적 인적자원관리 체계를 수립해보고 이의 실질적인 구현방안에 대해 논의해보자.

3. 제도혁신의 토대적 차원에서 체계성을 실현하기 위해 우리나라 공공조직의 특수성을 반영한 인력관리계획을 수립해 보고 이의 실질적인 구현방안에 대해 논의해보자.

제4장

제도혁신의 발전적 차원: 국가인재확보

제4장 제도혁신의 발전적 차원: 국가인재확보

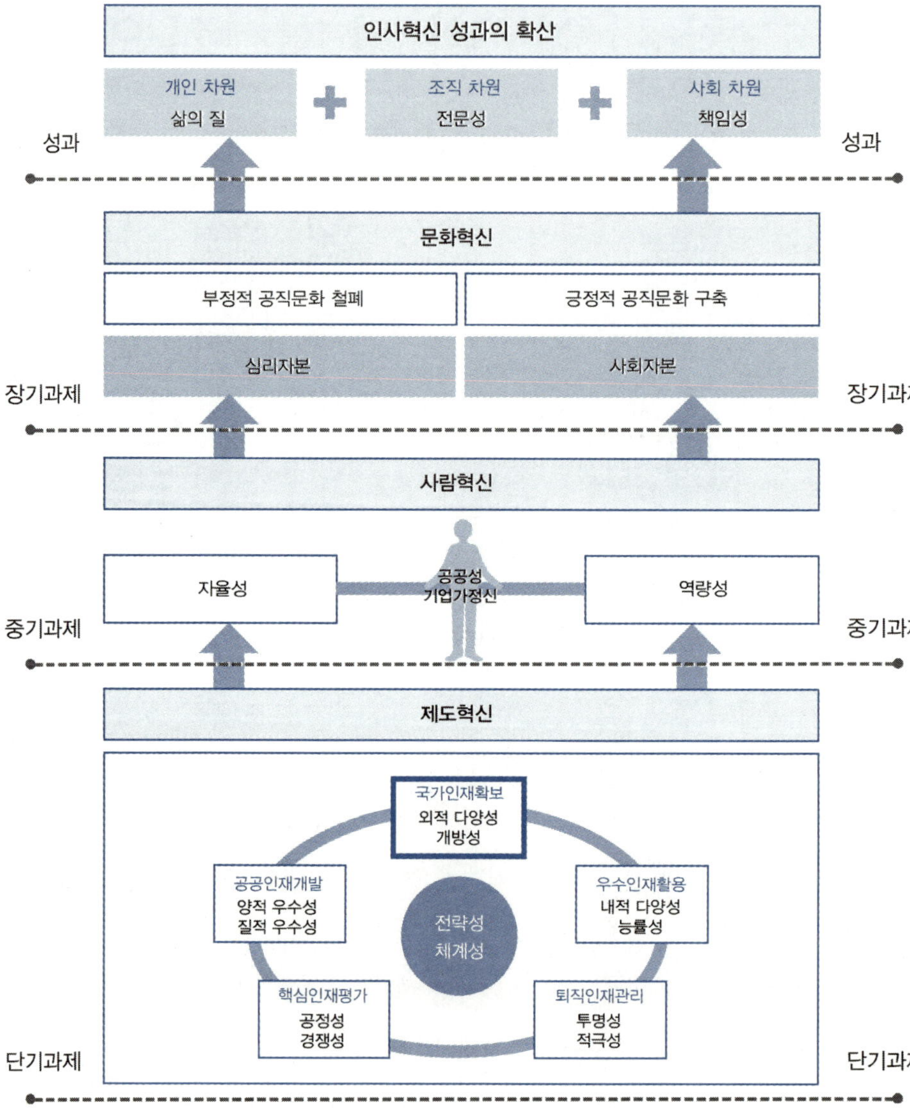

개 요

☞ 외적 다양성

핵심 인사혁신 가치로서 외적 다양성의 의의	
국가인재확보 과정에서 소수집단에 대한 배려를 통해 인적 구성의 다양성을 확보하고 이들을 포용적으로 관리하고자 하는 노력	
혁신 장벽	**혁신 전략**
소극적 노력의 한계	적극적 노력의 전개
양적 시각에서의 다양성 관리	양적 시각과 질적 시각을 통합한 다양성 관리
역차별 문제의 대두	역차별 문제의 해소

☞ 개방성

핵심 인사혁신 가치로서 개방성의 의의	
민간부문에 공직의 문호를 개방하고 공공부문 내에서의 인사교류 활성화를 통해 조직 내에 새로운 인적자원을 적극적으로 충원하고자 하는 노력	
혁신 장벽	**혁신 전략**
민간인 임용률 저하	경력개방형 직위 확대
우수 인재의 영입을 위한 유인책 부족	우수 인재의 영입을 위한 차별화된 유인책 설계
행정고시 출신자와 민간조직 출신자간의 알력싸움	갈등 완화 지원 및 공채와 경채 비율 조정

핵심 용어
국가인재확보, 외적 다양성, 개방성, 균형인사정책, 고위공무원단, 개방형직위, 경력개방형직위, 민간경력자일괄채용제도, 인사교류, 민간근무휴직제

제1절 국가인재확보 과정에서 인사혁신의 이해

1. 국가인재확보 과정의 이해[1)]

공공 인적자원관리 프로세스 중 국가인재확보 과정은 국가를 위해 일할 수 있는 우수한 인적자원을 확보하는 활동을 의미한다. 이에 국가인재확보 과정은 모집·선발 기능을 포괄하게 된다. 구체적으로 모집(Recruitment)은 공무원을 채용할 때 지원자를 확보하는 활동이며 선발시험에 응할 잠재적 인적자원을 찾아내서 지원하도록 유도하는 행위이다. 모집의 이러한 정의에는 선발이 공개경쟁으로 이루어진다는 의미까지 내포하고 있다. 만약 인사권자가 공개경쟁으로 선발을 하지 않고 특정인을 은밀하게 뽑으려고 계획하고 있다면 모집이라는 과정이 정서적, 제도적 장애물로 작용하기 때문이다. 과거에는 정실주의와 엽관주의의 방어적 차원에서 모집의 기능이 강조되곤 하였지만 실적주의의 정착으로 인해 현재의 모집은 단순히 정실을 방지하기 위한 공개채용이라는 의미를 넘어 우수한 인재를 선발하고자 하는 적극적 역할까지 수행하게 되었다. 이에 현재 정부 인적자원관리에서의 모집은 민간기업과의 인재유치경쟁에서 뒤떨어지지 않고, 공직에 많은 관심을 갖고 선발시험에 응시할 수 있도록 하는 적극적인 모집활동으로서의 역할을 의미한다.

다음으로 선발(Selection)은 모집과정을 통해서 다수의 지원자를 확보한 후 지원자들 중 빈자리의 직무수행에 가장 뛰어난 적격자를 선별해서 뽑는 과정을 의미한다. 즉, 선발이란 응시자 중에서 직무수행능력이 상대적으로 뛰어난 사람을 선택하는 활동이다. 이러한 선발은 어느 조직에서나 모집보다 훨씬 더 중요하게 다루어지게 된다. 모집은 대상 집단이 막연하기 때문에 모집활동이 잘 이루어졌는지 혹은 아닌지에 대한 평가가 곤란하지만, 선발은 한정된 모집인원을 모수로 하여 능력 있는 사람을 정확히 평가해서 뽑았는지에 대한 평가가 가능하고 타당성과 신뢰성 기준을 중심으로 조직의 효과성에 보

1) 해당 내용은 저자가 유민봉·박성민(2014)의 <한국인사행정론(박영사, 2014)>에서 제시했던 내용을 본서의 구조에 맞추어 재구성하고 수정·보완한 것이다.

다 직접적인 영향을 미치게 된다.

완벽한 조직 구조를 가지고 있고, 최고의 운영 계획을 가지고 있으며, 철저한 통제 체제를 구비하고 있다 할지라도 그 틀 속에서 실제 일을 담당할 사람이 중간 이하의 능력밖에 갖고 있지 못하다면 이는 무용지물이 되어버린다(Mondy & Noe, 1996). 조직의 역량이 사람의 능력을 초과할 수 없기 때문이다. 이에 국가인재확보 과정은 인사관리와 조직관리를 성공으로 이끄는 출발점으로서의 역할을 담당한다는 측면에서 그 중요성을 살펴볼 수 있다. 이에 국가인재확보 과정을 보다 나은 방향으로 발전시키기 위한 혁신 노력은 발전적 제도혁신을 위해 필수적이라 할 수 있다.

그림 4-1 국가인재확보 과정의 이해

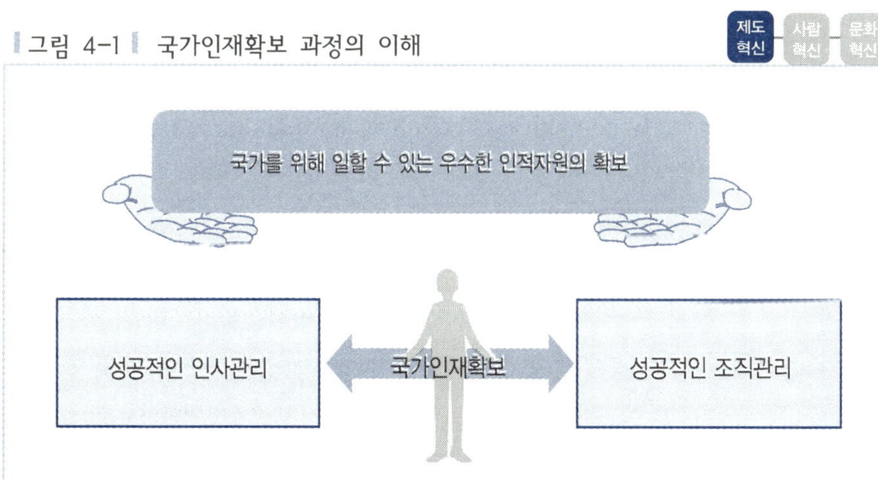

2. 국가인재확보 과정에서의 혁신 과제

공공 인적자원관리 프로세스 중 국가인재확보 과정은 국가를 위해 일할 수 있는 우수한 인재를 확보하여 효과적인 인사관리를 가능케 하는 출발점으로서의 역할을 담당한다는 측면에서 그 중요성을 살펴볼 수 있다. 이에 국가인재확보 과정을 보다 나은 방향으로 변화시키기 위한 혁신 활동은 발전적 제도혁신을 위해 필수적이라 할 수 있다. 우리나라 공공 인적자원관리에서도 국가인재확보 과정을 발전시키기 위해 다양한 노력을 전개하고 있는데 이러한 노력들이 사회적 변화와 사회적 수요를 적실하게 담아내기 위해서는 해당 체계가 당면하고 있는 환경적 특성을 고려할 필요가 있다.

이에 본서에서는 SWOT 분석을 통해 공공 인적자원관리 프로세스 중 국가인재확보 과정의 내·외부적 환경을 이해하고 이를 토대로 혁신의 방향을 도출하였다. 이러한 분석을 통해 혁신 과정에서 내부적 차원의 강점 요인과 외부적 차원의 기회 요인을 효과적으로 활용해 나갈 수 있을 것이며 내부적 차원의 약점 요인과 외부적 차원의 위협 요인에 선제적으로 대응해 나감으로써 보다 발전적인 국가인재확보 체계의 구축이 가능해 질 것이다. 궁극적으로는 종합적 시각에서 진행된 내·외부 환경 분석 프로세스를 바탕으로 사회적 변화와 사회적 수요를 적실하게 담아낸 혁신의 방향을 설정함으로써 혁신 활동의 당위성과 타당성을 확보해 나갈 수 있을 것이라 기대된다. 공공 인적자원관리 프로세스 중 국가인재확보 활동과 관련된 내부적 차원의 강점(Strengths) 및 약점(Weaknesses) 요인과 외부적 차원의 기회(Opportunities) 및 위협(Threats) 요인을 살펴보면 다음과 같다.

첫째, 내부적 차원의 강점(Strengths) 요인으로 공무원의 직업위세 강화 및 사회적 약자의 공직 입직 기회 확대를 살펴볼 수 있다. 우리나라는 직업공무원제가 확립되어 있기 때문에 공무원의 신분이 보장되고 있으며 일정 조건을 갖추게 되면 은퇴 후 연금을 지급받게 된다. 사회적·경제적 불안정성이 가속화되면서 공직의 이러한 직업적 특성이 구직자들에게 매력적인 요인으로 작용하게 되었고 이로 인해 공무원의 직업위세가 강화되면서 사회 내에 존재하는 우수한 인재들이 공직으로의 입직을 희망하게 되었다. 또한 사회적 약자에 대한 공직 입직 기회의 확대로 공직 내부에 사회통합형 인재를 보유할 수 있게 되었다.

둘째, 내부적 차원의 약점(Weaknesses) 요인으로 공직사회에 고착화되어 있는 순혈주의 문화 및 다양한 인재 채용 제도에 대한 홍보활동의 부족을 살펴볼 수 있다. 현재 우리나라 공공조직 내부에는 공개경쟁 채용 제도를 중심으로 국가인재확보 제도를 운영하면서 공직 내부에 행정고시, 외무고시 등 선발 기수에 기초한 끼리끼리 문화가 형성되었고 자신들과 입직경로가 다른 조직 구성원들을 직·간접적으로 배척하면서 공직의 폐쇄성 문제를 낳게 되었다. 또한 다양한 인재 채용 제도를 운영하고 있음에도 불구하고 이에 대한 홍보가 미약하여 역량을 갖춘 우수한 인재의 입직이 제한되고 있다.

셋째, 외부적 차원의 기회(Opportunities) 요인으로 국정운영의 패러다임이 통치(Government)에서 협치(Governance)로 변화하면서 민관협력이 강화되고 있다는 점을 살펴볼 수 있다. 민관협력의 강화로 공공조직이 활용할 수 있는 인재 풀(Pool)이 확장되었으며 공공조직과 민간조직 간 인사교류가 활성화되었다. 이는 궁극적으로 폐쇄적 특성을 갖고 있는 공공조직에 활력을 불어넣고 조직의 창의성 증진에 기여할 수 있다는 측면에서 그 중요성이 지속적으로 강조되고 있다.

넷째, 외부적 차원의 위협(Threats) 요인으로 사회의 인적구성의 다양성 증대를 살펴볼 수 있다. 국제결혼의 증가와 외국인 노동자의 유입으로 다문화 사회로 접어들게 되면서 인적구성의 다양성이 증대되었고 이에 행정의 대표성 확보 및 사회적 형평성의 실현 차원에서 공무원 국가인재확보 체계의 개선을 요구받게 되었다. 대표관료제의 맥락에서 다양한 문화적 배경을 갖고 있는 사회구성원들의 선호가 행정활동에 반영되기 위해서는 공직 내부에 이들의 입장을 대변할 수 있는 인적자원을 확보하고 있어야 하는데 현재 우리나라 공무원 중 외국인 공무원의 비중은 극히 낮기 때문이다.

공공 인적자원관리 프로세스 중 국가인재확보 활동과 관련된 SWOT 분석 내용을 종합해 볼 때 국가인재확보 과정에서 인사혁신의 방향은 공직의 개방성을 강화하여 경쟁력을 확보하고 인적구성의 다양성의 증대로 다변화된 행정수요에 대응하기 위해 공직 내 인적구성의 다양성을 확보할 수 있도록 설정되어야 함을 확인할 수 있었다. 이를 바탕으로 본서에서는 공공 인적자원관리 프로세스 중 국가인재확보 과정의 핵심 인사혁신 가치로서 외적 다양성과 개방성을 제시하였다. 외적 다양성은 국가인재확보 과정에서 소수집단에 대한 배려를 통해 인적구성의 다양성을 확보하고 이들을 포용적으로 관리하고자 하는 노력을 의미하며, 개방성은 민간부문에 공직의 문호를 개방하고 공공부문 내에서의 인사교류 활성화를 통해 조직 내에 새로운 인적자원을 적극적으로 충원하고자 하는 노력을 의미한다.

그림 4-2 국가인재확보 과정에서의 혁신 과제

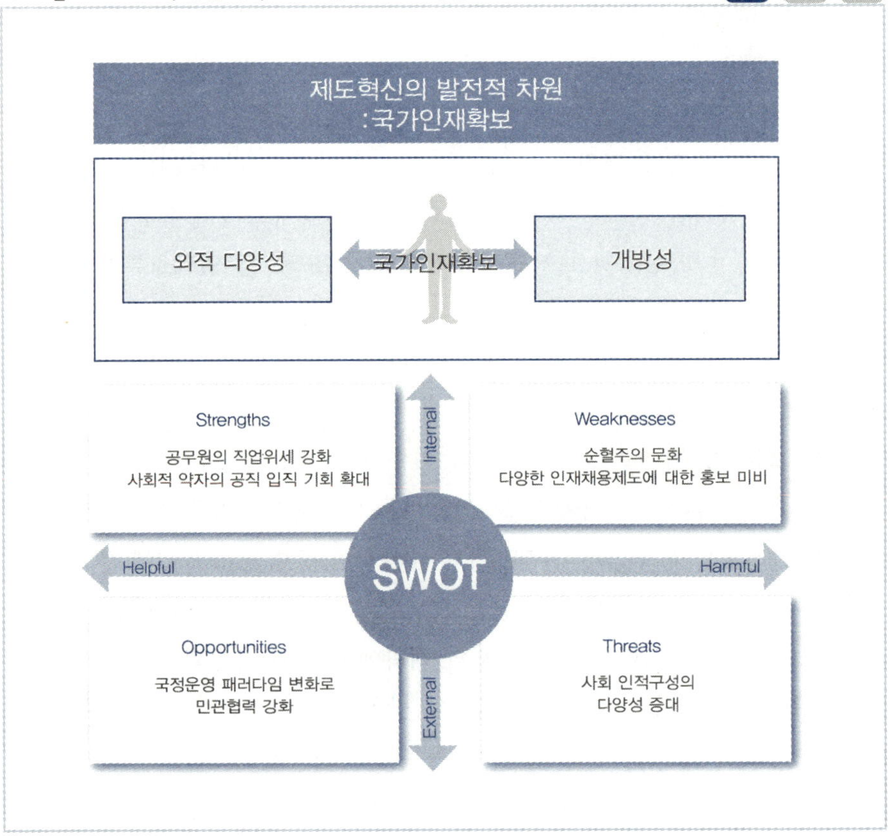

제2절 핵심 인사혁신 가치로서 외적 다양성과 개방성

1. 외적 다양성의 이해[2)]

1) 개념적 이해

공공 인적자원관리에서 다양성(Diversity)의 개념에 대한 논의는 차이와 차별, 다름과 틀림에 대한 이해에서 출발해야 한다. 가치중립적 개념인 차이와

2) 해당 내용은 저자가 유민봉·박성민(2014)의 <한국인사행정론(박영사, 2014)>에서 제시했던 내용을 본서의 구조에 맞추어 재구성하고 수정·보완한 것이다.

다름, 가치부하적 개념인 차별과 틀림에 대한 이해가 선행되어야 인적자원관리에서 다양성이 갖는 진정한 의미를 발견할 수 있기 때문이다. 차이(Difference)는 '두 사람 간 또는 두 집단 간의 특성이 서로 다른 것'을 의미하고 차별(Discrimination)이란 '선정된 기준(또는 표준)에 따른 차이에 상징적 의미를 부여하면서 심리적이거나 물질적 차등 대우를 하는 상황'을 의미한다(이종범, 2008). 즉, 차이는 다름을 의미하는 것이고, 차별은 특정 대상을 틀림의 시각으로 바라보는 것이다. 인적자원관리 과정에서 이질성에 접근하는 바람직한 관점은 틀림과 차별의 시각이 아닌 차이와 다름의 시각에서 출발하는 것이다.

구체적으로 공공 인적자원관리에서 다양성은 "특정 조직 혹은 사회 구성원들 간에 이질성이 존재하는 것"으로 정의할 수 있다. 여기서의 이질성은 성별, 인종, 연령, 학력, 지역, 욕구, 문화 등 다양한 측면으로 해석할 수 있고 이러한 이질성의 속성에 따라 다양성의 개념을 외적 다양성(External Diversity)과 내적 다양성(Internal Diversity)으로 구분할 수 있다. 즉, 성별, 인종 등과 같은 표면적 다양성(Surface Level Diversity)은 외적 다양성(External Diversity)으로 정의할 수 있고, 욕구, 문화적 배경 등과 같은 심층적 다양성(Deep Level Diversity)은 내적 다양성(Internal Diversity)으로 정의할 수 있다.[3)]

과거에는 조직 구성원 간의 이질성을 배타적 행태와 조직 내 갈등을 유발하는 부정적 요소로 평가하였으나 현재는 이러한 이질성이 조직에 활력을 불어넣고 창의성을 유발하는 긍정적 요소로 자리 잡게 되면서 조직 차원에서 이러한 다양성을 자연스럽게 받아들이고 이를 포용적으로 관리하기 위한 다양한 시도들이 전개되고 있다. 이에 인적자원관리에서는 이러한 노력들을 종합하여 다양성 관리(Diversity Management)라고 부른다. 특히 다양성 관리에 접근하는 관점은 문화적 다원주의, 다문화주의 시각을 바탕으로 탄생한 샐러드볼 접근 방식과 문화적 동화와 문화적응의 의미를 내포하고 있는 멜팅팟 접근 방식으로 구분하여 살펴볼 수 있다. 샐러드볼 접근 방식이 여러 가지

3) 본서에서는 외적 다양성은 국가인재확보 과정의 핵심 인사혁신 가치로 다루었고, 내적 다양성은 우수인재활용 과정의 핵심 인사혁신 가치로 다루었다. 이에 내적 다양성에 관한 내용은 본서의 제2편 제6장에서 보다 구체적으로 다루었다.

그림 4-3 다양성에 접근하는 두 가지 관점

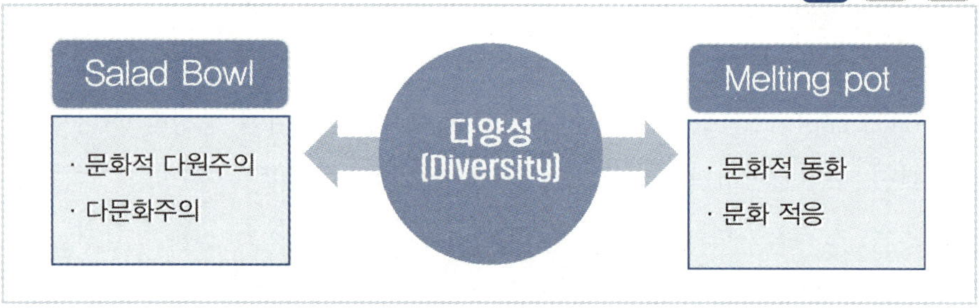

특성이 각각의 색을 잃지 않으면서 조화롭게 어울릴 수 있도록 지원하는 관리 방식을 의미한다면 멜팅팟 접근 방식은 여러 가지 다른 차이들을 지배적인 주류 특성에 동화시키는 관리 방식을 의미한다. 공공 인적자원관리에서 다양성을 관리하는 바람직한 관점은 주류 집단으로의 동화를 의미하는 멜팅팟이 아닌 다름을 존중하는 샐러드볼 접근 방식이라 할 수 있다.

이에 샐러드볼 접근 방식을 기반으로 공공 인적자원관리 프로세스 중 국가인재확보 과정에서의 다양성 관리는 "외적 차이를 가진 인적자원에게 공평한 기회를 제공하여 차별을 철폐하고 이들을 배려하기 위한 노력"으로 이해할 수 있다. 따라서 국가인재확보 차원에서 다양성 관리는 관리의 대상을 외적 다양성으로 한정하게 된다.

특히 국가인재확보 과정의 핵심 인사혁신 가치로서 외적 다양성에 대한 중요성은 미국의 환경적 맥락에서 찾아 볼 수 있다. 다인종 국가인 미국에서는 국가인재확보 과정에서 다름을 받아들이기 위한 노력을 바탕으로 소수집단 우대정책(AA: Affirmative Action)과 고용기회균등정책(EEO: Equal Employment Opportunity)을 구현하였다. 즉, 소수집단 우대정책과 고용기회균등정책은 인종 및 민족 등과 같은 외적 특성으로 인해 미국 사회에서 상대적으로 소외받아왔던 집단을 차별로부터 보호하고 이질적인 구성원들을 공평하게 선발하기 위한 노력을 바탕으로 탄생하게 된 것이다. 특히 행정의 특수성으로 인해 공공 인적자원관리는 민간부문의 인적자원관리와 달리 관리 과정에서의 효율성, 효과성과 같은 경제적 가치뿐만 아니라 사회적 형평성이라는 비경제적 가치를 함께 담아낼 것을 요청받게 되었고 이로 인해 외적 다양성 관리는 사회적 형평성의 실현 차원에서 공공 인적자원관리에서 중요한 위상을 차지하게 되었다.

이에 본서에서는 제도혁신의 발전적 차원에서 공공 인적자원관리 프로세스 중 국가인재확보 과정에서의 핵심 인사혁신 가치로서 외적 다양성을 "국가인재확보 과정에서 소수집단에 대한 배려를 통해 인적구성의 다양성을 확보하고 이들을 포용적으로 관리하고자 하는 노력"으로 정의하였다. 국가인재확보 과정의 핵심 인사혁신 가치로서 외적 다양성의 중요성은 대표관료제(Representative Bureaucracy)의 맥락에서 보다 구체적으로 살펴볼 수 있다. 대표관료제는 공무원의 인적구성을 성별, 계층, 지역, 인종과 같은 사회 구성원의 인구학적 특성과 유사하게 구성하여 공무원 집단이 국민을 대표할 수 있도록 지원하는 제도를 의미한다(Kingsley, 1944). 특히 대표관료제에서 논의하는 대표성은 소극적 대표성과 적극적 대표성으로 구분하여 살펴볼 수 있다. 소극적 대표성은 출신지역, 학교, 성별, 신분 등의 다양한 기준에서 공무원의 인적구성이 일반사회의 인적구성과 통계적으로 비례하는 구성론적 대표성을 의미한다. 반면 적극적 대표성은 사회 인구 구성의 비례적 대표성을 확보한 공무원들이 실질적인 정책결정에 있어 자신들의 출신 집단이나 소속 집단을 적극적으로 내변하는 역할론적 대표성을 의미한다. 즉, 대표관료제는 기본적으로 각 특성을 지닌 공무원이 그가 속한 집단의 이익을 대변할 것이라는 기

그림 4-4 국가인재확보 과정에서 외적 다양성의 의의

제도 혁신 | 사람 혁신 | 문화 혁신

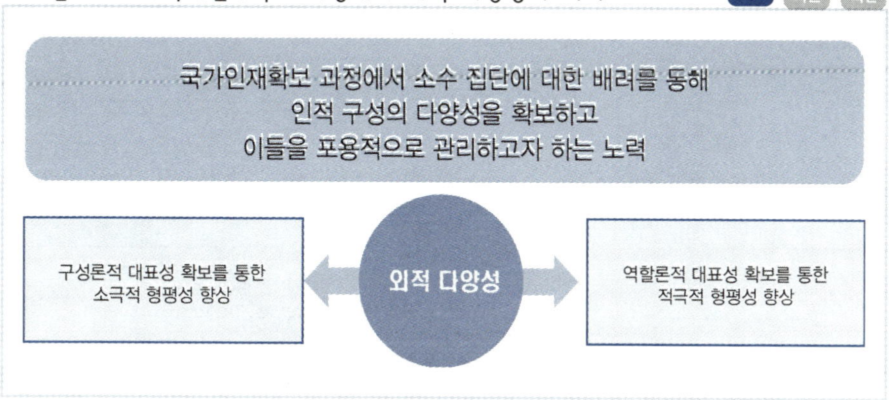

대를 전제로 한다. 즉, 구성론적 대표성이 역할론적 대표성으로 연계되어 사회적 형평성이 실현될 수 있다는 기대를 반영하고 있는 것이다. 따라서 공공 인적자원관리 프로세스 중 국가인재확보 과정에서의 핵심 인사혁신 가치로서 외적 다양성의 실현은 인종, 성별, 종교, 장애 등의 이질성으로 인해 차별을 받아왔던 집단에게 공정한 채용기회를 보장하여 구성론적 대표성 확보를 통한 소극적 형평성 향상에 기여하고 이들이 공직사회에 진입한 이후 자신이 소속된 소수집단의 이해관계를 적극적으로 대변하여 이들의 이해가 정책결정 과정에 투영됨으로써 역할론적 대표성 확보를 통한 적극적 형평성 향상에 기여할 수 있다는 측면에서 그 중요성을 살펴볼 수 있다.

2) 정책적 이해

우리나라 공공 인적자원관리 프로세스 중 국가인재확보 과정에서의 외적 다양성이라는 인사혁신 가치를 담아내고자 하는 시도는 균형인사정책의 구현으로 구체화되어 나타났다. 균형인사정책은 공무원 임용에 있어 상대적으로 소외되었던 장애인, 이공계인재, 지방인재 등 소수 집단(Minority Group)을 적극적으로 공직에 임용하여 활용할 수 있도록 지원하는 제도를 의미한다(박홍엽, 2006). 인사혁신처는 균형인사정책을 통해 다양한 계층의 가치와 이익을 반영함으로써 국가 전체의 공익을 추구하고 사회적 소수 집단의 고용기회 확대를 통해 실질적인 사회통합을 이룩해 나갈 수 있으며, 지역인재의 균형

그림 4-5 국가인재확보 과정에서 외적 다양성의 정책적 실현

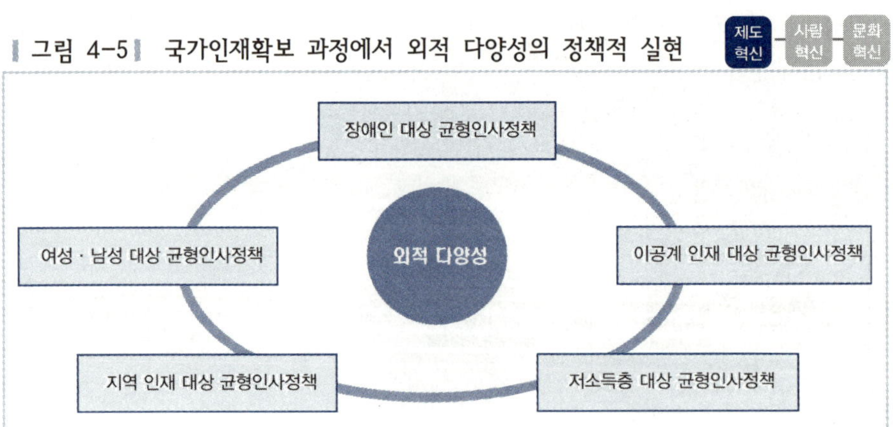

적 활용을 통해 국가 전체의 경쟁력 강화에 기여할 수 있다는 측면에서 균형인사정책의 중요성을 설명하고 있다(인사혁신처, 2016a). 우리나라에서 시행되고 있는 균형인사정책의 대상은 장애인, 여성 및 남성, 이공계 인재, 지역·지방 인재, 저소득층 인재 등으로 구분하여 살펴볼 수 있다. 이를 구체적으로 살펴보면 다음과 같다.

(1) 장애인 대상 균형인사정책

장애인 대상의 균형인사정책은 공직사회에서 고용 취약 계층인 장애인의 고용기회 확대를 위해 실시하는 제도를 의미한다. 우리나라 공공 인적자원관리에서 시행되고 있는 장애인 대상의 균형인사정책은 의무고용제도와 장애인 구분모집제 등이 있다.

장애인 의무고용제도는 「장애인고용촉진 및 직업재활법」의 제27조에 근거하여 전체 소속 공무원 정원의 3% 이상을 고용하도록 규정하는 제도이며 현재 공안직군, 검사, 경찰, 소방, 경호, 군인을 제외한 전 직종에 고용의무를 부과하고 있다. 인사혁신처는 의무고용 적용 제외 직종에 대해서도 직무분석 등을 통해 장애인 근무 적합 업무를 지속적으로 발굴하기 위해 노력하고 있다.

장애인 구분모집제는 「공무원임용시험령」 제2조에 근거하여 보다 적극적인 관점에서 장애인 공무원 채용을 촉진하기 위해 필요하다고 인정되는 경우 선발예정인원의 일부분을 장애인만 응시할 수 있도록 제한하는 제도이다. 이에 공개경쟁채용 시 선발예정인원의 6%를 장애인 구분모집 선발인원으로 규정하고 있다.

이와 더불어 시험 과정에서 발생하는 불편함을 최소화하기 위해 장애인 수험생에 대한 편의지원을 확대하고 있다. 또한 국가인재확보 과정뿐만 아니라 입직 이후 장애인 공무원의 근무 여건을 개선하기 위해 승진·교육훈련·근무성적평정 등에 있어 실질적인 평등을 보장하고 장애인 공무원 희망 보직제 등을 실시하고 있다.

(2) 여성·남성 대상 균형인사정책

여성 및 남성 대상의 균형인사정책은 공무원 임용에 있어 성비 균형을 확보하기 위해 시행되는 제도로서 양성평등채용목표제를 살펴볼 수 있다. 양성

평등채용목표제는 5급·7급·9급 공개경쟁채용시험 및 외교관후보자 선발시험 중 선발예정인원이 5명 이상인 시험을 대상으로 적용되며 해당 시험에 대해 남녀 모두를 대상으로 최소 채용비율(30%)을 준수해야 함을 명시하고 있다. 양성평등채용목표제도의 근간은 1996년에 도입된 여성채용목표제이다. 과거에는 공직 내에 여성의 비율이 낮았기 때문에 여성만을 대상으로 여성채용목표제가 운영됐지만 여성의 공직진출이 확대되고 남성에 대한 역차별 문제가 지적되면서 2003년에 양성평등채용목표제로 전환되었고 이에 여성 및 남성 모두를 대상으로 운영하게 되었다.

다만 현재 여성의 공직진출이 양적으로 확대된 것은 사실이나 공직사회 내에서 여전히 여성에 대한 유리천장이 존재하는 등 질적 개선이 이루어지지 않아 실질적인 평등을 구현하기 위해 여성만을 대상으로 공직 내 여성인력의 대표성 제고를 위한 4급 이상 여성관리자 임용확대 계획을 수립하여 추진하고 있으며, 보직관리 및 승진제도 운영에 있어 남녀 간 차별을 철폐하기 위한 노력을 전개하고 있다.

(3) 이공계 인재 대상 균형인사정책

이공계 인재 대상의 균형인사정책은 국가의 과학기술 경쟁력 제고를 위해 이공계 분야 우수인재의 공직진출을 확대하고 이들의 역량을 충분히 발휘할 수 있는 환경을 조성하기 위한 제도를 의미한다. 이에 채용경로에 관계없이 정부 전체 5급 및 이에 준하는 신규 채용 총 인원의 40% 이상을 이공계 인력으로 충원하도록 장려하고 있다. 특히 고위공무원단 내에서의 이공계 인재의 소외 문제를 적극적으로 해결하기 위해 일반직 고위공무원의 이공계 비율 30% 달성을 추진하고 있다. 더불어 기술직 임용확대와 이들의 능력발전을 위해 기술직 공무원의 정책관리능력 향상을 위한 교육훈련을 강화하였으며 인사교류 활성화 등을 추진하고 있다.

(4) 지역 인재 대상 균형인사정책

지역 및 지방 인재 대상 균형인사정책은 지방학교의 활성화 및 유능한 지역인재 육성을 통해 지역사회의 균형발전을 도모하기 위한 제도로서 지역인재추천채용제와 지방인재채용목표제로 구분하여 살펴볼 수 있다.

지역인재추천채용제는 2005년에 도입된 제도로서 지역대학 혹은 학교장의 추천과 수습근무를 거쳐 우수인재를 공직자로 채용하기 위해 2005년에 도입된 제도로 2005년에는 7급 공무원 채용에 있어 전국대학졸업자(예정자)를 대상으로 운영되었고 이와 더불어 2012년부터는 9급 공무원 채용에 있어 특성화고·마이스터고·전문대학 졸업(예정)자를 대상으로 적용 범위를 확대하여 운영하고 있다.

지방인재채용목표제는 5급·7급 공무원 공개경쟁채용시험 중 선발예정인원이 10명 이상인 직렬에 적용되며 지방인재채용목표 비율은 5급의 경우 20%, 7급의 경우 30%로 설정하여 미달 시 일정요건을 갖춘 대상자를 추가로 합격시키도록 운영하고 있다. 다만 실적주의가 훼손되지 않는 범위 내에서 지방의 우수인재를 채용할 수 있도록 추가합격선 및 합격 상한 비율 등을 엄격히 제한하고 있다.

(5) 저소득층 대상 균형인사정책

저소득층 대상 균형인사정책은 소득 수준의 차이로 인해 발생하는 기회의 불평등을 해소하고 경세적 사립을 지원함으로써 사회통합을 강화하기 위한 제도로서 저소득 구분모집제를 살펴볼 수 있다. 2009년에 도입된 저소득층 구분모집제는 9급 공개경쟁채용시험과 9급 경력경쟁채용시험을 대상으로 운영된다. 「국민기초생활보장법」에 따른 수급자 또는 「한부모가족지원법」에 따른 보호대상자에 해당하는 기간이 2년을 초과한 사람에 한해 지원이 가능하다. 구분모집 비율은 9급 공개경쟁채용제도의 경우 2%, 경력경쟁채용의 경우 1%로 설정하고 있다.

참고 4-1 외국인 공무원 채용 제도

외국인 공무원 채용은 법 제26조의3, 공무원 임용령 제4조, 별정직공무원 인사규정 제3조의2, 공무원임용규칙 제109조에 근거하여 일반직 공무원 중 전문경력관 및 임기제공무원, 정무직, 별정직, 특정직 공무원을 대상으로 외국인 공무원 채용을 한다. 채용분야는 국가안보 및 보안·기밀에 관계되는 분야를 제외한 분야로서 해외투자 유치나 통상·산업정책, 교육·문화·복지·도시계획 분야 등이다. 구체적인 외국인 공무원 채용의 임용 절차 및 임용 제한은 다음과 같다.

ㅇ 임용 절차 및 임용 제한

(1) 전문경력관 또는 임기제공무원의 경우

- 외국인의 채용 및 임용 등 절차(요약)
  - 선발에서 입국절차: 채용계획 수립 → 공고(생략가능), 원서 교부 및 접수 → 시험령 제29조 또는 전문경력관 규정 제11조에 따른 시험 실시 → 합격자 발표 → 신원조사 의뢰(국가정보원) → 합격증명서(전문경력관) 발급 또는 임용약정서(임기제) 작성 → 비자발급 → 항공권 구입(귀국일정통보)
  - 입국에서 출국절차: 공항 Pick up → 신체검사 → 임명 등 → 외국인등록증 발급 → 재임용(비자연장) → 출국(임용기간 만료 또는 의원면직 등)

- 외국인을 채용함에 있어 채용분야, 채용자격기준, 채용방법, 채용협의, 채용계획수립, 공고, 원서교부 및 접수, 서류전형, 면접시험 및 합격자 결정, 임용약정서 작성, 외국인의 임용, 근무성적평정, 보수, 복무관리, 징계, 시간선택제임기제공무원 관련, 연금, 면직 등은 「공무원임용령」 등 관련법령을 적용함(별정직공무원의 경우 「별정직공무원인사규정」 등 관련법령을 준용함)

ㅇ 복수국적자의 임용제한

- 임용권자 또는 임용제청권자는 법령으로 정한 각 기관의 소관 업무 중 아래의 각 호의 업무분야에는 복수국적자의 임용제한 가능 국가안보와 관련되는 정보·보안·기밀 및 범죄수사에 관한 분야
  - 대통령 및 국무총리 등 국가 중요 인사의 국정수행 보좌 및 경호에 관한 분야
  - 외교관계·통상교섭 및 국제협정에 관한 분야
  - 남북 간 대화·교류·협력 및 통일에 관한 분야
  - 검찰·교정 및 출입국관리에 관한 분야
  - 군정 및 군령, 무기체계 획득, 방위력 개선 및 그 밖의 군사에 관한 분야
  - 국민의 생명·신체·재산보호, 기업의 영업비밀 및 신기술 보호, 주요경제·재정 정책 및 예산운영에 관한 분야
  - 그 밖에 보안 시설·지역 출입, 비밀문서·자재취급 등 업무의 성질상 국가의 안보 및 이익에 중대한 영향을 미칠 수 있는 분야로서 복수국적자가 수행하기에 부적합하다고 인정하여 소속장관이 정하는 분야

자료: 인사혁신처(2016a)

참고 4-2 2016년 달라지는 인사정책 및 제도: 열린공직사회

구 분	종 전		2016년 달라지는 내용	관련 근거(시행일)
인사기록카드 서식 개선	인사기록카드 서식에 학벌, 신체사항 등 직무와 무관한 항목 다수 포함	⇒	• 출신고교, 출신대학, 신체사항, 결혼 여부 등 직무관련성이 낮은 편견 유발요소 삭제 * 출력물에서는 삭제하되, 시스템 내에서는 정보 보유 • 성과기록 서식 내실화 * 근무실적과 직무수행능력(역량) 분리 작성 등	공무원 인사·성과기록 및 전자인사 관리 규칙 서식1 ('16년초)
인사조직직류 신설·선발	행정직렬 직류: 일반행정, 법무, 재경, 국제통상, 운수, 노동, 문화홍보, 교육행정, 회계 - -	⇒	• 행정직렬 직류: 일반행정, 법무, 재경, 국제통상, 운수, 노동, 문화홍보, 교육행정, 회계, 인사조직직류(신설) - • 2016년도 최초로 공채 총 15명(5급 5명, 7급 10명) 선발	공무원 임용령 ('15.11.19)
시간선택제 채용요건 완화	《채용요건》 퇴직후 3년 이내 - 《임용대기기간》 결원 발생시 임용	⇒	《채용요건 완화》 퇴직후 10년 이내로 완화 - 《임용대기기간 단축》 현원이 정원을 초과하는 경우에도 임용 가능	공무원 임용령 ('15.9월) - 공무원 임용령 ('15.11월)
공채 및 사회통합 인재 채용 확대	《공채선발인원》 4,810명 (5급 380명, 7급 730명, 9급 3700명) - 《장애인, 저소득층 구분모집》 장애인(7·9급) 258명 저소득층(9급) 100명 - 《지역인재 7급 선발》 105명		《공채선발인원 확대》 5,370명 (5급 380명, 7급 870명, 9급 4,120명) - 《장애인, 저소득층 구분모집 확대》 장애인(7·9급) 274명 저소득층(9급) 113명 * 각각 법정 의무고용비율을 초과하여 선발 - 《지역인재 7급 선발 확대》 110명으로 역대 최다	공무원임용시험령
의사상자 공무원 채용시험 가점 부여	(신설)	⇒	• 대상시험: 6급이하 일반직 공채시험 • 대상자: 의사자의 배우자·자녀, 의상자, 의상자의 배우자·자녀 • 가산점수: 만점의 5~3%	공무원임용 시험령 ('15.11.19)
5급 공채 영어·한국사 검정시험 유효기간 연장 등	• 유효기간: 영어·외국어 2년/한국사 3년 • 제출마감일: 원서접수마감일 * '16년 일정 기준 1월 15일	⇒	• 유효기간: 영어·외국어 3년 / 한국사 4년 * 각각 1년씩 연장 • 제출마감일: 제1차시험 시행예정일 전날 * '16년 일정 기준 3월 4일(1~2개월 연장)	공무원임용 시험령 ('15.11.7)

자료: 인사혁신처(2016a)

2. 개방성의 이해

1) 개념적 이해

공공 인적자원관리 프로세스 중 국가인재확보 과정에서의 개방성(Openness)은 다양한 분야의 인재를 적극적으로 발굴하여 이들을 공직으로 영입하고자 하는 시도를 의미한다. 특히 공공 인적자원관리 프로세스 중 국가인재확보 과정에서의 개방성은 외적 차원과 내적 차원으로 구분하여 살펴볼 수 있다. 외적 개방성은 정부 조직이 민간조직, 비영리 조직, 국제기구 등 외부 조직에서 활동하고 있는 우수한 인재를 공직으로 영입하고자 하는 노력을 의미하고 내적 개방성은 정부 조직 내에서 부처 간 혹은 중앙-지방, 정부-공공기관 간 인사교류 활동을 의미한다.[4)]

직업공무원제가 확립된 우리나라의 공공 인적자원관리는 공개경쟁채용제도 중심의 폐쇄형 임용 제도를 기반으로 운영되기 때문에 공직계층의 중간에 외부인의 자유로운 충원이 곤란하다. 직업공무원제가 갖는 이러한 폐쇄성으로 인해 공직이 침체되고 경직되면서 행정 환경 변화와 국민의 행정 수요에 적절히 대응하지 못한다는 비난을 받게 되었고 이에 공직의 경직성을 완화하고 활력을 불어넣기 위한 방안으로 공직의 문호를 개방할 것을 요청받게 되었다.

이에 본서에서는 제도혁신의 발전적 차원에서 공공 인적자원관리 프로세스 중 국가인재확보 과정에서의 핵심 인사혁신 가치로서 개방성을 "민간부문에 공직의 문호를 개방하고 공공부문 내에서의 인사교류 활성화를 통해 조직 내에 새로운 인적자원을 적극적으로 충원하고자 하는 노력"으로 정의하였다. 국가인재확보 과정의 핵심 인사혁신 가치로서 개방성의 중요성은 조직의 경쟁력 강화와 정부 조직 간 협력 강화 측면에서 살펴볼 수 있다. 먼저 공직의 문호 개방을 통해 민간조직 및 타 공공조직으로부터 새로운 인력이 유입되면

---

4) 내적 개방성을 의미하는 인사교류는 일반적으로 공공 인적자원관리 프로세스 중 유지·활용 단계에서 주로 논의되어왔으나 새로운 인력의 유입이라는 측면에서 인적자원의 확보 차원에서 논의하는 것이 타당하다 생각되어 본서에서는 외적 개방성과 내적 개방성 모두 국가인재확보 단계에서 다루었다.

서 조직 내에 활력이 생기고 그들의 새로운 관점과 지식, 경험 등을 활용할 수 있게 됨으로써 조직의 경쟁력 강화에 기여할 수 있게 된다. 또한 인사교류의 경우에도 조직 구성원에게 새로운 경험을 쌓을 수 있는 기회를 제공함으로써 개인의 업무 능력 향상을 유도하여 궁극적으로 조직의 경쟁력 강화에 기여할 수 있으며 정부 조직 내 협력을 강화할 수 있다는 측면에서 그 중요성을 살펴볼 수 있다.

| 그림 4-6 | 국가인재확보 과정에서 개방성의 의의

제도혁신 · 사람혁신 · 문화혁신

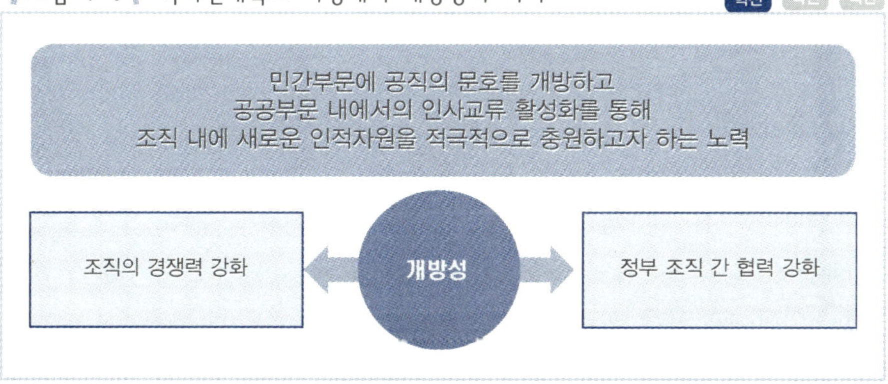

2) 정책적 이해

우리나라 공공 인적자원관리 프로세스 중 국가인재확보 과정에서 개방성이라는 인사혁신 가치를 담아내고자 하는 시도는 고위공무원단, 개방형직위, 경력개방형직위, 민간경력자채용제도, 인사교류, 민간근무휴직제 등의 구현으로 구체화되어 나타났다. 인사혁신처는 이러한 제도의 운영을 통해 역량을 갖춘 민간인재를 확보함으로써 공직 내 순혈주의를 타파하고 공직의 경쟁력 향상에 기여할 수 있을 것이며, 공직 내부 인사교류를 통해 우수한 지식과 기술을 상호 벤치마킹하여 자기 발전 및 조직 발전에 기여할 수 있다는 측면에서 해당 제도의 중요성을 설명하고 있다(인사혁신처, 2016a). 이를 구체적으로 살펴보면 다음과 같다.

그림 4-7 국가인재확보 과정에서 개방성의 정책적 실현

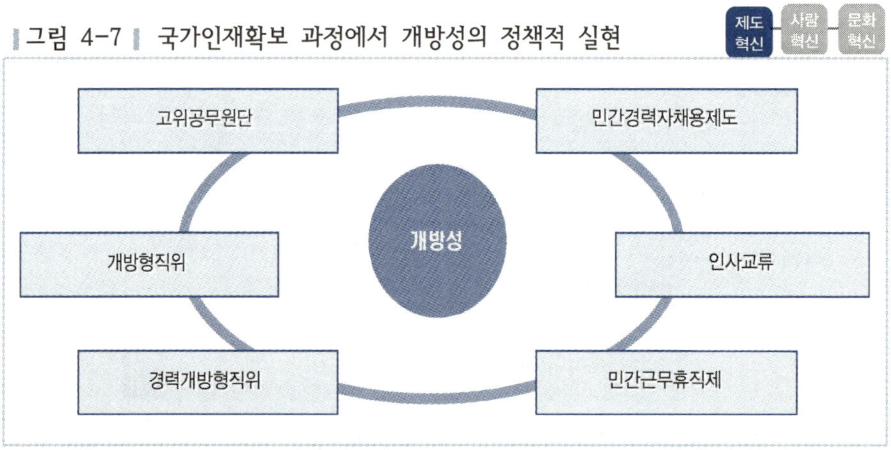

(1) 고위공무원단

고위공무원단 제도는 정부의 주요 정책 결정 및 관리에 있어 핵심적인 역할을 담당하는 실·국장급 공무원을 범정부적 차원에서 적재적소에 활용하고 개방과 경쟁을 확대하여 성과책임을 강화함으로써 역량 있는 정부를 구현하고자 도입된 제도이다. 이러한 고위공무원단 제도는 1978년 미국에서 공무원 개혁법에 의해 최초 도입된 이후 영국, 호주, 캐나다 등 OECD 정부혁신 선도국가들이 적극적으로 도입하여 운영하였으며 우리나라에서는 2006년 7월 1일부터 시행되어 2016년 현재 출범 10주년을 맞이하였다.

고위공무원단 제도가 도입되기 이전에는 부처 내에서 폐쇄적으로 고위직 공무원이 임용되었다. 즉, 부처 내부의 공무원이 연공서열에 따라 승진하거나 과장급 공무원이 별도의 교육이나 검증 없이 국장으로 임용되는 등의 사례가 많았다. 하지만, 고위공무원단 제도가 도입된 이후에는 부처 내외 공무원 간 또는 공직 내외 간 경쟁을 통해 적임자를 임용함으로써 성과와 책임을 강화할 수 있게 되었다.

고위공무원단은 행정기관 국장급 이상 공무원으로 일반직·별정직·특정직 등 약 1,500명으로 구성되며 일반직 공무원과 달리 계급제가 아닌 직위분류제의 원리가 적용된다. 이에 기존의 1급~3급의 계급 구조를 폐지하고 직무와 직위에 따라 인적자원관리를 시행하고 있다. 고위공무원단이 되기 위해서는 후보자 교육과 역량평가를 거치게 되며 성과평가의 경우 성과목표·평

가기준 등을 상급자와 협의하여 성과계약을 체결하고 목표달성도 등을 평가하는 성과계약 등의 평가제를 적용한다. 보상의 경우 계급 및 연공서열이 아닌 직무의 중요도·난이도 및 성과에 따라 차등 지급한다. 고위공무원단은 정치적 중립성을 보장받고 정년 및 신분을 보장받지만 성과와 능력이 현저하게 미달하는 고위공무원은 적격심사 요건에 따라 객관적 평가를 받고 엄정한 인사조치를 받게 된다(<표 4-1> 참조).

표 4-1 고위공무원단 적격심사

기 준	내 용
요건	• 근무성적 평정에서 최하위 등급의 평정을 총 2년 이상 받은 때 • 정당한 사유 없이 직위를 부여받지 못한 기간이 총 1년에 이른 때 • 근무성적 평정에서 최하위 등급을 1년 이상 받은 사실이 있는 경우와 정당한 사유 없이 6개월 이상 직위를 부여받지 못한 사실이 있는 경우 • 조건부 적격자가 교육훈련을 이수하지 아니하거나 연구과제를 수행하지 아니한 때

자료: 인사혁신처(2016a)

(2) 개방형직위

개방형직위는 공공부문에서 보다 효율적인 정책수립을 위해 전문성을 특히 요하는 직위에 대해 공직 내·외부를 불문하고 공개모집 절차를 통해 최적의 인재를 선발하여 충원할 수 있도록 지원하는 제도를 의미한다. 이에 개방형직위의 국가인재확보 대상은 이미 보유하고 있는 공무원과 함께 민간부문의 우수인재를 모두 포함한다. 구체적으로 개방형 직위는 전문성, 민주성, 변화필요성, 중요성, 조정성 등 5가지 요소를 종합적으로 고려하여 지정하게 된다(<표 4-2> 참조).

표 4-2 개방형직위 지정 기준

기 준	내 용
전문성	• 직무수행에 요구되는 경험적 또는 학문적 전문지식이나 기술의 수준 정도를 의미 • 고도의 전문성이 요구되는 직위 중 최신 지식·기술을 도입할 필요가 있거나 업무환경의 변화 속도가 빠른 직위는 우선하여 지정함 • 당해 직무의 오랜 경험에 의한 전문성이 높게 요구되는 직위는 후순위 처리함
민주성	• 정책결정 또는 집행에 객관성·공정성이 요구되어 다양한 국민 시각의 반영이나 국민의 참여가 요구되는 정도를 말함 • 민주성이 높게 요구되는 직위는 우선하여 지정함
변화 필요성	• 행정환경의 변화 등으로 인하여 제도나 행태의 신속한 개선 또는 개혁이 요구되는 정도를 말함 • 변화필요성이 높게 요구되는 직위는 우선하여 지정함
중요성	• 직무내용이나 성격상 당해 직위의 업무가 당해기관의 전체 업무 중에서 차지하는 비중 및 당해직위 업무수행 결과의 대국민 영향과 파급효과의 정도를 말함 • 부처 내에서 중요성이 높은 직위 중 일부 직위를 개방형직위에 포함시킴
조정성	• 공직사회 내부의 이해를 바탕으로 한 부처 간 또는 부서 간의 이해관계 조정의 필요성 정도를 말함 • 전문성, 민주성, 변화필요성 또는 중요성이 높게 요구되는 직위라 하더라도 조정성이 높게 요구되는 직위는 개방형직위로 지정하지 않을 수 있음

자료: 인사혁신처(2016a)

(3) 경력개방형직위

경력개방형직위는 개방형직위 중에서도 민간의 경험과 전문성을 적극적으로 활용할 수 있는 분야를 중심으로 각 부처가 지정한 일부 직위에 대해 민간인만을 공개 모집하여 임용할 수 있도록 지원하는 제도이다. 경력개방형직위로 지정하여 운영하고 있는 직위와 이의 심사요건은 <표 4-3>과 같다.

표 4-3 경력개방형직위 적용 분야 및 심사요건

기 준	내 용
분야	• 고위공무원단(7개) - 국방부 법무관리관, 문화체육관광부 국립현대미술관장, 법무부 치료감호소장 등 • 과장급(7개) - 기상청 지진화산정책과장, 문체부 국립남도국악원장, 교육부 경상대 대외협력과장 등
심사요건 (면접)	• 혁신관리능력(25%) • 전문가적 능력(25%) • 공직 가치 및 윤리(20%) • 의사소통능력(10%) • 조직관리능력(10%) • 전략적 사고능력(10%)

자료: 인사혁신처(2016a)

(4) 민간경력자일괄채용제도

민간경력자일괄채용제도는 전문성과 다양한 현장 경험을 보유한 민간 전문가를 공직에 영입해 이들의 지식과 경험을 정부 정책에 접목할 목적으로 도입된 제도이다. 2011년에 처음 도입되어 2016년 현재 5회를 맞았다. 2014년까지는 5급 공무원 채용 시에만 운영하였으나 2015년부터 7급으로 확대하여 운영하고 있다. 민간경력자일괄채용시험은 경력, 학위, 자격증 등 응시자격요건에 기재된 사항 중 1개 이상에 해당하면 응시가 가능한 것으로 규정하고 있으며 구체적인 경력과 학위, 자격증에 관한 내용은 별도로 안내하고 있다. 경력, 학위, 자격증 중 다수의 민간경력자일괄채용시험의 응시자격은 해당분야별로 설정된 경력, 학위, 자격증 등의 3개 응시자격요건 중 1개 이상의 요건을 충족하면 된다. 경력과 학위, 자격증에 관한 구체적인 내용은 별도로 안내하고 있다. 민간경력자일괄채용제는 공개경쟁채용 형태로 진행되며 1차 필기시험, 2차 서류전형, 3차 면접으로 구성된다.

표 4-4 민간경력자일괄채용제도 응시자격요건

기 준	내 용
근무경력	• 일반경력 10년 이상 또는 부서장급(팀장급) 이상 관리자 경력 3년
학위	• 박사학위 소지자 또는 석사학위 소지 후 4년 이상 경력이 있는 자
자격증	• 「공무원임용시험령」상 자격증 소지 후 일정기간 근무자

자료: 인사혁신처(2016a)

(5) 인사교류

공무원 인사교류는 중앙행정기관, 지방행정기관, 공공기관, 대학 및 연구기관 등과 일정기간 동안 인적자원을 1 : 1로 교환하여 해당 기관에서 근무할 수 있도록 지원하는 제도이다. 기존에는 인사교류의 범위를 국내 공공기관으로 한정하였으나 최근에는 민간의 앞선 지식과 기술을 습득하고 범국가적 인적자원 활용을 가능케 하기 위해 교류의 범위를 NGO, 국제기구 등으로 지속적으로 확대하고 있다.

표 4-5 정부 인적자원관리에 있어 인사교류의 유형 및 목적

기 준	목 적
부처 간	• 부처 간 정책협조의 활성화와 범정부적 인재 육성·활용 강화를 위해 인사교류를 시행하고, 전 정부차원의 협력체계 강화와 우수 공무원의 육성·활용을 위해 우수 공무원을 상호교류 추진
중앙-지방	• 국가 및 지역발전의 효율적 추진과 중앙-지방 간 협력체제 강화를 위해 인사교류를 진행
정부-공공기관	• 공공분야의 우수인재를 상호활용·육성하고, 정책의 수립과 집행 간 협력체계를 강화하여 공직경쟁력 제고를 위한 기반 마련을 위해 인사교류를 진행
정부-대학·연구기관	• 학문적 지식과 정책현장을 접목한 관·학 협력을 통해 국가정책 수립의 전문성을 강화하고 선진 이론을 행정에 적용, 행정 선진화에 기여하기 위해 인사교류를 진행하며, 정부와 학계가 상호 연관성 있고 전문성을 필요로 하는 분야 등의 인사교류를 우선적으로 추진

자료: 인사혁신처(2016a)

(6) 민간근무휴직제

공무원 민간근무휴직제는 3급~8급 공무원이 휴직을 하고 최장 3년 동안 민간기업 등에 근무할 수 있는 기회를 부여하는 제도를 의미한다. 민간근무휴직제의 활용을 통해 공무원 개인적 차원에서는 민간조직의 업무수행방법, 경영기법 등 보다 풍부한 지식과 경험을 습득하여 자기 성장을 이루어 나갈 수 있으며, 조직적 차원에서는 휴직 이후 이들의 역량을 공공조직 내에서 활용함으로써 정책의 현장 적합성과 업무 전문성 제고를 기대할 수 있다는 측면에서 그 중요성을 살펴볼 수 있다(인사혁신처, 2016a).

참고 4-3 공무원 민간근무휴직제도 부활 … 57명 삼성·현대 行

공무원 57명이 휴직을 하고 삼성·현대·SK(034730) 등 51개 민간기업에서 근무하게 된다.

인사혁신처는 공직과 민간의 상호개방성을 확대하는 민간근무휴직 대상기업 51곳, 대상자 57명을 20일 확정했다. 민간근무 휴직제는 공무원이 최대 3년 동안 민간기업에서 일하는 제도다. 지난 2002년 처음 도입됐으나 민·관 유착 등의 부작용이 불거지며 2008년부터 중단됐다.

인사처는 올해부터 이 제도를 적극적으로 활용하기로 하고 공무원이 중소·중견기업뿐만 이니라 대기입에 근무할 수 있도록 제한을 완화했다. 대상 기업은 대기업은 27개소(52.9%), 중견·중소기업·기타 단체 24개소(47.1%)다. 이 중 기업으로는 삼성(8명), 현대(6명), SK(4명), LG(3명), KT(3명), 두산(2명) 등이 있다.

부처별로는 기획재정부 8명, 산업통상자원부 6명, 해양수산부, 공정거래위원회, 미래창조과학부 각각 5명, 금융위원회 4명, 환경부 3명 등이 선정됐다.

인사처는 민·관 유착의 가능성을 차단하기 위해 민간근무 휴직자에 대한 교육을 강화하고 근무 실태를 주기적으로 점검하기로 했다. 또 민간근무 휴직을 마치고 복귀하면 휴직기업 관련 업무에서 배제하고 민간근무 휴직자가 조기 퇴직할 수 없도록 의무복무 기간 등을 설정했다.

최재용 인사혁신국장은 "공무원의 산업현장 이해와 공무원의 정책 전문성이 잘 결합할 수 있도록 제도는 활성화하되 민관유착 등 부작용이 발생하지 않도록 관리는 철저히 하겠다"며 "앞으로도 국가경쟁력강화를 위해 공직 개방과 공무원의 민간근무 등 민관 간 쌍방향 인적교류를 더욱 확대해 나가겠다"고 말했다.

자료: 이데일리(2016년 01월 20일)

제3절 외적 다양성과 개방성 확보의 장벽

1. 외적 다양성 확보에 있어 주요 장벽

제도혁신의 발전적 차원에서 공공 인적자원관리 프로세스 중 국가인재확보 과정에서의 핵심 인사혁신 가치로서 외적 다양성은 국가인재확보 과정에서 소수집단에 대한 배려를 통해 인적구성의 다양성을 확보하고 이들을 포용적으로 관리하고자 하는 노력으로 이해할 수 있다. 우리나라의 공공 인적자원관리에서 국가인재확보 과정에서의 외적 다양성이라는 인사혁신 가치를 담아내고자 하는 시도는 균형인사정책으로 구체화되어 나타났고 이는 사회적 형평성 강화 측면에서 그 중요성을 살펴볼 수 있었다. 하지만 현재 균형인사정책을 중심으로 공공 인적자원관리의 국가인재확보 과정에서 외적 다양성 확보를 위한 다양한 노력을 전개하고 있음에도 불구하고 작동 과정에서 내·외부적으로 존재하는 장벽으로 인해 이의 실질적 실현에 있어 한계에 직면하고 있다. 국가인재확보 과정에서의 외적 다양성 확보에 있어 혁신장벽으로 작용하는 요소들을 구체적으로 살펴보면 다음과 같다.

첫째, 외적 다양성 확보에 있어 소극적 노력만이 전개되고 있다. 균형인사정책의 유형을 다양화 하며 대상 차원의 다양성을 확보하기 위한 노력이 전개되고 있으나 이들은 주로 하위직 공무원들의 인적구성에서 최소한의 표면적 다양성을 확보하는 것에만 중점을 두고 있기 때문에 적극적 대표관료제 실현을 위한 토대가 마련되지 못하고 있는 실정이다. 실제 균형인사정책을 통해 공직에 입직한 공무원들은 유리천장에 직면하고 있어 정책 형성 및 결정에 있어 적극적으로 목소리를 낼 수 있는 위치에 오르지 못하고 있다. 이에 인적구성의 다양성을 의미하는 구성론적 대표성이 아니라, 실제 사회적 약자의 이익이 정책에 투영되는 역할론적 대표성이 확보되어 진정한 의미의 사회적 형평성 달성에 기여할 수 있도록 적극적 노력을 전개할 필요가 있다.
둘째, 중앙인사기관의 역할 측면에서의 중앙인사기관이 양적(Quantity) 시각에서 외적 다양성을 관리하고 있다는 점이다. 현재 대부분의 공공기관이 인적자원의 구성 측면의 외적 다양성을 제고하기 위해 장애인이나 여성 등 사회적 약자의 고용에 있어 일정 수준의 의무를 부여받고 있다. 그러나 이러한 의무 기준이 소극적 수준으로 설정되어 있어 개별 기관들은 큰 어려움 없이 해당 기준치를 충족하고 있다. 특히 중앙인사기관에서 시행하는 기관의 다양성 관리 노력 진단 도구가 최소 고용률만 충족시키면 좋은 평가를 받을 수 있는 구조로 설계되어 있어 이에 대한 개선이 필요함이 지적되어 왔다. 이에 중앙인사기관은 양적(Quantity) 시각에서 외적 다양성의 개념에 접근하여 고용률을 중심으로 외적 다양성 확보 노력을 평가하는 것이 아니라 이를 질적(Quality) 시각으로 전환하여 개별 기관이 보다 적극적으로 외적 다양성 확보 노력을 전개할 수 있도록 장려해야 할 것이다. 셋째, 균형인사정책의 실행으로 역차별(Reverse Discrimination)의 문제가 발생할 수 있다. 우리나라는 공무원의 직업위세(Occupational Prestige)가 매우 높아 공무원 시험의 경쟁률 또한 이에 비례하여 매우 높은 편이다. 이처럼 높은 경쟁률 속에서 사회적 약자에 대한 배려가 많은 시간과 노력을 투자하여 공직에 입직하고자 하는 수험생들에게 역차별의 문제를 야기할 수 있다는 점이 지속적으로 제도적 약점으로 지적되어 왔다(유민봉·박성민, 2014).

2. 개방성 확보에 있어 주요 장벽

제도혁신의 발전적 차원에서 공공 인적자원관리 프로세스 중 국가인재확보 과정에서의 핵심 인사혁신 가치로서 개방성은 민간부문에 공직의 문호를 개방하고 공공부문 내에서의 인사교류 활성화를 통해 조직 내에 새로운 인적자원을 적극적으로 충원하고자 하는 노력으로 이해할 수 있다. 우리나라 공공 인적자원관리에서 국가인재확보 과정에서 개방성이라는 인사혁신 가치를 담아내고자 하는 시도는 고위공무원단, 개방형직위, 경력개방형직위, 민간경력자채용제도, 인사교류 등의 구현으로 구체화되어 나타났고 이는 조직의 경쟁력 강화 및 정부 조직 간 협력 강화 측면에서 그 중요성을 살펴볼 수 있었다. 하지만 현재 고위공무원단, 개방형직위, 민간경력자채용제도 등을 중심으로 공공 인적자원관리의 국가인재확보 과정에서 개방성 확보를 위한 다양한 노력을 전개하고 있음에도 불구하고 작동 과정에서 내·외부적으로 존재하는 장벽으로 인해 이의 실질적 실현에 있어 한계에 직면하고 있다. 국가인재확보 과정에서의 개방성 확보에 있어 혁신장벽으로 작용하는 요소들을 구체적으로 살펴보면 다음과 같다.

첫째, 개방형직위 중 일부를 경력개방형직위로 지정하여 운영하고 있지만 실제 민간인의 임용률은 매우 낮은 실정이다. 2014년 12월 31일 기준 개방형직위 내·외부 인재 임용 현황을 나타낸 <그림 4-8>을 살펴보면 내부 임용이 외부 임용보다 약 2배 정도 높게 나타나고 있음을 확인할 수 있었다. 이에 공직의 개방성 강화를 통한 경쟁력 향상이라는 개방형 제도의 취지를 살리지 못하고 있음을 확인할 수 있었다.

그림 4-8 개방형직위 내·외부 임용 현황

제도혁신 - 사람혁신 - 문화혁신

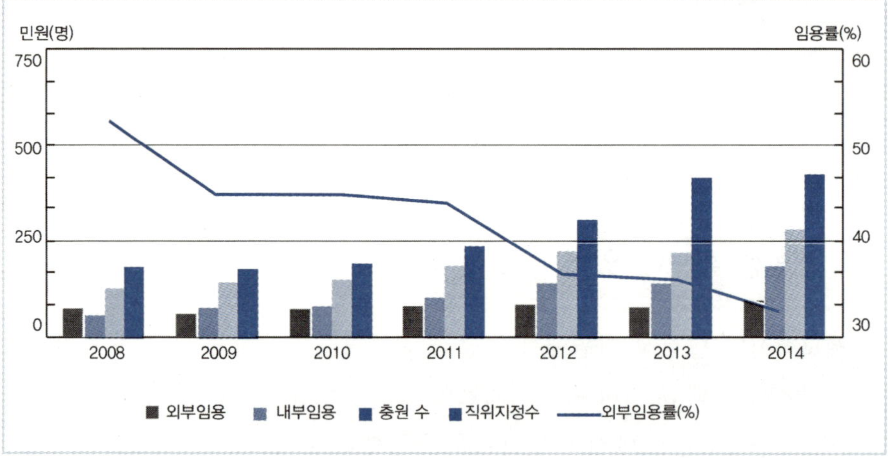

자료: 국가공무원인사통계(2014년 12월 31일 기준)

둘째, 민간 전문가를 공직으로 유도 및 유지하기 위한 유인책이 부족하다. 무엇보다 공공조직은 민간조직과 비교할 때 외재적 보상체계의 구현 측면에서 양적 한계를 지니고 있다. 또한 공공조직 구성원에게는 애국심, 공익에 대한 헌신 등 공공봉사동기(PSM: Public Service Motivation)가 필요한데 이러한 공공봉사동기가 없이 공직에 입직한 민간조직구성원들은 개인이 추구하는 가치와 조직이 추구하는 가치 간의 이질성으로 인해 공공조직의 구성원으로서 직무를 수행하는 데 있어 내적·외적 갈등을 느끼게 된다. 이로 인해 공직에 입직한 민간의 우수인재들이 지속적으로 조직에 남으려 하지 않고 다시금 이직을 시도하는 경우가 빈번하게 발생하고 있다.

셋째, 행정고시 출신자와 민간조직 출신자 간의 알력싸움 문제이다(유민봉·박성민, 2014). 개방형직위, 민간경력자채용제도 등을 비롯하여 다양한 방식으로 외부에 공직의 문호를 개방하면서 실제로 주요 보직에 민간 분야 전문가 출신의 비중이 확대되었고 이를 통해 공직사회에 활력이 생겼다는 긍정적인 평가를 받게 되었다. 그러나 공개경쟁채용을 통해 입직한 공무원들이 조직 내에서 압도적인 비중을 차지하다 보니 폐쇄적인 공직문화가 형성되어 있고 이러한 폐쇄성으로 인해 민간인 임용자에 대한 배타적 행태가 자리 잡게 되면서 민간인 임용자는 조직 내에서 이방인이라는 소외감을 느낄 수밖에 없는 실정이다. 이처럼 '다름'에 대한 이해와 배려의 부족으로 행정고시 출신자와 민간조직 출신자 간의 신뢰 및 협력의 저하, 갈등의 발생과 같은 문제가 발생하면서 오히려 조직의 효과성을 저해하는 원인으로 작용하고 있다는 비판도 제기되고 있다.

그림 4-9 외적 다양성과 개방성 확보의 장벽

제도 혁신 - 사람 혁신 - 문화 혁신

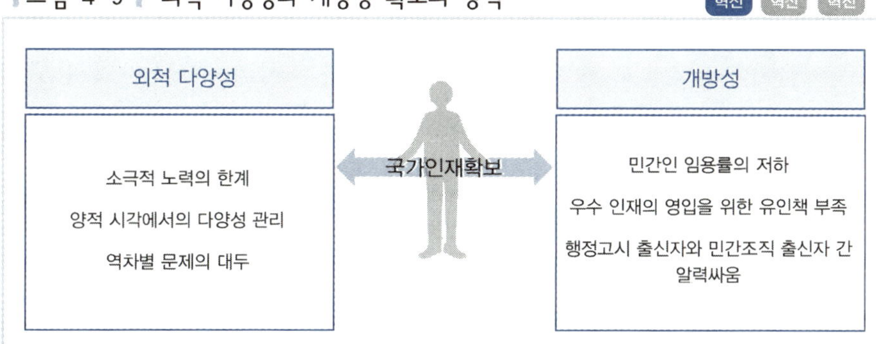

제4절 외적 다양성과 개방성 확보를 위한 전략

1. 외적 다양성 확보를 위한 주요 전략

우리나라 정부는 제도혁신의 발전적 차원에서 균형인사정책을 중심으로 공공 인적자원관리 프로세스 중 국가인재확보 과정에서 외적 다양성이라는 핵심 인사혁신 가치를 실현하기 위한 다양한 노력을 전개하고 있다. 그러나 소극적 노력의 전개, 양적 시각에서의 다양성 관리, 역차별 문제 등 외적 다양성 실현에 있어 몇 가지 장벽이 존재하고 있음을 확인할 수 있었다. 이에 이러한 장벽을 극복하고 제도혁신의 발전적 차원에서 국가인재확보 과정에서의 핵심 인사혁신 가치인 외적 다양성을 적극적으로 실현하기 위한 혁신 전략을 논의하면 다음과 같다.

첫째, 외적 다양성 확보를 위한 제도적 노력을 보다 적극적으로 전개할 필요가 있다. 이를 위해서는 국가인재확보 과정에서만 주로 고려되고 있는 외적 다양성의 개념을 교육·훈련, 유지·활용, 평가·보상 등 인적자원관리 프로세스 전반에 걸쳐 적용 및 확산해 나가야 할 것이다. 국가인재확보 과정에서의 배려를 통해 사회적 소수자가 공직에 입직하는 것 그 자체에 의미를 부여하는 것이 아니라 교육·훈련을 통해 이들의 역량을 지속적으로 발전시키고 이들이 고위직으로 승진하여 이들이 대표하는 사회적 소수자의 입장이 실제 정책 형성 과정에 반영되어 실질적인 사회적 형평성 강화에 기여할 수 있도록 지원해야 할 것이다. 즉, 인적구성의 표면적 대표성을 의미하는 구성론적 대표성이 아니라, 공직에 입직하게 된 사회적 소수자가 자신이 속한 집단의 입장을 대변하고 이들의 이익이 정책에 투영될 수 있도록 지원하는 역할론적 대표성을 확보하기 위해 적극으로 노력해 나가야 할 것이다.

둘째, 중앙인사기관은 각 기관이 전개하고 있는 외적 다양성 제고 노력을 양적(Quantity) 시각과 질적(Quality) 시각을 통합하여 관리해 나가야 할 것이다. 이에 우선적으로 각 기관의 외적 다양성 확보 노력을 평가할 때 장애인의 경우 3%, 여성의 경우 5%의 의무 고용률을 충족시켰을 때 가장 높은 성과 등급을 부여하는 것이 아니라 이를 적극적으로 초과 달성한 기관에 대해서는 더욱 높은 점수를 부여할 수 있는 체계를 구축해야 한다. 더불어 인적 구성비율에 대한 양적 관리뿐만 아니라 균형인사정책을 통해 입직한 공무원들의 근무연수, 입직 후 승진 과정, 고위직 비율 등에 대한 측정을 통해 보다 질적인 관리가 이루어질 수 있도록 해야 할 것이다.

셋째, 정서적·제도적 차원을 통합적으로 고려한 접근방식을 통해 균형인사정책의 실행으로 인해 발생할 수 있는 역차별 문제를 해결해 나가야 한다. 미국의 경우 경제성장의 둔화에 따라 고용의 불안정성이 심각한 사회문제로 대두되면서 백인남성 등의 주류 집단(Majority Group)을 중심으로 미국식 균형인사정책인 소수집단 우대정책(AA)과 고용기회균등정책(EEO)이 소수자에 대한 배려를 넘어 사회적 갈등을 유발하는 정책으로 변질되고 있다는 비판이 강하게 제기되고 있다. 이에 미국에서 발생하고 있는 이러한 문제점을 반면교사 삼아 현재 우리나라 균형인사정책의 한계점을 사전에 파악하여 선제적으로 대응해 나가야 할 것이다. 정서적 차원에서는 국민적 합의와 공감대를 기반으로 다름에 대한 포용적 마인드를 배양해 나가야 할 것이며, 제도적 차원에서는 균형인사정책이 일반 조직 구성원들의 공직 입직 기회를 제한하는 제도로 변질되지 않도록 지속적으로 보완해 나가야 할 것이다.

2. 개방성 확보를 위한 주요 전략

우리나라 정부는 제도혁신의 발전적 차원에서 고위공무원단, 개방형직위, 경력개방형직위, 민간경력자채용제도, 인사교류, 민간근무휴직제 등을 중심으로 공공 인적자원관리 프로세스 중 국가인재확보 과정에서 개방성이라는 핵심 인사혁신 가치를 실현하기 위한 다양한 노력을 전개하고 있다. 그러나 낮은 수준의 민간인 임용률, 민간전문가를 공직으로 유도 및 유지하기 위한 유인책의 부족, 행정고시 출신자와 민간조직 출신자 간의 갈등 문제 등 개방성 실현에 있어 몇 가지 장벽이 존재하고 있음을 확인할 수 있었다. 이에 이러한 장벽을 극복하고 제도혁신의 발전적 차원에서 국가인재확보 과정에서의 핵심 인사혁신 가치인 개방성을 적극적으로 실현하기 위한 혁신 전략을 논의하면 다음과 같다.

첫째, 개방형 직위 운영에 있어 민간인 임용률 저하 문제를 해결하기 위해 경력개방형직위를 적극적으로 확대해 나갈 필요가 있다. 경력개방형직위는 공무원과 민간인 모두를 대상으로 직위를 공모하는 개방형직위와 달리 민간인으로 한정하여 직위를 공모하기 때문에 개방성이라는 가치를 가장 잘 담아낼 수 있는 제도이다. 다만 민간인을 공직으로 적극적으로 영입하고자 하는 노력의 목적은 문호 개방의 의미를 넘어 궁극적으로 민간조직에서의 경험과 이들이 갖고 있는 전문적 지식을 공공부문에서 적극적으로 활용하여 공직의 경쟁력을 향상시키는 것에 있다. 따라서 이들의 역량을 객관적이고 공정하게 평가하여 최적의 인재가 공직으로 영입될 수 있도록 국가인재확보 체계의 고도화 작업이 지속적으로 이루어져야 할 것이다. 이에 현재 제도적 보완을 통해 개방형직위의 경우 면접시험에 있어 단편적인 업무 지식보다는 혁신성, 비전과 역량 등에 대한 평가 비중을 확대하였으며 경력개방형직위의 경우 혁신성과 더불어 전문성에 대한 평가 비중을 더욱 확대하여 보다 경쟁력을 갖춘 최적의 인재가 임용될 수 있도록 하였다.

둘째, 공직의 전문성 및 개방성 확대 요구로 인해 인재발굴에 대한 수요가 급증하고 있으므로 적극적으로 민간의 우수인재들을 공직으로 유도 및 유지하기 위해 민간인재가 공직에 매력을 느낄 수 있도록 다양한 유인책을 설계하여 제공해야 한다. 특히 새롭게 입직한 민간조직 출신 구성원들의 동기구조는 기존의 조직 구성원들과 다를 수 있다는 점을 고려하여 관리적 차원에서 차별화된 접근이 이루어져야 할 것이다. 더불어 보수, 성과급 제도에 대한 재정비를 통해 보다 적실하고 경쟁력 있는 보상체계를 구축해야 한다.

셋째, 정서적·제도적 차원을 통합적으로 고려한 접근방식을 통해 행정고시 출신자와 민간조직 출신자 간의 갈등을 해소해 나갈 필요가 있다. 정서적 차원에서는 상호 간의 이해와 배려를 통해 각자가 보유한 전문성을 존중하고 심리적 차이를 좁혀나가기 위해 노력해야 할 것이며 제도적 차원에서는 입직경로 측면에서는 이질성을 갖고 있지만 역량과 역할, 행태 측면에서는 강한 동질감을 형성해 나갈 수 있도록 서로 간의 이해의 폭을 넓힐 수 있는 교육훈련 프로그램의 운영과 같은 제도적 지원이 이루어져야 할 것이다. 더불어 향후에는 공개경쟁채용과 경력경쟁채용의 비중을 유사한 수준으로 조정하여 폐쇄적인 문화를 보다 적극적으로 극복해 나가야 할 것이다.

그림 4-10 외적 다양성과 개방성 확보를 위한 전략

제도 혁신 | 사람 혁신 | 문화 혁신

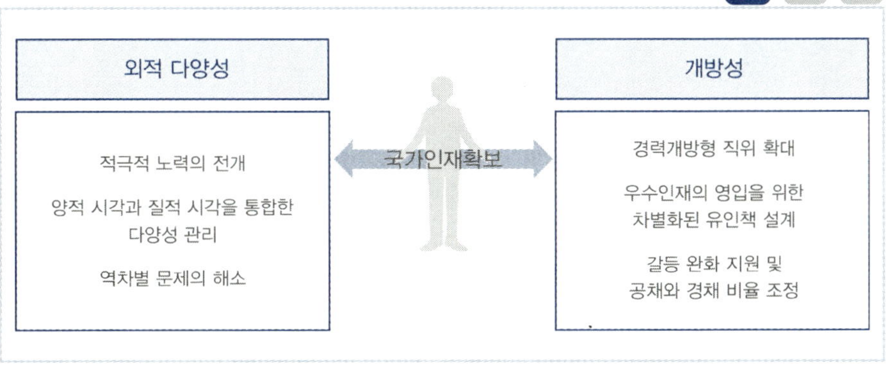

토론 문제

다음 질문에 대해 함께 토론해 보세요.

1. 외적 다양성 관리 시각에서 구성론적 대표성을 확보하는 것에서 한걸음 더 나아가 역할론적 대표성을 확보하기 위해 개인적·조직적 차원에서 보완되어야 할 요소에 대해 논의해보자.

2. 공직의 개방성 확보에 있어 장벽으로 작용하고 있는 내적·외적 환경 요소에 대해 논의하고 이를 개선하기 위한 방안에 대해 논의해보자.

3. 현재 우리나라 공공 인적자원관리에서는 민간부문의 앞선 지식과 기술이 공공부문에서도 적극적으로 활용 및 전파될 수 있도록 민간조직과의 인사교류를 추진하고 있다. 민간조직과의 인사교류를 활성화하기 위해 제도적 차원에서 보완되어야 할 요소에 대해 논의해보자.

4. 제4차 산업혁명 시대의 주요 인사혁신 글로벌사례들을 수집 및 분석하여 전략적 인재발굴을 통한 정부 경쟁력 제고 방안에 대해 고민해 보고 국가인재확보의 중요성과 인재발굴 전략에 대해 논의해보자.

제5장

제도혁신의 발전적 차원: 공공인재개발

제5장 제도혁신의 발전적 차원: 공공인재개발

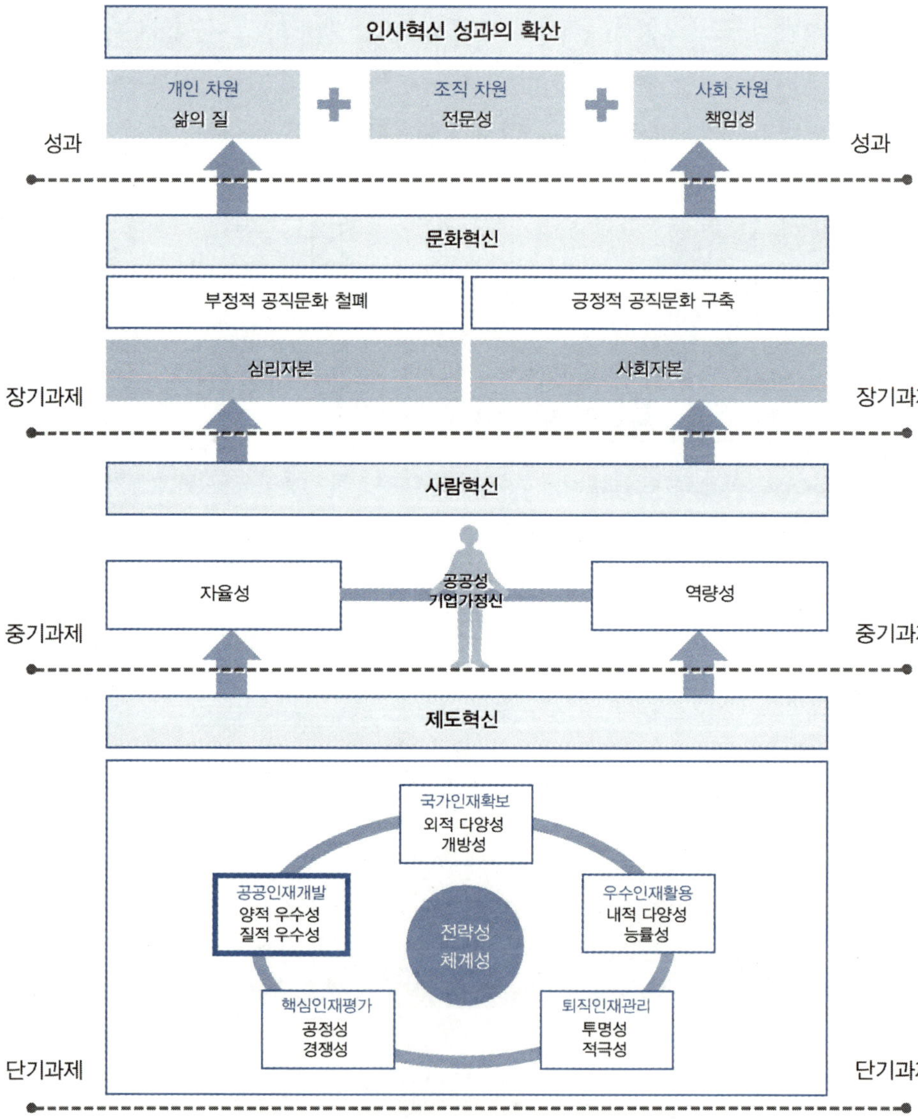

개 요

☞ 양적 우수성

핵심 인사혁신 가치로서 양적 우수성의 의의	
공공인재개발 프로그램의 운영에 있어 수요자의 선호를 반영하고 다변화된 행정수요에 대응할 수 있는 다양한 역량 개발을 지원하기 위해 교육의 내용, 교육의 장소, 교육의 유형 등의 측면에서 다양성을 확보하려는 노력	
혁신 장벽	**혁신 전략**
예산 부족 및 투자 논리의 미비	비용에서 투자로의 적극적 인식 전환
공간 차원의 다양성 부족	직장 내 훈련의 활성화
유형 차원의 다양성 부족	강의 이외의 방식 활성화

☞ 질적 우수성

핵심 인사혁신 가치로서 질적 우수성의 의의	
공공인재개발 프로그램의 운영에 있어 과정적·내용적 측면의 질적 관리를 통해 공공인재개발 체계의 타당성과 효과성을 향상시키기 위한 노력	
혁신 장벽	**혁신 전략**
형식적 수요 조사	능동적 수요 조사
소극적 참여	교육훈련 프로세스 전반에 대한 종합적 평가 강화
역량기반 교육훈련 프로그램 구축 노력 미흡	역량기반 교육훈련 강화
조직차원의 특수성을 반영한 교육훈련 프로그램 구축 노력 미흡	조직차원의 특수성을 반영한 교육훈련 프로그램 구축
저성과자 대상의 역량개발 프로그램의 부족	저성과자 대상의 맞춤형 교육훈련 체계 구축

핵심 용어
공공인재개발, 양적 우수성, 질적 우수성, 개인개발, 경력개발, 조직개발

제1절 공공인재개발 과정에서 인사혁신의 이해

1. 공공인재개발 과정의 이해[1)]

공공 인적자원관리 프로세스 중 공공인재개발 과정은 공공가치, 공공윤리, 공공봉사동기 등의 공공성 및 공직역량 등에 대한 교육을 통해 공공조직에 최적화된 인재로 개발하는 활동을 의미한다. 이러한 인적자원개발의 분석단위는 개인, 조직, 시장, 국가 등 4가지 단계로 구분하여 살펴볼 수 있다(<표 5-1> 참조). 개인차원의 인적자원개발은 직무와 관련된 역량을 개발하는 활동을 의미하며, 조직차원의 인적자원개발은 경력개발과 조직개발 활동을 의미한다. 또한 시장차원의 인적자원개발은 조직 내·외부의 역동적인 환경 변화에 따른 필요 역량을 파악하기 위한 활동을 의미하며 국가차원의 인적자원개발은 국가주도 인적자원개발활동을 의미한다.

특히 과거 우리나라의 국가발전의 동력으로 작용했던 국가인적자원개발(NHRD: Natioanl Human Resource Development) 체계는 행정한류를 이끄는 핵심 모델로서 현재 많은 개발도상국에서 벤치마킹을 시도하는 등 그 우수성을 세계적으로 인정받고 있다(<참고 5-1> 참조). 이처럼 거시적 관점에서 국가적 차원의 인재개발에 대한 중요성에 대해 범세계적 공감대가 형성되면서 미시적 관점에서 공공조직 내에서도 공공인재개발 기능의 위상이 지속적으로 강화되고 있다. 이러한 기조 하에 국정운영의 핵심 주체인 공무원에 대한 공공인재개발 과정의 중요성에 대한 사회적 공감대가 형성되었고 이에 소극적 차원에서 전개되던 교육·훈련 활동이 적극적으로 전환되었다. 중앙공무원교육원을 국가공무원인재개발원으로 개편한 시도는 그러한 전환을 알리는 신호탄이라 할 수 있다. 구체적으로 공공인재개발 과정은 교육·훈련 기능을 포괄하게 된다. 교육(Education)은 직무수행 전반에 걸쳐 기초가 되는 지식이나 가치관을 변화시키는 활동을 의미하며, 훈련(Training)은 현재 담당하고 있는

1) 해당 내용은 저자가 유민봉·박성민(2014)의 <한국인사행정론(박영사, 2014: 318-320)>에서 제시했던 내용을 본서의 구조에 맞춰 재구성하고 수정·보완한 것이다.

구체적인 직무수행에 필요한 지식이나 기술을 향상시키는 활동을 의미하는데 현재 공공 인적자원관리에서는 이러한 교육·훈련 활동을 포괄하여 인적자원개발(HRD: Human Resource Development) 활동이라 칭한다.

표 5-1 인적자원개발(HRD) 분석의 4가지 차원

분석 단위	내용	효과성
개인차원	직무역량(KSA) 등 개인개발에 중점	학습효과
조직차원	경력개발 및 조직개발에 중점	조직생산성 및 기여
시장차원	조직 내·외부의 역동적인 환경 변화에 따른 필요 역량 분석 활동에 중점	요구된 역량과의 적합도(Fit)
국가차원	국가 경쟁력 강화를 위해 국가 주도의 전 국민 역량 강화 활동에 중점	• 국가 경쟁력 강화 • 개인과 국가 전체 삶의 질 향상 • 국가발전에 기여

참고 5-1 국가인적자원개발(NHRD: Natioanl Human Resource Development)

국가인적자원개발(NHRD: National Human Resource Development)은 2001년부터 본격적으로 공공부문 교육훈련의 발전전략으로 제시되었던 개념이다. 우리나라에서는 국가인적자원개발 정책을 통해 국민, 기업, 국가가 성장과 통합의 선순환을 누릴 수 있도록 비전을 세우고 정책수립을 진행하였다(김태기, 2000).

국가인적자원개발은 인적자본과 사회적 자본의 개발 및 효율적 관리를 통해 지식을 창출하고 이를 활용·확산하여 개인의 발전뿐 아니라 국가 경쟁력을 강화하기 위하여 국가와 사회가 들이는 총체적인 노력으로 이해할 수 있다(교육인적자원정책위원회, 2001). 이러한 국가인적자원개발의 개념에는 정부가 국가 전체적으로 인적자원개발과 관련한 모든 활동을 조정함으로써 국가 인력의 효율성과 효과성, 경쟁력, 만족도, 생산성, 지식, 정신 및 복지를 증진시키는 것으로 교육, 건강, 안전, 훈련, 경제개발, 문화, 과학기술 등 인적자원개발과 관련된 모든 요인들을 포함한다(McLean, 2006).

우리나라의 경우 향후 5년간 인적자원의 개발과 활용에 대한 국가의 비전과 전략을 제시하기 위하여 2001년 제1차 국가인적자원개발기본계획을 수립하였다(김신복, 2005). 또한 2006년, 2010년까지 제2차 기본계획을 수립하여 우수 인적자원 확충을 통해 미래 경쟁력을 확보하고자 하였다.

그림 5-1 제1차 국가인적자원개발 기본계획의 개념적 구조

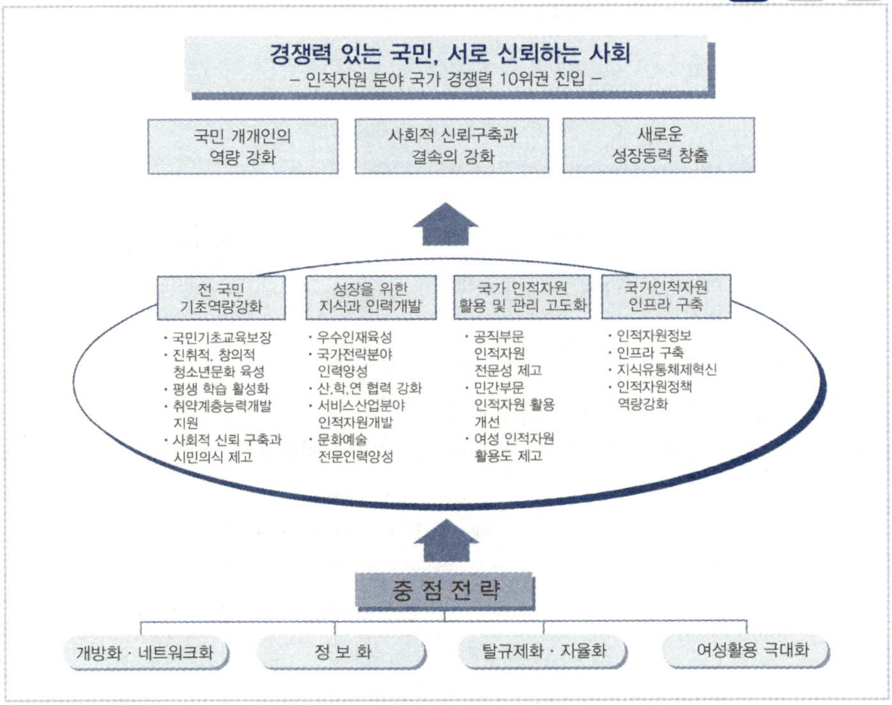

자료: 한국 교육인적자원부(2001). 제1차 국가인적자원기본계획

인적자원개발의 분석단위는 개인, 조직, 시장, 국가 등 4가지 단계로 구분하여 살펴볼 수 있는데 공공인적자원개발에서는 개인 및 조직을 중심으로 인적자원개발 활동을 수행하게 된다. 이에 공공인적자원개발은 개인개발(ID: Individual Development), 경력개발(CD: Career Development), 조직개발(OD: Organizational Development) 등의 세 가지 차원을 중점적으로 다루게 된다. 개인개발(ID)은 개인에게 초점을 두며, 단기적인 관점에서 공식적·비공식적 학습활동을 통한 개인의 성장과 발전에 관심을 기울이고 있다. 그러나 경력개발(CD)은 개인의 학습활동에 초점을 두는 개인개발과는 다르게 보다 장기적인 관점에서 조직 구성원들이 경력경로(Career Path)를 체계적으로 계획, 조정해 나갈 수 있도록 하는 개인과 조직 상호 간의 경력구상(경력설계 및 관리 등)을 위한 구조화 작업 및 계획적인 활동을 의미한다. 또한 조직개발(OD)은 경력개발과 마찬가지로 장기적인 관점을 취하지만, 조직에 초점을 두어 조직

그림 5-2 제2차 국가인적자원개발 기본계획의 개념적 구조

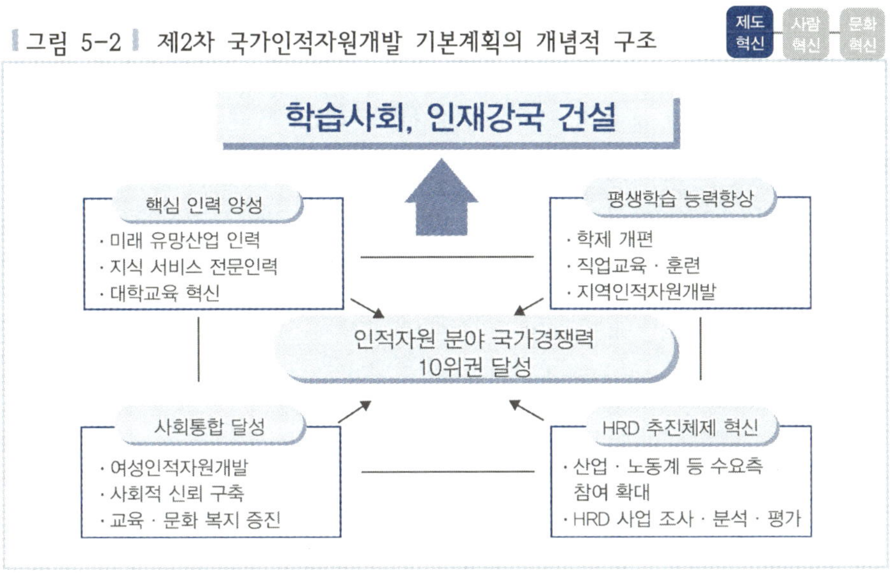

자료: 한국 교육인적자원부(2006). 제2차 국가인적자원기본계획

의 구조, 과정, 체계, 정책과 절차, 전략, 리더십, 문화를 변화시키는 것에 역점을 둔다. 따라서 조직개발(OD)은 보다 바람직한 방향으로 조직을 변화시키기 위한 학습이며, 성과향상을 목적으로 전문성을 체계적으로 발현시키는 과정이라고 이해할 수 있다(Swanson, 2008).

공공 인적자원관리 프로세스 중에서 공공인재개발의 중요성은 개인적 차원에서는 직무수행 능력의 향상 측면에서 살펴볼 수 있으며 조직적 차원에서는 행정서비스의 품질 향상 측면에서 살펴볼 수 있다. 개인은 공공인재개발 과정을 거쳐 직무가 요구하는 수준 혹은 그 이상까지 자신의 능력을 발전시

그림 5-3 공공인재개발의 구조

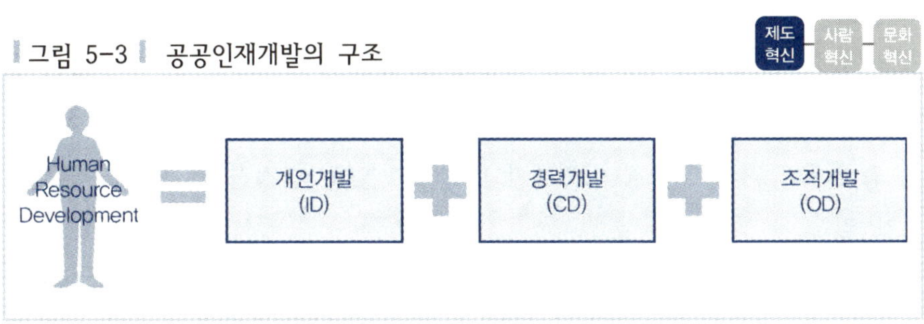

킴으로써 직무수행 능력을 향상시킬 수 있다. 또한 이를 바탕으로 동기 부여 및 직무 만족 향상을 기대할 수 있다. 더불어 조직은 공공인재개발 과정을 통해 조직에 필요한 최적의 인재를 보유하게 됨으로써 지속적인 경쟁우위를 확보할 수 있으며 궁극적으로 이들의 역량을 활용하여 행정서비스의 품질 향상을 기대할 수 있다. 이에 교육·훈련 체계를 보다 나은 방향으로 변화시키기 위한 혁신 노력은 발전적 제도혁신을 위해 필수적이라 할 수 있다.

그림 5-4 공공인재개발 과정의 이해

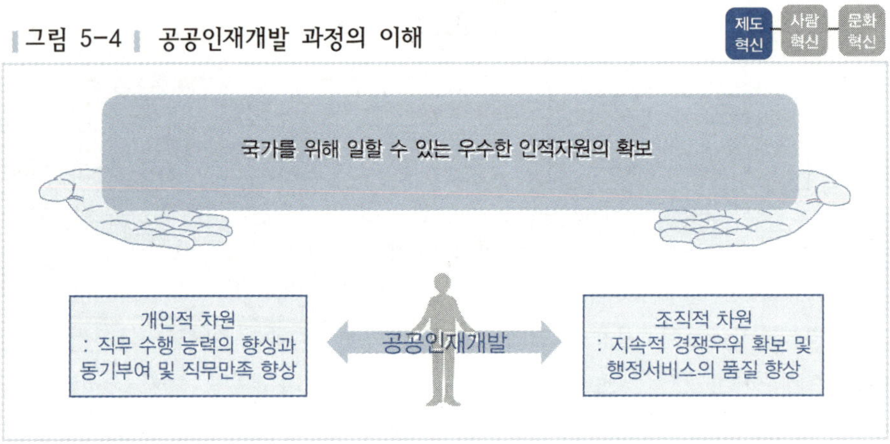

2. 공공인재개발 과정에서의 혁신 과제

공공 인적자원관리 프로세스 중 공공인재개발 과정은 직무수행 능력의 향상 및 행정 서비스의 품질 향상을 가능케 한다는 측면에서 그 중요성을 살펴볼 수 있다. 이에 공공인재개발 체계를 보다 나은 방향으로 발전시키기 위한 혁신 활동은 발전적 제도혁신을 위해 필수적이라 할 수 있다. 우리나라의 공공 인적자원관리에서도 공공인재개발 체계를 발전시키기 위해 다양한 노력을 전개하고 있는데 이러한 노력들이 사회적 변화와 사회적 수요를 적실하게 담아내기 위해서는 해당 체계가 당면하고 있는 환경적 특성을 고려할 필요가 있다.

이에 본서에서는 SWOT 분석을 통해 공공 인적자원관리 프로세스 중 공공인재개발 과정의 내·외부적 환경을 이해하고 이를 토대로 혁신의 방향을 도출하였다. 이러한 분석을 통해 혁신 과정에서 내부적 차원의 강점 요인과 외부적 차원의 기회 요인을 효과적으로 활용해 나갈 수 있을 것이며 내부적 차원의 약점 요인과 외부적 차원의 위협 요인에 선제적으로 대응해 나감으로써 보다 발전적인 공공인재개발 체계의 구축이 가능해 질 것이다. 궁극적으로는 종합적 시각에서 진행된 내·외부 환경 분석 프로세스를 바탕으로 사회적 변화와 사회적 수요를 적실하게 담아낸 혁신의 방향을 설정함으로써 혁신 활동의 당위성과 타당성을 확보해 나갈 수 있을 것이라 기대된다. 공공 인적자원관리 프로세스 중 공공인재개발 활동과 관련된 내부적 차원의 강점(Strengths) 및 약점(Weaknesses) 요인과 외부적 차원의 기회(Opportunities) 및 위협(Threats) 요인을 살펴보면 다음과 같다.

첫째, 내부적 차원의 강점(Strengths) 요인으로 국가공무원인재개발원의 출범으로 인해 공공인재개발 체계가 미래지향, 글로벌 역량 중심, 공직 가치 중심으로 개편되었고 공공인재개발 체계의 고도화 작업이 지속적으로 진행되고 있다는 점이다. 국가공무원인재개발원이 공공인재개발의 허브로서 적극적·발전적 역할을 수행하게 되면서 공공인재개발 체계의 우수성 및 효과성이 향상될 수 있을 것으로 기대된다.

둘째, 내부적 차원의 약점(Weaknesses) 요인으로 직무 역량에 대한 분석이 과학적으로 이루어지지 못하고 있다는 점을 살펴볼 수 있다. 공공인재개발 프로그램의 우수성 향상을 위해서는 조직과 직무가 필요로 하는 역량 중심의 공공인재개발 체계를 구축해야 한다. 하지만 직위분류제적 구조 하에서는 과학적인 직무분석과 직무평가를 바탕으로 직무 역량을 반영한 공공인재개발 체계의 구축이 가능하지만, 계급제적 구조 하에서는 이러한 직무분석이 다소 형식적으로 이루어지고 있기 때문에 역량 중심의 공공인재개발 체계를 구축하는 데 있어 한계를 나타내고 있다.

셋째, 외부적 차원의 기회(Opportunities) 요인으로 범국가적 차원에서 국가 경쟁력 강화를 위해 공공인재개발의 가치가 강조되고 있다는 점이다. 과거에는 조직 구성원에게 공공인재개발을 제공하는 것을 비용(Cost)의 시각으로 접근하였는데 조직 구성원들이 공공인재개발을 통해 개발된 역량 이상의 성과를 창출하게 되면서 공공인재개발 프로그램을 제공하는 것을 투자(Investment)의 시각으로 접근하게 되었다. 이에 거시적 차원에서는 국가가 보유한 모든 인적자원관리에 대한 역량 개발을 지원하는 국가인적자원개발(NHRD: National Human Resource Development) 체계를 운영하게 되었고 미시적 차원에서는 조직의 인적자원관리에 있어 공공인재개발 활동의 위상이 강화되었다. 이러한 기조 하에 국정운영의 핵심 주체인 공무원에 대한 인재개발 활동의 중요성에 대한 사회적 공감대가 형성되었고 소극적 차원에서 전개되던 공공인재개발 활동이 적극적으로 전환되었다.

넷째, 외부적 차원의 위협(Threats) 요인으로 행정환경의 복잡성과 다양성의 증대로 행정수요가 다변화되면서 이에 대응해 나갈 수 있는 역량 개발을 지원하기 위해 공공인재개발 체계의 개선을 요구받게 되었다. 행정수요의 다변화로 인해 공무원은 다양하고 복합적인 문제해결능력을 필요로 하게 되었고 이를 지원하기 위해서는 조직, 업무, 직급별로 특화된 맞춤형 공공인재개발 프로그램을 제공해야 한다. 하지만 현재 우리나라의 공공인재개발 체계는 이처럼 직급, 업무, 조직별 특수성을 반영하지 못하고 있는 실정이다.

공공 인적자원관리 프로세스 중 공공인재개발 활동과 관련된 SWOT 분석 내용을 종합해 볼 때 공공인재개발 과정에서 인사혁신의 방향은 공무원의 역량 향상을 지원하기 위해 공공인재개발 체계에 대한 양적·질적 관리를 강화해 나갈 수 있도록 설정되어야 함을 확인할 수 있었다. 이를 바탕으로 본서에서는 공공 인적자원관리 프로세스 중 공공인재개발 과정의 핵심 인사혁신 가치로서 양적 우수성과 질적 우수성을 제시하였다. 양적 우수성은 공공인재개발 프로그램의 운영에 있어 수요자의 선호를 반영하고 다변화된 행정수요에 대응할 수 있는 다양한 역량 개발을 지원하기 위해 교육의 내용, 교육의 장소, 교육의 유형 등의 측면에서 다양성을 확보하려는 노력을 의미하며, 질적 우수성은 공공인재개발 프로그램의 운영에 있어 과정적·내용적 측면의 질적 관리를 통해 공공인재개발 체계의 타당성과 효과성을 향상시키기 위한 노력을 의미한다.

그림 5-5 공공인재개발 과정에서의 혁신 과제

제도 혁신 · 사람 혁신 · 문화 혁신

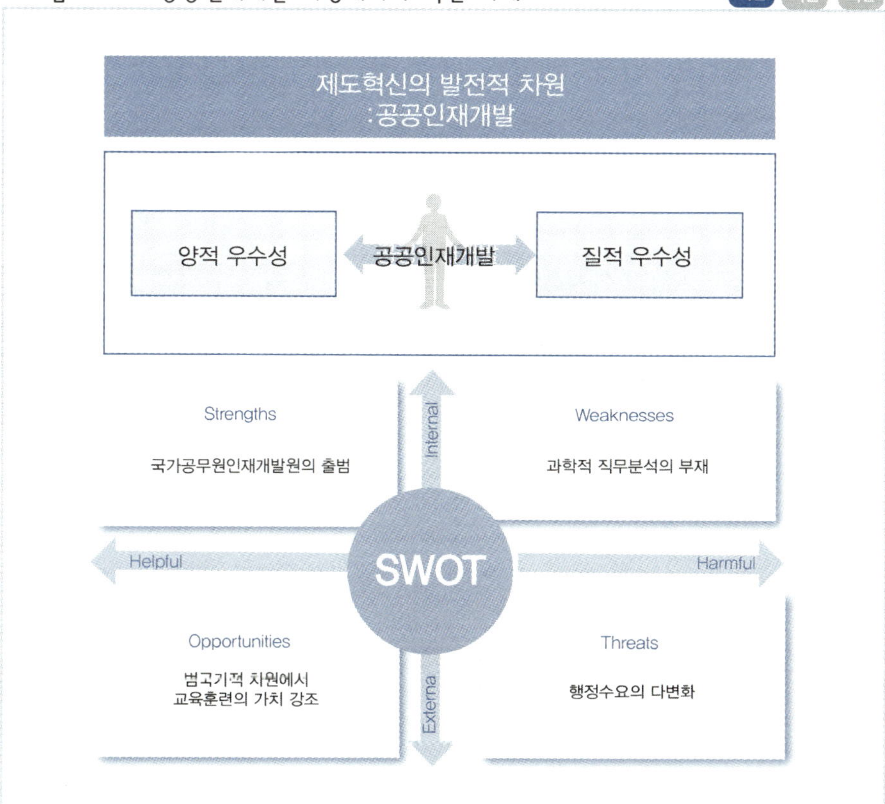

표 5-2 공공인재개발 체계의 우수성 향상을 위한 노력

프로그램	내 용
사이버 교육	사이버 교육은 인제 어디서나 학습할 수 있는 스마트한 교육서비스 제공으로 학습자 편의 및 자기주도학습을 지원하기 위한 교육 프로그램이다. 국가공무원인재개발원에서는 공직가치, 공직리더십, 글로벌, 직무/전문성 등의 분야에 총 191개 과정을 편성하여 교육과정프로그램을 운영하고 있다(국가공무원인재개발원, 2016)
민·관 협력	국가공무원인재개발원과 지방행정연수원은 교육훈련 기법 공유, 교육훈련계획 수립, 교육과정개발 등에 대한 자문, 장기과정 위탁교육 및 교육과정 공동수행, 진단, 평가 등을 위하여 민·관 협력을 실시하고 있다. 국가공무원인재개발원의 경우 64개 공무원교육기관과, 공공·민간 연수

	기관 41개와 협력하고 있으며, 민·관교육발전협의회를 운영하고 있다. 지방행정연수원의 경우, 민·관·학·군 「HRD실무자 회의」를 통해 민·관·학·군 HRD 기관 실무자 간 HRD 주요이슈 논의 및 정보·자원 공유를 통하여 시·도 교육원을 비롯한 민·관·학·군 교육기관 간 협력생태계를 조성하고 있다. 또한, 지방행정연수원에서도 민간연수원, 공공기관연수원, 국가공무원교육훈련기관, 지방공무원교육훈련기관으로 구성된 민·관교육발전협의회가 운영되고 있다(국가공무원인재개발원, 2016; 지방행정연수원, 2016).
외국 공무원교육	국가공무원인재개발원은 우리나라 국가발전경험의 공유를 통한 개도국 발전지원, 각국 공무원 간 교류를 통한 상호협력체계 구축, 우리나라의 대외이미지 제고 및 국제사회 기여 등을 위하여 외국공무원교육과정을 운영하고 있다. 1984년부터 258개 과정 133개국 4,815명의 외국공무원이 국가공무원인재개발원의 외국공무원교육과정을 수료하였다(2015년 12월 기준). 외국공무원교육내용은 크게 국가공무원인재개발원 자체 외국공무원교육사업(외국정부 주문형·맞춤형과정), 공적개발원조(Official Development Assistance) 사업, 한·ASEAN 협력사업 등이 있다. 외국공무원교육과정은 한국의 경제발전, 국토발전전략 등 국가발전 경험 소개, 지속가능한 발전을 위한 한국 정부의 행정개혁 등 국가경쟁력 강화전략 소개 및 유관기관 방문 및 산업시찰을 통한 현장학습으로 교육의 방향을 삼고 있다(국가공무원인재개발원, 2016).
국제교류협력	외국의 공무원교육기관 및 국제기관과의 교류협력은 동부지역공공행정기구와 교육행정연합회, 외국정부 교육훈련기관과의 양해각서(MOU) 체결 등으로 구분된다. 동부지역공공행정기구는 동부아시아 지역 내 국가들의 행정제도 및 행정능력의 발전을 통한 동지역의 경제·사회적 발전에 기여를 목적으로 1958년 5월 필리핀 행정대학원장 제창으로 설립되었다. 우리나라는 1962년 10월 2차 총회에서 국가회원으로 가입하였다. 교육행정연합회는 국제행정학회의 산하기구로 1971년에 조직된 비영리교육단체로서 인적자원의 개발과 활용에 역점을 두고 있다. 우리나라는 2005년 교육행정연합회에 가입하였다. 마지막으로 국가공무원인재개발원은 콜롬비아 공공행정교육원(ESAP), 베트남 호치민국가정치학원, 싱가포르 공무원 연수원(CSC), 러시아 공공행정아카데미(RANEPA), 카자흐스탄 국립행정아카데미(APA), 중국 국가행정학원, 인도네시아 국립행정학원 등과 양해각서 체결을 통해 교류를 시행하고 있다(국가공무원인재개발원, 2016).

자료: 국가공무원인재개발원(2016), 지방행정연수원(2016)

참고 5-2 나경원 "4차 산업혁명 대응 해답은 인적자원"

[the300] 미래인사포럼 개최 … 이완영 "국가 생존 위해 인재활용이 주요 과제로"

나경원 새누리당 의원(국회 저출산고령화특위 위원장)이 "4차 산업혁명의 해법은 인적자원에서 찾아야 한다"고 강조했다.

나 의원은 21일 오후 국회서 '4차 산업혁명과 국가인재경영'을 주제로 개최된 국회 미래인사포럼에서 이 같이 밝혔다. 나 의원은 포럼의 대표의원이다.

나 의원은 "올 초 다보스 세계경제포럼(WEF)에서도 향후 5년 내 700만개의 일자리가 기계로 대체되고, 새 일자리는 200만개에 그칠 것이라는 전망이 나왔다"며 "4차 산업혁명에 대응하기 위한 해답을 '인적자원'에서 찾아야 한다"고 강조했다.

포럼 연구책임의원인 같은 당 이완영 의원은 "향후 디지털 융합으로 대표되는 제4차 산업혁명의 진전 등에 따라 국가의 경쟁력과 생존을 위한 인재 활용이 중요한 과제가 됐다"며 "급격한 환경변화에 대한 정부의 대응력을 높일 수 있도록 체계적인 중장기 대응방안을 마련할 것"이라고 말했다.

이날 포럼에서는 강혜진 한국 IBM인사총괄 전무가 '미래에 대비하는 기업과 정부의 대응', 김성국 이화여대 경영대학장은 '국가가 지향할 미래인재상', 공동자문위원장인 민경찬 연세대 명예특임교수가 '제4차 산업혁명과 국가인재경영'을 주제로 발제했다.

이어 제4차 산업혁명과 국가인재경영을 위한 구체적 추진 방안에 관해서는 김택동 알루코그룹 부회장, 조경호 한국인사행정학회장, 김태유 서울대 석좌교수, 허원순 한국경제신문 논설위원의 토론이 진행됐다.

지난해 8월 발족한 미래인사포럼은 지난 7월 창립총회를 거쳐 20대 국회 정식 의원연구단체로 출범했다. 나 의원과 이 의원을 포함해 25명의 국회의원이 활동한다.

이근면 전 인사혁신처장과 민경찬 인사혁신추진위원회 민간위원장이 공동 자문위원장이다. 민간기업 CHO(최고인사담당자), 대학총장, 장학재단 관계자 등 관련 전문가들을 자문위원으로 위촉하고 활발히 활동하고 있다.

자료: 머니투데이(2016년 9월 21일)

제2절 핵심 인사혁신 가치로서 양적 우수성과 질적 우수성

1. 양적 우수성의 이해

1) 개념적 이해

공공 인적자원관리 프로세스 중 공공인재개발 과정에서의 양적 우수성은 공공인재개발 체계 운영에 있어 다양성을 확보하고자 하는 노력으로 이해할 수 있다. 여기서의 다양성은 교육 내용, 교육 장소, 교육 방식 등의 측면으로 구분하여 살펴볼 수 있다. 교육 내용 측면의 다양성은 직무 교육, 실무 교육, 국제 교육, 리더십 교육, 공직 가치 교육 등 교육 주제의 다양성을 의미하며 교육 장소 측면의 다양성은 직장 내 훈련(On-the-Job Training)과 직장 외 훈련(Off-the-Job Training) 등 교육훈련이 이루어지는 장소 측면의 다양성을 의미한다. 마지막으로 교육 방식 측면의 다양성은 역할연기, 감수성 훈련, 사례연구, 프로그램화 학습 등 교육 유형의 다양성을 의미한다.

인적자원관리의 패러다임이 통제의 대상으로 사람을 바라보던 전통적 관점에서 사람을 조직의 핵심 자본(Capital)이자 자산(Asset)으로 인식하는 현대적 관점으로 변화하면서 공공 인적자원관리에 있어 조직 구성원들의 다양한 욕구 특성을 존중하게 되었고 이러한 인적자원관리 패러다임의 변화가 공공인재개발 과정에 반영되면서 조직 중심의 일방향적 구조에서 조직 구성원들의 선호를 고려하는 쌍방향적 구조로 변화해야 함을 요청받게 되었다. 더불어 행정환경의 복잡성과 다양성의 증대로 행정수요가 다변화되면서 이에 대응해 나가기 위해 공무원의 역량을 다각적 측면에서 개발해 나갈 것을 요청받게 되었다. 이에 기존의 일괄적이고 획일화된 공공인재개발 프로그램을 수요자의 선호와 다변화된 행정 수요를 반영하여 다양화 시키는 노력을 필요로 하게 되었다.

이에 본서에서는 제도혁신의 발전적 차원에서 공공 인적자원관리의 프로세스 중 공공인재개발 과정에서의 핵심 인사혁신 가치로서 양적 우수성을

"공공인재개발 프로그램의 운영에 있어 수요자의 선호를 반영하고 다변화된 행정수요에 대응할 수 있는 다양한 역량 개발을 지원하기 위해 교육의 내용, 교육의 장소, 교육의 유형 등의 측면에서 다양성을 확보하려는 노력"으로 정의하였다. 공공인재개발 과정의 핵심 인사혁신 가치로서 양적 우수성의 중요성은 수요자 중심의 맞춤형 공공인재개발 체계 구축을 통해 공공인재개발에 참여하는 공무원의 참여 의지, 몰입 등을 높임으로써 공공인재개발의 효과성 향상에 기여하고, 이러한 과정을 통해 개발된 전문성을 직무수행 과정에 활용함으로써 행정서비스의 품질 향상에 기여할 수 있다는 측면에서 그 중요성을 살펴볼 수 있다.

그림 5-6 공공인재개발 과정에서 양적 우수성의 의의

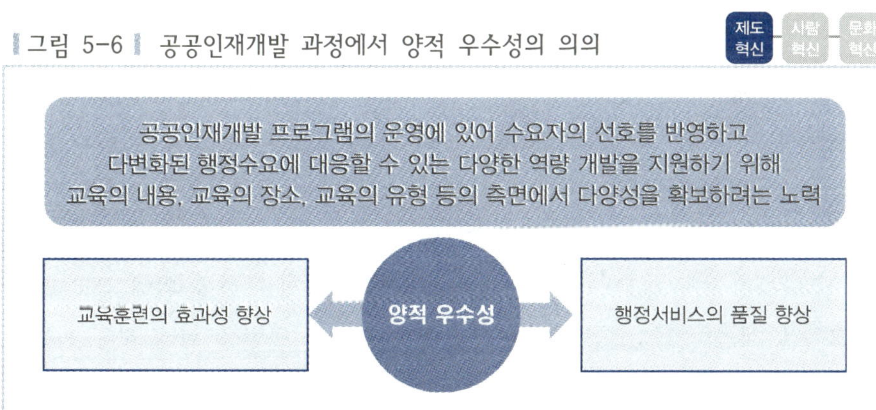

2) 정책적 이해[2]

우리나라 공공 인적자원관리 프로세스 중 공공인재개발 과정에서의 양적 우수성이라는 인사혁신 가치를 담아내고자 하는 시도는 인사혁신처와 국가공무원인재개발원을 중심으로 공무원 교육·훈련에 있어 내용의 다양화, 장소의 다양화, 유형의 다양화 등의 노력으로 구체화되어 나타났다. 이를 구체적으로 살펴보면 다음과 같다(<그림 5-7> 참조).

2) 해당 내용은 저자가 유민봉·박성민(2014)의 <한국인사행정론(박영사, 2014)>에서 제시했던 내용을 본서의 구조에 맞추어 재구성하고 수정·보완하였다.

그림 5-7 공공인재개발 과정에서 양적 우수성의 정책적 실현

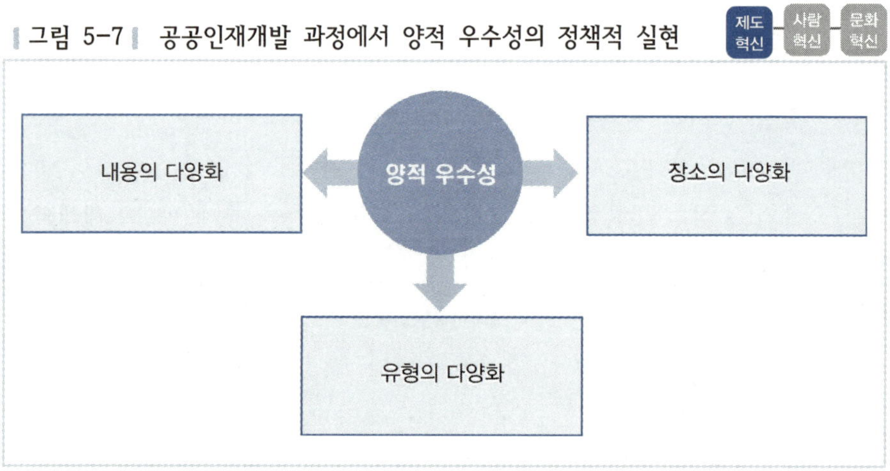

(1) 교육 내용의 다양화

국가공무원 인재개발의 허브로서의 역할을 수행하고 있는 국가공무원인재개발원은 변화와 혁신을 선도하는 공무원 양성을 위해 교육·훈련의 내용을 다양화하여 운영하고 있다. 구체적으로 신뢰받는 공직사회를 실현하기 위해 공직 가치 교육을 제공하고 있고, 앞서가는 공직사회 실현을 위해 공직 리더십 교육을 제공하고 있다. 또한 글로벌 공직사회 구현을 위해 글로벌 역량 교육을 제공하고 있고, 전문성을 갖춘 공직사회 구현을 위해 직무/전문성 교육을 제공하고 있다. 이를 구체적으로 살펴보면 다음과 같다.

① 「신뢰받는 공직사회」 실현을 위한 공직 가치 교육

공직 가치 교육은 국민에게 신뢰받는 공직사회 구현을 위해 시행하는 교육·훈련으로 국가관·공직관·윤리관 등 공직 가치에 대한 이해와 실천을 높이고, 국정철학, 국정방향의 공유와 확산을 위한 내용으로 구성되어 있다. 이에 Role Model 기반의 미래지향적 국가공무원 인재상을 정립하고, 공직 가치 내재화 및 실천을 위해 주기적으로 역할별 교육을 실시한다.

② 「앞서가는 공직사회」 실현을 위한 공직 리더십 교육

공직 리더십 교육은 국정 성과 창출을 위한 유능한 공무원을 양성하기 위해 시행하는 교육·훈련으로 직급별(5급~고위공무원단) 핵심 공통 역량 교육과 직무수행 지식 등 직급별로 특화된 전문 역량 교육으로 구성되어 있다.

참고 5-3 국가공무원인재개발원 교육체계

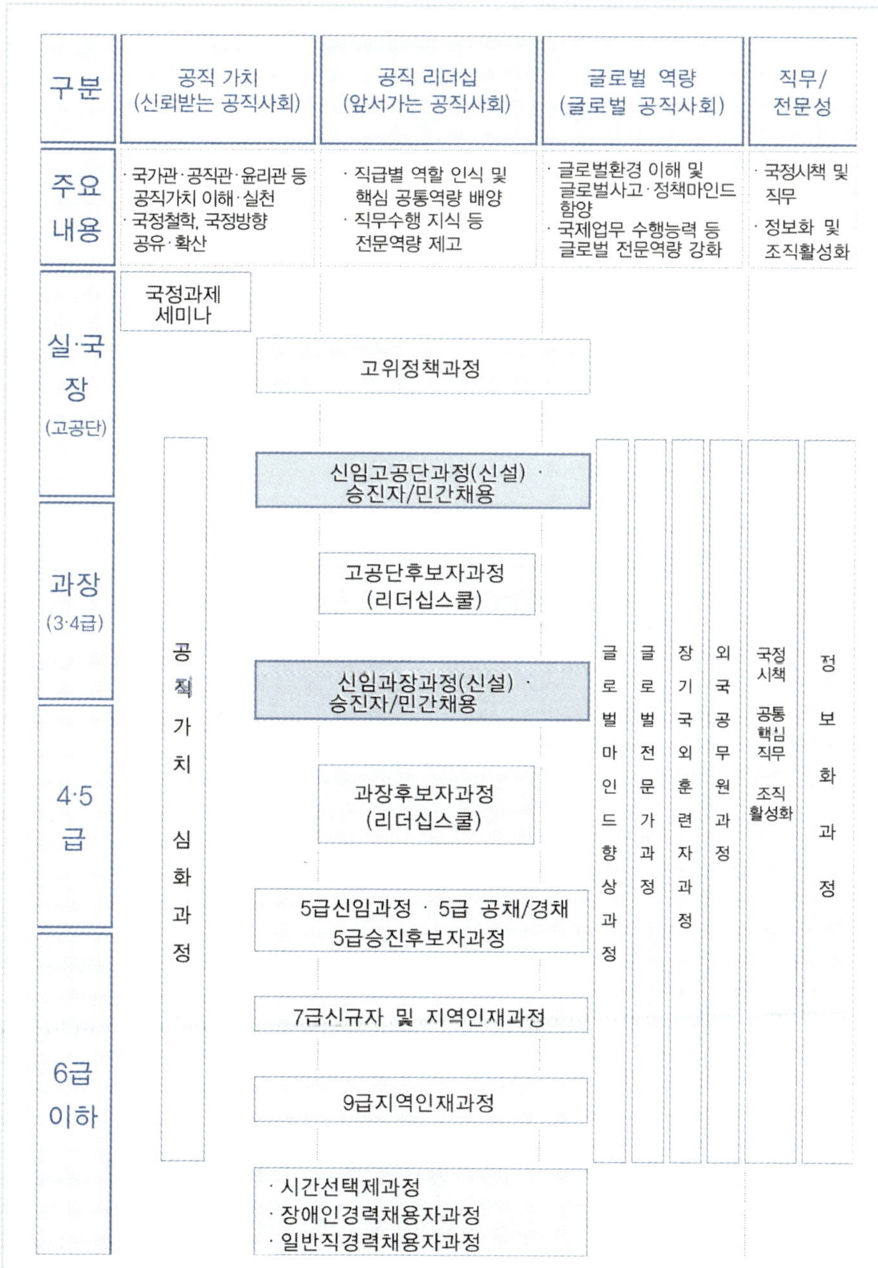

자료: 국가공무원인재개발원(2016)

특히 국가공무원인재개발원은 보다 체계적인 교육·훈련을 지원하기 위해 직급별(5급~고위공무원단) 기본 교육 체계(리더십 Pipeline)를 구축하였으며 고위정책과정·신임관리자과정 교육 및 저성과자 교육과정을 신설하여 성과중심의 관리직 교육을 강화하였다.

③「글로벌 공직사회」 실현을 위한 글로벌 역량 교육

글로벌 역량 교육은 글로벌 경쟁력을 갖춘 공무원을 양성하기 위해 시행하는 교육·훈련으로 글로벌 환경을 이해하고 글로벌 사고 및 정책 마인드를 함양하며 글로벌 전문역량 강화를 위한 내용들로 구성되어 있다. 이와 더불어 국가 브랜드 가치 제고를 위해 외국인 공무원에 대한 교육훈련을 확대하여 운영하고 있으며, 글로벌 위상 강화를 위한 국제 교류 및 협력을 강화하고 있다.

④「전문성을 갖춘 공직사회」 실현을 위한 직무/전문성 교육

직무/전문성 교육은 개인의 직무 역량 향상을 통해 직무 전문성을 갖춘 공무원을 양성하기 위해 시행하는 교육·훈련으로 국정 시책, 공통핵심직무, 조직활성화 및 정보화 관련 교육으로 구성되어 있다.

(2) 교육 장소의 다양화

교육 장소의 다양화 노력은 직장 내 훈련(OJT: On-the-Job Training)과 더불어 직장 외 훈련(Off-JT: Off-the-Job Training)의 방식 세분화 차원에서 살펴볼 수 있다. 이를 구체적으로 살펴보면 다음과 같다.

① 직장 내 훈련(OJT: On-the-Job Training)

직장 내 훈련(OJT)은 직장 내에서 평상시와 동일한 상황에서 직무를 수행하면서 일을 배워가는 교육·훈련 방식으로 교육자가 직무수행을 관리·감독하면서 피교육자에게 필요한 직무 역량을 가르쳐준다. 직장 훈련은 훈련에서 배운 지식이 그대로 실무에서 활용되기 때문에 교육·훈련 내용의 활용 측면에서 전이(Transfer) 효과가 높고, 훈련비용이 상대적으로 적게 든다는 측면에서 장점을 살펴볼 수 있다(Graham & Bennett, 1991). 현재 우리나라 중앙행정기관 및 지방자치단체에서는 자체적으로 국가 시책 및 현안과제에 대해 직장 교육을 실시하고 부처 관련 전문교육과정을 운영하고 있다.

② **직장 외 훈련**(Off-JT: Off-the-Job Training)

직장 외 훈련(Off-JT)은 공무원의 교육·훈련을 위해 마련된 별도의 교육원에서 교육·훈련을 진행하는 방식이다. 직장 외 훈련은 해당 분야에 대한 전문지식을 보유하고 있는 교육자가 교육훈련을 진행하기 때문에 보다 효과적인 학습이 이루어질 수 있고, 피교육자가 일상적인 직무 부담에서 해방되어 교육훈련에만 집중할 수 있다는 측면에서 장점을 살펴볼 수 있다. 다만, 직장 외 교육훈련은 교육원에서 교육·훈련 내용의 활용 측면에서 현장에서의 실제적 전이효과가 낮다는 한계를 지니고 있다.

특히 기존의 직장 외 훈련은 국내 공무원의 인재개발 업무를 총괄하고 있는 국가공무원인재개발원 및 지방행정연수원 및 중앙교육연수원에서 이루어지는 국내 교육이 대부분을 차지하고 있었다. 하지만 인사혁신처는 글로벌 경쟁력을 갖춘 공무원 양성을 위해 국외 교육의 확대를 필요로 하게 되었고, 이에 직장 외 교육훈련을 국내 교육과 국외 교육으로 이원화하고 체계적인 단계를 구성하여 제공하고 있다.

a. 국내 교육

국가공무원인재개발원 및 지방행정연구원과 중앙교육연수원에서 이루어지는 공무원 국내 교육은 식무수행능력 향상을 위해 새로운 지식에 대한 교육 및 기술 훈련, 행정의 세계화에 능동적으로 대처할 수 있는 기반을 마련하기 위한 외국어 교육 등으로 구성된다. 국내 교육훈련의 단계는 <그림 5-8>과 같다.

그림 5-8 국내 교육훈련의 단계

제도혁신 - 사람혁신 - 문화혁신

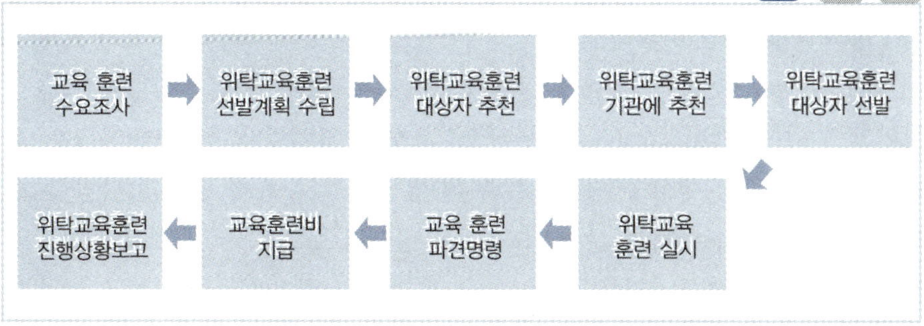

자료: 인사혁신처(2016a)

b. 국외 교육

공무원 국외 교육은 개인적 차원에서는 보다 글로벌한 교육훈련 기회 제공을 통해 공무원의 능력발전과 동기부여 향상을 기대할 수 있고, 조직적 차원에서는 정보화·전문화 시대에 능동적으로 대처할 수 있는 글로벌 경쟁력을 갖춘 공무원을 양성하여 국가 경쟁력 향상에 기여할 수 있다는 측면에서 그 중요성을 살펴볼 수 있다.

공무원 국외훈련은 주관기관에 따라 인사혁신처 국외훈련과 각 부처 자체 국외훈련으로 구분된다. 또한 훈련 기간에 따라 훈련 국가에 6개월 이상 체류하는 장기훈련과, 6개월 미만 체류하는 단기훈련으로 구분된다. 국외 교육훈련의 단계는 <그림 5-9>와 같다.

그림 5-9 | 국외 교육훈련의 단계

제도 혁신 – 사람 혁신 – 문화 혁신

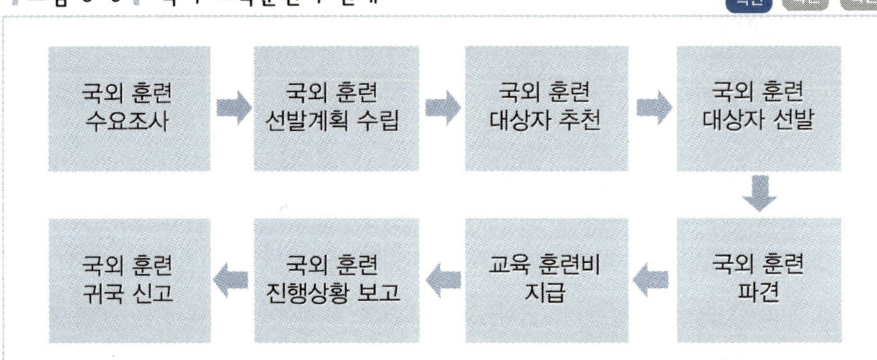

자료: 인사혁신처(2016a)

(3) 교육 방식의 다양화

과거의 공무원 교육·훈련은 교육자로부터 피교육자에게 일방향적으로 지식이 전달되는 강의(Lecture) 방식을 중심으로 운영되었다. 하지면 현재는 교육·훈련의 효과성 향상을 지원하기 위해 쌍방향적·수요자 중심의 다양한 교육·훈련 방식을 도입하여 운영하고 있다. 일반적으로 직장 내 교육(OJT)에서는 실무지도(Coaching), 직무순환(Job Rotation), 임시배정(Transitory Experience), 인턴십(Internship) 등의 방식이 주로 활용되며, 직장 외 교육(Off-JT)에서는 강의(Lecture), 프로그램화 학습(Programmed Learning), 시청각교육(Audio-Visual Method), 회의·토론(Conference·Discussion), 감수성 훈련(Sensitivity Training, T-Group Training), 사례연구(Case Study), 역할연구(Role Playing), 모의경영 게임(Business Game) 등의 방식이 주로 활용된다. 이를 구체적으로 살펴보면 다음과 같다.

① 직장 내 교육(OJT)에서 주로 활용되는 교육 방식

a. **실무지도**(Coaching)

실무지도는 일상근무 중에 상관이 부하에게 직무수행에 관련된 기술을 가르쳐 주거나 질문에 답해 주는 각종 지도 방식을 의미한다. 실무지도에서의 상관과 부하의 관계는 마치 가정교사와 학생과의 관계처럼 아주 우호적인 분위기 속에서 지도, 조언, 답변, 격려를 통해 부하의 변화를 유도하게 된다.

b. **직무순환**(Job Rotation)

직무순환은 여러 분야의 직무를 직접 경험하도록 하기 위하여 계획된 순서에 따라 직무를 순환시키는 실무훈련을 의미한다. 다방면의 경험을 쌓기 때문에 일반행정가의 원리에 부합되고 타 부서와의 업무협조에 도움을 줄 수 있다. 행정고시 합격자가 국가공무원인재개발원에서의 교육을 마친 후 부처에서 실무교육을 받을 때 이러한 직무순환의 방법이 활용되고 있다.

c. **임시배정**(Transitory Experience)

임시배정은 특수직위나 위원회 등에 잠시 배정하여 경험을 쌓게 함으로써 앞으로 맡게 될 임무에 대비하게 하는 방법을 의미한다. 승진이 예정된 사람에게 사전 교육을 시키는 방법으로 활용될 수 있다. 때로는 소극적 차원에서 현재의 직무를 수행하도록 하면서 새로운 임무를 추가적으로 부과하여 훈련을 시키기도 한다.

② 직장 외 교육(Off-JT)에서 주로 활용되는 교육 방식

a. **강의**(Lecture)

강의는 다수의 인원을 대상으로 똑같은 정보를 가장 효율적으로 전해 줄 수 있는 방법이다. 참여자의 질문을 받아들이긴 하지만 전반적으로 일방적인 정보의 흐름이 특색이다. 강의 방식을 교육·훈련에서 활용할 경우 교육자의 강의 진행방식에 따라 교육 효과에 커다란 차이가 발생하기 때문에 교육·훈련의 효과성을 향상시키기 위해서는 전문성을 갖춘 교육자를 확보하는 것이 중요하다.

b. **프로그램화 학습**(Programmed Learning)

프로그램화 학습은 일련의 질의와 응답이 체계적으로 짜여져 있는 책자나 컴퓨터 프로그램을 이용하는 방식을 의미한다. 지시에 따라 문제를 풀면 그에 대한 정오를 즉시 확인하고 맞으면 다음 문제로 넘어간다. 책자나 컴퓨터 프로그램과의 무언의 상호작용을 통해 혼자서 공부할 수 있도록 만든 일종의 자율학습방법이다.

c. **시청각교육**(Audio-Visual Method)

시청각교육은 각종 시청각 기재(TV, 영화, 비디오, 슬라이드, 오버헤드 프로젝터)를 활용하여 다량의 정보를 많은 사람에게 제공하는 방식을 의미한다. 강의식에 익숙해 있던 많은 사람들이 이 방식을 처음 대했을 때 시각효과가 가미되기 때문에 상당한 관심을 갖게 된다. 다만 시청각교육의 경우 교육효과가 다소 저조한 것으로 조사되고 있으므로 주교육 방식으로 활용하기보다는 부가적 차원에서 제한적으로 활용되고 있다.

d. **회의·토론**(Conference·Discussion)

회의·토론은 교육자와 피교육자, 혹은 피교육자 간에 쌍방향적으로 정보를 주고받는 형태의 교육·훈련 방식을 의미한다. 회의·토론은 진행자(교육자)가 참여자(피교육자)들에게 특정한 주제를 제시해 주고 자유로운 토론을 유도하는 방식으로 진행된다. 이후 진행자는 토론결과를 요약하고 토론내용이나 방식에 대하여 비판적 조언을 제공하게 된다.

e. **감수성 훈련**(Sensitivity Training, T-Group Training)

감수성 훈련은 지식의 습득이 아니라 태도와 행동의 변화를 통해 대인관계 기술을 향상시키려는 목적으로 실시한다. 서로 모르는 사람들로 구성된 소집단(10명 내외) 내에서 서로 허심탄회하게 자신의 느낌을 말하고 다른 사람이 자신을 어떻게 생각하는지를 귀담아 듣는 방식으로 진행된다. 감수성 훈련의 경우 교육자의 인위적인 개입 없이 피교육자들이 자연스럽게 서로의 감정을 주고받을 수 있는 분위기가 형성되어야 하기 때문에 해당 훈련을 진행하기 위한 전문가(교육자)의 역할이 상당히 중요하다. 감수성 훈련은 피교육자들로 하여금 타인에 대한 편견을 줄이고 개방적 태도를 고취시키는 등의 긍정적인 행태 변화를 유도할 수 있다는 측면에서 그 중요성을 살펴볼 수 있다.

f. **사례연구**(Case Study)

사례연구는 실제 조직생활에서 경험한 사례 혹은 가상의 시나리오를 바탕으로 토론을 통해 문제해결방식을 찾아나가는 교육·훈련 방식이다. 이에 직접 발표를 듣거나 인쇄된 자료를 통해 사례를 미리 검토한 후 문제점과 해결방안에 대해 피교육자들이 서로 자유롭게 토론을 하는 형태로 진행하게 된다. 실제 조직생활에서 겪을 수 있는 상황이 제시되기 때문에 해당 활동을 통해 문제해결능력이 실무에 쉽게 전이될 수 있다는 강점을 갖고 있다.

g. **역할연기**(Role Playing)

역할연기는 실제 근무상황을 부여하고 특정역할을 직접 연기하도록 하는 교육·훈련 방식이다. 이 경우 보통 상관에게는 부하의 역할을 부여하고 여자 부하에게는 남자 상관의 역할을 부여하는 등 피교육자의 상황과 반대되는 입장의 역할을 부여하여 서로 간의 입장 차이를 확인할 수 있는 기회를 제공한다. 이를 통해 서로에 대한 이해와 관용을 키워나갈 수 있어 일반적으로 역할연기는 인간관계 및 행태의 변화를 유도하고자 할 때 유용하게 활용되는 교육·훈련 방식이다.

2. 질적 우수성의 이해

1) 개념적 이해

공공 인적자원관리 프로세스 중 공공인재개발 과정에서의 질적 우수성은 공공인재개발 체계의 품질 관리를 통해 해당 체계의 타당성과 효과성을 향상시키기 위한 노력으로 이해할 수 있다. 특히 이러한 공공인재개발 체계의 질적 관리는 과정적 측면과 내용적 측면으로 구분하여 살펴볼 수 있다. 과정적 측면의 질적 관리는 교육훈련 수요조사, 교육훈련 프로그램 개발 및 실시, 효과성 평가 등으로 교육·훈련 활동을 단계화하여 이를 체계적으로 관리해 나가고자 하는 노력으로 이는 교육·훈련 활동의 운영적 측면에서 타당성 향상을 지원한다. 더불어 내용적 측면의 질적 관리는 조직 및 직무가 필요로 하는 핵심 역량을 지속적으로 발굴하고 이와 일치된 역량기반 교육·훈련 체계를 구축하고자 하는 노력으로 이는 교육·훈련 활동의 결과적 측면에서 효과성 향상을 지원한다.

공공인재개발 활동은 궁극적으로 직무수행 능력을 향상시켜 행정 서비스의 질적 향상을 도모하는 데 있다. 직무수행 능력 향상을 위해서는 교육·훈련 체계 구축에 있어 조직 구성원들의 다양한 니즈를 반영하려는 노력뿐만 아니라 교육·훈련의 내용이 실제 직무수행 과정에 전이되어 조직 구성원들의 직무 역량 향상에 기여하고 있는가를 지속적으로 점검하는 등 과정적 차원의 관리가 요구된다. 뿐만 아니라 행정 서비스의 질적 향상을 위해서는 조직 구성원에게 요구되는 현재 필요 역량 중심의 교육·훈련과 더불어 미래 필요 역량 중심의 교육·훈련이 추가적으로 이루어져야 하므로 교육·훈련 체계 운영에 있어 이러한 역량을 적절히 반영하여 구성하고 있는지를 점검하는 등 내용적 차원의 관리가 요구된다.

이에 본서에서는 제도혁신의 발전적 차원에서 공공 인적자원관리 프로세스 중 교육·훈련 과정에서의 핵심 인사혁신 가치로서 질적 우수성을 "공공인재개발 프로그램의 운영에 있어 과정적·내용적 측면의 질적 관리를 통해 공공인재개발 체계의 타당성과 효과성을 향상시키기 위한 노력"으로 정의하

그림 5-10 공공인재개발 과정에서 질적 우수성의 의의

제도혁신 | 사람혁신 | 문화혁신

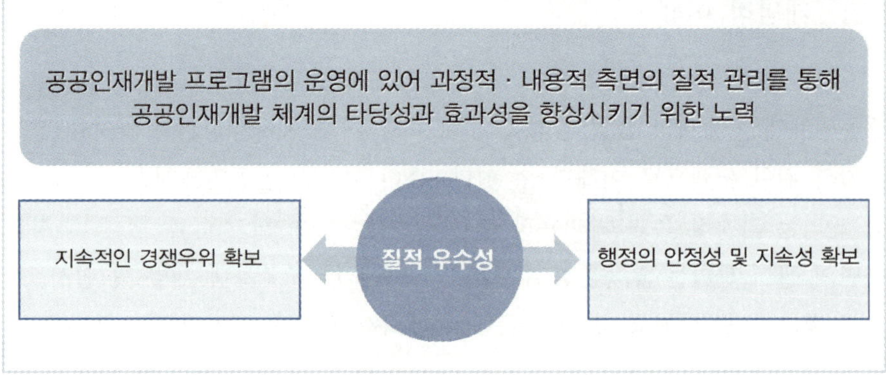

였다. 공공인재개발 과정의 핵심 인사혁신 가치로서 질적 우수성은 조직적 차원에서 지속적인 경쟁 우위를 확보할 수 있으며, 행정의 안정성과 지속성 확보에 기여할 수 있다는 측면에서 그 중요성을 살펴볼 수 있다. 즉, 과정적 측면의 질적 관리를 통해 타당한 공공인재개발 체계를 구축하여 조직이 필요로 하는 최적의 인재를 양성함으로써 지속적인 경쟁 우위 확보를 기대할 수 있으며 내용적 측면의 질적 관리를 통해 효과적인 공공인재개발 체계를 구축하여 현재의 필요 역량과 더불어 미래의 필요 역량을 선제적으로 내재화한 최고의 인재를 양성하여 행정의 안정성과 지속성 확보에 기여할 수 있다.

2) 정책적 이해

우리나라 공공 인적자원관리 프로세스 중 공공인재개발 과정에서의 질적 우수성이라는 인사혁신 가치를 담아내고자 하는 시도는 인사혁신처와 국가공무원인재개발원을 중심으로 공공인재개발의 과정적 차원에 대한 품질 관리 노력과 내용적 차원에 대한 품질 관리 노력으로 구체화되어 나타났다. 이를 구체적으로 살펴보면 다음과 같다(<그림 5-11> 참조).

그림 5-11 공공인재개발 과정에서 질적 우수성의 정책적 실현

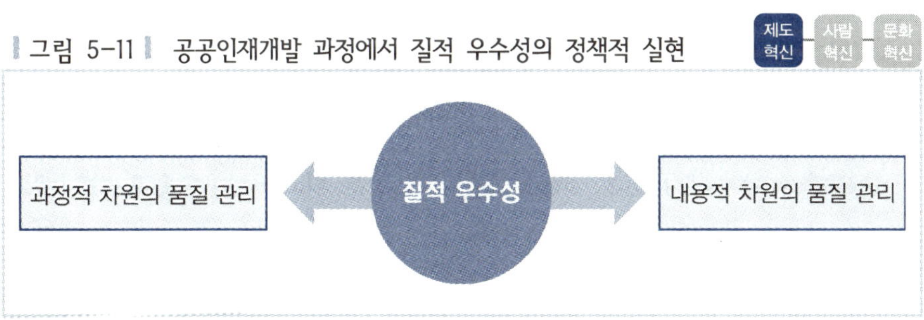

(1) 과정적 차원의 품질 관리[3]

과거의 공공인재개발 활동은 교육훈련 프로그램을 설계하여 제공하는 것에만 중점을 두었다. 하지만 현재의 공공 인적자원관리에서의 공공인재개발은 과정적 개념으로 자리 잡게 되었고 이에 인사혁신처와 국가공무원인재개

3) 해당 내용은 저자가 유민봉·박성민(2014)의 <한국인사행정론(박영사, 2014: 325-339)>에서 제시했던 내용을 본서의 구조에 맞추어 재구성하고 수정·보완한 것이다.

발원은 우리나라 공무원의 공공인재개발 활동을 수요조사, 교육훈련 프로그램 개발 및 실시, 효과성 평가 등의 단계로 구분하고 각 단계별 체계적 관리를 통해 과정적 차원에서 공공인재개발의 질적 우수성을 확보해 나가고 있다. 이를 구체적으로 살펴보면 다음과 같다(<그림 5-12> 참조).

| 그림 5-12 | 공공인재개발 과정모형

제도 혁신 – 사람 혁신 – 문화 혁신

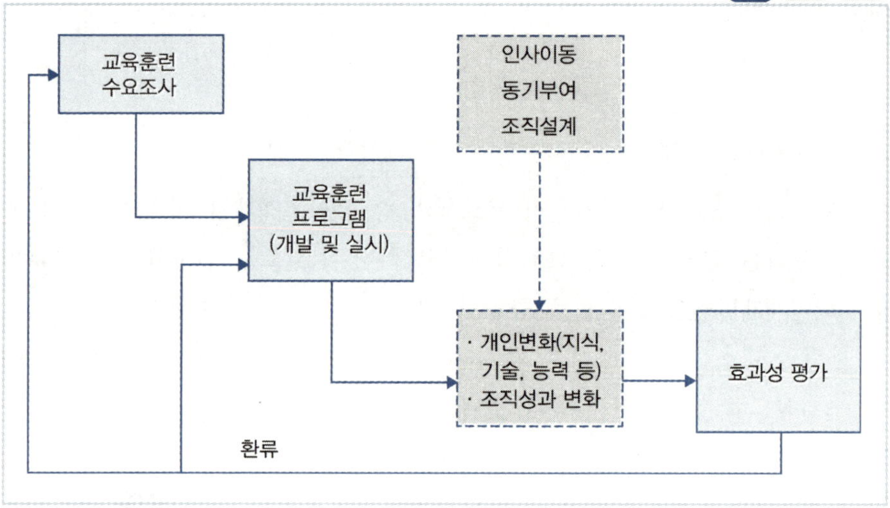

자료: 유민봉·박성민(2014: 325)

① 수요조사

교육훈련 과정의 1단계는 교육훈련 수요조사 단계이다. 교육훈련을 체계적으로 실시하기 위해서는 교육훈련의 수요를 정확하게 조사하는 것은 무엇보다 중요하다. 수요조사(Need Assesment)를 통해 교육훈련을 필요로 하는 대상 공무원과 교육의 내용을 결정할 수 있다. 이는 교육훈련의 규모, 일정, 내용, 교관, 방법을 결정하는 데 있어 핵심적인 정보가 된다. 또한 수요조사를 통해 교육훈련으로 개선하고자 하는 목표를 분명하게 할 수 있기 때문에 교육훈련의 효과성을 평가하는 데 유용한 기준이 될 수 있다. 이에 현재 우리나라는 수요자 맞춤형 교육·훈련 프로그램의 개발 및 교육·훈련의 효과성 향상을 지원하기 위해 주기적으로 교육·훈련 수요조사를 실시하고 있다.

② 프로그램 개발 및 실시

교육훈련 수요조사가 완료되면 수요를 충족시킬 수 있는 교육훈련 프로그램을 개발하거나 기존 프로그램을 수정·보완하는 작업이 필요하다. 교육훈련 프로그램은 교육훈련 대상자의 지식, 기술, 능력, 태도, 가치관, 대인관계 등의 변화를 유도하기 위해 설계된다. 효과적인 교육훈련 프로그램을 개발하기 위해서는 프로그램의 목표를 명확히 설정하고, 프로그램의 내용을 결정하며, 교육훈련의 유형과 종류를 선정해야 한다. 해당 활동별 내용을 구체적으로 살펴보면 다음과 같다.

a. 교육훈련 프로그램 개발

a) 프로그램의 목표설정

프로그램의 목표설정은 교육훈련을 통해 달성해야 할 구체적인 강의목표이다. 강의목표는 직무성과와 조직효과성을 달성하기 위한 수단적 역할을 한

| 그림 5-13 | 국가공무원인재개발원 운영체제

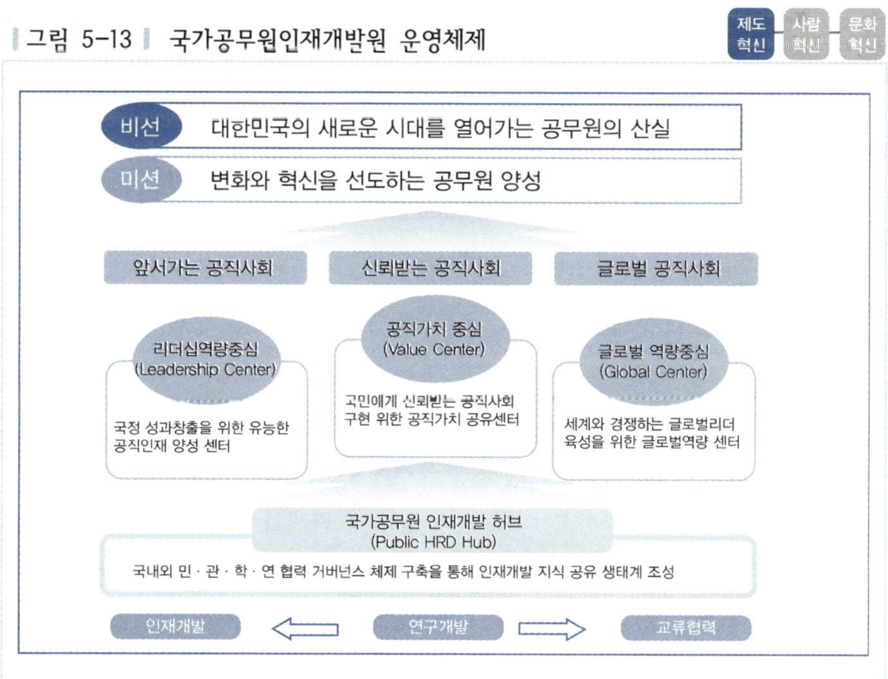

자료: 국가공무원인재개발원(2016)

다. 따라서 직무차원과 조직차원의 목표와는 유기적 상하관계를 형성하고 있다. 교육훈련의 1차적 목표는 공무원 개인의 지식, 기술, 능력의 향상 및 태도의 변화에 있으며 2차적 목표는 조직의 경쟁력 강화, 3차적 목표는 국가 경쟁력 강화에 있다.

이에 공무원 인재개발의 허브 역할을 담당하는 국가공무원인재개발원은 조직의 운영체제에 앞서가는 공직사회, 신뢰받는 공직사회, 글로벌 공직사회 등 공무원 교육·훈련의 3대 목표를 명시하였고, 교육 전략으로 리더십 역량 중심, 공직 가치 중심, 글로벌 역량 중심의 교육이라는 세부 전략 하에 공무원 교육·훈련 프로그램을 설계하였다(<그림 5-13> 참조).

b) 프로그램의 개발과 내용 결정

프로그램 목표 설정 이후에는 교육·훈련에서 가르칠 교과목의 종류와 구체적인 강의 내용을 설정해야 한다. 협의의 시각에서 개별 직무와 관련된 수요조사를 진행하였다면 관련된 문제해결을 중심으로 프로그램이 구성되며 광의의 시각에서 계급이나 직렬 또는 조직 차원에서 수요조사를 진행하였다면 일반적인 원리나 이론을 중심으로 프로그램이 구성된다. 특히 계급을 대상으로 수요조사를 진행한 경우 하위직보다는 고위직을 상대로 하는 프로그램일수록 이론적이고 가치지향적인 내용을 담게 된다. 구성적 차원에서 내용이 결정되면 프로그램의 난이도를 결정해야 하는데 이 경우 피교육자의 학습 능력을 고려하여 이루어진다.

c) 프로그램의 체계화

교육훈련 프로그램의 종류와 내용이 결정되면 이것을 체계적으로 정렬하고 구조화하여 하나의 교육훈련 체계 또는 프로그램 체계를 구성하게 된다. 교육훈련 실시기관에서 교육훈련 대상의 규모, 기간, 장소, 교관, 학습 및 체육 시설 등 모든 관리차원의 문제를 효율적으로 운영하기 위해서는 프로그램을 특정 기준에 따라 분류하고 이들 간의 유기적 관계를 유지시킬 필요가 있다.

현재 공무원의 교육·훈련 체계는 직급별 교육(또는 계급별 교육)과 직무별 교육(전문 분야별 훈련) 및 계급과 직무의 범주를 벗어나서 실시되는 특별교육 등으로 구성되어 있다. 직급별 교육은 계급제의 계급구조를 중심으로 관리자·감독자·적응훈련 등으로 구분할 수 있다. 관리자훈련(Executive Training,

Management Development)이 정책결정능력과 리더십 배양을 위한 교육이라면, 감독자훈련(Supervisory Training)은 일선 행정업무를 감독하고 지시하는 초급 내지 중간관리자를 대상으로 하는 훈련이다. 적응훈련(Orientation)은 신규 채용된 공무원을 대상으로 조직의 전반적인 현황과 조직적응을 위한 자세와 태도 등을 주로 교육하게 된다. 실무훈련은 일선 하위직 공무원을 대상으로 일정한 기간을 주기로 새로운 정신무장과 행정환경의 이해, 그리고 직무관련 일반지식을 학습 목적으로 실시하는 일종의 보수의 성격을 띤 교육훈련이다. 이와 달리 직무별 교육은 해당 직무에 필요한 직무역량(KSA)을 중심으로 전문지식을 교육한다. 즉, 직급별 교육은 직급 전체에 일반적으로 적용될 수 있는 기초적인 직무지식과 정신교육을 강조하고 있고, 직무별 교육은 전

그림 5-14 공무원 교육·훈련 프로그램 체계

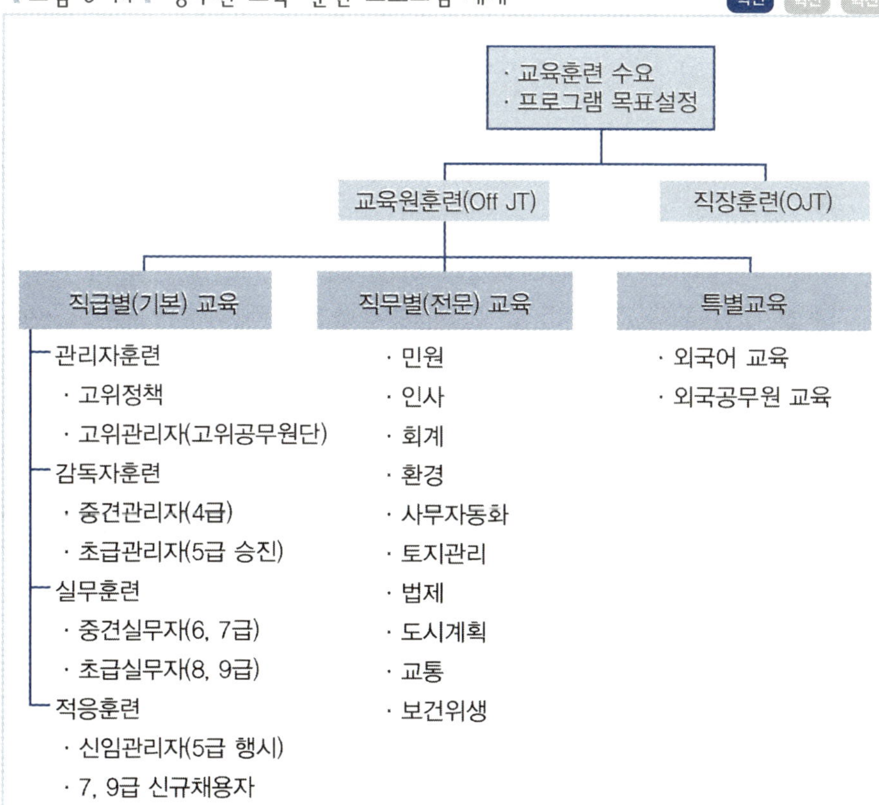

문지식교육에 상당한 비중을 두고 있다.

b. 교육훈련의 실시

교육훈련 프로그램이 완성되면 그 프로그램에 따라 실제 교육훈련을 실시하게 된다. 이 과정에서는 가장 적합한 교육·훈련 방식을 결정하는 것이 핵심적이다. 교육훈련 방식의 선택은 지식, 기술, 능력 등의 변화에 대한 효과성뿐만 아니라 교육훈련 대상자의 규모, 예산의 규모, 시설과 장비의 가용성, 훈련담당교관의 능력 등 여러 요소가 함께 고려되어야 한다.

③ 효과성 평가

교육훈련 과정의 마지막 단계는 효과성 평가 단계이다. 프로그램에 따라 교육훈련이 실시되었으면 교육훈련 프로그램 개발과 실시에 대한 평가가 이루어져야 한다. 이는 교육훈련 자체에 대해 교육참가자가 어떻게 생각하고 있는가를 평가하는 반응 평가와 교육훈련의 실시가 개인이나 조직에 어떠한 영향을 미쳤는가를 평가하는 영향 평가로 구분된다. 이를 구체적으로 살펴보면 다음과 같다.

a. 교육 참가자의 반응 평가

교육 참가자의 반응 평가는 교육훈련에 대한 전반적 평가를 의미한다. 평가의 대상에는 교관, 강의방식, 훈련시설, 프로그램 자체 등이 포함된다. 평가 자료는 개별 프로그램이 끝날 때마다 수집하거나 전 과정이 끝나고 종합적으로 수집할 수 있다. 반응 평가에서 가장 잘 쓰이는 자료수집방법은 설문조사이다. 설문조사를 통하여 부정적 평가를 받은 프로그램은 취소하거나 교관들에게 문제점을 분석하도록 요구해야 한다(Phillips, 1983). 우리나라의 경우 인사혁신처와 국가공무원인재개발원의 주도하에 교육·훈련 체계 전반에 관한 만족도 조사와 세부 프로그램별 인식 평가가 진행되고 있다.

b. 교육훈련의 효과성 평가

교육훈련을 실시했으면 교육훈련이 의도했던 목표가 얼마나 달성되었는지를 평가하여 프로그램을 수정하고 다시 설계하는 데 참고자료로 삼아야 한다. 교육훈련의 목표를 요약하면 '개인의 능력을 향상시켜 조직에서의 직무수행성과를 높이는 것'이다. 효과성의 개념이 '목표달성도'라는 데서도 알 수 있듯이 교육훈련의 효과성을 평가하려면 목표가 명확하게 설정되어 있어야 한다. 따라서 교육훈련 수요조사에 기초하여 지식·능력·태도·행동·조직성과 측면에서 자세한 목표기준이 세워져 있어야 한다. 특히 목표가 계량적으로 측정 가능하도록 설정되어 있으면 효과성 평가가 용이하다. 그러나 일반적으로 계량적 목표를 설정하기가 곤란한 경우가 많다.

그래서 효과성 평가는 목표기준에 대한 달성도보다는 교육훈련이 실시되고 난 후에 생긴 변화를 교육훈련의 효과로 간주하는 것이 일반적이다. 이때 변화 발생 시점에 따라 교육훈련의 효과를 3단계로 구분할 수 있다. 1단계는 교육과정 수료와 동시에 공무원 개인의 지식·능력·태도·행동 등에 나타난

그림 5-15 교육훈련 프로그램의 효과성 평가: Philips 모델

제도 혁신 - 사람 혁신 - 문화 혁신

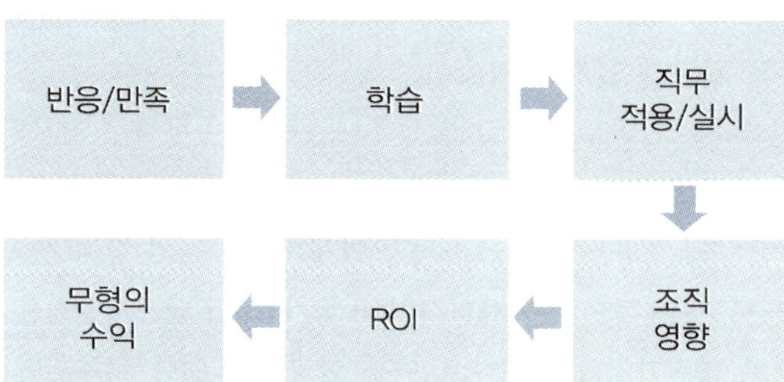

수준 및 자료유형	초점	단계
1. 반응/만족	프로그램, 교수자에 대한 반응도 평가	1단계 평가 (학습효과)
2. 학습	목표달성도와 효과성 판단	
3. 직무적용/실시	직무에 적용한 정도(학습전이도 평가)	2단계 평가 (전이효과)
4. 조직 영향	조직성과 기여도 평가	
5. ROI	교육·훈련의 결과로서 금전적 수익 측정	3단계 평가
6. 무형의 수익	금전적 평가 이외의 교육훈련 부가적 가치 측정 (예: 직무만족도)	

자료: Philips(2002), 이준학 외(2014)

변화이며, 2단계는 교육훈련을 마치고 직장에 돌아가 1단계의 개인변화가 조직성과에 어떻게 전이되어 나타났는가 하는 것이다. 이들 두 단계는 교육훈련 프로그램의 효과가 개인 차원에 머무는 것인지, 아니면 조직으로까지 반영되는지를 나타내는 것으로서 각각 학습효과와 전이효과라 부른다. 전자는 교육훈련에 초점을 둔 것으로 훈련타당도라고 부를 수 있고 후자는 조직성과의 달성도에 초점을 둔 것으로 성과타당도라고 한다. 학습효과는 지식, 기술, 능력 등의 평가요소에 대하여 시험, 설문지, 관찰 등의 방법을 통해 측정되며 전이효과는 근무성적평정, 이직률, 결근율, 직장 내에서의 대인관계, 주민의 행정서비스에 대한 만족도, 안전사고율 등에 대하여 관찰이나 설문 등의 방법을 통해 측정된다. 이후 3단계 평가는 교육·훈련에 따른 금전적·비금전적 수익을 평가하는 단계인데 공공조직 내에서는 측정의 어려움으로 인해 실제 이에 대한 평가가 진행되는 경우는 드물다.

(2) 내용적 차원의 질적 관리

인사혁신처와 국가공무원인재개발원은 공무원이 수행하는 직무와 공무원이 속한 조직이 필요로 하는 역량을 지속적으로 발굴하고 이를 교육·훈련 프로그램에 반영함으로써 내용적 차원에서 공공인재개발 체계의 질적 우수성을 확보해 나가고 있다. 구체적으로 인사혁신처와 국가공무원인재개발원은 전 공무원 공통 역량으로 공직가치를 제시하고 이를 함양하기 위한 교육훈련 체계를 강화하였으며, 직급 및 직무 역량 중심의 핵심 역량 교육을 시행하고 있다.

① 공통 역량 교육

인사혁신처와 국가공무원인재개발원은 모든 공무원의 공통 역량으로서 공직가치를 강화하기 위해 국가관·공직관·윤리관 등에 대한 주기적·반복적·역할별 교육을 실시하여 국가와 국민을 위한 공직 인재를 양성하기 위해 노력하고 있다. 특히 공무원이 되고 싶은 사람(직업인으로서의 공무원)이 아닌 공무원을 하고 싶은 사람(소명의식을 지닌 공무원)을 양성하기 위해 다각적인 노력을 전개하고 있다(인사혁신처, 2016a).

구체적으로 국가공무원인재개발원 기본교육에 공직가치 교육 비중을 기존의 25%에서 30% 이상으로 확대하였고, 5급 신규자 과정의 공직가치 이해 및 실천 등에 관한 합숙교육 기간을 기존의 3일에서 3주로 확대하였다. 또한 모범(Role Model) 공무원으로부터 바람직한 공직자 DNA를 전승받을 수 있도록 '지도직원제'를 도입하였고 봉사활동·민생체험 확대, 역할극 등 체득형·실천형 교육방식을 도입하여 「이해→공감→체험→실천」 등의 '공직가치 신념화 프로세스'를 구축하였다. 뿐만 아니라 각급 공무원 교육·훈련기관에 공직가치 핵심강사의 양성을 지원하고 표준 교육프로그램 교재를 개발하여 보급하기 위한 지속적 노력을 전개하고 있다.

② 핵심 역량 교육

인사혁신처와 국가공무원인재개발원은 공무원의 직급 및 직무별 핵심 역량 향상을 지원하기 위해 직무 역량 중심의 전문 교육을 시행하고 있다. 범조직적 차원에서 특정 직무를 담당하고 있는 구성원을 대상으로 워크숍 등을 시행하고 있으며, '신임고위공무원단 과정' 및 '신임과장과정'을 신설하는 등 5급 공무원에서 고위 공무원까지의 직급별 교육체계(리더십 Pipeline)를 완성하였다. 이와 더불어 공통/핵심 역량, 관리적/리더십/프로세스 역량, 개인/직무/전문 역량 등 조직 구성원의 직급 및 직무, 업무 특성별 필요 역량을 구체적으로 설정하여 유형화 하고 이를 토대로 역량기반 교육훈련 체계 구축을 위해 다각적으로 노력하고 있다.

제3절 양적 우수성과 질적 우수성 확보의 장벽

1. 양적 우수성 확보에 있어 주요 장벽

제도혁신의 발전적 차원에서 공공 인적자원관리 프로세스 중 공공인재개발 과정에서의 핵심 인사혁신 가치로서 양적 우수성은 공공인재개발 프로그램의 운영에 있어 수요자의 선호를 반영하고 다변화된 행정수요에 대응할 수 있는 다양한 역량 개발을 지원하기 위해 교육의 내용, 교육의 장소, 교육의 유형 등의 측면에서 다양성을 확보하려는 노력으로 이해할 수 있다. 우리나라의 공공 인적자원관리에서 공공인재개발 과정에서의 양적 우수성이라는 인사혁신 가치를 담아내고자 하는 시도는 교육의 내용, 장소, 유형의 다양화로 구체화되어 나타났고 이는 공공인재개발의 효과성 향상 및 행정서비스 품질 향상 측면에서 그 중요성을 살펴볼 수 있었다. 하지만 현재 교육·훈련의 내용, 장소, 유형의 다양화를 중심으로 공공 인적자원관리의 공공인재개발 과정에서 양적 우수성 확보를 위해 다양한 노력을 전개하고 있음에도 불구하고 작동 과정에서 내·외부적으로 존재하는 장벽으로 인해 이의 실질적 실현에 있어 한계에 직면하고 있다. 공공인재개발 과정에서의 양적 우수성 확보에 있어 혁신장벽으로 작용하는 요소들을 구체적으로 살펴보면 다음과 같다.

첫째, 공무원에 대한 교육·훈련을 위해 투입할 수 있는 예산이 부족하고 투자 논리가 미비하다는 점이다. 교육·훈련은 재원을 필요로 하는 활동이기 때문에 예산의 확보가 교육·훈련의 효과성 향상에 있어 중요한 요인이 된다. 예산이 부족하면 양질의 강사를 구하기가 곤란하고 프로그램 개발을 위한 투자 및 다양한 교육훈련의 기회를 충분히 제공할 수가 없기 때문이다. 뿐만 아니라 2000년대 이후 세계화가 가속화되면서 해외교육의 필요성이 높아지고 있는데 예산의 부족으로 인해 이에 대한 적극적 지원을 진행하기 어려운 실정이다.

둘째, 공무원 교육·훈련의 대부분이 직장 외 훈련(Off-JT)으로 구성되어 있어 공간 차원에서 다양성을 확보하지 못하고 있다. 직장 내 훈련(OJT)은 훈련에서 배운 지식이 그대로 실무에서 활용되기 때문에 교육·훈련 내용의 활용 측면에서 전이(Transfer) 효과가 높다는 강점을 지니고 있다. 그러나 이러한 강점에도 불구하고 우리나라 공무원 교육·훈련에서는 직장 내 훈련이 적절히 활용되지 못하고 있다. 신규채용 공무원을 대상으로 시보기간 동안 직장교육을 실시하거나 외부강사를 초빙하여 특강을 듣는 정도를 제외하면 직장 내에서의 직무수행상의 문제점을 진단하고 개선하기 위한 교육·훈련은 매우 부족한 실정이다.

셋째, 공무원 교육·훈련의 대부분이 일방향적 지식 전달이 이루어지는 강의(Lecture) 형태로 구성되어 있어 유형 차원에서 다양성을 확보하지 못하고 있다. 일부 교육에 있어 액션러닝(Action Learning), 역할연기 등 최신의 교육방법을 활용하기도 하지만 공직 전반에 걸쳐 아직 다양한 교육방식이 활용되지 못하고 있다.

2. 질적 우수성 확보에 있어 주요 장벽

제도혁신의 발전적 차원에서 공공 인적자원관리 프로세스 중 공공인재개발 과정에서의 핵심 인사혁신 가치로서 질적 우수성은 공공인재개발 프로그램의 운영에 있어 과정적·내용적 측면의 질적 관리를 통해 공공인재개발 체계의 타당성과 효과성을 향상시키기 위한 노력으로 이해할 수 있다. 우리나라의 공공 인적자원관리에서 공공인재개발 과정에서의 질적 우수성이라는 인사혁신 가치를 담아내고자 하는 시도는 과정적 차원의 품질 관리와 내용적 차원의 품질 관리 노력으로 구체화되어 나타났고 이는 조직의 지속적인 경쟁우위 확보를 가능케 하며 행정의 안정성과 지속성 확보에 기여할 수 있다는 측면에서 그 중요성을 살펴볼 수 있었다. 하지만 현재 공공인재개발의 과정적 차원의 품질 관리와 내용적 차원의 품질 관리를 중심으로 공공 인적자원관리의 공공인재개발 과정에서 질적 우수성 확보를 위해 다양한 노력을 전개하고 있음에도 불구하고 작동 과정에서 내·외부적으로 존재하는 장벽으로 인해 이의 실질적 실현에 있어 한계에 직면하고 있다. 공공인재개발 과정에서의 양적 우수성 확보에 있어 혁신장벽으로 작용하는 요소들을 구체적으로 살펴보면 다음과 같다.

첫째, 교육·훈련의 과정적 차원의 품질 관리 측면에서 교육·훈련의 수요조사가 형식적 수준에서 머무르고 있다는 점이다. 수요조사가 부실하게 진행되고 있는 이유는 공공조직에서 직무분석이 미흡하게 이루어지고 있어 직무수행에 요구되는 정확한 능력과 자질의 기준이 제시될 수 없기 때문이다. 또한 교육·훈련 수요조사를 담당하고 있는 공무원이 수요조사 이외의 업무를 복합적으로 처리하고 있고 잦은 보직이동으로 전문성과 책임성을 갖고 직무를 수행할 수 없다는 측면도 주요 이유로 지적되고 있다.

둘째, 공무원들이 교육·훈련 프로그램에 형식적·소극적으로 참여하고 있다는 점인데 이는 형식적 수요조사로 인해 파생되는 문제점으로 이해할 수 있다. 현재 우리나라 공무원들은 교육·훈련에 상당히 많은 시간을 할애하고 있다. 오프라인 강의부터 온라인 강의까지 필수적으로 이수해야 하는 교육·훈련 시간이 상당하기 때문이다. 하지만 수요조사가 형식적으로 이루어지다 보니 교육·훈련 체계가 수요자 중심이 아닌 공급자 중심으로 설계되었고 이에 피교육자는 교육·훈련 프로그램에 수동적으로 참여하게 되었다. 이로 인해 현재 공무원들은 교육·훈련에 참여하는 시간을 본인의 업무 능력을 향상시키기 위한 능동적 투자의 개념이 아닌 의무적 참여의 개념으로 인식하게 되었고 이는 교육·훈련의 효과성을 저해의 핵심 요인으로 지적되고 있다.

셋째, 교육·훈련의 내용적 차원의 품질 관리 측면에서 역량에 기반을 둔 전문적 교육·훈련 프로그램의 개발 노력이 미흡하다는 점이다. 실제 직무교육을 담당하고 있는 각급 교육원의 프로그램은 편성이나 내용 모두 체계성과 적실성을 결여하고 있는 경우가 많다. 이것은 교육훈련 수요조사와도 연관된 것으로 교육수요가 정확하게 예측되지 않은 상태에서 경험과 직관을 바탕으로 교육훈련 교과목을 나열하고 있기 때문에 생기는 문제점이다(고승희, 2008).

넷째, 교육·훈련의 효과성 향상을 위해서는 직무의 특수성뿐만 아니라 조직의 특수성을 고려할 필요가 있으나 현재 우리나라의 공공인재개발에서는 이러한 조직 차원의 특수성 반영 노력이 미흡한 실정이다. 관세청, 우정사업부 등 일부기관을 제외하고는 국가공무원인재개발원에서 제공하는 교육·훈련 프로그램에 참여하고 있어 조직의 업무 및 정책 특성에 적합한 역량을 배양하는 데 한계를 나타내고 있다.

다섯째, 저성과자 대상의 역량 개발 프로그램이 부족하다는 점을 살펴볼 수 있다. 우리나라의 공공 인적자원관리는 직업공무원제가 확립되어 있어 직업의 안정성이 보장된다. 최근 이러한 직업의 안정성 보장으로 인해 발생하는 복지부동·무사안일 행태에 대한 비판의 목소리가 높아졌고 이에 공공 인적자원관리에서 저성과자 관리 문제가 핵심 화두로 자리 잡게 되었다. 다만 저성과자를 관리하는 목적은 이들에게 저성과자라는 낙인을 찍고 이들을 퇴출시키는 것이 아니라 역량 개발을 통해 이들을 다시 조직으로 복귀시키는 것이다. 그러나 현재 우리나라의 경우 저성과자를 위한 체계화된 교육·훈련 프로그램이 부족하여 이들의 역량 개발을 적절하게 지원하지 못하고 있는 실정이다.

그림 5-16 양적 우수성과 질적 우수성 확보의 주요 장벽

제도 혁신 사람 혁신 문화 혁신

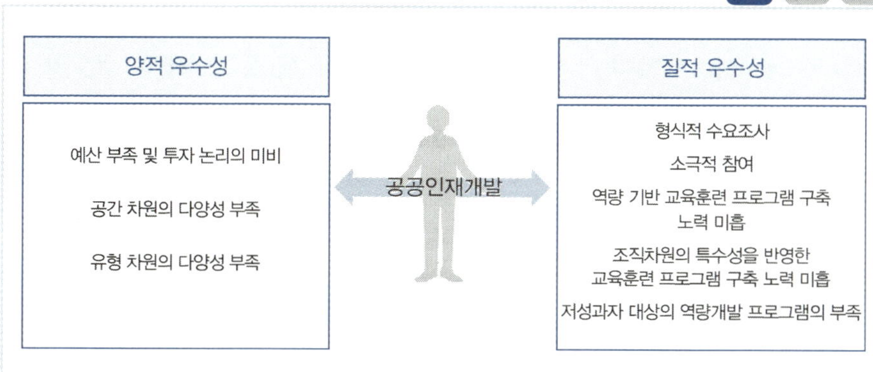

제4절 양적 우수성과 질적 우수성 확보를 위한 전략

1. 양적 우수성 확보를 위한 주요 전략

우리나라 정부는 발전적 제도혁신을 위해 교육·훈련의 내용, 장소, 유형의 다양화를 중심으로 공공 인적자원관리 프로세스 중 공공인재개발 과정에서 양적 우수성이라는 핵심 인사혁신 가치를 실현하기 위한 다양한 노력을 전개하고 있다. 그러나 예산의 부족, 직장 외 훈련(Off-JT) 중심의 교육·훈련, 강의 중심의 교육·훈련 등 양적 우수성 실현에 있어 몇 가지 장벽이 존재하고 있음을 확인할 수 있었다. 이에 이러한 장벽을 극복하고 제도혁신의 발전적 차원에서 공공인재개발 과정에서의 핵심 인사혁신 가치인 양적 우수성을 적극적으로 실현하기 위한 혁신 전략을 논의하면 다음과 같다.

첫째, 보다 적극적 차원에서 공무원 교육·훈련에 소요되는 예산을 비용(Cost)의 개념에서 투자(Investment)의 개념으로 전환할 필요가 있다. 이러한 인식의 전환을 통해 공무원 교육·훈련에 투입할 수 있는 재원을 충분히 확보함으로써 교육·훈련의 내용, 장소, 유형 차원의 다양성 확보가 가능해 질 것이다. 특히 충분한 재원의 확보는 양적 우수성뿐만 아니라 자체 전임 교육자를 확충하고 강사료의 현실화를 바탕으로 우수한 외부 교육자 초빙을 지원

함으로써 교육·훈련 내용 측면의 질적 우수성 확보에도 기여할 수 있을 것이다.

둘째, 교육·훈련 장소의 다양성 측면에서 직장 내 훈련(OJT)을 활성화 할 필요가 있다. 현재 국가공무원인재개발원을 중심으로 직장 외 훈련(Off-JT)의 체계성과 전문성이 향상되었으나 직장 외 훈련(Off-JT)보다 직장 내 훈련(OJT)의 전이효과가 보다 높다는 점을 고려할 때, 자체적으로 직장 내 훈련(OJT)을 확대할 필요가 있다. 특히 일상적인 업무 수행과정에서 지속적인 학습이 이루어질 수 있도록 실무지도(Coaching) 방식을 적극적으로 활용할 필요가 있다.

셋째, 교육·훈련의 유형을 다양화할 필요가 있다. 강의(Lecture) 중심의 일방향적 지식전달 방식은 교육·훈련에 참여하는 동안 피교육자가 소극적 태도를 유지하게 되어 해당 시간을 이수하는 것 이상의 의미와 효과를 유발하지 못한다는 문제점을 나타내고 있다. 이에 교육·훈련의 효과성 향상을 위해서는 강의(Lecture) 방식 이외에 상호적 관계에서 피교육자의 적극적 참여를 유도하는 회의·토론, 사례연구, 역할 연기뿐만 아니라 수요자 참여 중심의 선진화된 교육·훈련 기법인 문제 중심 학습(PBL: Problem-Based Learning), 플립러닝(Flipped Learning) 등을 적극적으로 활용할 필요가 있다.

2. 질적 우수성 확보를 위한 주요 전략

우리나라 정부는 발전적 제도혁신을 위해 공공인재개발의 과정적 차원의 품질 관리와 내용적 차원의 품질 관리 등을 중심으로 공공 인적자원관리 프로세스 중 공공인재개발 과정에서 질적 우수성이라는 핵심 인사혁신 가치를 실현하기 위한 다양한 노력을 전개하고 있다. 그러나 형식적인 수요조사, 공무원들의 소극적·형식적 참여, 역량에 기반을 둔 전문적 교육·훈련 프로그램 개발 노력의 미흡, 조직 차원의 특수성을 반영한 교육훈련 프로그램 구축 노력 미흡, 저성과자 대상의 역량개발 프로그램의 부족 등 질적 우수성 실현에 있어 몇 가지 장벽이 존재하고 있음을 확인할 수 있었다. 이에 이러한 장벽을 극복하고 제도혁신의 발전적 차원에서 공공인재개발 과정에서의 핵심 인사혁신 가치인 질적 우수성을 적극적으로 실현하기 위한 혁신 전략을 논의하면 다음과 같다.

첫째, 형식적 수요조사를 적극적·능동적 활동으로 전환해야 한다. 이를 위해서는 무엇보다 조직이 수행하는 업무에 대한 고도화된 직무분석이 선행되어야 할 것이다. 직무분석을 바탕으로 기관의 인력관리계획 수립 시 활용되는 역량 분석 기법을 적극적으로 활용하여 보유 역량과 필요 역량 간의 차이를 확인하고 이를 수요조사 과정에 활용함으로써 수요조사의 적실성과 타당성 향상에 기여할 수 있을 것이다. 더불어 기관 내 교육·훈련 관련 직위를 전문직위로 지정하여 해당 공무원이 전문성과 책임성을 갖고 직무를 수행할 수 있도록 지원하고 효과성 평가를 바탕으로 우수한 교육·훈련 프로그램을 개발한 개발자에 대해 인센티브를 제공하는 등의 제도적 노력이 함께 이루어져야 할 것이다.

둘째, 보다 적실한 수요조사를 바탕으로 수요자 중심의 교육·훈련 체계를 구축하여 피교육자의 적극적 참여를 유도할 수 있을 것이라 기대되는데 적극적 참여를 통한 교육·훈련의 효과성을 지속적으로 향상시키기 위해 교육·훈련 프로세스 전반에 관한 종합적 평가를 진행해야 한다. 수요조사, 교육훈련 프로그램 체계 및 내용, 피교육자 선정, 교육자, 학습 및 전이 효과 등에 대한 개별평가와 더불어 교육·훈련 활동에 대한 종합적 평가를 진행하여 단편적이고 미시적인 처방이 아닌 보다 근원적이고 거시적인 처방을 도출하여 교육·훈련 체계를 지속적으로 발전시켜 나갈 필요가 있다.

셋째, 교육·훈련이 실제 공무원의 직무수행 능력 향상에 도움이 될 수 있도록 핵심 역량에 기초한 역량기반 교육·훈련을 강화할 필요가 있다. 역량기반 교육·훈련은 조직의 성과 향상을 목적으로 장기적이고 거시적인 측면에서 요구되는 역량을 파악하여 교육훈련을 통해 미래요구역량과 현재보유역량 간의 격차를 좁혀가는 과정으로 이해할 수 있다. 이를 통해 일방향적이고 형식적인 전통적 교육·훈련의 한계를 보완할 수 있으며 교육·훈련의 효과성 향상을 통해 개인과 조직 모두의 지속적 성장을 지원할 수 있다.

넷째, 기관별 업무 특수성을 고려한 교육훈련 프로그램에 대한 고민이 필요하다. 현재 관세청, 우정사업부 등을 제외한 대부분의 기관의 공무원들은 국가공무원인재개발원에서 진행되는 획일적인 교육훈련에 참여하고 있어 부처의 업무 및 정책 특성에 따른 핵심 역량을 배양하는 데 있어 한계를 나타내고 있다. 이에 공공인재개발 과정에 있어 조직의 업무 및 정책 특성을 반영한 우수한 교육·훈련 프로그램을 제공할 수 있도록 인사혁신처 주관으로 “기관별 찾아가는 교육훈련 프로그램 설계 및 코칭(가칭)” 활동을 전개할 필요가 있다. 구체적으로 각 기관이 부처 특수성을 고려한 교육훈련을 설계할 때 야기될 수 있는 다양한 문제점과 쟁점들에 대해 컨설팅을 진행하면서 국가공무원인재개발원에서 진행하는 교육훈련을 보완할 수 있도록 기관별 목표와 미션을 반영한 교육훈련 프로그램을 자체적으로 설계할 수 있도록 지원해야 한다. 이를 통해 국가공무원인재개발원에서는 공무원 모두에게 필요한 공통 역량의 배양을 지원하고 각급 기관에서는 부처의 업무와 정책의 특수성을 반영하여 부처 핵심 역량의 배양을 지원하여 보다 우수한 공공인재개발 체계를 확립할 수 있을 것이다.

다섯째, 저성과자 대상의 전문적이고 체계적인 교육훈련 프로그램의 개발이 요구된다. 최근 공공부문의 경쟁력 저하에 대한 비판이 지속되면서 ‘성과연봉제’, ‘저성과자 퇴출제도’ 등의 중요성이 강조되고 있다. 그러나 이러한 성과중심형 인사제도의 필요성에 대해서는 모두가 공감하지만 민간조직과 유사한 인사제도의 운영은 공공조직 구성원들로 하여금 심리적 계약 위반(Psychological Contract Breach)의 감정을 유발할 수 있다. 이에 새로운 인사제도의 도입에 따라 야기될 수 있는 조직 구성원들의 정서적 박탈감을 보완할 수 있는 합리적인 처방이 절실하게 요구되고 있다. 이러한 상황에서 많은 인사전문가들은 저성과자에 대한 교육·훈련의 강화가 현재 공공조직의 경쟁력 저하 문제를 해결할 수 있는 적실한 해법이 될 수 있음을 강조하고 있다. 인사 전문가들은 교육훈련을 통해 업무 수행 능력 향상뿐만 아니라 개인의 행태 및 태도의 변화를 기대할 수 있다고 설명하고 있다. 이에 저성과의 원인을 진단하고 이에 대한 맞춤형 교육훈련을 시행하여 저성과자들의 역량을 개발할 필요가 있다. 만약 기본적인 직무에 대한 이해와 기술이 부족한 것이라면, 직무·기술·역량강화 교육을 실시하고, 1:1 업무 멘토링을 통해 부족한 역량을 보완할 수 있을 것이다. 반면, 직무에 대한 의욕이나 업무 동기가 부재한 것이라면, 감성적·정서적 측면의 동기부여와 정신교육, 공직가치 교육 등을 통해 행태 및 태도를 개선시킬 수 있을 것이다. 또한 일회성이 아닌 장기적 관점에서 공직가치, 지식 습득, 역량 개발 등의 다양한 교육훈련 프로그램을 제공해 줄 필요가 있다.

그림 5-17 양적 우수성과 질적 우수성 확보를 위한 전략

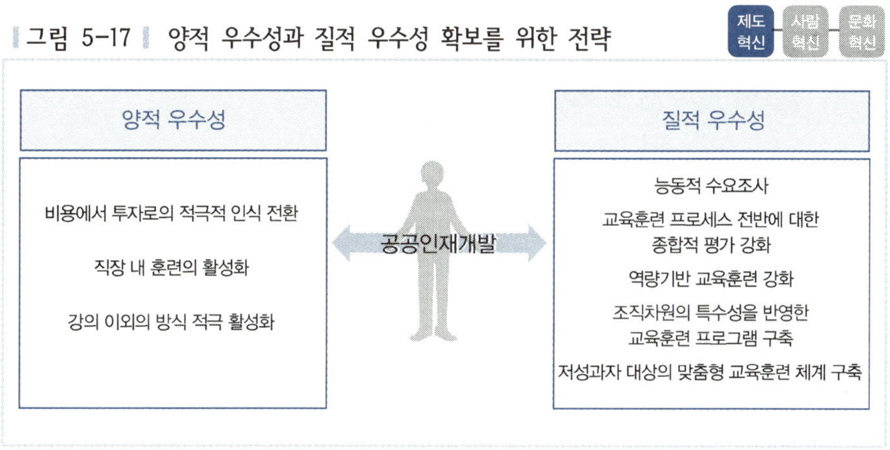

토론 문제

다음 질문에 대해 함께 토론해 보세요.

1. 공공인재개발에 있어 핵심 인사혁신 가치인 양적 우수성과 질적 우수성을 적극적으로 구현하기 위해 필요한 인사혁신처와 국가공무원인재개발원의 역할에 대해 논의해보자.

2. 우리나라 공공 인적자원관리에 있어 공공인재개발 과정이 보다 의미있는 역할을 수행하기 위해서는 우리나라 국가 공무원 인재상에 기반을 둔 한국형 공공인재개발 모델의 수립이 선행되어야 한다. 한국형 공공인재개발 모델을 고민해 보고 이의 실질적인 구현방안에 대해 논의해보자.

3. 현재 우리나라 공공 인적자원관리의 공공인재개발 과정에서는 바쁜 업무로 인해 시간이 부족한 공무원들을 위해 E-Learning 체계를 구축하고 있다. 인재개발론적 관점에서 E-Learning의 장·단점에 대해 논의해보고 이를 효과적으로 활용하기 위한 방안에 대해 논의해보자.

제6장

제도혁신의 발전적 차원: 우수인재활용

제6장 제도혁신의 발전적 차원: 우수인재활용

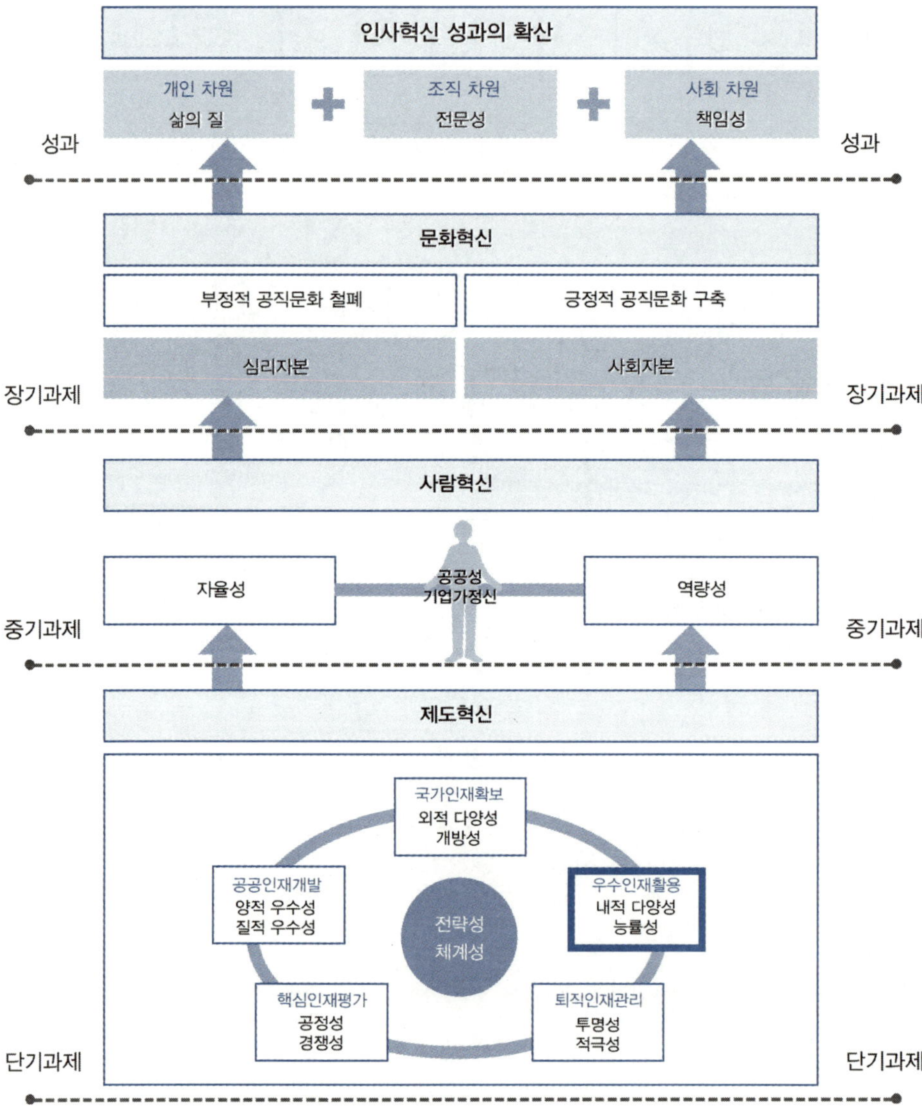

개 요

☞ 내적 다양성

핵심 인사혁신 가치로서 내적 다양성의 의의	
조직 생활과 일상 생활에 대한 통합적 관리를 바탕으로 조직 구성원들의 심리적·문화적 차이를 포용하여 삶 전반에서 즐거움을 느끼는 행복한 인재를 양성하기 위한 노력	
혁신 장벽	혁신 전략
정서적 가치의 평가 절하	인사관리 체계 전반에 정서적 가치의 반영
일과 삶 균형 정책의 활용도 저하	일과 삶 균형 정책의 활용 장려를 위한 문화 및 제도 개선

☞ 능률성

핵심 인사혁신 가치로서 능률성 의의	
개인의 역량과 노력에 상응하는 직무 성과를 도출하고 조직 구성원의 역량을 행정수요에 적실하게 활용할 수 있도록 지원하는 합리적인 역량 관리 체계 구축 노력	
혁신 장벽	혁신 전략
일반행정가와 전문행정가 인사관리 방식의 충돌	일반행정가와 전문행정가 인사관리 방식의 차별화
체계적인 경력경로 설계를 위한 지원 시스템 부족	경력개발제도의 과학적 운영을 지원하는 통합인사정보시스템 구축 및 역량 진단 도구 개발

핵심 용어
우수인재활용, 내적 다양성, 능률성, 일과 삶 균형 정책, 필수보직기간, 전문직위군, Y자형 경력개발제도

제1절 우수인재활용 과정에서 인사혁신의 이해

1. 우수인재활용 과정의 이해1)

공공 인적자원관리 프로세스 중 우수인재활용 과정은 공공조직과 직무에 적합한 최적의 인재로 개발된 우수한 인재가 강한 의욕과 건전한 의식을 갖고 직무에 몰입할 수 있도록 관리하고 이들을 적재적소에 활용하는 과정을 의미한다. 구체적으로 공공 인적자원의 우수인재활용 과정은 동기부여 활동, 다양성 관리 활동, 역량 관리 활동 등으로 구분하여 살펴볼 수 있다.

전통적으로 인적자원관리의 우수인재활용 기능을 논의하는 데 있어 공공부문과 민간부문 모두에서 가장 중요하게 다루어지는 것은 동기부여 활동이다. 인적자원관리에서 동기부여는 조직 구성원들의 행동을 목표 지향적인 방향으로 유도해 나가는 과정을 의미하는데 이러한 동기부여 활동이 우수인재활용 과정에서 중요하게 다루어지는 이유는 조직 구성원들의 직무 성과를 극대화 하는 데 있어 동기가 핵심적인 역할을 하기 때문이다. 즉, 조직 구성원들의 직무 성과는 개개인이 보유한 직무역량뿐만 아니라 얼마만큼 즐겁게 일하는지, 얼마만큼 능동적으로 일하는지에 따라 다르게 나타날 수밖에 없기 때문에 조직 구성원들의 행동을 조직의 목표에 맞게 활성화시키고 지속시키기 위한 동기부여 활동이 인적자원의 우수인재활용 과정에서 중요하게 다루어지게 된 것이다.

이러한 중요성을 바탕으로 현대의 인적자원관리에서 동기부여 활동은 다양성 관리(Diversity Management)의 형태로 적용 영역 및 관리 범위를 확대해 나가고 있다. 다양성 관리는 인구통계학적 특성 등 표면적 이질성을 의미하는 외적 다양성과 개인의 심리적·문화적 속성 등 심층적 이질성을 의미하는 내적 다양성을 포용적으로 관리하는 과정이다. 과거의 우수인재활용 기능 중

---

1) 해당 내용은 저자가 유민봉·박성민(2014)의 <한국인사행정론(박영사, 2014)>과 박성민 김선아(2015)의 <조직과 인간관계(박영사, 2015)>에서 제시했던 내용을 본서의 구조에 맞추어 재구성하고 수정·보완한 것이다.

동기부여 활동이 "조직 내에서 열심히 일하는 유능한 인재 만들기"에 중점을 두었다면 다양성 관리 활동은 "자신의 삶 전반의 영역에서 즐거움과 보람을 느끼는 행복한 인재 만들기"에 중점을 둔다. 이에 동기부여 활동은 직장생활에서 조직 구성원의 욕구 측면으로 관리의 범위를 한정하였으나 다양성 관리는 직장 생활뿐만 아니라 일상생활 등 삶 전반에 걸친 욕구 측면으로 관리의 범위를 확장하게 된 것이다. 이러한 맥락에서 우수인재활용 과정에서 동기부여 활동의 확장으로서 다양성 관리는 주로 심층적 이질성을 의미하는 내적 다양성에 중점을 둔다.

더불어 공공 인적자원관리 프로세스 중 우수인재활용 과정에서 동기부여 및 다양성 관리 활동과 함께 중요하게 다루어지는 기능은 역량 관리 활동이다. 역량 관리는 공무원 개인이 가지고 있는 잠재적인 역량을 최대 수준으로 발휘할 수 있는 환경을 조성하고 직무수행에 있어 개인의 성취감을 극대화할 수 있도록 지원하는 활동으로 인사이동, 인사배치, 보직관리 등으로 구체화되어 나타난다. 특히 최근에는 개인의 적성과 의견을 고려하여 조직 구성원이 조직과 함께 향후 조직 내에서 자신이 수행하게 될 보직을 미리 계획(경력경로: Career Path)하는 경력개발 제도를 우수인재활용 과정에서 적극적으로 활용하게 되었다. 경력개발은 전통적인 교육·훈련에서 한 단계 발전된 형태로서 개인의 직무 적합성을 높이기 위한 조직의 적극적 의지가 반영된 역량 관리 활동으로 이해할 수 있다.

우수한 인재를 확보하고 교육·훈련을 통해 직무수행 및 조직에 적합한 최적의 인재로 개발하였다면 이들에게 실제 직무를 맡겨서 이를 성공적으로 수행할 수 있도록 지속적으로 관심을 가져야 한다. 이에 인적자원관리의 우수인재활용 활동은 우수한 인재들이 다른 조직으로 이탈하는 것을 방지하고 조직 구성원이 갖고 있는 역량이 조직을 위해 온전히 활용될 수 있도록 지원하여 행정의 안정성과 전문성을 확보하고 행정 서비스의 질적 향상을 기대할 수 있다는 측면에서 그 중요성을 살펴볼 수 있다. 이에 우수인재활용 체계를 보다 나은 방향으로 변화시키기 위한 혁신 노력은 제도혁신의 지속을 위해 필수적이라 할 수 있다.

그림 6-1 우수인재활용 과정의 이해

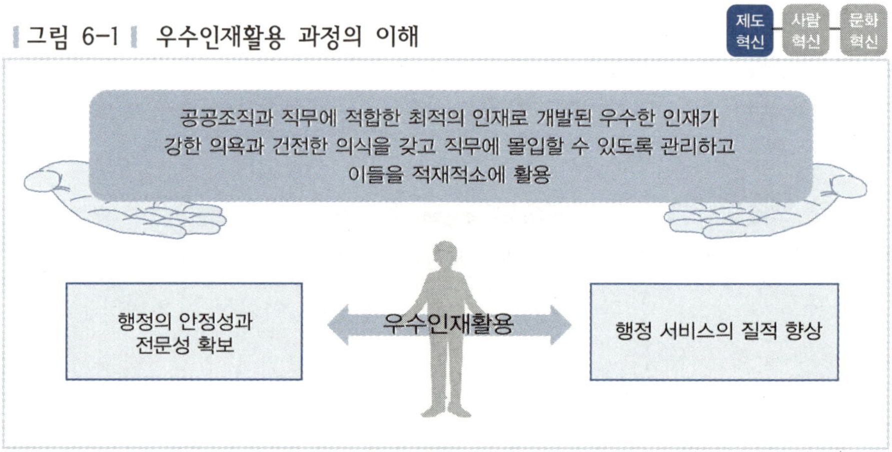

2. 우수인재활용 과정에서의 혁신 과제

공공 인적자원관리 프로세스 중 우수인재활용 과정은 행정의 안정성과 지속성을 확보하고 행정 서비스의 질적 향상에 기여한다는 측면에서 그 중요성을 살펴볼 수 있다. 이에 우수인재활용 체계를 보다 나은 방향으로 변화시키기 위한 혁신 노력은 발전적 제도혁신을 위해 필수적이라 할 수 있다. 우리나라 공공 인적자원관리에서도 우수인재활용 체계를 발전시키기 위해 다양한 노력을 전개하고 있는데 이러한 노력들이 사회적 변화와 사회적 수요를 적실하게 담아내기 위해서는 해당 체계가 당면하고 있는 환경적 특성을 고려할 필요가 있다.

이에 본서에서는 SWOT 분석을 통해 공공 인적자원관리 프로세스 중 우수인재활용 과정의 내·외부적 환경을 이해하고 이를 토대로 혁신의 방향을 도출하였다. 이러한 분석을 통해 혁신 과정에서 내부적 차원의 강점 요인과 외부적 차원의 기회 요인을 효과적으로 활용해 나갈 수 있을 것이며 내부적 차원의 약점 요인과 외부적 차원의 위협 요인에 선제적으로 대응해 나감으로써 보다 발전적인 우수인재활용 체계의 구축이 가능해 질 것이다. 궁극적으로는 종합적 시각에서 진행된 내·외부 환경 분석 프로세스를 바탕으로 사회적 변화와 사회적 수요를 적실하게 담아낸 혁신의 방향을 설정함으로써 혁신 활동의 당위성과 타당성을 확보해 나갈 수 있을 것이라 기대된다. 공공 인적 자원관리 프로세스 중 우수인재활용 활동과 관련된 내부적 차원의 강점(Strengths) 및 약점(Weaknesses) 요인과 외부적 차원의 기회(Opportunities) 및 위협(Threats) 요인을 살펴보면 다음과 같다.

첫째, 내부적 차원의 강점(Strengths) 요인으로 체계화된 모집·선발 과정을 토대로 이미 공직에 우수한 역량을 갖춘 다수의 인재를 보유하고 있다는 점을 살펴볼 수 있다. 이들이 보유한 역량과 적합성 높은 최적의 직무를 부여하고, 능동적으로 직무를 수행할 수 있도록 지원함으로써 공직의 경쟁력 확보에 기여할 수 있을 것으로 기대된다.

둘째, 내부적 차원의 약점(Weaknesses) 요인으로 순환보직제로 인한 전문성의 약화를 살펴볼 수 있다. 일반행정가 양성을 원리로 하는 계급제적 구조 하에서는 조직 구성원이 특정 직무를 장기간 수행할 경우 발생할 수 있는 매너리즘 문제와 부정부패 등을 근절하기 위해 주기적으로 인원을 재배치하는 순환보직제를 채택하고 있다. 그러나 이러한 순환보직제가 공직 내에서 직무의 전문성 및 업무의 연속성을 저해하는 원인으로 지적되면서 이에 대한 개선의 필요성이 제기되고 있다.

셋째, 외부적 차원의 기회(Opportunities) 요인으로는 민간조직과 공공조직을 막론하고 인적자원관리의 패러다임이 변화하고 있다는 점을 살펴볼 수 있다. 기존의 인사관리(PM: Personnel Management) 패러다임 하에서는 조직 내에서 사람을 도구로 간주하였으나 인적자원관리(HRM: Human Resource Management), 나아가 인적자본관리(HCM: Human Capital Management) 패러다임으로 변화하면서 사람과 조직이 파트너적 관계를 형성하게 되었고 조직은 개인의 자율성과 삶의 질, 직장생활의 질 등과 같은 정서적 가치의 중요성이 강조되었다. 이러한 변화가 공무원의 유지 활동에도 반영되어 소극적 차원에서 전개되던 동기부여 활동이 적극적 차원으로 전환되었고 이를 통해 조직성과 향상의 극대화를 기대할 수 있게 되었다.

넷째, 외부적 차원의 위협(Threats) 요인으로 전문행정가 양성의 필요성 증대를 살펴볼 수 있다. 행정환경의 복잡성과 다양성의 증대로 행정수요가 다변화되면서 공공조직 내에서 다재다능한 일반행정가와 함께 한 분야에 전문적 지식을 보유하고 있는 전문행정가의 양성을 요구받게 되었다. 그러나 현재 우리나라는 일반행정가 양성에 적합한 계급제를 기본 원리로 채택하고 있어 전문행정가 양성에 한계를 나타나고 있다. 이에 이러한 한계를 극복하기 위해 공무원 역량 관리 체계에 대한 개선 노력이 어느 때보다 절실하게 요구되고 있다.

공공 인적자원관리 프로세스 중 우수인재활용 활동과 관련된 SWOT 분석 내용을 종합해 볼 때 유지·활용 과정에서 인사혁신의 방향은 조직 구성원

그림 6-2 우수인재활용 과정에서의 혁신 과제

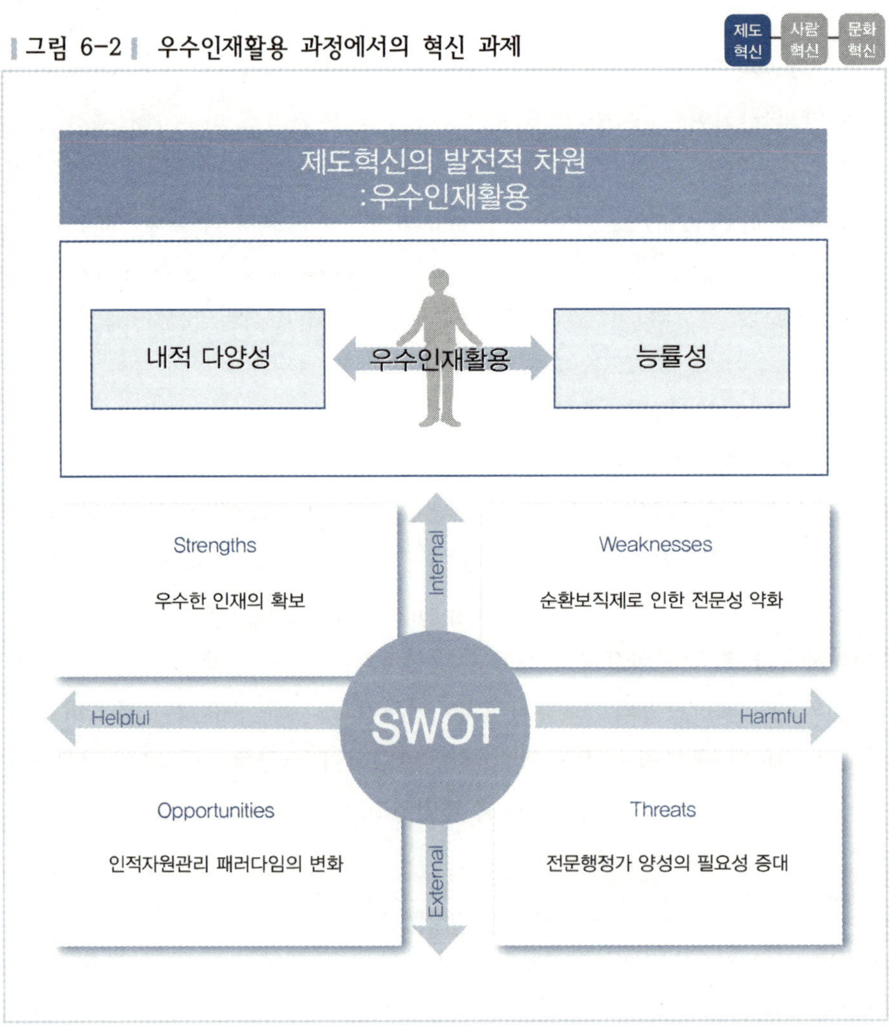

동기를 지속적으로 활성화시키기 위해 이들의 정서적·심리적 특수성을 포용하고 고도화된 역량관리 체계의 구축을 통해 계급제적 구조 하에서 일반행정가와 전문행정가를 동시에 양성해 나갈 수 있도록 설정되어야 함을 확인할 수 있었다. 이를 바탕으로 본서에서는 공공 인적자원관리 프로세스 중 우수인재활용 과정의 핵심 인사혁신 가치로서 내적 다양성과 능률성을 제시하였다. 내적 다양성은 조직 생활과 일상 생활에 대한 통합적 관리를 바탕으로 조직 구성원들의 심리적·문화적 차이를 포용하여 삶 전반에서 즐거움을 느끼는 행복한 인재를 양성하기 위한 노력을 의미하며, 능률성은 개인의 역량과 노력에 상응하는 직무 성과를 도출하고 조직 구성원의 역량을 행정수요에 적실하게 활용할 수 있도록 지원하는 합리적인 역량 관리 체계 구축 노력을 의미한다.

제2절 핵심 인사혁신 가치로서 내적 다양성과 능률성

1. 내적 다양성의 이해[2)]

1) 개념적 이해

공공 인적자원관리 프로세스 중 우수인재활용 과정에서 다양성(Diversity)의 개념에 대한 논의는 협의의 시각에서 다양성을 해석한 모집·선발 과정과 달리 광의의 시각에서 접근해야 한다. 인적자원관리에서 다양성은 조직 구성원들 간의 이질성을 의미하며 조직 차원에서 이러한 이질성을 전략적으로 활용하고자 하는 노력을 다양성 관리라고 한다. 특히 여기서의 이질성은 성별, 인종, 연령, 학력, 지역, 욕구, 문화 등 다양한 측면으로 해석할 수 있기 때문에 다양성의 개념은 이질성의 속성에 따라 외적 다양성(External Diversity)과 내적 다양성(Internal Diversity)으로 구분할 수 있다. 즉, 성별, 인종 등과 같은

2) 해당 내용은 저자가 유민봉·박성민(2014)의 <한국인사행정론(박영사, 2014)>과 박성민 김선아(2015)의 <조직과 인간관계(박영사, 2015)>에서 제시했던 내용을 본서의 구조에 맞추어 재구성하고 수정·보완한 것이다.

표면적 이질성은 외적 다양성으로 이해할 수 있고 욕구, 문화적 배경 등과 같은 심층적 이질성은 내적 다양성으로 이해할 수 있다.

공공 인적자원관리에서 다양성 및 다양성 관리는 다인종 국가인 미국에서 그 개념과 역할에 대한 중요성이 강조되기 시작했다. 따라서 과거에는 협의의 시각에서 다양성을 해석하여 성별, 인종 등과 같은 외적 다양성만을 관리의 대상으로 포함시키는 소극적 차원의 다양성 관리가 행해졌다. 이러한 외적 다양성 관리는 주로 인적자원의 모집·선발 과정에서의 차별철폐에 중점을 두었고 법률적 접근(Legal Approach)을 중심으로 이를 해결하고자 하였다. 이에 고용기회 균등정책(EEO: Equal Employment Opportunity)과 소수집단우대정책(AA: Affirmative Action) 등이 대표적인 다양성 관리 정책으로 구현되었다.

그러나 인적자원관리의 패러다임이 통제의 대상으로 사람을 바라보던 전통적 관점에서, 사람을 조직의 핵심 자본(Capital)이자 자산(Asset)으로 인식하는 현대적 관점으로 변화하면서 조직 구성원들의 심리적·문화적 속성을 존중하고 이의 포용적 관리가 중요함을 인식하게 되었다. 이러한 변화에 따라 다양성 관리에 있어서도 협의의 시각에서 다양성을 해석하였던 과거와 달리 현재는 광의의 시각에서 다양성을 해석하여 외적 다양성과 더불어 내적 다양성까지 관리의 대상으로 포함하게 되었다. 이에 다양성 관리의 기조가 인종 및 성별로 인해 차별받아 왔던 소수집단을 평등주의적 관점에서 배려하는 것에서 나아가 개인의 심리적·문화적 특수성을 존중하고 이해하는 포용적 환경 조성의 관점으로 확장되었다. 즉, 현재의 다양성 관리는 모집·선발 과정에서의 차별을 철폐하는 것에서 한걸음 더 나아가 우수인재활용 과정에서 가치, 선호, 문화적 배경이 다른 이질적인 구성원들의 욕구체계를 효과적으로 관리하는 것에 중점을 두게 된 것이다. 특히 조직 구성원이 보유한 심리적·문화적 특수성의 존중은 조직 구성원 스스로가 자신의 삶을 설계할 수 있도록 지원하는 것에서 출발하기 때문에 인적자원관리에서 내적 다양성을 포용하기 위한 노력은 "직장생활의 질(QWL: Quality of Work Life)"과 "일상생활의 질(QoL: Quality of Life)"을 통합적으로 관리하는 일과 삶 균형 정책으로 구체화 되어 나타난다.

그림 6-3 우수인재활용 과정에서 내적 다양성의 의의

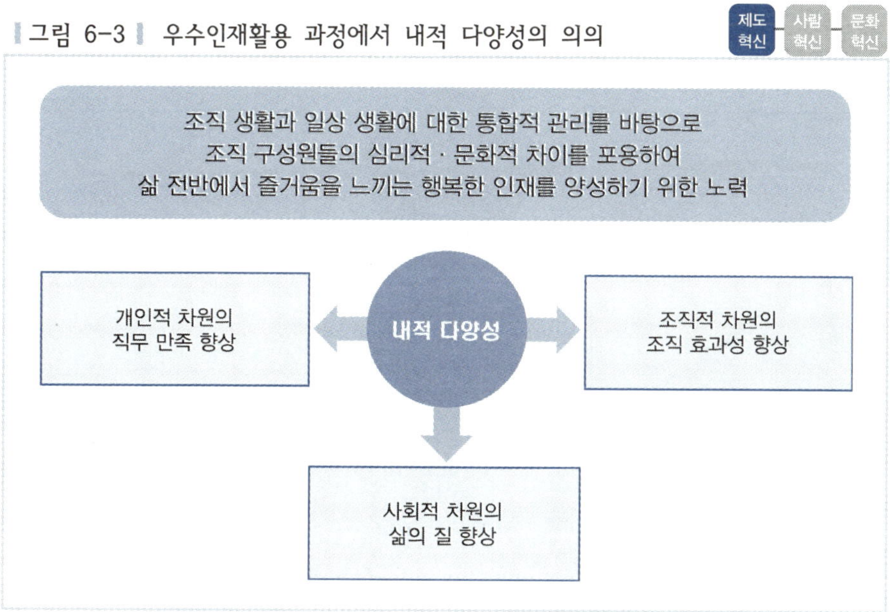

이에 본서에서는 제도혁신의 발전적 차원에서 공공 인적자원관리 프로세스 중 우수인재활용 과정에서의 핵심 인사혁신 가치로서 내적 다양성을 "조직 생활과 일상 생활에 대한 통합적 관리를 바탕으로 조직 구성원들이 심리적·문화적 차이를 포용하여 삶 전반에서 즐거움을 느끼는 행복한 인재를 양성하기 위한 노력"으로 정의하였다. 우수인재활용 과정의 핵심 인사혁신 가치로서 내적 다양성은 개인적 차원에서는 직무만족의 향상을, 조직적 차원에서는 조직 효과성 향상을, 사회적 차원에서는 삶의 질 향상에 기여할 수 있다는 측면에서 그 중요성을 살펴볼 수 있다.

2) 정책적 이해

공공 인적자원관리의 우수인재활용 과정에서 내적 다양성이라는 인사혁신 가치를 담아내고자 하는 시도는 "일과 삶 균형(WLB: Work Life Balance) 정책"의 구현으로 구체화되어 나타난다. 일과 삶 균형 정책은 각 프로그램이 지향하는 목적에 따라 유연근무제도, 친가족제도, 개인신상지원제도 등 3가지 차원으로 구분할 수 있다. 이를 구체적으로 살펴보면 다음과 같다.

그림 6-4 우수인재활용 과정에서 내적 다양성의 정책적 실현

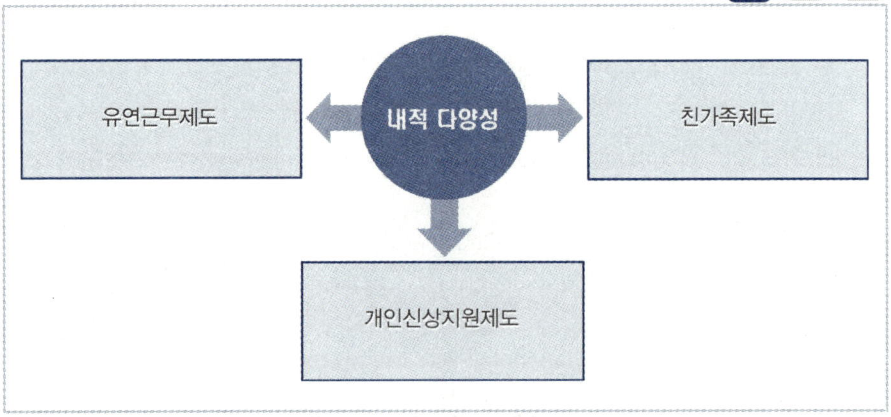

첫째, 유연근무제도(Flexible Workplace)는 조직 구성원 스스로 근무시간, 근무일수, 근무장소를 자유롭게 결정할 수 있는 제도를 의미한다. 따라서 유연근무제의 목표는 근무방식에 있어 개인의 자율성을 보장함으로써 업무효율을 증가시키고 일 이외의 삶의 영역에 할애할 수 있는 시간을 확보할 수 있도록 지원하는 것이다.

둘째, 친가족제도(Family Friendly Policy)는 출산장려 프로그램의 제공, 보육서비스 지원, 가족부양 지원 등과 같은 가족생활 지원제도를 의미한다. 따라서 친가족정책의 목표는 임신, 출산, 육아, 교육, 재정 등과 같은 가족의 기능을 유지하고 강화하기 위한 것이다.

셋째, 개인신상지원제도(Support for Individual Growth)는 교육훈련 프로그램의 제공, 자기개발 활동 및 문화생활 지원, 건강보조 프로그램 제도와 같은 개인발전 및 여가생활 지원제도를 의미한다. 따라서 개인신상지원 프로그램의 목표는 일의 영역에서 개인에게 요구되는 업무기술을 습득하거나 일과 가정 영역 모두에서 개인의 지속적인 성장과 발전을 위한 활동을 지원하는 것이다.

이처럼 일과 삶 균형 정책은 3개 제도를 중심으로 운영되는데 이중에서도 특히 공공 인적자원관리에서 가장 중점적으로 추진하는 제도는 유연근무제도이다. 심리적·문화적 특수성의 존중은 조직 구성원 스스로가 자신의 선호

에 따라 자신의 주어진 시간을 조직 생활과 일상 생활에 적정수준으로 분배하는 것을 지원하는 것에서 출발하기 때문이다.

이에 우리나라 공공조직에서 시행되고 있는 유연근무제를 구체적으로 살펴보면 다음과 같다. 중앙인사기관인 인사혁신처는 유연근무제의 유형을 시간제근무, 탄력근무제, 원격근무제 등 3개 형태로 구분하여 제시하고 있다 (<참고 6-1> 참조). 시간제근무는 주5일 하루 8시간 동안 근무하던 것을 시간 선택제 근무로 전환하여 1일 최소 3시간, 주당 15시간~25시간 범위 내에서 선택할 수 있도록 근무시간과 근무일수를 자유롭게 조정할 수 있도록 지원하는 제도이며, 탄력근무제는 주40시간 근무를 원칙으로 하되 출·퇴근 시간, 근무시간, 근무일수를 자유롭게 조정할 수 있도록 지원하는 제도이다. 원격근무제는 특정한 근무장소를 정하지 않고 정보통신망을 통해 업무를 수행하는 제도로 근무장소를 자유롭게 조정할 수 있도록 지원하는 제도를 의미한다.

참고 6-1 인사혁신처의 유연근무제 기본방침과 유형

▣ 유연근무제 기본방침

- 획일화된 공무원의 근무형태를 개인·업무·기관별 특성에 맞게 다양화해 일과 삶의 균형 및 공직생산성 향상을 높이는 데 기여
- 각급 행정기관장은 유연근무 이용자가 근무성적평정, 전보, 승진 등 인사상 불이익 처분을 받지 않도록 관리해 유연근무 이용자에 대한 불이익 금지
- 각 기관별 부서의 기능 및 개인별 업무성격 등을 종합적으로 고려해 기관의 특성에 맞는 범위 내에서 자율적으로 실시
- 유연근무제를 공무원의 권리로 인정해 적극 실시하되, 유연근무로 인해 행정서비스가 소홀해지지 않도록 대민업무에 만전

▣ 유연근무제 유형

- 시간선택제 전환근무
  : 통상적인 근무시간(주 40시간, 일 8시간) 동안 근무하던 공무원이 본인의 필요에 따라 시간선택제 근무를 신청해 근무

세부형태	활용방법
시간선택제 전환공무원(전일제공무원의 시간선택제 전환)	• 통상적인 근무시간(주 40시간, 일 8시간) 동안 근무하던 공무원이 본인의 필요에 따라 시간선택제 근무를 신청해 근무하는 제도('10년부터 시행 중) • 근무시간: 1일 최소 3시간 이상, 주당 15~25시간(별정직공무원 15~35시간) 근무
시간선택제 채용공무원(시간선택제 일반직공무원 채용/신규 도입)	• 능력과 근무의욕이 있으나 종일 근무는 곤란한 인재들에게 적합한 일자리로 근무시간을 선택해 근무하면서 정년이 보장되는 공무원('14년부터 채용) • 근무시간: 원칙적으로 주 20시간 근무 → 오전·오후·야간·격일제 가능
시간선택제 임기제 공무원	• 한시적인 사업 수행 또는 시간선택제 전환자의 업무대체를 위해 일시적으로 채용되는 공무원 • 근무시간: 1일 최소 3시간 이상, 주당 15~35시간 근무

• 탄력근무제
: 주 40시간 근무하되, 출·퇴근시각·근무시간·근무일을 자율 조정

세부형태	활용방법
시차 출퇴근형	• 1일 8시간 근무체제 유지 매일 같은 출근시각(07:00~10:00 선택) 요일마다 다른 출근시각(07:00~10:00 선택)
근무시간 선택형	• 1일 4~12시간 근무, 주 5일 근무
집약 근무형	• 1일 10~12시간 근무, 주 3.5~4일 근무
재량 근무형	• 출퇴근 의무 없이 프로젝트 수행으로 주 40시간 인정 * 고도의 전문적 지식과 기술이 필요해 업무수행 방법이나 시간배분을 담당자의 재량에 맡길 필요가 있는 분야

• 원격근무제
: 특정한 근무장소를 정하지 않고 정보통신망을 이용해 근무

세부형태	활용방법
재택 근무형	• 사무실이 아닌 자택에서 근무
스마트워크 근무형	• 자택 인근 스마트워크센터 등 별도 사무실에서 근무

자료: 인사혁신처(2016a)

특히 인사혁신처는 유연근무제의 세부 유형인 스마트워크 제도의 활용을 적극적으로 장려하고 있다. 스마트워크 제도는 우리나라가 OECD 국가 중 노동시간이 가장 긴 반면 상대적으로 노동생산성이 낮게 나타나 노동의 효율성 개선이 절실하다는 문제인식에서 출발하게 되었다. 특히 우리나라의 노동효율성 저하 문제의 원인으로 IT기반의 정보지식사회로의 시대적 변화에도 불구하고 여전히 우리의 업무방식이 사무실 중심의 산업시대에 머물러 있다는 점이 지적되었다.

그림 6-5 시간과 공간의 분리에 따른 스마트워크 유형

제도혁신 - 사람혁신 - 문화혁신

자료: 스마트워크(2016)

이에 정부는 노동의 효율성을 높이고 국민의 삶의 질을 개선시키기 위하여 스마트워트 제도를 도입하고 근무방식의 혁신을 도모하고 있다(김정언, 2010). 뿐만 아니라 스마트워크 제도는 스마트 IT 인프라 구축 및 활용을 통하여 국가 전반의 산업 경쟁력 및 부가가치를 제고하고 시간·장소에 구애받지 않는 업무환경 변화로 육아여성, 장애인 고령자 등 근로취약계층의 근무여건을 획기적으로 개선하는 데 기여할 수 있다는 측면에서 그 중요성을 살펴볼 수 있다. 또한, 출·퇴근 거리 감소 및 화상회의를 통한 원거리 출장 대

그림 6-6 스마트워크를 통한 일하는 방식의 변화

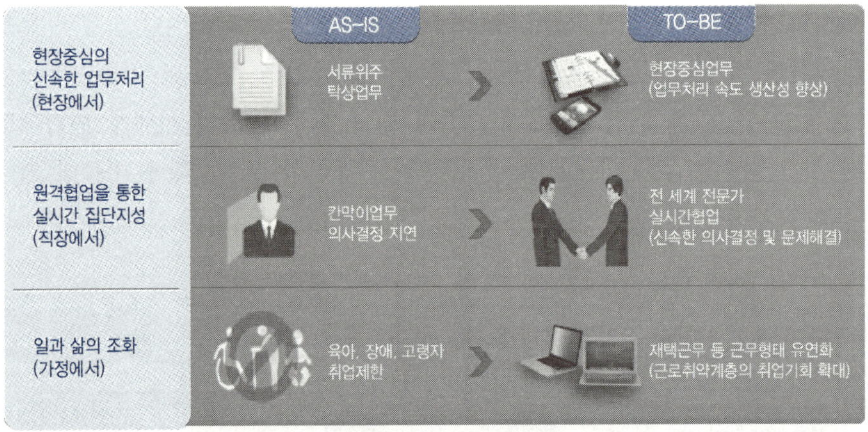

자료: 스마트워크(2016)

체로 교통·환경·에너지 등 사회간접 비용 및 불필요한 인적·물적 자원의 낭비를 막을 수 있을 것으로 전망된다(스마트워크센터, 2016).

2. 능률성의 이해

1) 개념적 이해

공공 인적자원관리 프로세스 중 우수인재활용 과정에서의 능률성(Efficiency)은 개인이 보유하고 있는 역량과 노력을 직무수행 과정에 투입할 때 이를 최대한 흡수하여 조직의 성과 향상이라는 최고의 산출을 유도할 수 있도록 합리적인 역량 관리 체계를 구축하려는 노력을 의미한다. 즉, 공공 인적자원관리 프로세스 중 우수인재활용 과정에서 능률성의 개념을 논의할 때 투입(Input)은 조직 구성원이 보유하고 있는 직무 역량(KSA: Knowledge, Skill, Ability)과 노력을 의미하고, 산출(Output)은 직무 성과 및 조직 성과를 의미한다.

우리나라의 공공 인적자원관리는 공직의 분류 기준을 "사람"에 두는 계급제(Rank-in-Person System)를 기반으로 운영되고 있기 때문에 공직의 분류 기준을 "직무"에 두는 직위분류제(Rank-in-Job System)와 달리 직무 특성이 아

닌 계급의 특성을 바탕으로 인적자원관리가 이루어진다. 이에 우리나라의 공공 인적자원관리는 개인에게 직무를 부여할 때 개인의 역량과 직무와의 일치 여부보다는 개인의 역량과 계급과의 일치 여부를 우선적으로 고려하기 때문에 직무가 요구하는 역량 수준과 개인의 역량 수준이 일치되지 않아 직무 성과가 저하되는 문제점이 지적되곤 했다. 뿐만 아니라 계급제는 일반행정가(Generalist)원리를 중심으로 운영되기 때문에 전문행정가(Specialist)의 부재라는 태생적 한계를 지니고 있다. 그러나 현대에는 행정환경의 다양성과 복잡성의 증대로 행정수요가 다변화되면서 공무원에게 전문적 문제 해결 능력을 요구하게 되었고 전문행정가의 부재로 인해 계급제는 이러한 행정수요에 적실하게 대응해 나가지 못해 행정 서비스의 질적 저하 문제를 야기하게 되었다.

이에 본서에서는 제도혁신의 발전적 차원에서 공공 인적자원관리 프로세스 중 우수인재활용 과정에서의 핵심 인사혁신 가치로서 능률성을 "개인의 역량과 노력에 상응하는 직무 성과를 도출하고 조직 구성원의 역량을 행정수요에 적실하게 활용할 수 있도록 지원하는 합리적인 역량 관리 체계 구축 노력"으로 정의하였다. 우수인재활용 과정의 핵심 인사혁신 가치로서 능률성의 중요성은 개인-직무 적합성의 향상 및 행정 서비스의 품질 향상이라는 측면에서 살펴볼 수 있다. 우선적으로 합리적인 역량 관리 체계 구축을 통해 조직 구성원에게 직무를 부여할 때 개인의 역량과 선호가 반영될 수 있도록 지원함으로써 개인-직무 적합성 향상에 기여할 수 있다는 측면에서 중요성을 살펴볼 수 있다. 개인-직무 적합성은 개인의 욕구수준과 선호, 교육 및 기술수준과 같은 역량이 직무가 요구하는 역량과 일치하는 정도를 의미한다(최보인 외, 2011). 직무가 요구하는 수준에 비해 개인의 역량이 월등히 높거나 낮은 경우 혹은 조직 구성원의 선호와 거리가 먼 직무를 부여받은 경우 이는 동기 및 직무만족을 저해하는 요소로 작용하기 때문에 이를 적정수준으로 관리하려는 노력은 직무 성과 향상을 위해 필수적이라 할 수 있다. 더불어 계급제 하에서 합리적인 역량 관리 체계 구축을 통해 전문행정가를 양성해 나감으로써 다변화된 행정 수요에 적절히 대응하여 행정 서비스의 품질 향상을 기대할 수 있다는 측면에서 그 중요성을 살펴볼 수 있다.

그림 6-7 우수인재활용 과정에서 능률성의 의의

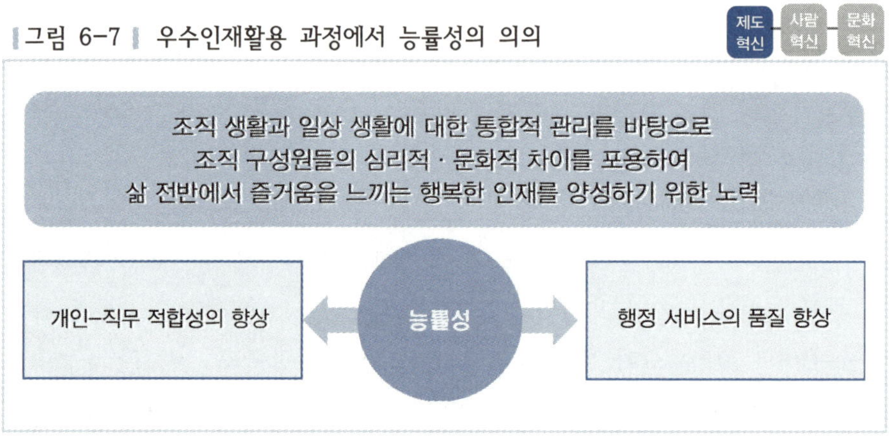

2) 정책적 이해

우리나라 공공 인적자원관리 프로세스 중 우수인재활용 과정에서 능률성이라는 인사혁신 가치를 담아내고자 하는 시도는 단기적 차원에서는 필수보직기간의 설정 및 전문직위군의 운영으로, 장기적 차원에서는 Y자형 경력개발제도(전문직제)의 구현 등으로 구체화되어 나타났다. 인사혁신처는 합리적인 역량관리 체계 구축을 통해 공직의 전문성과 행정의 대응성을 강화할 수 있다는 측면에서 해당 제도의 중요성을 설명하고 있다(인사혁신처, 2015a). 특히 필수보직기간은 직무수행의 기간 측면에서, 전문직위군은 직무의 내용 측면에서 접근한 직무 중심의 통제적 접근 방식인 반면 Y자형 경력개발제도는 조직 구성원의 역량과 선호를 고려한 사람 중심의 자율적 접근 방식이라는 측면에서 차이점을 발견할 수 있다.

특히 필수보직기간 및 Y자형 경력개발제도의 도입 배경은 여러 가지 측면에서 살펴볼 수 있는데 근본적인 이유는 전문행정가(Specialist) 양성의 필요성 측면에서 살펴볼 수 있다. 계급제를 기반으로 운영되는 우리나라 공공조직은 대부분 일반행정가(Generalist)로 구성되어 있어 행정의 전문성 및 대응성 저하 문제가 지속적으로 제기되어 왔다. 이에 계급제 하에서 전문행정가 양성을 위한 방안에 대해 다각적 측면에서 논의를 전개하였고, 그 결과 단기적인 해결책으로 전문행정가 양성의 걸림돌로 작용하고 있는 순환보직 문제

그림 6-8 우수인재활용 과정에서 능률성의 정책적 실현

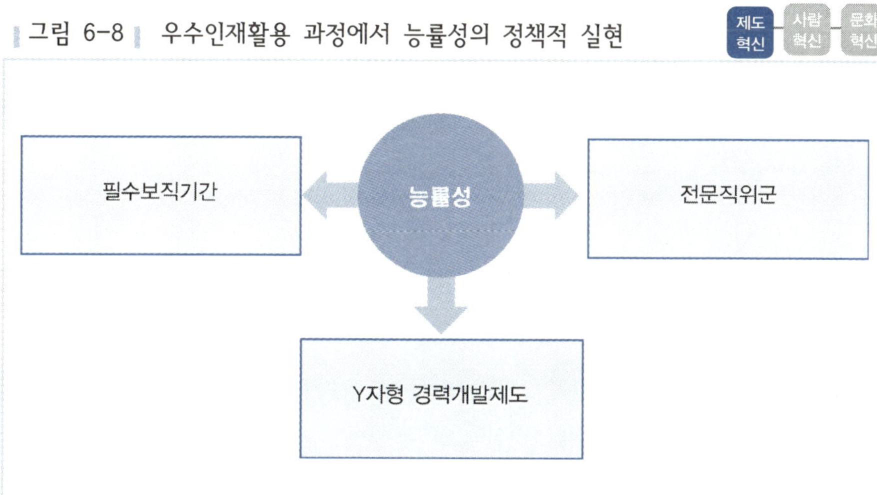

를 해결하기 위해 기존의 전보 제한 제도를 필수보직제로 확대 운영하게 되었고, 중장기적인 해결책으로 일반행정가와 전문행정가에 대한 인사관리 체계를 이원화 하는 Y자형 경력개발제도(전문직제)를 구축하게 되었다. 이를 구체적으로 살펴보면 다음과 같다.

(1) 필수보직기간

필수보직기간은 공무원이 한 직위에서 근무해야 하는 최소기간을 설정한 것으로 잦은 순환보직으로 인한 행정의 전문성 및 연속성 저하 문제를 해결하기 위해 기존의 전보제한 제도를 보다 강화하여 운영하게 되었다. 이에 일반 공무원의 필수보직기간은 기존의 2년에서 3년으로 확대되었으며 유사 직무 분야 순환근무 2년 이상, 다른 직무 분야 순환근무 3년 이상으로 설정하였다. 또한 고위공무원은 기존의 1년에서 2년으로, 과장급 공무원은 기존의 1년 6개월에서 2년으로 필수보직기간이 확대되었다. 특히 인사혁신처는 한 직위에서 필수보직기간 이상 근무한 공무원이 인사상의 우대를 받을 수 있도록 지속적으로 제도를 개선하고 있다.

이와 더불어 자의적 인사관리로 인해 필수보직기간의 운영 취지가 훼손되는 것을 사전에 방지하기 위해 전보제한 예외 규정을 구체적으로 명시하였

다. 이에 기존에는 '기관장이 특히 필요하다고 인정하는 경우' 전보 제한 기간 내에 전보가 가능하도록 규정하였지만, 필수보직기간 개정안에서는 '주요 국정 과제 또는 긴급 현안업무 수행', '인재육성계획에 따른 전보', '전문지식·능력 확보를 위해 특히 필요한 경우' 등으로 전보사유를 구체적으로 명시하였다.

(2) 전문직위군

전문직위군은 '국제통상', '원자력 안전', 'R&D 조정'과 같이 경험 및 지식 차원에서의 전문성을 요구하는 주요 직위에 공무원들이 장기간 근무할 수 있도록 지원하고 직위 유형별로 보직관리를 차별화하는 제도이다. 공공조직에서의 직위는 직무가 요구하는 전문성의 유형에 따라 전략적 전문성, 실무적 전문성, 기술적 전문성, 관리적 전문성 필요 직위 등 4개 유형으로 구분하여 살펴볼 수 있는데 이중 전략적 전문성을 요하는 전문직위군 제도를 적용하여 운영하고 있다(인사혁신처, 2016a).

이에 현재 전문직위군은 국제관계에서 국익을 확보해야 하는 분야, 국민의 생명·안전 및 생활과 직결되는 분야, 장기적 관점에서 국가 미래전략 수

표 6-1 전문성의 유형에 따른 직위 분류

구분	직위 분류	업무 특성
장기근무형	전략적 전문성	특정 분야에 대한 고도의 전문지식·정보 또는 정책적 판단력이 요구되고, 동일 직위 또는 업무분야에서 장기 재직이 필요한 분야
	실무적 전문성	해당 업무에 대한 실무 차원의 전문성 또는 기능적 숙련성이 요구되며, 동일 직위 또는 업무분야에서 장기 재직이 필요한 분야
순환근무형	기술적 전문성	특정 분야에 대한 고도의 기술적 전문성 등이 요구되어 민간의 우수한 기술 도입 등을 위해 민·관 간 교류가 필요한 분야
	관리적 전문성	다양한 업무경험 등을 통한 융·복합적 전문성 또는 관리적 전문성이 요구되어, 순환보직을 통한 인사관리가 필요한 분야

자료: 인사혁신처(2016a)

립과 성장 동력 발굴이 필요한 분야 등을 중심으로 운영된다(<참고 6-2> 참조). 특히 중앙행정기관 일반직 직위 중 전략적 전문성이 요구되어 장기 재직이 필요한 전문직위는 본부 정원 기준으로 약 2,378개(11.7%)이며 이는 43개의 전문직위군으로 범주화되어 차별화된 보직관리 체계를 적용받는다.

참고 6-2 전문직위군 지정 주요 분야

1) 국제통상(산업부, 무역투자·통상정책·통상교섭 등), 국제금융협력(기재부, 국제금융정책·국제금융협력·대외경제 등), 지식재산 국제협력(특허청, 산업재산보호협력·다자협력·산업재산정보협력 등), 대북협상(통일부, 남북회담본부·회담협력·정세분석 등)
2) 항공안전(국토부, 항공정책·항행안전·항공안전정책 등), 산재예방(산재예방보상·산업안전·산재예방지도 등), 재난안전(안행부, 재난관리·안전정책·비상대비 등), 해양안전(해수부, 해사안전·해사산업기술·해사안전시설 등), 먹거리안전(식약처, 식품안전·농축산물안전·식품영양안전 등), 원자력안전(원안위, 원자력안전·방사선방재·원자력통제 등), 복지재정(복지부, 연금정책·건강보험정책·기초생활보장 등)
3) 기초연구진흥(R&D: 미래부, 연구개발정책·연구공동체지원·우주원자력정책 등), 문화예술컨텐츠(문체부, 문화컨텐츠산업·저작권정책·문화정책 등), ICT(소프트웨어·정보보호·통신정책 등)

자료: 인사혁신처(2016a)

그림 6-9 전문직위군 제도의 적용을 받는 경우 5급 공채 사무관의 보직경로 예시

제도 혁신 | 사람 혁신 | 문화 혁신

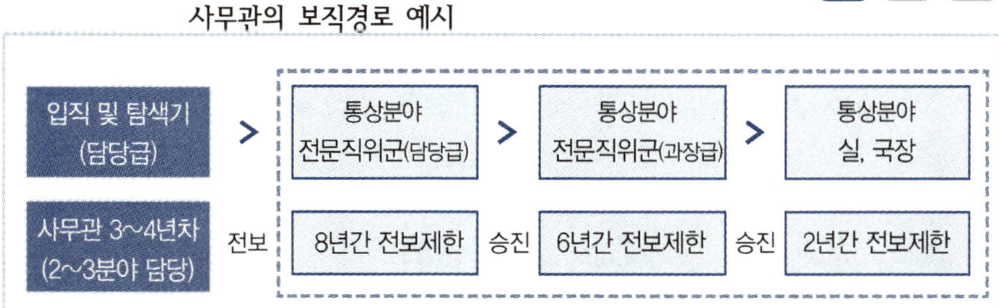

자료: 인사혁신처(2016a)

전문직위군 제도의 적용을 받게 되면 해당 직위를 전문직위로 지정하고, 동일 분야는 전문직위군으로 범주화하여, 전문직위는 4년, 전문직위군 내에서는 8년간의 전보를 제한하고 근무기간에 따라 수당 및 가점 등 인센티브를 차등 부여할 수 있다.

(3) Y자형 경력개발제도

Y자형 경력개발제도는 조직 구성원들의 경력경로를 다양한 분야의 관리능력을 배양하는 관리자형 경로와 특정 분야의 전문성을 배양하는 전문가형 경로로 이원화하여 운영하는 역량 관리 제도이다. 이에 조직 구성원은 약 3년~5년 간의 탐색기 이후에 자신의 선호 및 역량에 맞춰 다양한 경험을 통해 축적된 실용적 지식을 바탕으로 여러 방면에서 다양한 업무를 효과적으로 관리해 나갈 수 있는 관리자형(순환근무형) 경로와 특정 분야의 전문적 지식을 바탕으로 특정 분야의 업무를 장기간 수행하는 전문가형(장기근무형) 경로 중 하나를 선택할 수 있게 된다. Y자형 경력개발제도의 중요성은 두 가지 측면으로 구분하여 살펴볼 수 있다. 하나는 개인 맞춤형 역량관리제도의 운영을 통해 개인-직무 적합성 향상을 지원할 수 있다는 것이며, 다른 하나는 일반행정가와 전문행정가를 동시에 양성해 나갈 수 있다는 것이다.

그림 6-10 Y자형 경력개발제도

특히 Y자형 경력개발제도가 실효성 있는 역량 관리 제도로서 자리매김하기 위해서는 채용, 교육훈련, 승진 등의 인적자원관리 기능 간의 유기적 연계가 필요하다. 이에 인사혁신처는 관리자형 경로와 전문가형 경로 운영 시 서로 간의 보수 수준에서는 차별이 없도록 지원하는 한편 관리자형 인재의 경우 공채 시험 등을 통해 공직에 입직해 현재의 9급 체계의 적용을 받으며 순환근무를 바탕으로 다양한 경험을 쌓으며 고위공무원까지 승진할 수 있도록 지원하고, 전문가형 인재의 경우 승진에 얽매이지 않고 자신에게 적합한 특정 분야의 업무를 평생 동안 담당할 수 있는 환경을 제공하는 등 이원화된 인사관리체계를 구축할 것이라 밝혔다.

참고 6-3 뺑뺑이 인사가 가로막는 전문가 공무원

지난해 세월호, 올해 메르스 사태를 겪으며 우리나라 공무원의 전문성 문제가 또 다시 화두가 됐다. 공무원의 전문성 문제는 현 정부뿐만 아니라 과거 정부 때도 이슈였지만 좀처럼 개선되지 않고 있다. 미국은 2005년 허리케인 카트리나 사태를 겪은 후 '외양간을 확실히' 고쳤다.

당시 미 연방재난관리청(FEMA) 마이크 브라운 청장 등 최고위직 8명 중 5명이 재난관리와 무관한 '대선캠프' 출신이었다. 무능한 관료가 재난을 키웠다는 비난이 쏟아졌다. 플로리다 주 재난관리관을 역임한 크레이그 퓨게이트 신임 청장이 구원투수로 나서 재해대책을 진두지휘 중이다.

중국 역시 사스의 경험을 교훈삼아 메르스 확산을 막았다. '사스퇴치 영웅'으로 유명한 중난산(鐘南山) 교수를 중심으로 방역, 임상, 병원분야의 전문가를 전담팀에 배치해 신속히 대응한 결과였다.

반면, 우리나라의 경우 과거와 크게 달라진 것이 없는 것 같다. 언론 보도에 따르면 정부부처 고위공무원 중 한 자리에 1년 이상 근무한 공무원은 절반에 불과했고, 과장급도 62.7%가 규정을 어기고 자리를 옮겼다. '경력 관리용 뺑뺑이 인사'가 만연한 작금의 공직사회에서 '공무원의 전문성'을 언급하는 것 자체가 '연목구어'(緣木求魚)인 것이다.

공무원의 전문성은 공직사회의 시급한 당면과제다. 우리 정부의 효율성은 2011년 22위에서 올해 28위로 추락할 만큼 심각하지만 전문성과는 동떨어진 현재의 공직 인사시스템에서 정부 효율성은 기대하기 어렵다. 현재와 같은 '뺑뺑이 인사'와 연공·기

수 중심의 인사가 계속되는 한 공무원의 전문성은 요원하다. 조직성과 창출에서 가장 중요한 것은 사람이며, 구성원의 육성·개발, 보직 및 성과관리, 승계계획 수립 등 모든 인사의 과정이 전략적으로 설계·운영돼야 한다. 이의 실현을 위해 인사의 전문성이 선행돼야 함은 물론이다.

그러나 우리 정부의 인사 역량은 이에 미치지 못한다. 인사조직 전담부서가 설치된 부처는 손에 꼽을 정도고 대부분 '운영지원과'라는 부서에서 인사와 무관한 서무, 회계, 계약 등 각종 지원업무를 함께 수행하고 있다. 인사담당 전문인력이 부족하고 인적자원개발(HRD) 전담 인력을 두는 경우는 극히 드물다. 이러다보니 단순히 빈자리를 메꾸기 위해 한 사람이 움직이면 자리를 연쇄 이동하는 '돌려막기식 인사'가 반복된다. 각 부처가 가진 목표달성, 최고의 대국민 서비스에 가장 적합한 사람을 빈자리에 배치하고 그 후임을 긴 안목으로 육성하며 필요할 경우 민간 인재를 유치하려는 전략적 노력은 실종된 지 오래다. 더 심각한 것은 승진을 앞두고 소위 '좋은 자리'를 나눠 갖는 인사가 마치 정부 인사운영의 원칙인 양 인정되는 현실이다.

이러한 관행은 과거 단순한 행정환경 하에서 누구나 어떤 일도 잘해낼 수 있다는 '범용형 인재'에 적합한 인사방식이다. 우리가 직면한 글로벌 무한경쟁과 급속한 환경변화는 각 분야에서 전문성을 갖춘 '필요 인재', '핵심인재'에 대한 전략적 인사관리를 요구하고 있다.

이미 민간기업과 외국정부는 채용·배치·교육·승진 등 모든 인사 프로세스를 기업의 경영전략과 연계하는 전략적 인적자원관리(Strategic HR)방식으로 전환하고 있으며 인사부서 출신의 임원(Chief Human Resource Officer)도 배출하고 있다. 우리 공군은 인사를 주특기로 하는 인사행정 병과를 50년 이상 운영해 왔다. 육군은 지난해 인사행정 병과를 신설해 이 분야의 전문성을 높이고 있다.

이제 정부 인사도 성과 창출을 위한 전략적 기능을 수행하도록 바뀌어야 한다. 인사를 전담하는 조직과 전문 인력을 두는 것, 국민의 눈높이에 맞지 않은 인사관행을 없애는 것부터 시작이다.

세계 정부에 뒤떨어지지 않는 경쟁력 있는 정부, 반듯하게 일 잘하고 국민의 신뢰를 회복하는 공직사회를 만들라는 국민적 바람과 시대적 요구가 거세다. 우리 공직사회도 특정한 분야(適所)에 정통한 최적임자가 능력을 발휘(適材)할 수 있는 '전문화된 인사관리'를 통해 이러한 바람과 요구에 부응해야 할 것이다.(황서종 인사혁신처 차장)

자료: 이데일리(2015.12.17)

제3절 내적 다양성과 능률성 확보의 장벽

1. 내적 다양성 확보에 있어 주요 장벽

제도혁신의 발전적 차원에서 공공 인적자원관리 프로세스 중 우수인재활용 과정에서의 핵심 인사혁신 가치로서 내적 다양성은 조직 생활과 일상 생활에 대한 통합적 관리를 바탕으로 조직 구성원들의 심리적·문화적 차이를 포용하여 삶 전반에서 즐거움을 느끼는 행복한 인재를 양성하기 위한 노력으로 이해할 수 있다. 우리나라의 공공 인적자원관리에서 우수인재활용 과정에서 내적 다양성이라는 인사혁신 가치를 담아내고자 하는 시도는 일과 삶 균형(WLB)정책 등의 구현으로 구체화되어 나타났고 이는 개인적 차원에서는 직무만족을 향상시키고 조직적 차원에서는 조직 효과성을 향상시키며 사회적 차원에서는 삶의 질 향상에 기여할 수 있다는 측면에서 그 중요성을 살펴볼 수 있었다. 하지만 현재 일과 삶 균형 정책을 중심으로 공공 인적자원관리의 우수인재활용 과정에서 내적 다양성 확보를 위해 다양한 노력을 전개하고 있음에도 불구하고 작동 과정에서 내·외부적으로 존재하는 장벽으로 인해 이의 실질적 실현에 있어 한계에 직면하고 있다. 우수인재활용 과정에서의 내적 다양성 확보에 있어 혁신장벽으로 작용하는 요소들을 구체적으로 살펴보면 다음과 같다.

첫째, 우리나라의 공공 인적자원관리에서는 조직 효과성 향상에 있어 직무 만족, 일상생활의 질, 직장생활의 질 등 조직 구성원들의 정서적·심리적 요소의 가치가 평가절하 되어 있다. 이는 우리나라 공공조직의 문화가 집단문화, 위계문화, 유교문화의 특성을 내포하고 있다는 측면에서 그 원인을 찾아 볼 수 있다. 해당 문화는 개인이 추구하는 가치보다 조직이 추구하는 가치를 우선시 하는 특징을 갖고 있는데 이로 인해 우리나라의 공공 인적자원관리에서는 개인의 특수성을 고려하기보다는 조직의 미션과 목표를 중심으로 이에 최적화된 보편적 관리방식을 적용하고 있다.

둘째, 우리나라의 공공 인적자원관리에서는 개별 공무원의 삶의 질 향상을 지원하기 위해 체계적인 일과 삶 균형 정책을 구현하고 있으나 이러한 제도들이 조직 내에서 적극적으로 활용되지 못하고 있다. 일과 삶 균형 정책은 유연근무제도, 친가족제도, 개인신상지원제도 등 3가지 차원으로 구성되는데 공공 인적자원관리에서 가장 중점적으로 추진되는 제도는 유연근무제이다. 하지만 중앙행정기관과 지방행정기관 모두에서 이의 활용률이 낮게 나타나고 있으며, 낮은 활용률 중에서도 유연근무제 중 가장 소극적 제도라 할 수 있는 탄력근무제(주5일 및 1일 8시간 근무를 유지하면서 출·퇴근 시간만 자유롭게 조정)로 활용이 편중되어 있다.

2. 능률성 확보에 있어 주요 장벽

제도혁신의 발전적 차원에서 공공 인적자원관리 프로세스 중 우수인재활용 과정에서의 핵심 인사혁신 가치로서 능률성은 개인의 역량과 노력에 상응하는 직무 성과를 도출하고 조직 구성원의 역량을 행정수요에 적실하게 활용할 수 있도록 지원하는 합리적인 역량 관리 체계 구축 노력으로 이해할 수 있다. 우리나라의 공공 인적자원관리에서 우수인재활용 과정에서 능률성이라는 인사혁신 가치를 담아내고자 하는 시도는 필수보직기간의 운영, 전문직위군 지정, Y자형 경력개발제도의 도입 등으로 구체화되어 나타났고 이는 개인-직무 적합성의 향상 및 행정 서비스 품질 향상에 기여한다는 측면에서 그 중요성을 살펴볼 수 있었다. 하지만 현재 필수보직기간, 전문직위군, Y자형 경력개발제도 등을 중심으로 공공 인적자원관리의 우수인재활용 과정에서 능률성 확보를 위해 다양한 노력을 전개하고 있음에도 불구하고 작동 과정에서 내·외부적으로 존재하는 장벽으로 인해 이의 실질적 실현에 있어 한계에 직면하고 있다. 우수인재활용 과정에서의 능률성 확보에 있어 혁신장벽으로 작용하는 요소들을 구체적으로 살펴보면 다음과 같다.

첫째, 기존의 일반행정가 양성 중심의 공공 인적자원관리 체계 내에서 전문행정가 양성을 위해 새로운 제도를 도입하게 되면서 과도기적 상황에 처하게 되었다. 일반행정가에 대한 인사관리에서는 연공의 원리가 부분적으로 활용되는 반면 전문행정가에 대한 인사관리에서는 연공의 원리를 완전히 배제한 채 핵심 원리로서 직무역량과 직무성과를 택하고 있다. 이에 일반행정가 양성 중심의 계급제 하에서 전문행정가를 안정적으로 양성해 나가기 위해서는 모집·선발 및 평가·보상 등의 단계에서 일반행정가와는 다른 기준과 다른 방식의 적용을 필요로 한다. 그러나 현재 전문행정가 양성을 위한 차별화된 인적자원관리 체계가 완성되지 못해 과도기적 상황에 처하게 되면서 관리상의 혼란이 유발되고 있다.

둘째, 체계적인 경력 경로(Career Path) 설계를 지원하기 위한 시스템의 부재이다. 조직 구성원이 보유한 역량을 적실하게 활용하기 위해서는 개인 맞춤형 경력 경로의 설계가 필요하다. 이를 지원하기 위해서는 조직 내에서 직무관련정보, 인사평가정보, 승진 및 직무이동정보, 교육정보, 경력 상담 정보 등을 체계적으로 수집·활용할 수 있어야 하는데 현재까지 이를 지원할 수 있는 통합정보시스템의 구축이 이루어지지 않고 있는 실정이다. 뿐만 아니라 조직 구성원들이 자신이 관리자형에 적합한 인재인지, 전문가형에 적합한 인재인지를 판단하기 위해서는 자신의 역량과 특성을 탐색할 수 있는 기간과 이를 측정할 수 있는 도구가 제공되어야 하는데 현재는 탐색 기간만 제공하고 있을 뿐 이의 진단 도구는 개발되지 못한 상태이다.

그림 6-11 내적 다양성과 능률성 확보의 장벽

제도 혁신 - 사람 혁신 - 문화 혁신

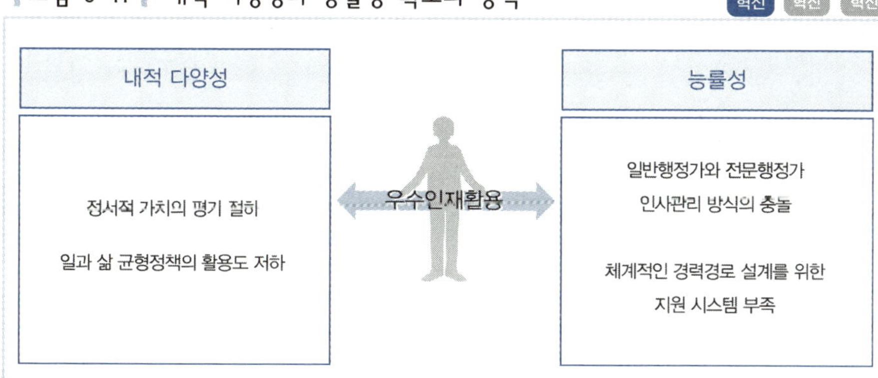

제4절 내적 다양성과 능률성 확보를 위한 전략

1. 내적 다양성 확보를 위한 주요 전략

우리나라 정부는 발전적 제도혁신을 위해 일과 삶 균형 정책을 중심으로 공공 인적자원관리 프로세스 중 우수인재활용 과정에서 내적 다양성이라는 핵심 인사혁신 가치를 실현하기 위한 다양한 노력을 전개하고 있다. 그러나 조직 효과성 향상에 있어 구성원들의 정서적·심리적 요소의 가치에 대한 평가 절차, 일과 삶 균형 정책의 제한적 활용 등 내적 다양성 실현에 있어 몇 가지 장벽이 존재하고 있음을 확인할 수 있었다. 이에 이러한 장벽을 극복하고 제도혁신의 발전적 차원에서 우수인재활용 과정에서의 핵심 인사혁신 가치인 내적 다양성을 적극적으로 실현하기 위한 혁신 전략을 논의하면 다음과 같다.

첫째, 조직 효과성 향상에 있어 조직 구성원들의 정서적·심리적 요소의 중요성을 검토하고 이를 인적자원관리체계 전반에 담아낼 필요가 있다. 과거에는 조직 구성원의 정서적·심리적 요소에 대한 연구를 수행할 때 논의의 범위를 조직으로 한정하여 직무 만족, 조직 몰입의 역할을 규명하는데 중점을 두었다. 그러나 최근에는 기존의 조직 중심 접근 방식을 확장하여 일상생활의 질, 직장생활의 질 등을 통합적으로 고려하여 조직 구성원들의 정서적·심리적 특성을 이해하고 있다. 공공 인적자원관리에 있어 정서적·심리적 요소의 중요성은 학문적·실무적 차원 모두에서 검증이 완료된 상황이므로 공공 인적자원관리의 접근 방식을 조직의 미션과 목표를 중심으로 보편적 관리가 이루어지는 하향식(Top-Down) 접근 방식에서 개인의 특성, 선호, 역량 등을 고려하고 이를 토대로 관리 전략을 수립하는 상향식(Bottom-Up) 접근 방식으로 전환할 필요가 있다.

둘째, 일과 삶 균형 정책의 활용을 장려하기 위해 문화적·제도적 차원의 개선 노력이 수반되어야 한다. 무엇보다 일과 삶 균형 정책이 적극적으로 활용되기 위해서는 최고관리자와 중간관리자의 역할이 중요하므로 조직의 리더를 대상으로 해당 제도의 유용성에 관한 교육·훈련을 진행하고 리더가 중심이 되어 조직 구성원들에게 해당 제도를 적극적으로 홍보하고 이의 활용을 장려하여 자율적인 조직문화를 형성해야 한다. 이와 더불어 일과 삶 균형 정책을 활용하고자 하는 조직 구성원이 심리적 부담감을 느끼지 않도록 정책의 활용으로 인해 업무상의 공백이 발생할 경우 적시에 대체인력의 투입이 이루어질 수 있도록 지원해야 한다.

2. 능률성 확보를 위한 주요 전략

우리나라 정부는 발전적 제도혁신을 위해 필수보직기간의 운영, 전문직위군 지정, Y자형 경력개발제도 등을 중심으로 공공 인적자원관리 프로세스 중 우수인재활용 과정에서 능률성이라는 핵심 인사혁신 가치를 실현하기 위한 다양한 노력을 전개하고 있다. 그러나 전문행정가의 특성을 반영한 차별화된 인적자원관리 체계의 부재, 경력경로 설계를 지원하기 위한 시스템의 부재 등 능률성 실현에 있어 몇 가지 장벽이 존재하고 있음을 확인할 수 있었다. 이에 이러한 장벽을 극복하고 제도혁신의 발전적 차원에서 우수인재활용 과정에서의 핵심 인사혁신 가치인 능률성을 적극적으로 실현하기 위한 혁신 전략을 논의하면 다음과 같다.

첫째, 계급제를 기반으로 운영되고 있는 우리나라 공공 인적자원관리 체계 하에서 전문행정가를 안정적으로 양성해 나가기 위해서는 일반행정가 양성에 적합한 현행 인적자원관리 체계와는 차별화된 별도의 인사관리체계를 구축할 필요가 있다. 특정 직무 역량을 갖추고 있는 인재를 확보하기 위한 별도의 모집·선발 체계를 확립해야 하며, 연공적 요소를 완전히 배제한 직무성과 중심의 평가·보상체계를 구축해야 한다. 단 일반행정가형 인재와 전문행정가형 인재에 대한 인적자원관리 체계를 차별화 할 경우 인사관리에 있어 인재 유형 간 차등이 발생하지 않도록 유의해야 한다.

둘째, 경력개발제도의 과학적 운영을 지원할 수 있는 통합인사정보시스템을 구축하고 역량 진단 도구를 제공해야 한다. 특히 통합인사정보시스템은 구성원들이 자신의 경력욕구를 표현하고 상담할 수 있게 하는 경력개발 촉진제의 역할을 담당할 수 있도록 구축되어야 한다. 이와 더불어 Y자형 경력개발제도가 공공조직 내에 효과적으로 정착되기 위해서는 관리자형 경로와 전문가형 경로를 선택하는 데 있어 개인의 역량과 특성에 대한 과학적 진단이 무엇보다 중요하므로 이를 진단할 수 있는 표준화된 도구를 개발하여 제공해야 한다. 이러한 노력을 바탕으로 조직 구성원은 조직 전체의 상황, 목표와 함께 자신의 역량을 종합적으로 고려하여 현실적이며 타당한 경력목표를 설정하고 맞춤형 경력경로를 설계해 나갈 수 있을 것이며 조직구성원의 역량을 적재적소에 활용함으로써 업무 성과 및 조직 성과 향상을 기대할 수 있을 것이다.

그림 6-12 내적 다양성과 능률성 확보를 위한 전략

제도혁신 사람혁신 문화혁신

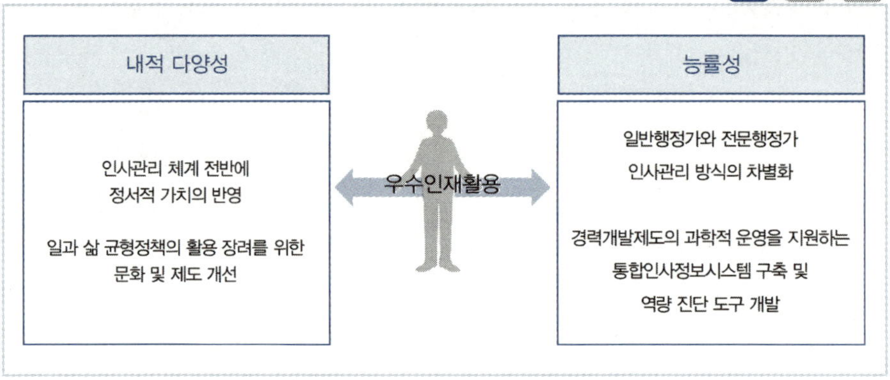

토론 문제

다음 질문에 대해 함께 토론해 보세요.

1. 우리나라 공공 인적자원관리의 우수인재활용 과정에서는 내적 다양성을 확보하기 위해 일과 삶 균형 정책을 구현하고 있다. 그러나 실제 우리나라 공공조직에서는 일과 삶 균형 정책의 활용 수준이 다소 낮은 실정이다. 공공조직 내에서 일과 삶 균형 정책이 적극적으로 활용되기 위해 개인적·조직적 차원에서 보완되어야 할 요소에 대해 논의해보자.

2. 우리나라 공공 인적자원관리의 우수인재활용 과정에서는 능률성을 확보하기 위해 Y자형 경력개발제도를 구현하고 있다. 그러나 일부에서는 'Y자형 경력개발제도'가 민간조직에서 개발된 제도이기 때문에 공공조직에 적합하지 않을 것이라 우려하고 있다. 기존의 'Z자형 경력개발제도'와 최근의 'Y자형 경력개발제도'의 장·단점에 대해 논의하고 우리나라 공공 인적자원관리에 있어 보다 적합한 경력개발제도는 무엇인지에 대해 논의해보자.

3. 우리나라 공공 인적자원관리에 있어 1) 계급제와 정합성이 높은 일반행정가와 2) 직위분류제와 정합성이 높은 전문행정가를 동시에 포용하여 관리할 수 있는 방안에 대해 논의해보자.

제7장

제도혁신의 발전적 차원:
핵심인재평가

제7장 제도혁신의 발전적 차원: 핵심인재평가

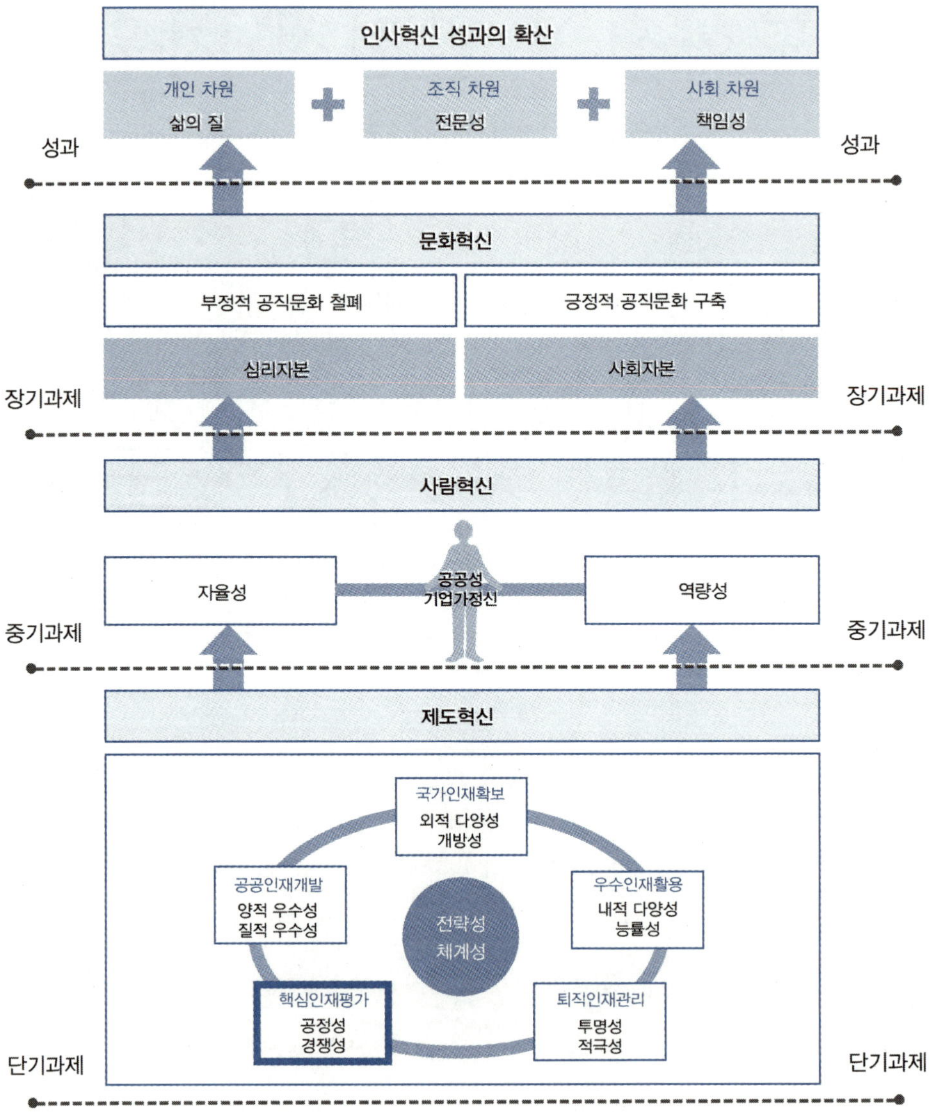

개 요

☞ 공정성

핵심 인사혁신 가치로서 공정성의 의의	
평가체계의 도구적·내용적 타당성 확보를 통해 조직 구성원들의 노력과 실적을 정확히 평가하고 이에 합당한 보상이 이루어질 수 있도록 지원하기 위한 노력	
혁신 장벽	**혁신 전략**
평정 요소의 타당성 저하	평가보상체계 운영에 있어 직급별 차별화를 강화하고 평정 항목을 구체화
직무분석의 체계성 결여	과학적 직무분석을 바탕으로 한국적 맥락을 고려한 표준 성과모델 개발

☞ 경쟁성

핵심 인사혁신 가치로서 경쟁성의 의의	
온정주의, 연공서열, 보직우선 관행 등을 탈피하고 직무 성과 중심의 핵심인재평가 체계의 운영을 통해 공공 인적자원관리 체계에 실적주의와 성과주의 문화를 확립하기 위한 노력	
혁신 장벽	**혁신 전략**
온정주의적 조직문화	실적주의 및 성과주의 확립을 위한 교육훈련
보수결정에 있어 비실적적 요소 반영	실적급으로의 전환

핵심 용어
핵심인재평가, 공정성, 경쟁성, 근무성적평정, 고성과자 특별 우대 제도, 저성과자 특별 관리 제도

제1절 핵심인재평가 과정에서 인사혁신의 이해

1. 핵심인재평가 과정의 이해[1)]

공공 인적자원관리 프로세스 중 핵심인재평가 과정은 조직 구성원들에게 요구되는 핵심 역량을 중심으로 직무수행 실적 및 성과를 평가하고 이에 상응하는 적정 수준의 금전적·비금전적 보상을 제공하는 과정을 의미한다. 이에 핵심인재평가 과정은 평가·보상 기능을 포괄하게 된다. 구체적으로 평가(Evaluation)는 조직 구성원이 수행한 직무의 성과가 어느 정도인지를 평가하고 이를 관리하는 활동이다. 공공 인적자원관리에서 평가의 범위는 인적자원관리 체계 전체를 포함시켜 이해할 수도 있으나 인적자원에 초점을 두고 확보, 개발, 유지·활용, 평가·보상이라는 일련의 관리과정 측면에서 이해할 때에는 조직 구성원 개인의 근무실적이 주된 평가의 대상이 된다. 따라서 평가의 핵심은 근무성적평가라 할 수 있다. 개별 공무원을 대상으로 평가를 진행하는 근무성적평가는 '근무성적평정'이라고 불리는데 근무성적평정은 행위의 결과 측면인 실적만을 평가의 대상으로 한정하지 않고 원인 혹은 과정 측면에서 능력이나 노력, 태도까지도 포함한다.

다음으로 보상(Compensation)은 개인의 역량을 활용한 대가로 조직 구성원들의 노력에 상응하는 대가를 제공하는 활동이다. 보상은 금전적 보상과 명예·권력·승진·능력발전기회·상훈·근무환경 개선과 같은 비금전적 보상으로 구분하여 살펴볼 수 있다. 그러나 비금전적 보상은 금전적 보상에 대한 보완적 역할을 하는 것일 뿐 기본적인 보상의 기능은 금전적 보상이 담당한다. 조직이 조직 구성원에게 제공하는 금전적 보상은 직접보상과 간접보상으로 구분할 수 있다. 직접보상은 공무원에게 직접적으로 금전적 지급이 이루어지는 것으로 봉급, 수당, 상여금과 같은 보수가 이에 해당한다. 반면 간접보상은 공무원 본인에게 직접적으로 금전적 지급이 이루어지는 것은 아니지

1) 해당 내용은 저자가 유민봉·박성민(2014)의 <한국인사행정론(박영사, 2014)>에서 제시했던 내용을 본서의 구조에 맞추어 재구성하고 수정·보완한 것이다.

만 연금, 의료보험, 주택지원, 금융공제, 유급휴가 등과 같이 공무원에게 부가적인 편익을 제공하는 것이다. 특히 보수의 수준이 민간조직에 비해 상대적으로 낮은 공공조직에서는 이러한 간접보상의 제공을 통해 공무원에게 심리적 안정을 부여하여 직무에 전념하게 함으로써 직업공무원제 확립에 기여한다는 측면에서 중요한 의미를 갖는다.

공공 인적자원관리 프로세스 중 평가 과정은 인적자원의 역량과 인적자원관리 체계의 타당성을 진단하고 이를 발전시키기 위한 유용한 정보를 환류한다는 측면에서 그 중요성을 살펴볼 수 있다. 모집·선발 과정을 통해 인적자원을 확보하고 교육·훈련을 통해 인적자원을 개발하며 동기 및 역량 관리를 통해 인적자원을 유지·활용하는 활동 모두 궁극적으로 직무수행 성과와 조직의 성과를 향상시키기 위해 행해지므로 이러한 활동이 마무리되면 조직 구성원의 직무수행 결과가 조직의 성과에 기여하였는가에 대해 평가하는 과정이 필요하다. 이에 조직 구성원들의 직무수행 실적 및 성과를 평가하여 개인 및 조직적 차원에 이 결과를 환류함으로써 개인적 차원에서는 자신의 역량에 대해 진단하고 보완이 필요한 부분에 대해 교육·훈련을 진행할 수 있으며 조직적 차원에서는 모집·선발, 교육·훈련, 유지·활용 등 인적자원관리 체계의 합리성을 진단하여 이를 개선해 나갈 수 있게 된다. 뿐만 아니라 공공 인적자원관리 프로세스 중 보상 과정은 조직 구성원들에게 합당한 보상을

그림 7-1 핵심인재평가 과정의 이해

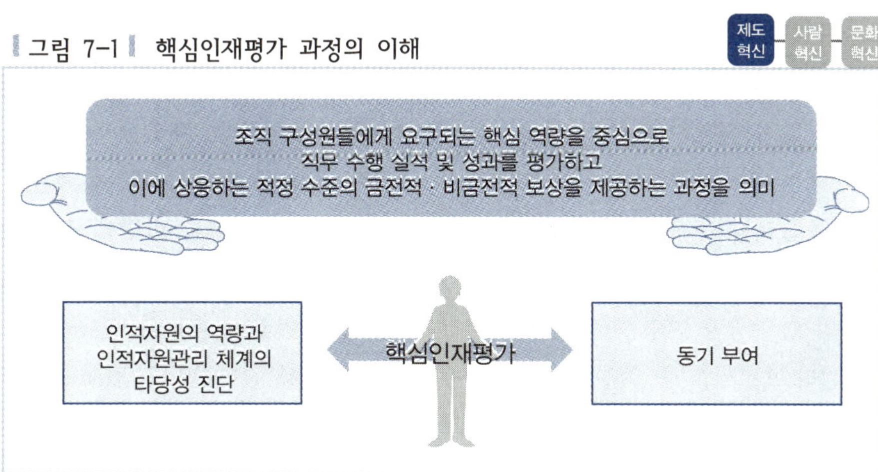

제공함으로써 조직 구성원들로 하여금 헌신적인 직무 태도를 이끌어 낼 수 있으며 이러한 동기부여 측면 이외에도 우수인력의 채용과 유지, 국가예산관리, 공무원의 생계유지 및 소득증대 등 다양한 측면에서 그 중요성을 살펴볼 수 있다. 이에 핵심인재평가 체계를 보다 나은 방향으로 발전시키기 위한 혁신 노력은 발전적 제도혁신을 위해 필수적이라 할 수 있다.

2. 핵심인재평가 과정에서의 혁신 과제

공공 인적자원관리 프로세스 중 핵심인재평가 과정은 인적자원의 역량과 인적자원관리 체계의 타당성을 진단하고 이를 발전시키기 위한 유용한 정보를 환류하며 조직 구성원들에게 합당한 보상을 제공하여 헌신적인 직무태도를 이끌어낼 수 있다는 측면에서 그 중요성을 살펴볼 수 있다. 이에 핵심인재평가 체계를 보다 나은 방향으로 발전시키기 위한 혁신 노력은 발전적 제도혁신을 위해 필수적이라 할 수 있다. 우리나라 공공 인적자원관리에서도 핵심인재평가 체계를 발전시키기 위해 다양한 노력을 전개하고 있는데 이러한 노력들이 사회적 변화와 사회적 수요를 적실하게 담아내기 위해서는 해당 체계가 당면하고 있는 환경적 특성을 고려할 필요가 있다.

이에 본서에서는 SWOT 분석을 통해 공공 인적자원관리 프로세스 중 핵심인재평가 과정의 내·외부적 환경을 이해하고 이를 토대로 혁신의 방향을 도출하였다. 이러한 분석을 통해 혁신 과정에서 내부적 차원의 강점 요인과 외부적 차원의 기회 요인을 효과적으로 활용해 나갈 수 있을 것이며 내부적 차원의 약점 요인과 외부적 차원의 위협 요인에 선제적으로 대응해 나감으로써 보다 발전적인 핵심인재평가 체계의 구축이 가능해 질 것이다. 궁극적으로는 종합적 시각에서 진행된 내·외부 환경 분석 프로세스를 바탕으로 사회적 변화와 사회적 수요를 적실하게 담아낸 혁신의 방향을 설정함으로써 혁신 활동의 당위성과 타당성을 확보해 나갈 수 있을 것이라 기대된다. 공공 인적자원관리 프로세스 중 핵심인재평가 활동과 관련된 내부적 차원의 강점(Strengths) 및 약점(Weaknesses) 요인과 외부적 차원의 기회(Opportunities) 및 위협(Threats) 요인을 살펴보면 다음과 같다.

첫째, 내부적 차원의 강점(Strengths) 요인으로는 체계화된 핵심인재평가 체계를 구축하고 있다는 점을 살펴볼 수 있다. 우리나라는 공공 인적자원관리에서는 핵심인재평가 체계 운영 과정에서 적용대상을 고위공무원단, 과장급 공무원, 5급 이하 공무원 등으로 세분화하고 대상별 차별화된 핵심인재평가 체계를 구축하고 있다. 특히 평가의 경우 대상에 따라 평가의 방식과 활용되는 도구들을 차별화함으로써 평가체계의 타당성을 확보하기 위해 지속적으로 노력하고 있다.

둘째, 내부적 차원의 약점(Weaknesses) 요인으로 우리나라의 공공 인적자원관리가 계급제를 기반으로 운영되고 있다는 점을 살펴볼 수 있다. 공직의 분류기준을 직무에 두는 직위분류제와 달리 계급제는 공직의 분류 기준을 사람에 두기 때문에 실적 및 성과 중심의 평가를 어렵게 만들고 보수와 업무부담의 형평성 확보를 어렵게 만들어 실적주의 확립을 저해하는 요소로 작용하고 있다.

셋째, 외부적 차원의 기회(Opportunities) 요인으로는 성과주의 문화의 확산을 살펴볼 수 있다. 국내와 국외, 공공과 민간을 막론하고 실적과 성과중심의 인사관리에 대한 중요성이 지속적으로 강조되면서 이를 실현하기 위해 다양한 제도들이 구현되고 있다. 특히 우리나라 공공 인적자원관리에서는 보수구조 개편을 통해 성과주의 문화를 정착시키고자 시도하고 있는데 먼저 이를 도입하여 운영하고 있는 다수의 국외·민간 사례를 다각적으로 검토하여 부작용을 최소화할 수 있는 최적의 제도를 구현할 수 있을 것이라 생각된다.

넷째, 외부적 차원의 위협(Threats) 요인으로 유교 문화권의 특성을 살펴볼 수 있다. 우리나라 공공 인적자원관리에서는 직무 성과 중심의 평가체계와 인센티브 체계를 구현하여 운영하고 있지만 유교 문화권 특성의 영향으로 인해 실제 평가체계와 인센티브 체계의 작동에 있어 연공서열 및 온정주의적 요소가 반영되고 있다. 이에 이러한 문화적 특수성이 실적주의의 확립을 저해하고 있다는 비판이 지속적으로 제기되고 있다.

공공 인적자원관리 프로세스 중 핵심인재평가 활동과 관련된 SWOT 분석 내용을 종합해 볼 때 핵심인재평가 과정에서 인사혁신의 방향은 실적주의의 확립을 통해 구성원 간 선의의 경쟁을 촉진하기 위해 개인의 직무 실적과 성과를 정확하게 측정하고 이를 토대로 보상이 제공될 수 있도록 설정되어야 함을 확인할 수 있었다. 이를 바탕으로 본서에서는 공공 인적자원관리 프로세스 중 핵심인재평가 과정의 핵심 인사혁신 가치로서 공정성과 경쟁성을 제시하였다. 공정성은 평가체계의 도구적·내용적 타당성 확보를 통해 조직 구성원들의 노력과 실적을 정확히 평가하고 이에 합당한 보상이 이루어질 수 있도록 지원하기 위한 노력을 의미하며 경쟁성은 온정주의, 연공서열, 보직우선 관행 등을 탈피하고 직무 성과 중심의 핵심인재평가 체계의 운영을 통해 공공 인적자원관리 체계에 실적주의와 성과주의 문화를 확립하기 위한 노

그림 7-2 핵심인재평가 과정에서의 혁신과제

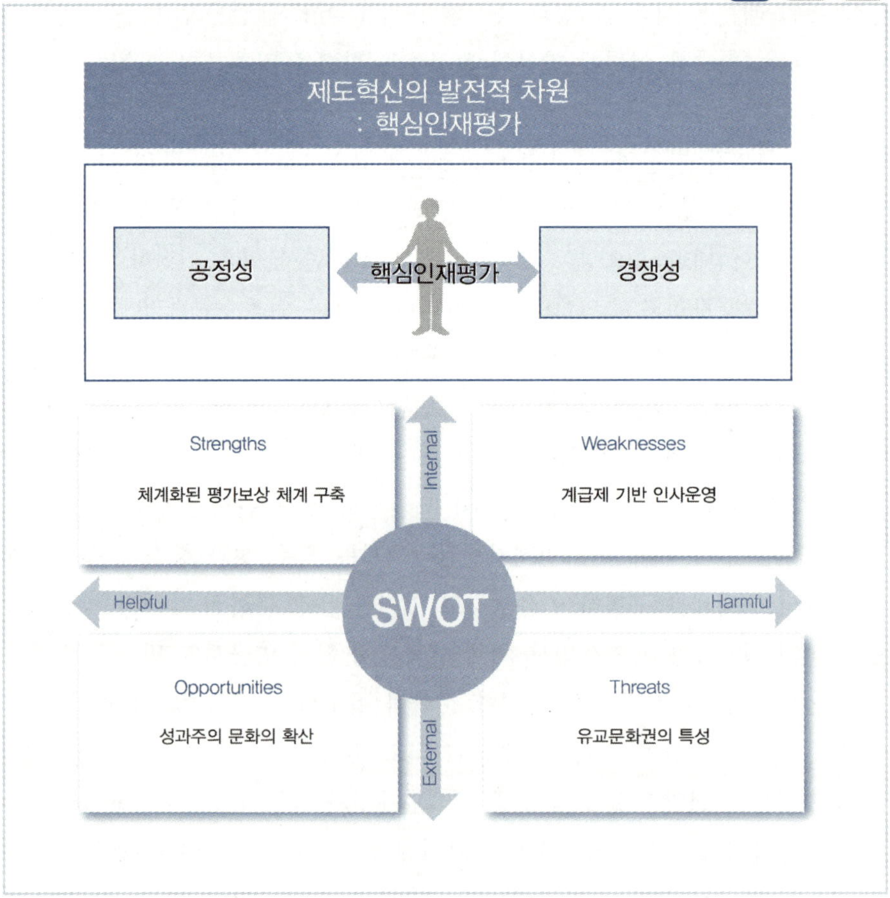

력을 의미한다.

제2절 핵심 인사혁신 가치로서 공정성과 경쟁성

1. 공정성의 이해

1) 개념적 이해

공공 인적자원관리 프로세스 중 핵심인재평가 과정에서의 공정성(Fairness)은 조직 구성원의 근무 실적에 대한 평가 및 보상이 객관적이고 합리적으로 이루어져야 함을 의미한다. 다시 말해 핵심인재평가 과정에서의 공정성은 조직 구성원 스스로 자신이 조직에 기여했다고 생각하는 바에 상응하는 평가를 받고, 이에 합당한 보상을 받도록 지원하는 활동을 의미한다(Homans, 1961; Moorman, 1991).

특히 핵심인재평가 과정에서 이러한 공정성의 개념은 절차적 공정성과 분배적 공정성 등으로 구분하여 살펴볼 수 있다(Greenberg, 1990). 절차적 공정성은 자신의 실적에 대한 평가와 이러한 실적에 대한 보상이 공정한 절차에 의해 합당하게 이루어졌다고 지각하는 정도를 의미하고 분배의 공정성은 자신이 조직에 대한 헌신과 노력으로 도출한 성과에 대해 적절한 보상(임금, 승진 등)이 이루어졌다고 지각하는 정도를 의미한다. 이에 핵심인재평가 과정에서의 절차적·분배적 공정성은 평가체계의 도구적·내용적 타당성 확보 및 보상 수준의 합리성 확보를 통해 달성할 수 있게 된다.

이에 본서에서는 제도혁신의 발전적 차원에서 공공 인적자원관리의 프로세스 중 핵심인재평가 과정에서의 핵심 인사혁신 가치로서 공정성을 "평가체계의 도구적·내용적 타당성 확보를 통해 조직 구성원들의 노력과 실적을 정확히 평가하고 이에 합당한 보상이 이루어질 수 있도록 지원하기 위한 노력"으로 정의하였다. 핵심인재평가 과정의 핵심 인사혁신 가치로서 공정성의 중요성은 동기를 부여하고 긍정적인 행태를 유발한다는 측면에서 그 중요성을 살펴볼 수 있다. 특히 Adams(1963)는 공정성 이론(Equity Theory)을 토대로 평가 및 보상체계의 운영에 있어 공정성을 실현하는 것이 조직 구성원의 동기 관리 측면에서 매우 중요함을 설명하고 있다. 공정성 이론은 조직 내에서 개인이 타인과의 비교를 통해 자신이 얼마만큼 공정하게 다루어지고 있는지 인식하는 정도에 따라 동기부여 수준이 달라질 수 있다는 전제를 기초로 한다(Adams, 1963; 유민봉·임도빈, 2007). 즉, 자신의 투입 대비 산출의 비율과 타인의 투입 대비 산출의 비율에 대한 상대적 평가 결과에 따라 공정성 혹은 불공정성을 지각하게 되고 이에 따라 개인의 만족도와 행동이 결정된다고 본다. 여기서 투입은 직무수행 과정에서 개인이 기여하게 되는 지식, 기술, 능력, 시간, 노력 등을 의미하며 산출은 직무수행 결과로서 얻게 되는 보수, 승진, 성취감 등을 의미한다. 타인과의 비교를 통해 개인이 공정성을 느끼게 되면 높은 수준의 만족감을 느끼게 되어 보다 높은 동기가 부여되는 반면, 불공정성을 느끼게 되면 투입하는 노력의 양을 줄이거나 극단적인 경우 조직을 떠날 수 있다고 설명하고 있다. 따라서 조직 구성원들의 노력에 대해 타당한 평가체계를 기반으로 합리적인 보상을 제공하는 것은 일차적으로 조직 구성원들의 동기 수준에 직접적인 영향을 미치게 되고 이러한 동기부여를 매개로 조직 몰입, 이직 의도, 조직시민행동과 같은 긍정적 행태를 유발한다는 측면에서 그 중요성을 살펴볼 수 있다(이철기·이동진, 2012; 김미선·박성수, 2013; Cohen-Charash & Spector, 2001; Colquitt et al., 2001).

그림 7-3 핵심인재평가 과정에서 공정성의 의의

제도혁신 사람혁신 문화혁신

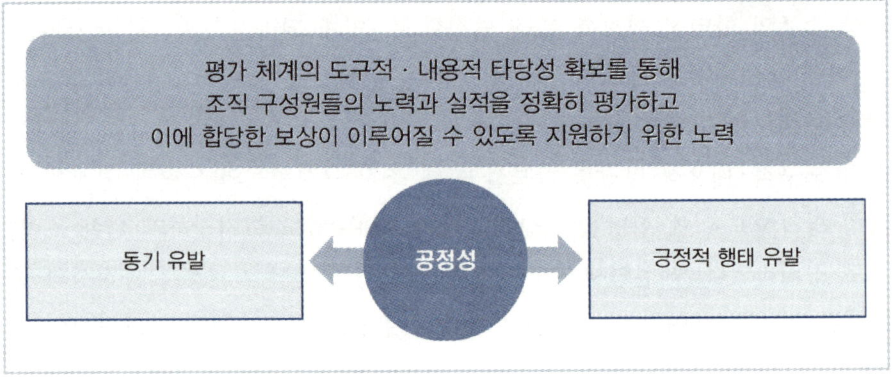

2) 정책적 이해[2)]

우리나라 공공 인적자원관리 프로세스 중 핵심인재평가 과정에서 공정성이라는 인사혁신 가치를 담아내고자 하는 시도는 직급별로 차별화되고 잘 구조화된 핵심인재평가 체계의 운영 노력으로 구체화되어 나타난다. 이를 구체적으로 살펴보면 다음과 같다(<그림 7-4> 참조).

그림 7-4 핵심인재평가 과정에서 공정성의 정책적 실현

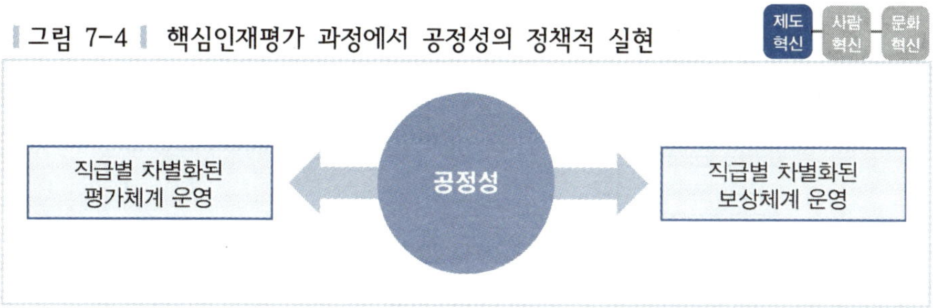

(1) 평가체계 측면의 공정성 확보

우리나라 공공 인적자원관리에서는 공무원 근무성적평정 체계를 직급별로 차별화하고, 구조화된 도구를 활용하고 있다. 구체적으로 우리나라 공공 인적자원관리에서 근무성적평정은 고위공무원을 포함한 4급 이상 공무원에게는 성과계약중심의 평가를 실시하고, 5급 이하 공무원에게는 근무성적평가를 실시한다. 특히 평가의 객관성과 합리성을 향상시키기 위해 평정 유형별로 평정 내용 및 평정 방법을 차별화 하는 등 다각적 노력을 전개하고 있다.

고위공무원을 포함한 4급 이상 공무원에게 실시하는 성과계약중심의 평가는 평가자와 평가대상자가 성과계약을 맺고 목표달성도를 평가하는 것으로 직무성과에 평가의 초점을 맞춘다. 반면 5급 이하 공무원에게 실시하는 근무성적평가에서는 근무실적과 함께 직무수행능력과 태도 요소를 포함시키고 있다. 성과계약중심평가는 목표관리제 평정법을, 그리고 근무성적평가에서는 도표식 평정척도법을 기본 평정방법으로 삼고 있으며 여기에 자기평정

2) 해당 내용은 저자가 유민봉·박성민(2014)의 <한국인사행정론(박영사, 2014: 595-628)>에서 제시했던 내용을 본서의 구조에 맞추어 재구성한 것이다.

법, 다면평정법, 서술법, 가점법, 강제배분법을 보완적으로 활용하고 있다. 4급 이상 공무원 대상의 성과평가와 5급 이하 공무원의 성과평가 제도를 구체적으로 살펴보면 다음과 같다.

그림 7-5 우리나라 공무원의 근무성적평정

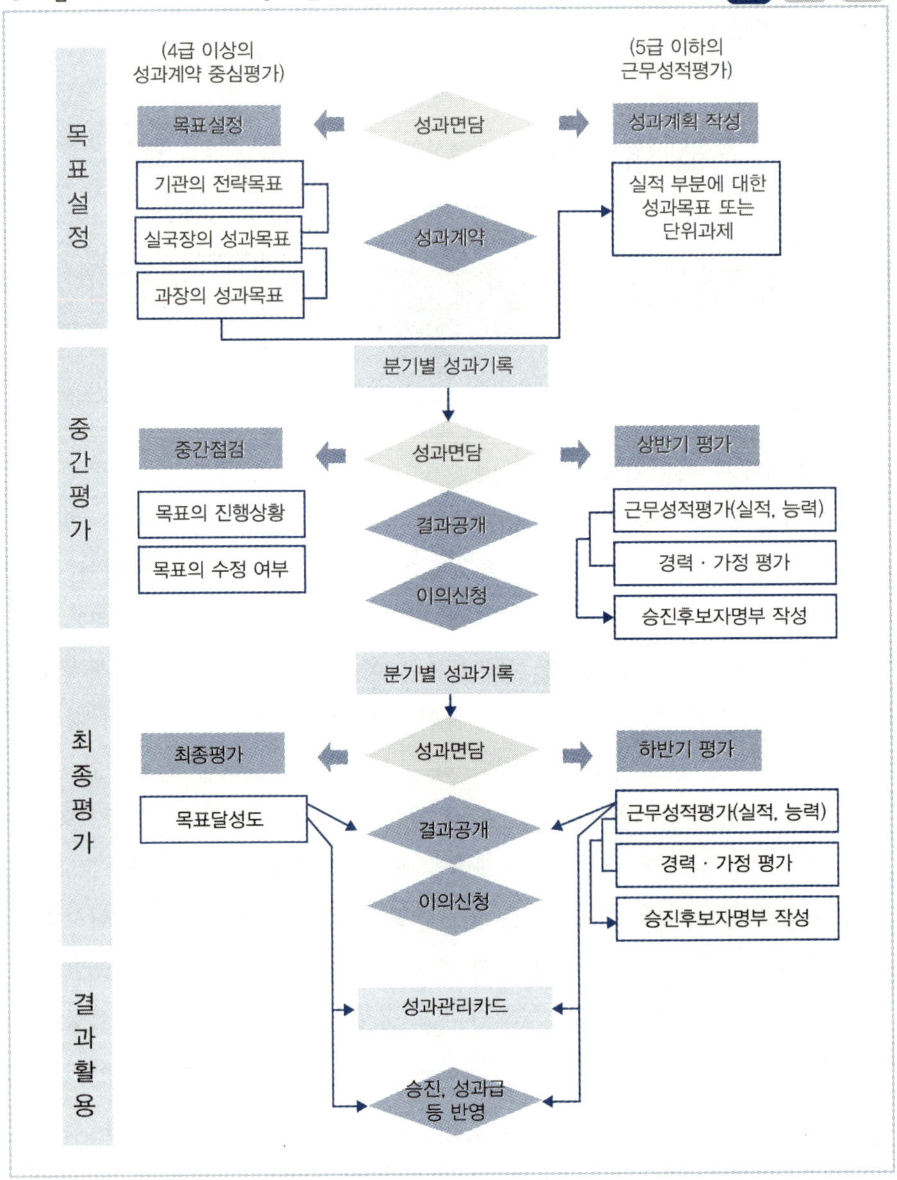

① 고위공무원 및 4급 이상 공무원 대상의 근무성적평정

고위공무원 및 4급 이상 공무원에게 적용되는 근무성적평정은 성과계약제를 중심으로 이루어진다. 구체적으로 성과계약은 4급 이상 일반직공무원(연구관·지도관 포함)과 4급 상당 이상 별정직 공무원 및 4호 이상 계약직 공무원에게 적용된다. 또한 5급 상당 이하 공무원 중 성과계약 등의 평가가 적합하다고 인정하는 공무원 등에게도 성과계약이 적용된다. 따라서 성과계약은 4급 이상 공무원(고위공무원단 포함)에 대한 개인 업무 실적평가를 목표로 부서단위 실적평가, 그 밖에 직무수행과 관련된 자질 또는 능력 등에 대한 평가결과 중에서 하나 또는 그 이상으로 평가항목을 정해 평가대상자와 평가자 간에 성과목표 및 지표 등에 관해 합의하여 진행된다. 또한, 평가기간 중 평가대상 공무원이 달성한 성과목표의 추진결과 등을 평가지표 또는 평가항목의 특성에 맞게 설정한 평가기준에 따라 측정하여 그 결과를 승진, 보수 등에 반영한다.

이러한 성과계약은 전략계획, 목표설정, 중간점검, 최종평가 등의 4단계로 진행된다. 전략계획의 단계에서는 기관의 미션을 바탕으로 전략목표를 설정하게 되며 목표설정의 단계에서는 성과목표를 설정하면서 산출지표 중심으로 평가지표를 구성한다. 중간점섬의 단계에서는 진행과정에서 발생하는 문제점을 바탕으로 개선안을 논의하고, 환경변화에 따라 성과목표를 변경할 수 있다. 마지막으로 최종평가 단계에서는 목표대비 달성도를 측정하는 양적 평가와 상위목표에 대한 개인의 기여도, 적시성, 완성도 등의 질적 평가가 병행된다. 이를 구체적으로 살펴보면 다음과 같다.

a. 전략계획

전략계획은 중앙행정기관의 장이 당해 기관의 전략목표 달성을 위해 수립하는 중·장기 계획을 의미한다. 성과계약 등 평가를 위해서는 먼저 개인별 '목표'와 '지표'를 설정해야 하는데, 개인의 업무 성과가 기관 임무 달성에 유기적으로 기여하도록 하기 위해 개인 간 성과계약 체결에 앞서 전략계획 수립 과정이 필요하다.

b. 목표설정

목표설정 단계는 구체적으로 성과계약이 체결되는 단계이다. 소속장관은 평가대상기간의 해당 기관의 임무 등을 기초로 평가대상 공무원과 평가자가 성과계약을 체결하도록 해야 하는데, 소속장관은 평가항목에서 성과목표 달성도를 제외하거나 성과목표 달성도를 평가항목의 일부로 구성하는 경우에는 그 계약을 체결함에 있어서 계약체결 방법 및 내용 등을 달리 정할 수 있다. 일반적으로 성과계약은 1월 초에 체결되며, 계약기간은 보통 1년으로 설정된다. 특히 목표설정 단계에서는 개개인의 업무가 도달해야 하는 바람직한 상태를 나타내는 성과목표와, 이의 달성 여부를 측정하기 위한 기준인 평가지표를 구체적으로 명시해야 한다.

c. **중간점검**

중간점검 단계는 진행상황 확인 및 개선방안에 대한 논의가 이루어지는 단계로 이 과정을 통해 환경변화에 따른 목표 및 지표 등의 수정이 이루어질 수 있다. 일반적으로 7~8월경, 각 부처는 성과계약서를 토대로 평가대상 공무원의 소관업무 추진상황 및 환경변화에 대한 대응 여부 등을 확인하기 위한 자체 점검을 실시한다. 이러한 활동은 성과목표의 정상적인 진행과 환경변화에 대한 적응성 확보, 조직 전체의 성과 관리 측면에서 중요한 의미를 갖는다.

d. **최종평가**

최종평가 단계는 성과목표의 추진결과 등을 평가지표 또는 평가항목의 특성에 맞게 설정한 평가기준에 따라 평가를 진행하고, 결과 공개 및 이의신청이 이루어지는 단계이다. 일반적으로 최종평가는 12월 31일을 기준으로 다음해 1월 말~2월 초에 완료된다. 평가대상기간 중 평가대상 공무원의 소관업무에 대한 성과계약의 성과목표 달성도 등을 감안하여 평가하며, 성과목표 달성도 등은 평가대상 기간 동안 평가대상 공무원이 달성한 성과목표의 추진결과 등을 평가지표 또는 평가항목의 특성에 맞게 설정한 평가기준에 따라 평가하게 된다. 최종평가는 매우 우수·우수·보통·미흡·매우 미흡 등 5개 등급으로 구분하여 이루어진다. 특히 고위공무원을 대상으로 진행되는 평가는 관대화 경향이 지적됨에 따라 2009년부터 평가방식을 절대평가에서 상대평가로 전환하였고 이에 성과평가 등급별 비율을 설정함으로써 성과평가제도의 객관성과 공정성을 제고하였다. 따라서 최상위 등급의 인원은 평가대상 공무원 수의 20% 이하의 비율로 제한하고 있으며 하위 2대 등급(미흡 및 매우 미흡)의 인원은 10% 이상의 비율로 의무 배정하도록 하고 있다. 최종평가 이후, 평가자의 평가 및 확인자의 확인 등 성과계약 등 평가가 완료된 후 평가대상 공무원 본인에게 평가결과를 공개하게 된다. 만약 평가자의 성과계약 등 평가결과에 이의가 있는 평가대상 공무원은 확인자에게 이의신청 및 결정서를 작성하여 이의를 제기할 수 있다. 이의신청 내용이 타당하다고 판단되는 경우, 확인자는 평가자와 협의하여 평가결과를 조정할 수 있으며, 기각하는 경우 그 결과를 대상 공무원에게 서면 또는 전자우편으로 고지하도록 규정되어 있다.

그림 7-6 성과계약 평가의 절차

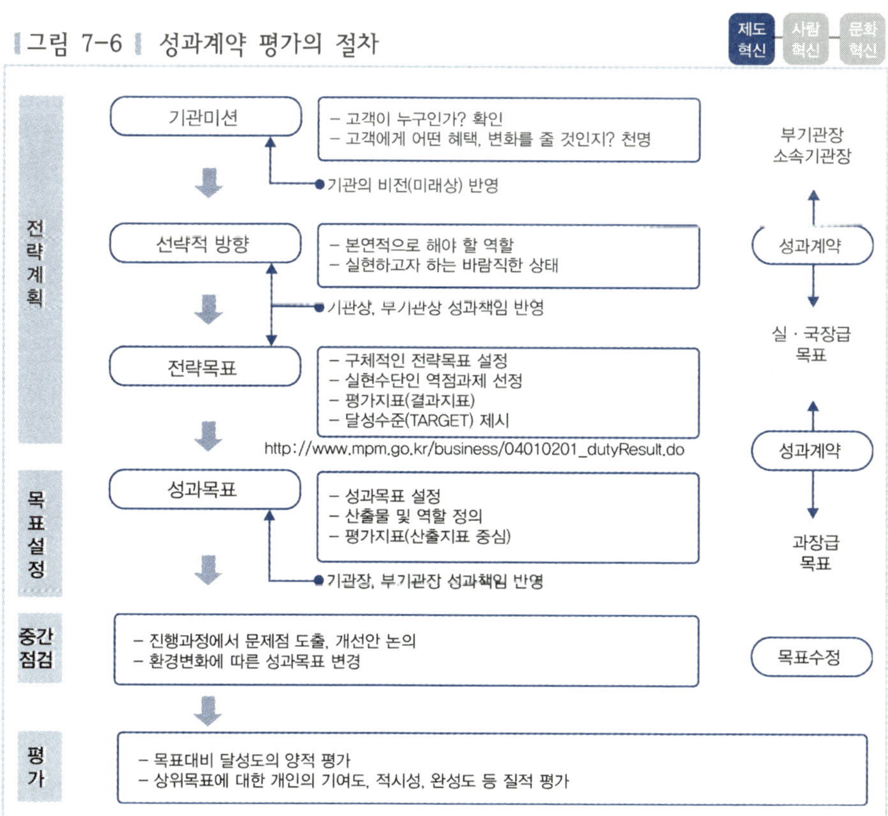

자료: 인사혁신처(2016a)

② 5급 이하 공무원 대상의 근무성적평정

5급 이하 공무원에게 적용되는 근무성적평정은 근무성적평가 제도를 중심으로 이루어진다. 구체적으로 근무성적평정가는 5급 이하 일반직 공무원(연구관·지도관 포함) 및 기능직 공무원을 대상으로 실시된다. 근무성적평가의 평가자는 평가대상 공무원의 성과를 관찰할 수 있는 상급·상위 감독자, 확인자는 평가자의 상급·상위 감독자 중에서 소속장관이 지정하되 평가항목의 특성에 따라 필요하다고 인정하는 경우에는 일부 평가항목에 대해 평가자 또는 확인자를 달리 정할 수 있다. 근무성적평정의 평가요소는 근무실적 및 직무수행능력을 기본항목으로 하며, 소속장관의 판단에 따라 직무수행태도를 추가할 수 있다(<표 7-1> 참조).

표 7-1 근무성적평정의 평가항목

평가 항목	평가 요소
근무실적	• 성과산출실적 • 과제해결 정도
직무수행능력	• 기획력-의사전달력 • 협상력-추진력 • 신속성-팀워크 • 성실성-고객지향성 • 조직헌신도-전략적 사고
직무수행태도(선택)	-

자료: 인사혁신처(2015b)

매년 초 평가대상 공무원은 본인의 1년간의 업무목표에 관한 성과계획을 작성하여 평가자 및 확인자와의 면담을 통해 합의된 성과목표를 선정한다. 아울러 평가자는 평가대상 공무원과 추진 업무에 대한 의견 교환, 코칭, 피드백 등을 실시하며, 대상 공무원의 업무추진 과정의 중요사항을 기록·관리한다. 근무성적평정은 근무실적, 직무수행능력 등의 평가항목에 대해 평가를 실시하며, 평가항목의 총점은 100점으로 한다. 근무성적평가 시기는 연 2회 실시가 원칙이나 소속 장관이 필요하다고 판단 시 정기평가일을 정할 수 있고, 연 1회만 실시할 수 있다. 이러한 근무성적평가는 성과목표설정, 평가자의 평가, 평가단위에서의 평가, 근무성적위원회에서의 평가, 결과 공개 및 이의신청 등의 5단계로 진행된다. 이를 구체적으로 살펴보면 다음과 같다.

a. 성과목표 설정

매년 초 평가대상 공무원은 본인의 1년간의 업무목표에 관한 성과계획을 작성하여 평가자 및 확인자와의 면담을 통해 합의된 성과목표 등을 선정한다. 이때 성과목표는 상급자 또는 상위자의 성과목표를 실현하기 위한 세부과제로 선정하며, 단위업무를 수행하는 5급 이하 실무자로서 책임의 범위상 엄격한 의미의 성과목표를 설정하기 곤란한 경우에는 성과목표 대신 '단위과제'를 성과목표로 설정할 수 있다. 다만 순수지원업무, 신청 등을 접수받아 처리하는 단순·반복적인 업무 등을 수행하는 경우에는 예외적으로 성과목표 등 성과계획 수립을 생략할 수 있다. 또한 평가대상자가 전보된 경우, 평가대상자는 전보된 부서의 전임자가 선정한 성과목표 또는 단위과제를 승계하여 수행한다.

b. 평가자의 평가

평가자는 필요한 경우 평가대상자의 업무수행 상황을 점검하여 공무원 성과계약서 또는 소속장관이 정하는 바에 따라 필요 시 성과기록을 작성해야 한다. 또한 평가자는 성과계획서, 성과기록 등을 참고하여 평가대상 공무원과 성과면담을 실시하고 성과면담 결과를 기록해야 한다. 이 경우 소속장관이 필요하다고 인정할 경우에는 주기적 성과기록과 성과면담 서식을 통합하여 운영할 수 있다. 평가자는 성과면담 결과를 참고하여 최종평가 시 「종합평가의견란」에 해당 내용을 기재한다. 평가자는 평가실시 이전에 평가의 방향에 대해 확인자와 협의한 후 협의된 평가 방향에 따라 평가하되, 소관 평가대상 공무원에 대한 평가는 독자적으로 한다. 이때 평가자는 평가대상 공무원의 적극적 업무추진태도 등을 감안하여 평가해야 한다. 만약 도전적·적극적으로 성과목표를 설정하고 목표달성을 위해 열심히 노력하였지만 불가피한 상황으로 목표를 달성하지 못한 경우, 해당 업무의 난이도·중요도, 성실한 직무수행태도 등을 감안하여 평가하여야 하며, 적극적으로 직무를 수행하다 고의가 아닌 행위로 인하여 징계 등 불이익 처분을 받은 경우 이를 이유로 평가 시 불이익을 주어서는 안 된다. 평가자는 이러한 평가의견을 반드시 작성하여 성과관리카드에 기록·관리해야 한다.

c. 평가단위에서의 평가

평가단위는 조직전체의 평가결과 조정을 용이하게 하기 위해 직무의 유사성, 직급별 인원수 등을 고려하여 소속장관이 정한다. 평가단위의 확인자는 평가자가 평가한 평가등급 등을 확인하고, 평가자와 함께 평가단위별 평가결과를 작성하여 근무성적평가위원회에 제출한다. 평가단위에서의 평가등급은 평가자와 확인자가 평가단위 내 순위를 조정하면서 부여한 등급을 기재하되, 평가등급의 수는 3개 이상으로 하며, 최상위등급의 인원은 평가단위별 인원수의 상위 20%, 최하위 등급의 인원은 하위 10%의 비율로 분포되도록 한다. 다만, 소속장관은 필요한 경우 최상위 등급 및 최하위 등급의 인원의 비율을 달리 정할 수 있다.

d. 근무성적평가위원회에서의 평가

근무성적평가위원회는 각 평가단위별 평가결과를 기초로 상대평가 방식으로 전체 평가대상 공무원들의 순위를 정하고 등급을 구분하며 평가등급의 수는 3개 이상으로 한다. 다만, 최상위 또는 최하위 등급에 해당하는 공무원이 없을 경우에는 해당 비율을 차하위 또는 차상위 등급으로 합산할 수 있으나, 인원비율이 배정되는 등급이 최소한 2개 이상이어야 한다. 또한 소속장관은 최상위 등급과 최하위 등급의 인원비율을 달리 정할 수 있다. 최종 근무성적평가점수 부여 시 동일한 등급 내에서는 평가점수 간 간격과 평가점수별 인원수가 균등하도록 하고, 평가점수가 평가등급별로 규정된 평가가능점수 전체에 고루 분포되도록 한다.

e. 결과 공개 및 이의신청

평가자는 근무성적평가 완료 이후 평가대상 공무원 본인의 평가결과를 알려 주어야 한다. 다만, 소속장관은 기관별로 부처 내 상황, 직원 의견 수렴결과 등을 고려하여 달리 정할 수 있다. 공개 내용은 평가등급 및 점수, 종합평가 의견으로 한정된다. 평가결과의 본인공개를 원칙화한 기관은 모든 평가단위에서의 근무성적평가가 완료된 후 평가대상 공무원 본인의 평가결과를 공개해야 하며 평가대상자 본인의 공개요청이 있을 경우 평가결과를 공개하는 기관은 모든 평가단위에서의 근무성적 평가가 완료된 후 인사담당부서에서 평가대상 공무원에게 공개요청 가능기간을 고지해야 한다. 평가결과 공개 후 평가자의 근무성적평가 결과에 이의가 있는 평가대상 공무원은 확인자에게 이의신청 및 결정서를 작성하여 이의를 제기할 수 있다. 확인자는 이의신청 내용이 타당하다고 판단되는 경우 평가자와 협의하여 해당 공무원의 성과평가서상의 평가결과 및 평가단위별 평가결과를 조정할 수 있으며 기각하는 경우에도 그 결과를 대상 공무원에게 알려주어야 한다. 확인자의 결정내용에 불복하는 평가대상 공무원은 근무성적평가위원회에 이의신청을 할 수 있다. 근무성적평가위원회는 이의신청 내용이 타당하다고 판단되는 경우에는 신청 공무원의 평가결과를 조정하도록 확인자에게 통보하며, 확인자는 평가자와 협의하여 해당 공무원의 성과평가서상의 평가결과 및 평가단위별 평가결과를 조정한다. 이의신청 절차가 모두 완료된 후, 근무성적평가위원회는 평가단위별 평가결과를 조정해야 한다.

(2) 보상체계 측면의 공정성 확보[3)]

우리나라 공공 인적자원관리에서 공무원의 보상체계는 평가체계와 마찬가지로 직급별로 차별화된 보수구조를 바탕으로 운영된다. 보상체계 운영에 있어 직급의 특성을 반영하는 것은 보수의 합리성을 확보하기 위한 노력으로 이는 궁극적으로 보상체계의 공정성 향상에 기여할 수 있게 된다.

구체적으로 우리나라 공무원의 보수 구조는 <그림 7-7>과 같이 연봉제를 적용 받는 경우와 호봉제를 적용 받는 경우로 이원화되어 있다. 연봉제는 4급 과장급 이상부터 적용되며 호봉제는 4급 복수직 서기관 이하에 적용된다. 한편 4급 이하의 호봉제 적용 공무원에게는 성과상여금을 적용하는데 이를 수당과 별개로 구분하지 않고 그 속에 포함시킴으로써 상여금의 구분을 명확히 하지 않고 있다.

---

3) 해당 내용은 저자가 유민봉·박성민(2014)의 <한국인사행정론(박영사, 2014: 662-663)>에서 제시했던 내용을 본서의 구조에 맞추어 재구성한 것이다.

그림 7-7 우리나라 공무원의 보수 구조

· 연봉제 적용 공무원(4급 과장급 이상 공무원)

- 연봉
  - 기본 연봉 : 봉급, 기밀수당, 정근수당(가산금 포함), 관리업무수당, 명절휴가비, 교통보조비, 가계지원비 등
  - 성과 연봉 : 전년도 업무성과의 평가결과에 따라 차등지급
- 연봉외급여 (제수당)
  - 가족수당
  - 자녀학비보조수당
  - 정액급식비
  - 직급보조비 등

· 호봉제 적용 공무원(4급 복수직 서기관 이하 공무원)

- 봉급 (기본급)
- 수당 (20종)
  - 상여수당 (3종)
    - 대우공무원수당(월봉급액의 4%)
    - 정근수당(월봉급액의 0~50%, 연 2회)
    - 정근수당가산금(월 5~13만원, 추가가산금 포함)
    - 성과상여금(지급 기준액의 0%~230%)
  - 가계보전수당 (4종)
    - 가족수당(배우자: 월 4만원, 기타가족: 월 2만원, 4인까지, 자녀 중 셋째부터 8만원 가산금 지급, 자녀의 경우 4인 초과가능)
    - 자녀학비보조수당(중 · 고생 자녀의 학비, 분기별)
    - 주택수당(하사 이상 중령 이하, 월 8만원)
    - 육아휴직수당(봉급액의 40%, 상한 100~하한 50만원)
  - 특수지근무수당
  - 특수근무수당 (15종)
  - 초과근무수당 등 (4종)
- 실비변상 등 (4종)
  - 정액급식비(월 13만원)
  - 직급보조비(월 9.5~75만원)
  - 명절휴가비(월봉급액의 60%씩, 연2회)
  - 연가보상비(1급 이하, 20일 이내)

자료: 인사혁신처(2016a)

참고 7-1 우리나라 공무원의 핵심인재평가 체계

구분	성과평가	보수	인센티브
 고위공무원단	· 성과계약 등 평가(연1회) 직무성과계약을 체결, 달성도를 연말기준 평가	· 직무성과급적 연봉제: 기본연봉(기준급+직무급) + 성과연봉 *성과급 비중 확대 (2015)7% → (2020)15%	· 특별승진 · 특별성과가산금 실장급 고위공무원 성과연봉 2,700만원(SS등급):0원(C등급) (2016 기준) · 특별승급 · 희망보직 이동 · 교육훈련 기회부여
 과장급		· 성과급적 연봉제: 기본연봉 + 성과연봉 *2017년 5급까지 확대	
 직원	· 근무성적평가(반기별): 근무실적, 직무수행능력 등을 반기별로 평가	· 호봉제: 봉급 + 수당 + 성과상여금	

자료: 인사혁신처(2016a)

2. 경쟁성의 이해

1) 개념적 이해

공공 인적자원관리 프로세스 중 핵심인재평가 과정에서의 경쟁성은 실적(Merit)주의 및 성과(Performance)주의의 확립을 의미한다. 다시 말해 핵심인재평가 과정에서의 경쟁성은 온전한 실적주의를 바탕으로 성과에 기반을 둔 합리적인 핵심인재평가 제도를 구축하기 위한 노력으로 이해할 수 있다.

대부분의 국가에서 공공 인적자원관리는 실적주의제(Merit System)를 기반으로 운영되고 있다. 실적주의제는 엽관주의의 부패와 비능률성을 타파하고자 등장한 개념으로 당파성 및 귀속적 요인을 배제하고 개인의 능력·실적을 인사관리의 기준으로 삼는 공공 인적자원관리 제도를 의미한다. 이에 실적주의제는 공무원의 신규채용에서부터 이후의 모든 인적자원관리 활동이 개인의 능력, 자격 및 성적에 따라 이루어져야 한다는 원칙을 명시하고 있다. 즉, 이러한 원칙은 성별, 연령, 신체적 특성, 정치적 색채 또는 상관에 대한 충성심이나 연고 등 직무수행 실적과 관계없는 요소가 인사관리의 기준으로 적용되어서는 안 된다는 것을 의미한다. 하지만 우리나라의 경우 실적주의제를 기반으로 공공 인적자원관리 체계를 운영하고 있으나 유교 문화권의 특성으로 인해 연공서열 및 온정주의적 문화가 형성되어 있어 이러한 문화적 특수성이 실적주의 확립을 저해하고 있다는 비판이 지속적으로 제기되어 왔다.

이에 본서에서는 제도혁신의 발전적 차원에서 공공 인적자원관리 프로세스 중 핵심인재평가 과정에서의 핵심 인사혁신 가치로서 경쟁성을 "온정주의, 연공서열, 보직우선 관행 등을 탈피하고 직무 성과 중심의 핵심인재평가 체계의 운영을 통해 공공 인적자원관리 체계에 실적주의와 성과주의 문화를 확립하기 위한 노력"으로 정의하였다. 핵심인재평가 과정의 핵심 인사혁신 가치로서 경쟁성의 중요성은 조직 구성원 간 선의의 경쟁을 유도하여 무사안일, 복지부동과 같은 부정적 행태를 예방하고 궁극적으로 행정의 효율성을 향상시키는 데 기여한다는 측면에서 살펴볼 수 있다.

그림 7-8 핵심인재평가 과정에서 경쟁성의 의의

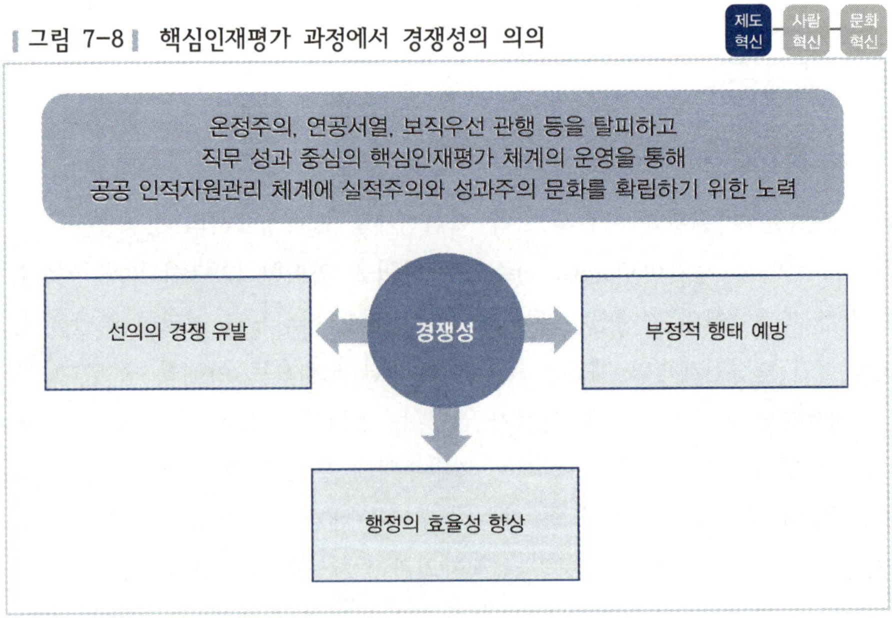

2) 정책적 이해

우리나라 공공 인적자원관리 프로세스 중 핵심인재평가 과정에서 경쟁성이라는 인사혁신 가치를 담아내고자 하는 시도는 고성과자 특별 우대 제도 및 저성과자 특별 관리 제도와 보상체계 개편 등의 노력으로 구체화되어 나타난다. 이러한 노력은 핵심인재평가 체계 운영의 경쟁성 확보를 넘어 공공 조직 내에서 성과 중심 문화의 확산에 기여한다는 측면에서 그 중요성을 살펴볼 수 있다. 이를 구체적으로 살펴보면 다음과 같다.

그림 7-9 핵심인재평가 과정에서 경쟁성의 정책적 실현

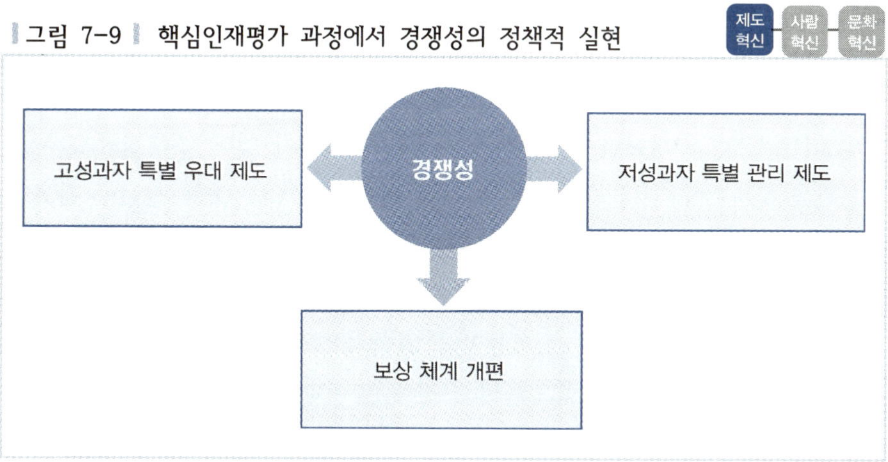

(1) 고성과자 특별 우대 제도 및 저성과자 특별 관리 제도

a. 고성과자 특별 우대 제도

고성과자 우대 제도는 탁월한 성과를 창출한 우수 조직 구성원에게 특별승진, 특별승급 등의 다양한 인센티브를 부여하는 제도이다. 구체적으로 업무를 수행하는 과정에서 탁월한 실적을 창출한 공무원에게 특별승진, 5급 속진임용, 특별승급 등의 인센티브를 부여하며, 최상위 2% 우수자에게는 현행 최상위 등급 성과급의 50% 범위에서 가산하는 특별성과급을 지급한다(<표 7-2> 참조).

표 7-2 특별성과가산금 도입 시 직급별 지급액(예시)

직급	등급별 지급액(단위: 천원)				
	S등급+ 특별성과 가산금	S	A	B	C
5급	9,201	6,134	4,445	3,023	0
7급	6,724	4,483	3,248	2,209	0
9급	4,747	3,165	2,293	1,559	0

특히 인사혁신처는 능력중심의 승진문화를 확산하고 5급에서 발생하고 있는 병목현상을 개선하기 위해 2016년 속진과정을 도입하여 운영하고 있다. 속진과정은 5급 이하 승진예정 인원의 일정 비율(10% 내외)에 대해 특별승진을 가능케 하는 제도이다. 또한 상위직급에 결원이 없어 우수성과자가 특별승진을 못하는 사례를 방지하기 위해 특별승진 소요(T/O)를 사전에 확보하고, 일반승진심사 전 특별승진을 실시하며, 필요 시에는 예상결원(5급)으로 심사를 진행하여 우선 임용할 수 있도록 지원하고 있다(파이낸셜뉴스, 2016.06.07.).

부처마다 상황은 다르지만 그동안은 일반적으로 9급에서 8급으로의 승진에 약 4년 이상, 8급에서 7급으로의 승진에 약 6년 이상, 7급에서 6급으로의 승진에 약 7년 이상, 6급에서 5급으로의 승진에 약 9년 이상 등이 소요됐었다. 특히 주무부서 중심 및 연공서열에 따른 승진평가로 인해 승진의 동기부여 효과 훼손과 순환보직에 따른 전문성 저하 문제가 지적되어 왔다. 또한 상위 직급에 결원이 없으면 승진이 불가능해 승진 적체로 인한 불만이 유발되고 조직 몰입 저하 현상이 발생했다. 이러한 맥락에서 속진과정(Fast-Track) 제도의 도입은 단순한 사기진작 차원을 넘어서 성과중심 인사제도 정착 등에 기여할 수 있을 것으로 기대된다(인사혁신처, 2015c: 3).

b. 저성과자 특별 관리 제도

현재 우리나라 공무원은 성과와 능력을 바탕으로 우수한 공무원은 획기적으로 대우받고 성과가 미흡한 공무원은 그에 상응하는 특별 관리를 받게 된다. 구체적으로 고위공무원단의 경우 적격심사를 바탕으로 성과가 미흡한 고위공무원에 대해 직권면직이 이루어질 수 있도록 하였고, 일반 공무원의 경우 근무성적평가를 바탕으로 성과가 미흡한 공무원에 대해 호봉 승급 제한, 보직 재배치 등이 이루어질 수 있도록 하였다. 이를 구체적으로 살펴보면 다음과 같다.

a) 고위공무원단 대상 저성과자 특별 관리 제도

고위공무원단의 경우 저성과자에 대해 적격심사를 시행한 후 필요에 따라 직권면직을 통해 공직에서 배제하는 제도를 시행하고 있다. 하지만 2006년 고위공무원단 제도를 도입한 이후로 현재까지 실제 면직이 이루어진 경우는 한 번도 없었다. 이에 인사혁신처는 성과 미흡 고위공무원에 대해 엄격한 평가를 바탕으로 미흡 및 매우 미흡 등급을 10% 이상 부여하도록 제도화 하고 무보직 발령 요건을 강화하는 등 적격심사제도가 정상적으로 작동할 수 있도록 환경을 개선하였다. 특히 개별부처는 성과 미흡을 판단할 수 있는 기준이 명확하지 않아 해당 제도 운영에 있어 어려움을 겪고 있었는데 인사혁신처가 가이드라인을 제시함으로써 부처 자체적으로 정책 실패(대규모 예산낭비, 사회적 혼란 야기 등), 태도 및 자질 부족(복지부동 등 소극행정·업무 조정능력 부족 등), 개인 비위(금품향응·수수, 공금횡령 등) 등의 기준을 설정할 수 있게 되었다.

물론 성과계약 평가를 통해 저성과자로 선정될 경우 즉시 적격심사를 진행하는 것은 아니다. '성과 미흡' 고위공무원에 대해서는 성과향상 및 재기의 기회를 충분하게 부여하고 있다. 인사혁신처 주관 '고위공무원 성과향상 프로그램'을 통해 심리진단, 1 : 1 상담 및 코칭 등을 진행하여 성과가 부진한 원인을 분석하고 부족한 역량을 보완할 수 있는 분야별 교육·훈련을 제공한다. 프로그램 종료 후에는 소속 부처, 인사혁신처 관계자, 외부 전문가로 구성된 평가위원회에서 교육결과를 평가하고, 평가결과가 우수한 고위공무원은 소속 부처로 복귀하거나, 필요 시 타 부처로 배치하며, 평가결과가 미흡한 공무원에 한해서만 적격심사를 시행하게 된다.

참고 7-2 고위공무원단 적격 심사 제도

- 도입배경: 능력·성과 중심의 인사운영 및 성과 부진자의 퇴출 유도('06-)
- 근거규정: 국가공무원법 제70조의2 및 고위공무원단 인사규정 제5장
- 대　　상: 성과평가결과와 무보직 기간을 기준으로 다음 3가지 요건 중 하나에 해당할 경우

성과평가 최하위 2회*	성과평가 최하위 1회 + 무보직 6개월	무보직 1년

- 절차: 요건 발생 시 소속장관 요구로 고위공무원임용심사위원회 심사

적격심사 요구 (소속장관)	⇒	고위공무원 임용심사위원회 심사 (인사혁신처)	⇒	직권면직 제청 (소속장관) ※ 부적격 의결 시	⇒	직권면직 (대통령)

- 심사결과: 부적격 / 적격 / 조건부 적격 중 선택

> - 원칙: 적격심사 요건에 해당하는 사람은 부적격 의결 원칙
> - 예외: 직무를 계속 수행할 수 있음이 객관적으로 인정되는 극히 예외적인 경우에 한해 적격으로 의결
> - 조건부 적격: 근무성적·능력 향상이 기대되는 경우 조건부 적격 가능

- 고위공무원단 성과평가방식
  - 고위공무원단에 대한 성과평가는 5개 등급으로 평가 (매우 우수 / 우수 / 보통 / 미흡 / 매우 미흡)
  - 최상위(매우 우수)는 20% 이하 / 하위(미흡·매우 미흡)는 10% 이상 부여

자료: 인사혁신처(2015b)

참고 7-3 직권면직 제도

제도목적	• 공무원이 법률에서 정한 일정한 사유에 해당되는 경우 본인의 의사와 관계없이 임용권자가 면직처분을 행할 수 있도록 해 조직의 효율성을 제고
근 거	• 국가공무원법 제70조
직권면직 사유 (법제70조 제1항)	• 직제와 정원의 개폐 또는 예산의 감소 등에 의해 폐직 또는 과원이 된 경우 • 휴직기간 만료, 휴직사유 소멸후에도 복귀불응 또는 직무를 감당할 수 없을 때 • 직위해제되어 대기명령을 받은 자가 그 기간 중 능력 또는 근무성적의 향상을 기대하기 어렵다고 인정된 때(징계위원회 동의 필요) • 전직시험에서 3회이상 불합격자로서 직무수행능력이 부족한 자 • 병역기피, 군무이탈자 • 당해직급 직무수행에 필요한 자격증의 효력상실, 면허취소로 직무수행이 불가능할 때 • 고위공무원이 제70조의2 규정에 의한 적격심사 결과 부적격결정을 받은 때
직권면직 절 차	• 원식 ‣ 직권면직 사유발생 → 징계위원회(동의 또는 의견청취)→ 직권면직(임용권자) • 직제 정원개폐 등으로 인한 과원 시 직권면직 ‣ 직권면직 사유발생 → 직권면직 심사위원회 → 징계위원회 (의견청취) → 직권면직(임용권자)

자료: 인사혁신처(2015b)

b) 일반 공무원 대상 저성과자 특별 관리 제도

일반 공무원의 경우 저성과자에 대해 호봉 승급 제한, 보직 재배치 등의 방식을 통해 특별 관리를 시행하고 있다. 인사혁신처는 일반 공무원의 평가에 대해서도 고위공무원과 마찬가지로 부처별로 최하위등급 요건을 만들어 엄격한 평가가 이루어질 수 있도록 하였으며 평가 최하위 등급자는 6개월간 호봉 승급제한을 받도록 명시하였다. 또한, '성과·역량' 미흡자에 대해서는 성과면담, 역량진단, 부처별 교육프로그램 등의 역량향상 프로그램을 통해 충분한 개선 기회를 부여하고, 평가결과에 따라 업무에 복귀하거나 다른 보직으로 재배치하도록 규정하였다.

(2) 보상체계 개편

우리나라 공공 인적자원관리에서 보상체계는 사람과 연공 중심으로 구성되었으나 실적주의의 확립을 통한 공직 경쟁력 향상을 위해 능력과 성과 중심으로의 개편이 시도되고 있다. 실적주의의 확립을 위해서는 핵심인재평가체계에서 경쟁성의 확보가 필수적이며 이에 보상체계 운영에 있어 연공급적 요소를 배제하고, 직무급·직능급·실적급의 혼합적 운영이 타당할 것으로 판단된다. 그러나 이러한 개편은 장기적 노력을 필요로 하기 때문에 현재 우리나라에서는 단기적 해결방안으로서 실적급(Performance-based Pay) 제도의 원리를 도입하여 활용하고 있다. 실적급 제도는 개인의 실제 근무실적과 보수를 연결시킨 것으로 실제 개인이 실현시킨 직무수행의 산출결과를 보수기준으로 삼는다는 점에서 개인의 투입 측면인 연공이나 능력요소를 기준으로 삼는 것과 차이가 있다(유민봉·박성민, 2014; 667).

실적급 제도의 원리는 평가제도와 마찬가지로 고위공무원 및 4급 이상 공무원과 5급 이하 공무원을 구분하여 차별적으로 도입하여 운영하고 있다. 고위공무원 및 4급 이상 공무원에게는 보상체계 운영에 있어 실적급 제도의 원리를 100% 활용하여 성과연봉제를 시행하고 있으며 5급 이하 공무원에게는 실적급 제도의 원리를 부분적으로 활용하여 부가적인 보상수단인 성과상여금 제도를 시행하고 있다. 이를 구체적으로 살펴보면 다음과 같다.

① 고위공무원 및 4급 이상 공무원: 성과연봉제

고위공무원 및 4급 이상 공무원에게 적용되는 성과연봉제는 전년도 업무성과에 근거하여 보수가 지급되는 제도로 당해연도 성과연봉은 당해연도 연봉액에 합산하는 누적 방식이 적용된다. 다만, 당해연도 기본연봉과 성과연봉을 합산한 총 연봉액이 연봉상한액을 초과하더라도 당해연도에는 성과연봉을 전액 지급할 수 있으나 차기연도에 기본 연봉을 책정할 때에는 당해연도의 연봉상한액을 초과하지 않는 금액만 책정할 수 있다.

제도혁신 사람혁신 문화혁신

그림 7-10 성과연봉 지급 방식

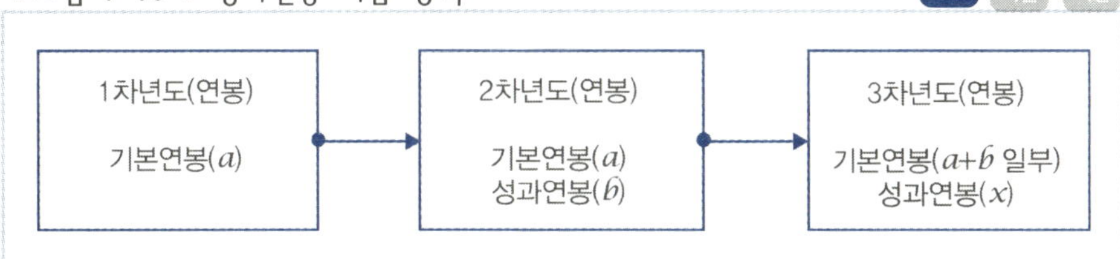

자료: 인사혁신처(2016a)

② 5급 이하 공무원: 성과상여금 제도

5급 이하 공무원에게 적용되는 성과상여금 제도는 개인단위로 지급하는 방법, 부서단위로 지급하는 방법, 개인단위 지급 방식과 부서단위 지급 방식을 혼합하는 방법, 부서단위로 지급한 후 개인단위로 차등지급하는 방법 중 자율적으로 선택할 수 있다.

개인단위 지급 시 성과상여금 등급은 「공무원 성과평가 등에 관한 규정」 제4조에 근거하여 근무성적평정결과와 다면평가결과를 기반으로 결정된다. 단 필요에 따라 소속장관이 정부업무평가, 부서업무평가 등 다양한 기준을 반영하여 지급등급을 결정할 수 있으며, 다면평가자료는 참고자료로 활용할 수 있다.

표 7-3 성과상여금 지급 방식

평가등급	S등급	A등급	B등급	C등급
인원비율(%)	상위 20%	20%초과 60%이내	60%초과 90%이내	하위 10%
지급률(%)	172.5%	125%	85%	0%

자료: 인사혁신처(2016a)

제3절 공정성과 경쟁성 확보의 장벽

1. 공정성 확보에 있어 주요 장벽

제도혁신의 발전적 차원에서 공공 인적자원관리 프로세스 중 핵심인재평가 과정에서의 핵심 인사혁신 가치로서 공정성은 평가체계의 도구적·내용적 타당성 확보를 통해 조직 구성원들의 노력과 실적을 정확히 평가하고 이에 합당한 보상이 이루어질 수 있도록 지원하기 위한 노력으로 이해할 수 있다. 우리나라의 공공 인적자원관리에서 핵심인재평가 과정에서의 공정성이라는 인사혁신 가치를 담아내고자 하는 시도는 직급별로 차별화되고 잘 구조화된 핵심인재평가 체계의 운영으로 구체화되어 나타났고 이는 조직 구성원에게 동기를 부여하고 긍정적인 행태를 유발한다는 측면에서 그 중요성을 살펴볼 수 있었다. 하지만 현재 핵심인재평가 체계의 차별화 및 구조화를 중심으로 공공 인적자원관리의 핵심인재평가 과정에서 공정성 확보를 위해 다양한 노력을 전개하고 있음에도 불구하고 작동 과정에서 내·외부적으로 존재하는 장벽으로 인해 이의 실질적 실현에 있어 한계에 직면하고 있다. 핵심인재평가 과정에서의 공정성 확보에 있어 혁신장벽으로 작용하는 요소들을 구체적으로 살펴보면 다음과 같다.

첫째, 평정 요소의 타당성 저하 문제이다. 이의 원인은 다양한 측면에서 진단할 수 있는데 그중에서 중요한 원인으로 지적되고 있는 것은 성과 평가제도의 적용 범위가 지나치게 넓게 설정되어 있다는 점이다. 현재 근무성적평정은 고위공무원 및 4급 이상 공무원 대상의 근무성적평정 체계와 5급 이하 공무원 대상의 근무성적평가로 이원화되어 있다. 5급 이하 공무원의 경우 직급에 따라 기획 업무를 주로 담당하는 경우도 있고 집행 업무를 주로 담당하는 경우가 있는데 이러한 특성을 반영하지 않고 5급 이하 공무원에게 동일한 평가 도구를 적용하다 보니 평정요소가 일반적이고 추상적인 내용들로 구성하게 된 것이다. 더불어 또 하나의 중요한 원인으로 제시되고 있는 것은 공공조직의 성과를 양적 지표로 구체화하기 어렵다는 점이다. 공공조직은 민간조직과 달리 매출액, 영업이익 등으로 조직의 성과를 측정하는 것이 불가능하며 조직이 제공하는 재화와 서비스가 비시장적 방식에 의해 분배되기 때문에 개별 공무원의 노동 가치를 분명하게 산정할 수 없다. 이로 인해 공무원의 성과평가제도는 전문가의 판단이나 직관력에 의해 추상적인 내용으로 평정 요소를 구성하게 된다. 평정 요소가 추상적으로 구성되면 평정 과정에서 평정자의 질적 판단을 요구하게 되어 평정자의 주관이 개입될 여지를 제공하여 평가제도 운영에 있어 공정성 확립을 저해하게 된다.

둘째, 직무분석의 체계성 결여로 인해 직무별 목적과 표준성과(Performance Standard)를 명확하게 제시하지 못하고 있다. 일반행정가 양성을 위해 순환보직제의 원리를 활용하고 있는 계급제적 구조하에서는 핵심인재평가에 대한 공정성을 확립하기 위해 직무기술서를 바탕으로 해당 직무의 목적과 표준성과를 제시할 수 있어야 한다. 직무기술서는 성과 달성의 이정표로서의 역할을 수행하게 되는데 우리나라의 경우 구조화된 직무기술서의 부재로 인해 본인이 수행하고 있는 업무의 표준성과에 대한 이해도가 낮으며 달성정도를 평가할 수 있는 객관적 기준이 설정되어 있지 못한 실정이다.

2. 경쟁성 확보에 있어 주요 장벽

제도혁신의 발전적 차원에서 공공 인적자원관리 프로세스 중 핵심인재평가 과정에서의 핵심 인사혁신 가치로서 경쟁성은 온정주의, 연공서열, 보직 우선 관행 등을 탈피하고 직무 성과 중심의 핵심인재평가 체계의 운영을 통해 공공 인적자원관리 체계에 실적주의와 성과주의 문화를 확립하기 위한 노력으로 이해할 수 있다. 우리나라의 공공 인적자원관리에서 핵심인재평가 과정에서의 경쟁성이라는 인사혁신 가치를 담아내고자 하는 시도는 고성과자 특별 우대 제도 및 저성과자 특별 관리 제도와 보상체계 개편 등으로 구체화되어 나타났고 이는 조직 구성원 간 선의의 경쟁을 유도하여 무사안일, 복지부동과 같은 부정적 행태를 예방하고 행정의 효율성 향상에 기여한다는 측면에서 그 중요성을 살펴볼 수 있었다. 하지만 현재 고성과자 및 저성과자 대상의 차별화된 관리 체계 구축 및 보상체계 개편 등을 중심으로 공공 인적자원관리의 핵심인재평가 과정에서 경쟁성 확보를 위해 다양한 노력을 전개하고 있음에도 불구하고 작동 과정에서 내·외부적으로 존재하는 장벽으로 인해 이의 실질적 실현에 있어 한계에 직면하고 있다. 핵심인재평가 과정에서의 경쟁성 확보에 있어 혁신장벽으로 작용하는 요소들을 구체적으로 살펴보면 다음과 같다.

첫째, 온정주의적 조직문화로 인해 실적주의의 확립에 어려움을 겪고 있다. 우리나라 공공조직에서는 개인 및 조직 단위의 성과급 제도를 도입하여 시행하고 있으나 이를 성과와 관계없이 동일하게 배분하거나 정상적인 절차에 의해 지급한 후 추후 협의를 통해 비공식적으로 성과급을 재배분하는 사례가 발생해 왔다. 온정주의적 조직문화로 인해 실적주의에 기반을 두어 개인이 달성한 성과 수준에 따라 높은 성과를 달성한 사람에게 더 많은 보상이 이루어지는 '공정성'보다 '균등성'에 더 높은 가치를 부여하면서 조직 내에 부정적인 관행이 자리 잡게 되었고 이는 경쟁성 확립을 저해하는 핵심 요소로 지적되고 있다.

둘째, 보수 결정에 있어 비실적적 요소가 반영되고 있다는 점이다. 고위공무원단 및 4급 이상 공무원의 경우 개인의 근무실적을 보수와 연계하고 있으나, 5급 이하 공무원의 경우 보수를 결정하는 데 있어 연공 등의 비실적적 요소가 반영되고 있다. 이로 인해 보상체계가 능력개발이나 생산성 향상을 지원하지 못하고 있고 실적주의 확립에 있어 핵심적인 도구로 활용되는 보상

그림 7-11 공정성과 경쟁성 확보의 장벽

제도 혁신 | 사람 혁신 | 문화 혁신

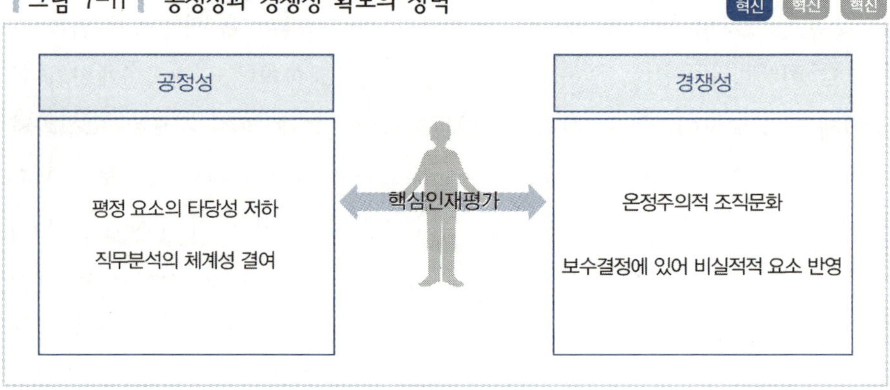

제도가 오히려 실적주의를 약화시키는 요소로 작용하고 있다.

제4절 공정성과 경쟁성 확보를 위한 전략

1. 공정성 확보를 위한 주요 전략

우리나라 정부는 제도혁신의 발전적 차원에서 직급별로 차별화되고 잘 구조화된 핵심인재평가 체계의 운영을 중심으로 공공 인적자원관리 프로세스 중 핵심인재평가 과정에서 공정성이라는 핵심 인사혁신 가치를 실현하기 위한 다양한 노력을 전개하고 있다. 그러나 평정 요소의 타당성 저하, 직무분석의 체계성 결여 등 공정성 실현에 있어 몇 가지 장벽이 존재하고 있음을 확인할 수 있었다. 이에 이러한 장벽을 극복하고 제도혁신의 발전적 차원에서 핵심인재평가 과정에서의 핵심 인사혁신 가치인 공정성을 적극적으로 실현하기 위한 혁신 전략을 논의하면 다음과 같다.

첫째, 평정 요소의 타당성 확보를 위해 핵심인재평가 제도의 운영에 있어 직급별 차별화를 강화하고 평성 항목을 보다 구체화시켜 명확히 제시할 필요가 있다. 현재 5급 이하 공무원은 동일한 평가 도구를 적용받고 있는데 기획업무를 담당하는 직급과 집행업무를 담당하는 직급에 대해 차별화된 평가 도구를 개발하여 적용할 필요가 있다. 또한 행정이 재화의 생산보다는 서비스 제공의 비중이 훨씬 더 크다는 점을 고려할 때 평정에 있어 질적인 요소가 포함되는 것은 타당하나 이 경우 평정자의 자의적 판단이 개입될 위험이 존재하므로 평정 절차에 대한 철저한 관리가 이루어져야 할 것이다. 뿐만 아니라 국가직무능력표준(NCS: National Competency Standards)[4]의 내용을 평가에 적극적으로 활용하는 등 평정 요소 및 평정 방식의 객관성을 담보해 나가기 위한 노력을 지속해야 할 것이다.

---

4) 국가직무능력표준은 산업현장에서 직무를 수행하기 위해 요구되는 지식·기술·소양 등의 내용을 국가가 산업부문별·수준별로 체계화한 것으로, 산업현장의 직무를 성공적으로 수행하기 위해 필요한 능력(지식, 기술, 태도)을 국가적 차원에서 표준화한 것을 의미한다(국가직무능력표준, 2016.06.08).

둘째, 과학적인 직무분석을 바탕으로 한국적 맥락을 고려한 표준 성과모델을 개발하여 개인의 직무수행 과정에서 성과 달성 여부를 판단할 수 있는 이정표를 제공해야 한다. 일반행정가 양성을 위해 순환보직제의 원리를 활용하고 있는 계급제적 구조하에서는 핵심인재평가에 대한 공정성을 확립하기 위해 직위분류제에서 강조하는 바와 같이 직무기술서를 바탕으로 해당 직무의 목적과 표준성과를 제시하는 것이 무엇보다 중요하다. 이를 통해 업무의 표준성과에 대한 이해도를 높이고 이에 근거한 핵심인재평가 체계의 운영을 통해 공정성을 확보해 나갈 수 있을 것이다.

2. 경쟁성 확보를 위한 주요 전략

우리나라 정부는 제도혁신의 발전적 차원에서 고성과자 및 저성과자 대상의 차별화된 관리 체계 구축 및 보상체계 개편 등을 중심으로 공공 인적자원관리 프로세스 중 핵심인재평가 과정에서 경쟁성이라는 핵심 인사혁신 가치를 실현하기 위한 다양한 노력을 전개하고 있다. 그러나 온정주의적 조직문화, 보상규모의 양적 한계 등 경쟁성 실현에 있어 몇 가지 장벽이 존재하고 있음을 확인할 수 있었다. 이에 이러한 장벽을 극복하고 제도혁신의 발전적 차원에서 핵심인재평가 과정에서의 핵심 인사혁신 가치인 경쟁성을 적극적으로 실현하기 위한 혁신 전략을 논의하면 다음과 같다.

첫째, 공공 인적자원관리에서 실적주의 및 성과주의가 갖는 의미에 대해 공감하고 이를 기반으로 운영되고 있는 핵심인재평가 체계에 대한 구성원들의 이해도를 높이기 위한 교육·훈련을 진행해야 한다. 이를 통해 '균등성'보다 '공정성'에 더 높은 가치를 부여하여 높은 성과를 달성한 사람에게 더 많은 보상을 지급하는 행태가 정상적인 관행으로 자리매김 될 것이다.

둘째, 장기적 차원에서는 공무원의 보수 체계를 실적급(Performance-based Pay)으로 전환할 필요가 있다. 이미 고위공무원단 및 4급 이상 공무원의 경우 개인의 근무실적을 보수와 연계하고 있으므로 5급 이하 공무원을 대상으로 보수 체계를 재설계할 필요가 있다. 다만 급진적으로 변화를 시도할 경우 반발과 혼란이 예상되므로 단계적으로 확대가 이루어져야 할 것이다. 다만 실적기반 보상체계의 운영을 위해서는 평가체계의 공정성 담보가 반드시 선행되어야 하므로 이러한 시도는 실적에 대한 객관적·합리적 평가체계가 확립된 이후에 진행되어야 할 것이다.

그림 7-12 공정성과 경쟁성 확보를 위한 전략

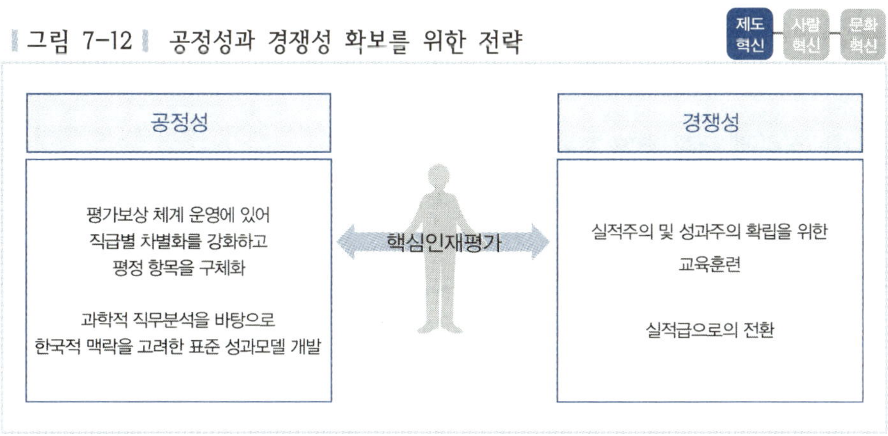

토론 문제

다음 질문에 대해 함께 토론해 보세요.

1. 핵심인재평가에 있어 핵심 인사혁신 가치인 공정성과 경쟁성을 적극적으로 구현하기 위해 필요한 중앙인사기관의 역할에 대해 논의해보자.

2. 개인주의적 특성보다 집단주의적 특성을 강조하는 우리나라의 문화적 맥락에서 공공 인적자원관리의 핵심인재평가 과정에서 공정성과 경쟁성의 가치를 실현하기 위해 개인적·조직적 차원에서 보완되어야 할 요소에 대해 논의해보자.

3. 우리나라 공공 인적자원관리의 핵심인재평가 과정에서는 경쟁성의 강화를 위해 고성과자 특별 우대 제도 및 저성과자 특별 관리 제도를 운영하고 있다. 특히 저성과자 특별 관리 제도의 경우 저성과자 퇴출 제도를 포함하고 있는데 해당 제도의 운영에 있어, 공직의 경쟁력 강화를 위해 필요하다는 찬성 입장과 직업공무원제를 저해하는 요소로 작용한다는 반대 입장이 팽팽히 맞서고 있다. 저성과자 퇴출제도의 장·단점에 대해 논의하고 이의 부작용을 최소화할 수 있는 방안에 대해 논의해보자.

제8장

제도혁신의 발전적 차원: 퇴직인재관리

제8장 제도혁신의 발전적 차원: 퇴직인재관리

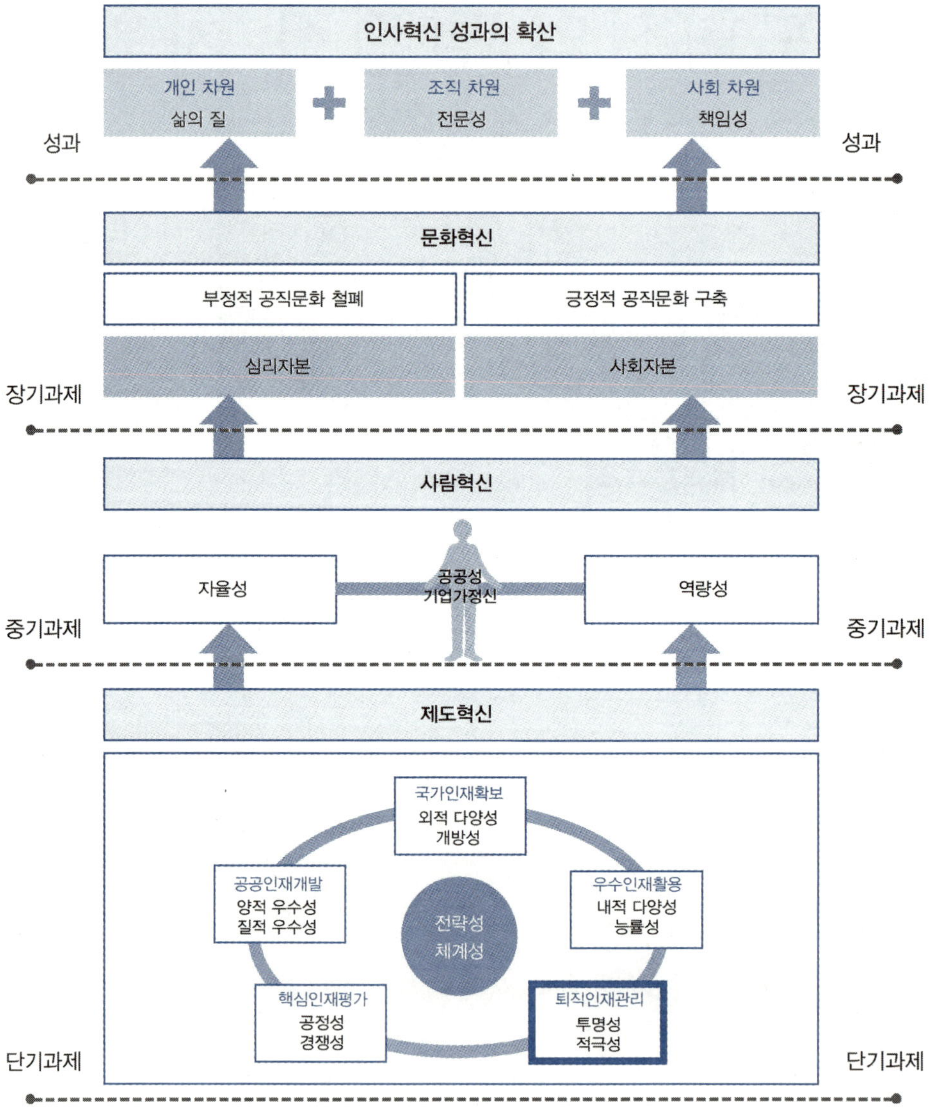

개 요

☞ 투명성

핵심 인사혁신 가치로서 투명성의 의의	
퇴직공무원의 재취업에서 발생하는 비윤리적 행태를 근절하기 위해 구체적이고 명확한 취업심사 기준을 마련하여 이를 교육하고 위반사항을 철저하게 관리하고자 하는 노력	
혁신 장벽	**혁신 전략**
취업제한제도의 부작용 발생	취업제한제도의 합리적 완화 (부정행위 적발시 징계 강화)

☞ 적극성

핵심 인사혁신 가치로서 적극성의 의의	
퇴직공무원의 역량이 사회적 차원에서 활발히 활용될 수 있도록 지원함으로써 은퇴 이후 개인의 사회적·경제적 삶의 질을 보장하고 사회의 안정적 성장을 가능케 하는 노력	
혁신 장벽	**혁신 전략**
퇴직자 지원프로그램의 양적·질적 우수성 결여	수요자 중심의 맞춤형 퇴직자 지원 제도 구축
재취업의 어려움	민관 협력을 통한 재취업 장려

핵심 용어
퇴직인재관리, 투명성, 적극성, 취업제한제도, Silver 전략

제1절 퇴직인재관리 과정에서 인사혁신의 이해

1. 퇴직인재관리 과정의 이해

공공 인적자원관리 프로세스 중 퇴직인재관리는 조직이 보유하고 있던 우수한 인재가 퇴직 이후 윤리적 차원에서 공직의 가치를 훼손하지 않도록 관리하고 경제적 차원에서 이들이 안정적인 삶을 영위해 나갈 수 있도록 지원하기 위한 활동을 의미한다. 전통적 인적자원관리에서는 관리의 대상을 현재 보유한 인적자원으로 한정하였고 이에 인적자원관리 프로세스는 일반적으로 모집·선발, 교육·훈련, 유지·활용, 평가·보상 등의 4단계로 구분하였다. 그러나 공공조직과 민간조직을 막론하고 고령화 및 저출산 현상의 가속화로 인해 인구구조가 변화하면서 사회의 불안정성 심화 및 경제활동인구 감소 문제가 심각한 사회문제로 지적되면서 은퇴 이후 퇴직자들의 생계유지를 지원하고 범국가적 차원에서 이들이 보유한 우수한 역량이 적극적으로 활용될 수 있도록 지원하는 체계의 구축을 필요로 하게 되었다. 이에 사회의 불안정성 해소 및 경제활동 인구 감소 문제에 대응하기 위해 조직의 인적자원관리에서도 조직 구성원의 은퇴 이후의 삶을 관리하는 퇴직인재관리가 공식적인 인적자원관리 프로세스로 편입하게 되었다.

다만 공공 인적자원관리에서의 퇴직인재관리는 공공조직의 특수성으로 인해 민간조직과는 다소 다른 접근이 이루어져야 한다는 점을 상기해야 한다. 공공조직은 사익을 추구하는 민간조직과 달리 궁극적으로 공익 및 공공가치의 실현을 위해 존재한다. 이에 공공 인적자원관리에서는 공공조직의 존재 목적을 훼손하지 않기 위해 전관예우, 부정부패 등의 병폐를 강력하게 처벌하고 근본적 차원에서 이러한 문제를 예방할 수 있는 관리 체계를 구축하는 것이 중요한 과제로 자리 잡게 되었다. 즉, 민간조직의 퇴직인재관리는 은퇴 이후의 삶을 안정적으로 영위해 나갈 수 있도록 '지원'해 나가는 것에 중점을 두었지만 공공조직의 퇴직인재관리는 '관피아'라 일컬어지는 부정적 관행을 척결하기 위해 조직 구성원의 비윤리적 행태를 '통제'하는 것에 1차적 목적을 두었고 부가적 차원에서 공공성을 훼손하지 않고 국민의 정서에 반하지 않는 한도 내에서 우수한 공공 인적자원을 국가적 차원에서 활용하고 이를 통해 이들의 삶을 안정적으로 '지원'하게 되었다. 이에 공공 인적자원관리에서의 퇴직인재관리는 부정적 행태 척결을 위해 퇴직공직자의 취업제한제도 운영의 타당성을 높여야 할 뿐만 아니라 퇴직공직자의 지혜와 경험이 사회적 차원에 적극 활용되어 국가 발전에 기여할 수 있도록 설계하는 이중 과제를 부여받게 되었다. 즉, 통제와 지원 간의 균형을 요구받게 된 것이다(김윤권·오시영, 2016).

이러한 맥락에서 공공 인적자원관리에서의 퇴직인재관리는 퇴직 이후 공무원의 부정적 행태를 근절하고 우수한 인적자원을 범국가적 차원에서 활용할 수 있도록 함으로써 공무원 개인은 공직자로서의 자부심을 유지하며 안정적인 삶을 영위해 나갈 수 있고, 사회적 차원에서는 부정적 행태의 근절을 통해 공직의 신뢰 향상에 기여할 수 있으며, 국가적 차원에서는 우수한 인력을 활용함으로써 국가 경쟁력 강화에 기여할 수 있다는 측면에서 그 중요성을 살펴볼 수 있다. 특히 권경득·이주호(2015)는 공공 인적자원관리에 있어

그림 8-1 퇴직인재관리 과정의 이해

제도 혁신 | 사람 혁신 | 문화 혁신

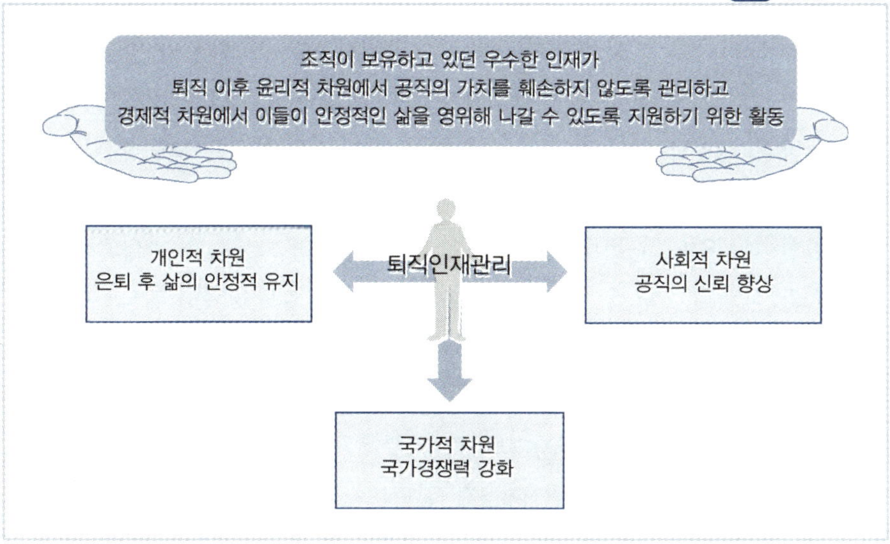

퇴직인재관리를 통해 퇴직공무원의 삶의 질 향상을 지원하고, 미래사회의 변화에 대비할 수 있을 뿐만 아니라 공공조직의 지적 자본을 우리사회에 활용하고, 전파한다는 측면에서 매우 중요한 의미를 갖는다고 설명하였다(권경득·이주호, 2015: 36).

2. 퇴직인재관리 과정에서의 혁신 과제

공공 인적자원관리 프로세스 중 퇴직인재관리 과정은 개인적 차원에서는 퇴직공무원의 안정적 삶을 지원하고, 조직적 차원에서는 공직의 신뢰 향상에 기여하며, 국가적 차원에서는 국가경쟁력 강화에 기여할 수 있다는 측면에서 그 중요성을 살펴볼 수 있다. 이에 퇴직인재관리 체계를 보다 나은 방향으로 발전시키기 위한 혁신 노력은 발전적 제도혁신을 위해 필수적이라 할 수 있다. 우리나라 공공 인적자원관리에서도 퇴직인재관리 체계를 발전시키기 위해 다양한 노력을 전개하고 있는데 이러한 노력들이 사회적 변화와 사회적 수요를 적실하게 담아내기 위해서는 해당 체계가 당면하고 있는 환경적 특성을 고려할 필요가 있다.

이에 본서에서는 SWOT 분석을 통해 공공 인적자원관리 프로세스 중 퇴직인재관리 과정의 내·외부적 환경을 이해하고 이를 토대로 혁신의 방향을 도출하였다. 이러한 분석을 통해 혁신 과정에서 내부적 차원의 강점 요인과 외부적 차원의 기회 요인을 효과적으로 활용해 나갈 수 있을 것이며 내부적 차원의 약점 요인과 외부적 차원의 위협 요인에 선제적으로 대응해 나감으로써 보다 발전적인 퇴직인재관리 체계의 구축이 가능해 질 것이다. 궁극적으로는 종합적 시각에서 진행된 내·외부 환경 분석 프로세스를 바탕으로 사회적 변화와 사회적 수요를 적실하게 담아낸 혁신의 방향을 설정함으로써 혁신 활동의 당위성과 타당성을 확보해 나갈 수 있을 것이라 기대된다. 공공 인적자원관리 프로세스 중 퇴직인재관리 활동과 관련된 내부적 차원의 강점(Strengths) 및 약점(Weaknesses) 요인과 외부적 차원의 기회(Opportunities) 및 위협(Threats) 요인을 살펴보면 다음과 같다.

첫째, 내부적 차원의 강점(Strengths) 요인으로 퇴직공무원이 활용도 높은 우수한 역량을 보유하고 있다는 점을 살펴볼 수 있다. 우리나라 공공 인적자원관리는 순환보직제를 활용하는 계급제를 중심으로 운영되기 때문에 퇴직공무원은 일반행정가로서 다양한 분야에서의 근무 경력을 바탕으로 다양한 경험과 지식, 지혜를 두루 섭렵하게 된다. 퇴직공무원이 보유한 이러한 역량은 유사 공공조직뿐만 아니라 민간조직, 비영리조직 등 다양한 분야에서 유용하게 활용될 수 있어 퇴직공무원은 퇴직 이후에도 경제활동과 사회활동을 지속해 나갈 수 있다.

둘째, 내부적 차원의 약점(Weaknesses) 요인으로 퇴직공무원이 은퇴 이후의 삶에 대해 불안감을 느끼고 있다는 점을 살펴볼 수 있다. 현재 퇴직공무원의 취업제한제도 강화와 연금 개혁이 동시에 이루어지면서 공무원들이 은퇴 이후 삶에 대해 불안감을 느끼게 되었고 이로 인해 사기 저하 및 조직 몰입 저하 문제가 발생하고 있다.

셋째, 외부적 차원의 기회(Opportunities) 요인으로는 행정 한류의 확산을 살펴볼 수 있다. 개발도상국을 중심으로 우리나라 경제 발전 모델 및 인재개발 모델을 벤치마킹하고자 하는 수요가 증가하면서 행정 한류 바람이 일게 되었다. 이에 국가적 차원에서 우리나라의 경제 발전 모델과 인재개발 모델을 모듈화하여 전파하고자 시도하고 있는데, 이러한 과정에서 전·현직 공무원의 역할이 강조되고 있다.

넷째, 외부적 차원의 위협(Threats) 요인으로 공무원에 대한 부정적 시각의 형성을 살펴볼 수 있다. 최근 우리나라에서는 크고 작은 행정 실패 사례가 발생하였는데 특히 세월호 사고 이후 사고의 원인을 분석하는 과정에서 전직 공무원이 유관기관으로의 재취업 이후 공공성을 훼손하며 사익을 추구하는 행태가 발견되었고 이에 국민적 공분을 사게 되었다. 이로 인해 공무원과 정부에 대한 국민의 신뢰가 저하되었고 무엇보다 퇴직공무원의 유관기관으로의 재취업을 원천적으로 봉쇄해야 한다는 국민적 공감대가 형성되었다.

공공 인적자원관리 프로세스 중 퇴직인재관리 활동과 관련된 SWOT 분석 내용을 종합해 볼 때 퇴직인재관리 과정에서 인사혁신의 방향은 재취업 시 발생할 수 있는 부정적 행태를 근절하되 국민적 정서에 반하지 않는 범위 내에서 퇴직공무원이 보유한 우수한 역량의 사회적 활용을 지원해 나갈 수 있도록 설정되어야 함을 확인할 수 있었다. 이를 바탕으로 본서에서는 공공 인적자원관리 프로세스 중 퇴직인재관리 과정의 핵심 인사혁신 가치로서 투명성과 적극성을 제시하였다. 투명성은 퇴직공무원의 재취업에서 발생하는 비윤리적 행태를 근절하기 위해 구체적이고 명확한 취업심사 기준을 마련하여 이를 교육하고 위반사항을 철저하게 관리하고자 하는 노력을 의미하고 적극성은 퇴직공무원의 역량이 사회적 차원에서 활발히 활용될 수 있도록 지원함으로써 은퇴 이후 개인의 사회적·경제적 삶의 질을 보장하고 사회의 안정적 성장을 가능케 하는 노력을 의미한다.

그림 8-2 퇴직인재관리 과정에서의 혁신 과제

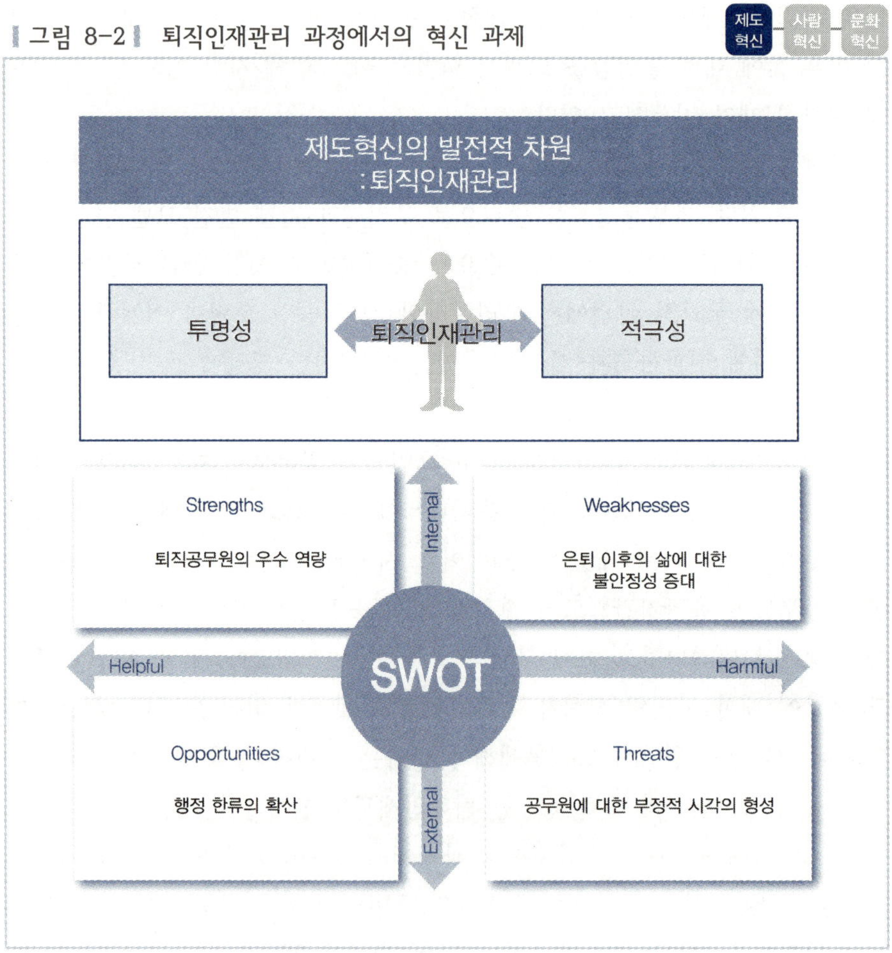

제2절 핵심 인사혁신 가치로서 투명성과 적극성

1. 투명성의 이해

1) 개념적 이해

공공 인적자원관리 프로세스 중 퇴직인재관리 과정에서의 투명성은 퇴직자(예정자)의 신분이 공직자였다는 점을 고려하여 퇴직 이후의 사회 활동 및 경제 활동에 있어서도 공직 윤리를 훼손하지 않도록 투명하게 관리하는 활동을 의미한다. 이러한 활동은 유사기관으로의 취업을 규제하고 재취업에 대한 관리·감독을 강화하는 노력으로 구체화되어 나타난다.

2014년에 발생한 세월호 사건은 성장 만능주의를 추구하던 우리사회의 문제점을 집약적으로 보여주었다. 특히 사고의 원인을 분석하는 과정에서 정부 부처 관료 출신의 낙하산 인사가 선박 안전 업무를 담당하는 정부 산하기관의 기관장과 임원직을 독차지하는 비정상적 관행이 지적되었고 특히 관피아(관료+마피아)로 변질된 이들의 부정적 행태가 발견되면서 국민적 공분이 일게 되었다(중앙일보, 2014; 서울신문, 2014). 퇴직공직자에 대한 전관예우 및 이들이 보유한 우수 역량의 사회적 활용을 위해 정부 산하 기관 및 유관 기업으로의 재취업이 이루어졌는데 실제로는 퇴직공직자들이 국가와 사회를 위해 자신이 보유한 역량을 발현하는 것이 아니라 자신과 해당 유관 기관의 이익을 위해 자신이 보유한 권력을 남용하는 부정적 행태로 변질되면서 민관유착 및 부정부패의 원인으로 자리 잡게 된 것이다. 이에 세월호 사건을 계기로 퇴직공직자에 대한 관리·감독의 중요성이 어느 때보다 절실하게 강조되었다.

이에 본서에서는 제도혁신의 발전적 차원에서 공공 인적자원관리 프로세스 중 퇴직인재관리 과정에서의 핵심 인사혁신 가치로서 투명성을 "퇴직공무원의 재취업에서 발생하는 비윤리적 행태를 근절하기 위해 구체적이고 명확한 취업심사 기준을 마련하여 이를 교육하고 위반사항을 철저하게 관리하고자 하는 노력"으로 정의하였다(김선아·박성민, 2016a). 퇴직인재관리 과정에서의 핵심 인사혁신 가치로서 투명성의 중요성은 퇴직공직자의 비윤리적 행태로 인한 민관유착 및 부정부패 문제를 근절하여 행정의 공공성을 수호하고, 이를 통해 공무원 및 공공조직에 대한 국민 신뢰 향상에 기여할 수 있다는 측면에서 살펴볼 수 있다.

그림 8-3 퇴직인재관리 과정에서의 투명성의 의의

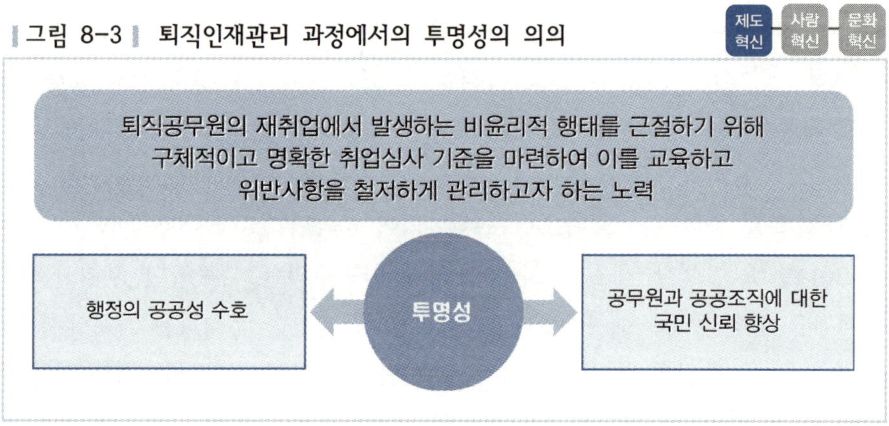

2) 정책적 이해

우리나라 공공 인적자원관리 프로세스 중 퇴직인재관리 과정에서 투명성이라는 인사혁신 가치를 담아내고자 하는 시도는 취업제한제도 및 행위제한제도 등의 구현으로 구체화되어 나타난다. 이를 구체적으로 살펴보면 다음과 같다.

그림 8-4 퇴직인재관리 과정에서 투명성의 정책적 실현

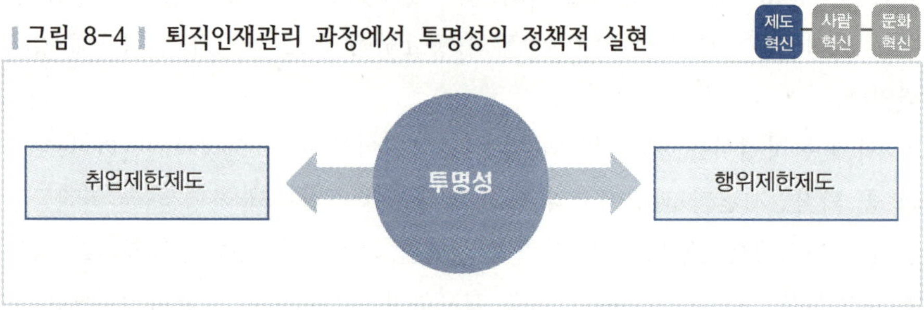

(1) 취업제한제도

우리나라 공공 인적자원관리에서는 퇴직공직자와 업체 간 유착관계를 차단하고, 은퇴공무원이 현직 시절에 근무하였던 기관에 영향력을 행사하는 것을 예방하여 공정성과 윤리성을 확보할 수 있도록 퇴직자 취업제한제도를 시행하고 있다. 일부 공직자들이 현직 시절 획득한 인적 네트워크와 정보력을 자신과 재취업 기관의 이익을 추구하는 데 활용하는 비윤리적 사례가 발견되면서 공직의 신뢰저하 문제를 낳게 되었고 이에 해당 제도는 전관예우 관행 개선 및 민관유착 근절을 위해 도입된 제도이다.

그림 8-5 취업제한제도의 운영

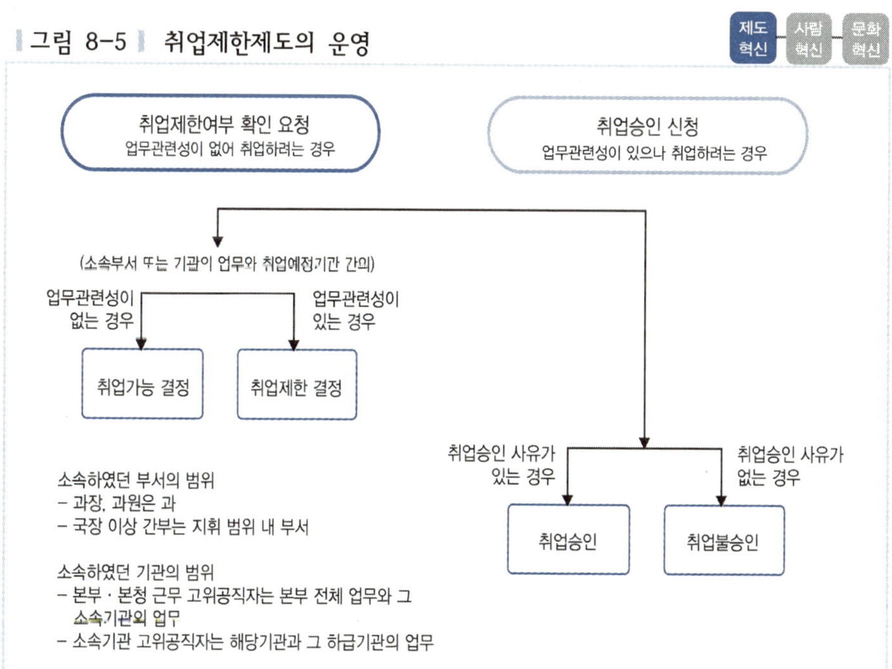

자료: 인사혁신처(2016a)

「공직자윤리법」에 기초하여 시행되는 취업제한제도는 취업제한 분야, 직종, 기관 등을 구체적으로 명시하고 명확한 취업심사기준을 제시하고 있다. 구체적으로 재산등록 의무자였던 퇴직공직자 중 4급 이상 공무원과 감사·조

세·건축·토목 등 인허가부서에 근무했던 5~7급 공무원을 대상으로 퇴직 후 3년간 취업 제한을 명시하였다. 취업제한 기관은 퇴직 전 5년 동안 소속됐던 부서(3급 이하 공무원 및 공직유관단체 직원 등) 또는 기관(재산공개대상자, 2급 이상 공무원 및 공직유관단체 임원 등)의 업무와 밀접한 관련성이 있다고 판단되는 곳이다. 특히 「공직자윤리법」 제19조 4항에 의거하여 2급 이상 공무원 및 공직유관단체 임원 등 기관업무기준 취업심사 대상자는 매년 2월마다 퇴직일로부터 이후 10년 취업제한기관에 취업한 이력을 지정 인터넷 사이트에 공시해야 한다.

표 8-1 취업제한 기관

구분	지정기준
영리사기업체	• 자본금 10억원 이상 & 연간 외형거래액 100억원 이상
법무/회계법인	• 연간 외형거래액 100억원 이상
세무법인	• 연간 외형거래액 50억원 이상
외국법자문법률사무소	• 연간 외형거래액 100억원 이상
협회·조합	• 영리사기업체에 가입하고 있는 법인·단체
시장형 공기업	• 공공기관의 운영에 관한 법률 제5조제3항제1호 가목에 해당하는 공기업
공직유관단체	• 안전감독, 인허가 규제, 조달업무 수행 기관
사립대학	• 고등교육법 제2조에 따른 학교를 설립·경영하는 학교법인과 학교법인이 설립·경영하는 사립학교
종합병원	• 의료법 제3조의3에 따른 종합병원과 종합병원을 개설한 법인
사회복지법인	• 사회복지사업법 제2조제3호에 따른 기본재산이 100억원 이상인 사회복지법인과 사회복지시설을 운영하는 사회복지법인 이외의 비영리법인

자료: 인사혁신처(2016a)

참고 8-1 퇴직공무원 취업제한 사례

취업제한 사례 1	**방위사업청 서기관** 퇴직 전 5년간 소속부서: 함정사업부 소속직원 취업예정업체: ○○중공업 비상근고문 심사결정: 원가회계검증단 원가총괄팀에서 ○○중공업의 간접원가인 '물자의 제비율과 감손율'을 산정한 사실에 대하여 → 취업예정업체의 재산상 권리에 직접적으로 상당한 영향을 미칠 수 있다고 인정하여 "취업제한" 결정
취업제한 사례 2	**정보통신산업진흥원 원장** 퇴직 전 5년간 소속부서: 지식경제부 우정사업본부장, 정보통신산업진흥원장 취업예정업체: ○○산업협회 상근부회장 심사결정: 정보통신산업진흥원장 재직 시 취업예정협회와 사업협약을 체결하고 정부출연금을 지원하였고, 그 협회 회원사(취업제한업체)의 물품구매 및 공사계약한 사실에 대하여 → 재정보조, 계약 또는 취업예정협회의 재산상 권리에 영향을 미칠 수 있는 업무로 인정하여 "취업제한" 결정
취업 불승인 사례	**국방부 육군대령** 퇴직 전 5년간 소속부서: 탄약지원사령부 참모장, 한미연합 탄약처장 등 취업예정업체: ㈜○○계약사원(부장급) 심사결정: 한·미 양국군의 탄약 관련 주요 보직 경력 및 교육·연구실적 등 해당 분야 전문가로서 탄약생산 전문 업체에 취업하는 것이 국가안보상 필요하므로 취업승인 신청한 데 대하여 → 탄약 전문가인 것은 어느 정도 인정되나 그것만으로 국가안보를 위해 취업을 승인할 특별한 사유에까지 이르지는 않는다고 판단하여 "취업 불승인" 결정
임의취업자 과태료부과 사례	**국세청 고위공무원** 취업업체: ○○산업㈜, 사외이사 취업일: 2012.3.16 취업심사일: 2012.4.26 → 위원회에 취업심사를 받지 않고 취업제한대상 사기업체 등에 취업한 것이 사후 적발되어 과태료 부과 대상자로 취업심사대상자 주소지관할 법원에 통보되어 과태료 700만원 부과

자료: 인사혁신처(2016b)

(2) 행위제한제도

우리나라 공공 인적자원관리에서는 부정청탁 및 부당한 영향력 행사를 사전에 예방하기 위해 취업제한제도에 비해 적용 범위는 한정적이나 공직자가 퇴직 후 일정 분야의 업무를 수행하는 것을 제한하는 행위제한제도를 운영하고 있다. 행위제한제도에서는 모든 퇴직공직자에 대해 본인이 직접 처리

| 그림 8-6 | 행위제한제도의 운영

제도 혁신 사람 혁신 문화 혁신

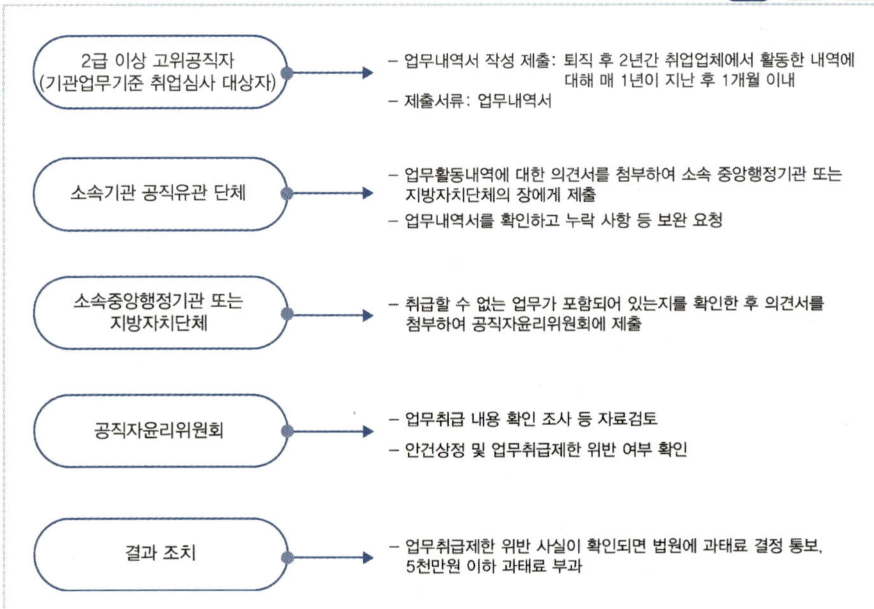

자료: 인사혁신처(2016a)

한 일정업무를 영구히 취급제한하도록 규정하고 있으며 재산공개자에 대해서는 퇴직 후 2년간 일정업무의 취급을 제한하고 있다. 더불어 본인 또는 제3자의 이익을 위해 퇴직 전 소속 기관의 임직원이 법령을 위반하게 하거나 지위 또는 권한을 남용하게 하는 등 공정한 직무수행을 저해하는 부정한 청탁 및 알선 행위를 엄격하게 금지하고 있다.

2. 적극성의 이해

1) 개념적 이해

공공 인적자원관리 프로세스 중 퇴직인재관리 과정에서의 적극성은 퇴직자(퇴직예정자)가 보유하고 있는 공직에서의 경험과 지혜를 퇴직 이후에도 사회적 차원에서 적극 활용할 수 있도록 장려하는 활동을 의미한다. 이러한 활동은 퇴직 소양 교육, 사회적 기여 활동 장려, 재취업 일자리 정보 제공 등의 노력으로 구체화되어 나타난다.

퇴직공무원이 갖고 있는 공직에서의 경험과 지혜는 사회적 차원에서 환원되었을 때 여전히 값진 지적 자산으로서의 역할을 할 수 있기 때문에 이러한 지적 자산의 손실을 방지하기 위해 국가적 차원에서 이의 활용을 장려할 수 있는 관리 체계의 구축을 필요로 하게 되었다. 특히 고령화 및 저출산 현상의 가속화로 인해 인구구조가 변화하면서 개인적 차원에서는 100세 시대를 맞이하여 은퇴 이후의 삶에 대한 철저한 준비를 필요로 하게 되었고 사회적 차원에서는 국가 경쟁력 강화를 위해 경제활동인구 감소에 대응하기 위한 대비책을 마련해야 함이 강조되었다. 고령자의 생계가 안정적으로 유지되지 못하면 이는 사회의 안정성 저하로 직결될 수 있기 때문이다. 이에 개인적 차원에서는 자신의 보유한 경험과 지혜를 활용하여 경제 활동을 지속하고, 사회적 차원에서는 지적 자산의 손실을 막고 고령자의 삶을 지원하여 사회의 안정성을 지속해 나간다는 측면에서 퇴직자에 대한 적극적 관리를 필요로 하게 되었다.

이에 본서에서는 제도혁신의 발전적 차원에서 공공 인적자원관리 프로세스 중 퇴직인재관리 과정에서의 핵심 인사혁신 가치로서 적극성을 "퇴직공무원의 역량이 사회적 차원에서 활발히 활용될 수 있도록 지원함으로써 은퇴 이후 개인의 사회적·경제적 삶의 질을 보장하고 사회의 안정적 성장을 가능케 하는 노력"으로 정의하였다. 퇴직인재관리 과정에서의 핵심 인사혁신 가

그림 8-7 퇴직인재관리 과정에서 적극성의 의의

제도혁신 – 사람혁신 – 문화혁신

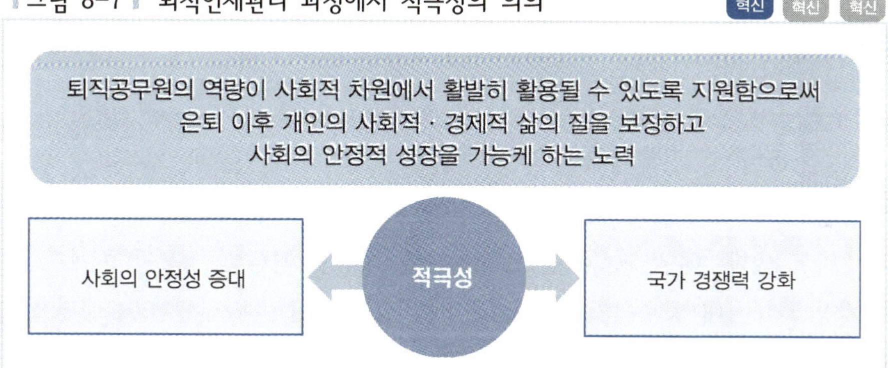

치로서 적극성의 중요성은 퇴직자의 은퇴 이후의 삶 지원을 통한 사회의 안정성 증대 및 지적 자산의 사회적 활용을 통한 국가 경쟁력 향상 측면에서 살펴볼 수 있다.

2) 정책적 이해

우리나라 공공 인적자원관리 프로세스 중 퇴직인재관리 과정에서 적극성이라는 인사혁신 가치를 담아내고자 하는 시도는 예비 퇴직자 교육훈련 프로그램의 운영, 퇴직공무원 지원 종합포털시스템 구축, 퇴직공무원 해외진출 지원 제도의 운영 등으로 구체화되어 나타난다. 이를 구체적으로 살펴보면 다음과 같다.

그림 8-8 퇴직인재관리 과정에서 적극성의 정책적 실현

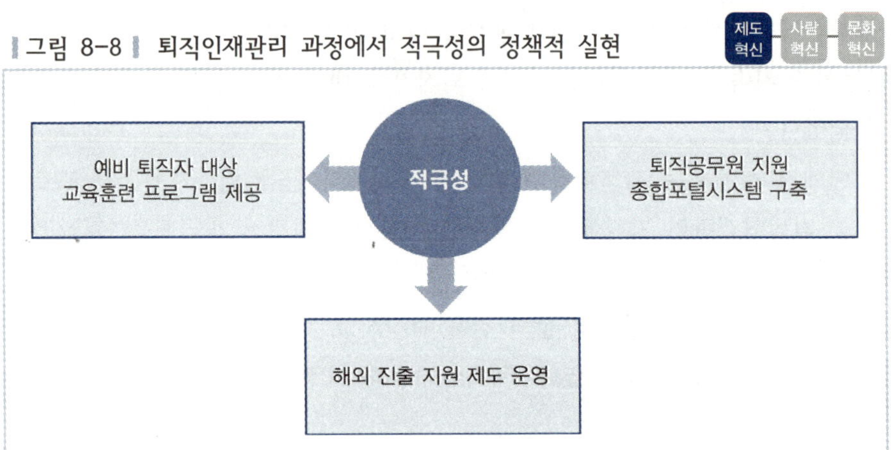

(1) 예비 퇴직자 대상 교육훈련 프로그램의 운영

우리나라 공공 인적자원관리에서는 퇴직공무원이 은퇴 후 환경변화에 능동적으로 대처하고 체계적인 은퇴 생활을 설계할 수 있도록 지원하기 위해 인사혁신처 연금복지과와 공무원 연금관리공단 주관의 교육훈련 프로그램을 운영하고 있다. 해당 교육훈련 프로그램은 공무원 연금법 적용자 중에서 퇴직예정 5년 이내 공무원이 참가를 희망할 경우에 한해서 진행된다. 매년 1월과 7월에 교육훈련 프로그램 참가자 수요조사를 진행해 각급 기관으로부터 교육대상자를 추천받고, 매년 2월과 8월에 교육훈련 프로그램에 참여하는 교육대상자를 확정하고, 매년 3월부터 12월까지 교육을 시행하게 된다. 교육훈련 프로그램에 참여하는 비용은 각 수요기관에서 납부한다.

인사혁신처 연금복지과에서 운영하는 프로그램의 경우 일자리 기본과정과 일자리 집중과정으로 구성되어 있으며 합숙훈련을 통해 일자리, 사회적 기여, 퇴직소양 등의 교과목을 이수하게 된다(<표 8-2> 참조). 공무원 연금공단에서 운영하는 프로그램의 경우 미래설계 일반과정과 미래설계 부부과정으로 구성되어 있으며 합숙훈련을 통해 생애설계, 변화관리, 사회적 기여 등의 교과목을 이수하게 된다(<표 8-2> 참조).

표 8-2 인사혁신처(연금복지과) 주관교육

• 일자리 기본과정(4박 5일, 합숙)

Module		교과목
일자리	재취업	· 취업시장 동향 · 취업준비(이력서, 면접) · 일자리분야 탐색 · 구직전략(정보찾기)
	창업	· 시장현황과 트렌드 이해(정부지원제도 포함) · 창업 후 관리
사회적 기여		· 사회공헌활동(자원봉사) · 퇴직공무원지원 사업
퇴직소양 등		· 변화관리 · 생애설계 · 연금제도

• 일자리 심화과정(8박 10일, 합숙)

Module		교과목
일자리	재취업	· 취업시장 동향 · 취업준비(이력서, 면접) · 유망자격증 · 일자리분야 탐색 · 구직전략(정보찾기) · 성공 및 실패사례
	창업	· 시장현황과 트렌드 이해(정부지원제도 포함) · 아이템 선정, 상권분석 · 창업계획서 작성 · 귀농, 귀촌 생활
사회적 기여		· 사회공헌활동(자원봉사) · 사회적 기업, 마을기업 · 퇴직공무원지원 사업
퇴직소양 등		· 변화관리 · 생애설계 · 연금제도 · 자산관리 · 건강관리

자료: 인사혁신처(2015b)

표 8-3 공무원 연금공단 주관교육

• 미래설계 일반과정(4박 5일, 합숙)

Module		교과목
일자리	일	· 일자리 탐색 · 일자리 탐방(현장탐방)
	건강	· 건강관리
	재정	· 자산관리 · 공무원연금제도 · 생활법률
	관계	· 인간관계
	여가	· 여가설계
변화관리		· 변화관리 · 자기탐색 · 자기설계 · 선배와의 시간
사회적 기여		· 자원봉사(사회공헌) · 전문지식 활용 · 퇴직공무원 지원사업

• 미래설계 부부과정(4박 5일, 합숙)

Module		교과목
일자리	일	· 일자리 탐방(현장탐방)
	건강	· 건강관리 · 웃음특강 · 부부의 生
	재정	· 자산관리 · 공무원연금제도 · 가정법률
	관계	· 인간관계 · Love Letter
	여가	· 부부여가설계 · 우는소리
변화관리		· 변화관리 · 마음의 문 열기
사회적 기여		· 자원봉사(사회공헌) · 전문지식 활용 · 퇴직공무원 지원사업

자료: 인사혁신처(2015b)

(2) 퇴직공무원 지원 종합포털시스템(G-시니어) 구축

인사혁신처는 퇴직공무원 인재풀 관리와 더불어 은퇴후 퇴직자의 사회참여를 체계적으로 지원해 나갈수 있도록 퇴직공무원의 온라인 전용공간인 G-시니어 종합포털시스템을 구축하였다. G-시니어는 퇴직공무원에게 봉사활동 정보 및 개인별 맞춤형 일자리 정보와 무료 인터넷 강의를 제공하며 시니어 클럽, 시니어 기자, 문예마당 등 참여와 소통의 공간을 제공하고 있다.

표 8-4 G-시니어 주요 기능

구분	주요기능
사회공헌	• 퇴직공무원 지원센터, 1365 나눔 포털 등 봉사활동 정보제공
일자리	• 워크넷, 지자체, 교육청 등 일자리 정보 수집을 통해 개인별 맞춤정보 제공
사이버연수원	• 자격증, OA, 창업과정 등 무료 인터넷 강의 지원
참여광장	• 시니어클럽, 문예마당 등 참여 공간 제공

자료: 인사혁신처(2015b)

(3) 퇴직공무원 해외진출 지원 제도

퇴직공무원 해외진출 지원 제도는 대한민국 공무원이 보유하고 있는 글로벌 경쟁력이 퇴직으로 인해 사장되지 않고 범국가적 차원에서 활용될 수 있도록 해외기관으로 재취업을 장려하는 제도이다. 해당 제도는 미시적 차원에서는 퇴직공무원들의 고용을 창출하고 거시적 차원에서는 국가 브랜드 강화 및 국가 간 협력 강화에 기여한다는 측면에서 그 중요성을 살펴볼 수 있다. 다만 행정한류의 확산으로 인해 우리나라의 국정운영 체계를 벤치마킹하고자 하는 많은 수요가 존재함에도 불구하고 현재 퇴직공무원 해외진출 제도는 극히 제한적으로 활용되고 있는 실정이기 때문에 해당 제도를 보다 체계화하여 적극적으로 운영할 필요가 있다.

참고 8-2 퇴직공직자 해외진출 성공사례

▣ 우즈베키스탄 공무원 초청 글로벌 리더십 프로그램(6개월)

- 목적: 한국 정부 행정개혁 사례와 전자정부 정책·시스템 전반에 대한 벤치마킹을 위함
- 대상·인원: 우즈베키스탄 과장급 등 실무 공무원 13명
- 일정: '15. 4월 27일부터 6개월
- 내용 : 정책역량, 행정개혁사례, 전자정부 정책·제도·시스템, 유관기관 인턴십 등
- 예산: 약 388백만(한·우즈벡 협력 사업기금 1억 4천만 원 포함)

☞ 제시된 사례는 김남석 前 행안부 차관(現 우즈베키스탄 ICT 부위원장)이 우즈베키스탄 정부와 협조해 추진한 것으로, 퇴직공직자 해외진출의 긍정적인 성과를 거둔 대표적인 사례이다. 본 사례는 우즈베키스탄 장기과정 이수자가 후속적 정책 기획·추진 시, 그와 관련한 우리정부 및 민간 기관과의 높은 협조를 기대할 수 있다는 대외적 시사점을 제시한다. 즉, 민·관 협력을 통한 해외 프로젝트 진출의 물꼬를 터, 정부 내 협업 체계 강화 및 민·관 상생의 선순환 창출을 기대할 수 있겠다. 대내적 시사점으로는 현·퇴직공직자 해외진출에 필요한 역량 강화 교육의 필요성을 제시할 수 있다. 구체적으로 외국정부 눈높이에 맞는 프로젝트를 수행하고, 글로벌 역량 강화를 위한 공무원 교육훈련 프로그램 중 『글로벌 컨설팅과정』 개설을 적극 검토할 필요성이 있다.

자료: 중앙공무원교육원(2015)

▣ '인사통' 김홍갑 우즈베키스탄 국립행정아카데미 부총장 맡아 행정한류를 이끌다

인사통으로 알려진 김홍갑 전 대전시 행정부시장이 조만간 대전을 떠나 우즈베키스탄에서 새로운 인생을 시작한다. 바로 우즈베키스탄 대통령 직속 국립행정아카데미 부총장을 맡게 된 것이다.

김 전 부시장이 부총장으로 임명되는 데는 그의 공직 경험이 토대가 됐다. 대전이 고향인 그는 천동초와 충남중, 충남고, 서울시립대를 졸업한 뒤 행정고시(23회) 합격 후 공직에 입문했다. 행정자치부 인사정책국장과 대전시 행정부시장, 국민권익위원회 상임위원을 거쳐 안전행정부 인사실장을 끝으로 공직에서 물러났다.

이후 한국지방재정공제회 이사장으로 근무하다 지난 5월 물러난 그는 공직 생활 중 많은 부분을 인사 분야에서 근무하면서 '인사통'으로 불려왔다. 최근까지도 우송대에서 초빙교수로 근무하면서 후학 양성에 매진해 왔다.

이런 김 전 부시장의 장점은 카리모프 대통령의 지시로 공무원 인재 양성을 추진하고 있는 우즈벡 정부에서도 높게 평가된 것이라는 공직내 해석이다.

특히 우즈벡 정부가 영국이나 독일 등 유럽내 국가들보다 한국의 행정 시스템과 혁신을 주도해 왔던 적임자 여러명을 추천받은 결과 김 전 부시장이 낙점됐다는 점은 이런 해석을 뒷받침하고 있다.

이에 따라 김 전 부시장은 오는 7일께 우즈벡으로 떠나 앞으로 적게는 2년, 많게는 3년 동안 국립행정아카데미 부총장으로 역할을 수행하게 된다. 이를 위해 김 전 부시장은 지난 달 우즈벡 정부로부터 공식 제의를 받은 뒤 현지를 직접 방문하기도 했다.

자료: 디트뉴스24(2015.10.1) 수정

제3절 투명성과 적극성 확보의 장벽

1. 투명성 확보에 있어 주요 장벽

제도혁신의 발전적 차원에서 공공 인적자원관리 프로세스 중 퇴직인재관리 과정에서의 핵심 인사혁신 가치로서 투명성은 퇴직공무원의 재취업에서 발생하는 비윤리적 행태를 근절하기 위해 구체적이고 명확한 취업심사 기준을 마련하여 이를 교육하고 위반사항을 철저하게 관리하고자 하는 노력으로 이해할 수 있다. 우리나라의 공공 인적자원관리에서 퇴직인재관리 과정에서의 투명성라는 인사혁신 가치를 담아내고자 하는 시도는 취업제한제도 및 행위제한제도의 운영으로 구체화되어 나타났고 이는 행정의 공공성 수호를 통해 국민 신뢰 향상에 기여할 수 있다는 측면에서 그 중요성을 살펴볼 수 있었다. 하지만 현재 취업제한제도 및 행위제한제도를 중심으로 공공 인적자원관리의 퇴직인재관리 과정에서 투명성 확보를 위한 다양한 노력을 전개하고 있음에도 불구하고 작동 과정에서 내·외부적으로 존재하는 장벽으로 인해 이의 적실한 구현에 있어 한계에 직면하고 있다. 퇴직인재관리 과정에서의 투명성 확보에 있어 혁신장벽으로 작용하는 요소들을 구체적으로 살펴보면 다음과 같다.

무엇보다 현재 취업제한제도는 운영에 있어 개인적·조직적·사회적 차원의 부작용을 유발하면서 딜레마에 직면하고 있다. 개인적 차원에서는 취업제한제도 강화와 연금개혁 문제가 결부되면서 공무원들이 은퇴 이후 삶에 대해 불안감을 느끼게 되었다. 이로 인해 사기 저하 및 조직 몰입 저하 문제가 발생하고 있으며 조직적 차원에서는 퇴직공무원의 취업제한제도 강화로 인해 자발적 퇴직을 설계하고 있던 공무원들이 정년퇴직으로 경력경로를 변경하면서 인사적체 현상이 심화되고 있다. 공무원의 유관기관 취업은 조직 구성원의 조기퇴직을 통해 인사적체 현상을 해소하여 공직에 활력을 불어넣는 역할을 해왔으나 취업제한제도로 유관기관으로의 취업이 어려워졌고 이에 조기퇴직이 감소하면서 인사적체가 심화되고 있는 것이다. 마지막으로 사회적 차원에서는 고령화·저출산 현상의 가속화로 인해 경제활동인구의 감소가 예상되고 있는 시점에서 퇴직공무원의 취합제한제도 강화로 인해 퇴직공무원이 보유한 우수한 역량이 사장되어 국가적 차원에서 인력 낭비가 발생하고 있다. 이에 취업제한제도가 비윤리적 행태를 근절하기 위한 제도라는 점에는 모두가 공감하나 부작용을 최소화 하기 위해 균형적 시각에서 취업제한제도를 설계해야 할 필요가 있다는 목소리가 높아지고 있다.

2. 적극성 확보에 있어 주요 장벽

제도혁신의 발전적 차원에서 공공 인적자원관리 프로세스 중 퇴직인재관리 과정에서의 핵심 인사혁신 가치로서 적극성은 퇴직공무원의 역량이 사회적 차원에서 활발히 활용될 수 있도록 지원함으로써 은퇴 이후 개인의 사회적·경제적 삶의 질을 보장하고 사회의 안정적 성장을 가능케 하는 노력으로 이해할 수 있다. 우리나라의 공공 인적자원관리에서 퇴직인재관리 과정에서의 적극성이라는 인사혁신 가치를 담아내고자 하는 시도는 예비 퇴직자 교육훈련 프로그램의 운영, 퇴직공무원 지원 종합포털시스템 구축, 퇴직공무원 해외진출 지원제도 운영 등으로 구체화되어 나타났고 이는 퇴직자의 은퇴 이후의 삶 지원을 통한 사회의 안정성 증대 및 지적 자산의 사회적 활용을 통한 국가 경쟁력 향상 측면에서 그 중요성을 살펴볼 수 있었다. 하지만 현재

그림 8-9 투명성과 적극성 확보의 장벽

제도 혁신 | 사람 혁신 | 문화 혁신

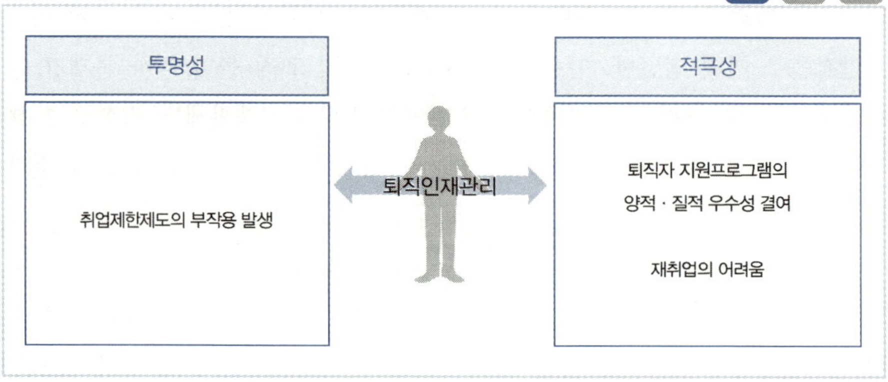

예비 퇴직자 교육훈련 프로그램의 운영, 퇴직공무원 지원 종합포털시스템 구축, 퇴직공무원 해외진출 지원제도 운영 등을 중심으로 공공 인적자원관리의 퇴직인재관리 과정에서 적극성 확보를 위한 다양한 노력을 전개하고 있음에도 불구하고 작동 과정에서 내·외부적으로 존재하는 장벽으로 인해 이의 적실한 구현에 있어 한계에 직면하고 있다. 퇴직인재관리 과정에서의 적극성 확보에 있어 혁신장벽으로 작용하는 요소들을 구체적으로 살펴보면 다음과 같다.

첫째, 퇴직자 지원프로그램의 양적·질적 우수성의 결여이다. 현재 공공 인적자원관리 과정에서 운영되고 있는 퇴직자(퇴직예정자) 지원 프로그램이 제한적으로 진행되고 있고 수요자의 니즈를 적실하게 반영하지 못하고 있다. 퇴직공무원에 대한 인식조사 결과 퇴직준비 기간이 짧고, 퇴직 전 준비교육이 충분히 이루어지지 못하고 있다는 점, 퇴직준비교육 기간이 충분하지 않

표 8-5 퇴직공무원 대상 인식조사 결과

<table>
<tr><td rowspan="3">퇴직대비 준비기간</td><td>내용</td><td>3개월 미만</td><td>3~6개월</td><td>6개월~1년</td><td>1~2년</td><td>2~3년</td><td>3년 이상</td></tr>
<tr><td>빈도</td><td>99</td><td>38</td><td>60</td><td>30</td><td>15</td><td>36</td></tr>
<tr><td>비율</td><td>35.6%</td><td>13.7%</td><td>21.6%</td><td>10.8%</td><td>5.4%</td><td>12.9%</td></tr>
<tr><td rowspan="3">퇴직전 퇴직준비 교육 여부</td><td>내용</td><td colspan="2">받지 않음</td><td colspan="2">받았지만 불충분</td><td colspan="2">충분히 받음</td></tr>
<tr><td>빈도</td><td colspan="2">214</td><td colspan="2">63</td><td colspan="2">2</td></tr>
<tr><td>비율</td><td colspan="2">76.7%</td><td colspan="2">22.6%</td><td colspan="2">0.7%</td></tr>
<tr><td rowspan="3">퇴직준비 교육 불만족 이유</td><td>내용</td><td colspan="2">다양치 않은 교육과정</td><td>짧은 교육기간</td><td>비현실적 내용</td><td>부적절한 교육</td><td>교육내용 부실</td></tr>
<tr><td>빈도</td><td colspan="2">19</td><td>23</td><td>10</td><td>1</td><td>3</td></tr>
<tr><td>비율</td><td colspan="2">33.9%</td><td>41.1%</td><td>17.9%</td><td>1.8%</td><td>5.4%</td></tr>
<tr><td rowspan="3">퇴직예정자 취업교육 시 개선해야 할 문제</td><td>내용</td><td>현실적으로 필요 교육내용</td><td>다양한 재취업 교육 프로그램</td><td>기술/전문 교육</td><td>전문성있는 강사 확보</td><td>취미활동 및 여가관련 교육</td><td>재산관리 교육</td></tr>
<tr><td>빈도</td><td>118</td><td>80</td><td>14</td><td>12</td><td>35</td><td>7</td></tr>
<tr><td>비율</td><td>44.2%</td><td>30.0%</td><td>5.2%</td><td>4.5%</td><td>13.1%</td><td>2.6%</td></tr>
</table>

자료: 최무현(2015: 22)

고 내용의 다양성을 확보하고 있지 못하다는 점 등이 문제점으로 지적되었다. 이에 현재 퇴직자(퇴직예정자)를 지원하기 위해 구성한 프로그램들이 양적·질적으로 우수성을 확보하지 못하고 있음을 확인할 수 있었다.

둘째, 퇴직공무원이 보유한 우수한 역량을 범국가적 차원에서 적극적으로 활용하기 위해 퇴직자(퇴직예정자) 지원 프로그램 및 종합포털시스템 등을 통해 재취업정보를 제공하고 있으나 취업제한제도의 강화로 인해 해당 공무원이 공직자로 생활하는 동안 체득한 경험과 지식을 활용할 수 있는 유사 분야

참고 8-3 취업제한제도의 부작용

인사혁신처 산단취업 제한 … 갈 곳 없는 퇴직공무원들
천안시 인사적체현상 심화에 '고민'

일선 지자체의 고위직 퇴직공무원들의 재취업에 빨간불이 켜졌다. 퇴임 후 민간업체 등에 취업하는 이른바 관피아 해소 차원이라는 점에서 고무적이나 관행과 경제활동을 할 수 있는 노동력 차단이라는 점에는 배치되고 있다. 국가인사혁신처는 지난해 말 개정 시행된 공직자윤리법에 따라 고위퇴직공무원이나 재산등록대상공무원이 특정 업체에 임의취업하기 위해서는 사전에 공직자윤리위원회에 승인을 받도록 하고 있다. 따라서 천안시는 국장(4급)이나 과장(5급)급이 퇴직후 관내 산업단지 관리사무소 등에 가려면 사전에 충남도 공직자윤리위원회의 승인을 받아야 한다. 승인을 받아야하는 대상 업체는 정부가 고시하고 있지만 이를 모르고 취업할 경우 취업 제한을 받게 된다.

실제 인사혁신처는 최근 천안 A산단관리사무소 B소장에 대해 공직자윤리위원회의 사전심의를 거치지 않았다는 이유를 들어 취업제한을 지시했다. B씨는 개정된 관련법을 모른 채 천안시청 국장을 재직하다 명예퇴직과 동시 올해 1월부터 A산단 관리소장으로 자리를 옮겨 근무하고 있다. 제한 지시를 받은 B소장은 현재 충남도 공직자윤리위원회에 심의를 요청해 논 상태다. 천안시 관내는 7개 산업단지를 운영하고 있으며 현재 동부바이오산업단지와 북부BIT산업단지 등 새로운 산업단지가 추진되고 있다. 이 가운데 5곳은 시청 국장급이 명예퇴직(조기퇴임)으로 공직을 떠나면서 관행적으로 자리를 옮겨 소장 직으로 근무하고 있다. 이같은 사실이 전해지자 천안시도 고민거리가 되고 있다. 고위직 공무원들이 조기퇴임하고 갈 자리가 마땅치 않아 정년까지 채우다 보니 인사적체 현상이 심화 될 수밖에 없기 때문이다. 따라서 최근 제기되고 있는 산업단지사무소를 통·폐합한 별도의 관리공단 설립에 힘이 실리고 있다.

자료: 중도일보(2015.11.15.)

로의 재취업이 사실상 봉쇄된 상태이다. 뿐만 아니라 이에 대한 보완 차원에서 해외 진출을 장려하고 있으나 극히 제한된 일부 퇴직자에게만 활용될 수 있는 제도이기 때문에 재취업 지원제도가 유명무실해지고 있다.

제4절 투명성과 적극성 확보를 위한 전략

1. 투명성 확보를 위한 주요 전략

우리나라 정부는 발전적 제도혁신을 위해 취업제한제도와 행위제한제도를 중심으로 공공 인적자원관리 프로세스 중 퇴직인재관리 과정에서 투명성이라는 핵심 인사혁신 가치를 실현하기 위한 다양한 노력을 전개하고 있다. 그러나 개인적, 조직적, 사회적 차원에서 부작용이 발생하는 등 투명성의 적실한 구현에 있어 몇 가지 장벽이 존재하고 있음을 확인할 수 있었다. 이에 이러한 장벽을 극복하고 제도혁신의 발전적 차원에서 퇴직인재관리 과정에서의 핵심 인사혁신 가치인 투명성을 적극적으로 실현하기 위한 혁신 전략을 논의하면 다음과 같다.

취업제한제도의 강화는 개인적 차원에서는 사기 저하 및 조직 몰입 저하라는 부작용을 유발하였고 조직적 차원에서는 인사적체 현상의 심화라는 부작용을 유발하였다. 또한 사회적 차원에서는 국가적 차원의 인력 낭비라는 부작용을 유발하였다. 비윤리적 행태에 대한 규제 장치가 부재할 경우 민관유착, 부정부패 등 행정 신뢰 저하를 유발하는 심각한 문제를 유발할 수 있기 때문에 사전에 이를 관리·감독할 수 있는 제도를 운영해야 한다는 점에는 모두가 공감하고 있다. 그러나 공정한 절차를 거쳐 공무원의 경험과 지식이 사회적 차원에서 활용될 때 발생하는 긍정적 외부효과를 고려할 때 국민적 정서에 반하지 않는 범위 내에서 의견 수렴과 합의를 바탕으로 현재 지나치게 강화된 취업제한제도를 합리적으로 개선하고 유연화 할 필요가 있다. 이를 통해 해당 제도가 보다 적실하고 효과적으로 운영될 수 있을 것이다. 다만 취업제한제도를 완화할 경우 보완적 차원에서 부정 행위 적발 시의 처벌 규정을 보다 강화할 필요가 있다. 이를 통해 해당 행위를 반면교사 삼아 유사 행위를 예방하는 효과를 기대할 수 있을 것이다.

2. 적극성 확보를 위한 주요 전략

우리나라 정부는 발전적 제도혁신을 위해 예비 퇴직자 교육훈련 프로그램의 운영, 퇴직공무원 지원 종합포털시스템 구축, 퇴직공무원 해외진출 지원 제도 운영 등을 중심으로 공공 인적자원관리 프로세스 중 퇴직인재관리 과정에서 적극성이라는 핵심 인사혁신 가치를 실현하기 위한 다양한 노력을 전개하고 있다. 그러나 퇴직자 지원프로그램의 양적·질적 우수성의 결여 및 재취업 지원제도의 유명무실화 등 적극성의 적실한 구현에 있어 몇 가지 장벽이 존재하고 있음을 확인할 수 있었다. 이에 이러한 장벽을 극복하고 제도혁신의 발전적 차원에서 퇴직인재관리 과정에서의 핵심 인사혁신 가치인 적극성을 적극적으로 실현하기 위한 혁신 전략을 논의하면 다음과 같다.

첫째, 수요자 중심의 맞춤형 퇴직자 지원제도 구축을 통해 퇴직공무원 지원제도의 양적·질적 우수성을 확보해야 한다. 이에 근본적으로 퇴직(퇴직예정) 공무원의 욕구체계를 파악하기 위해 퇴직 예정자를 대상으로 재취업 의사 및 은퇴 이후 활동 계획을 파악하고 이에 기반한 맞춤형 컨설팅이 이루어져야 할 것이다. 경제 활동을 지속해 나가길 원하는 퇴직자에게는 새로운 직

그림 8-10 투명성과 적극성 확보를 위한 전략

제도 혁신 | 사람 혁신 | 문화 혁신

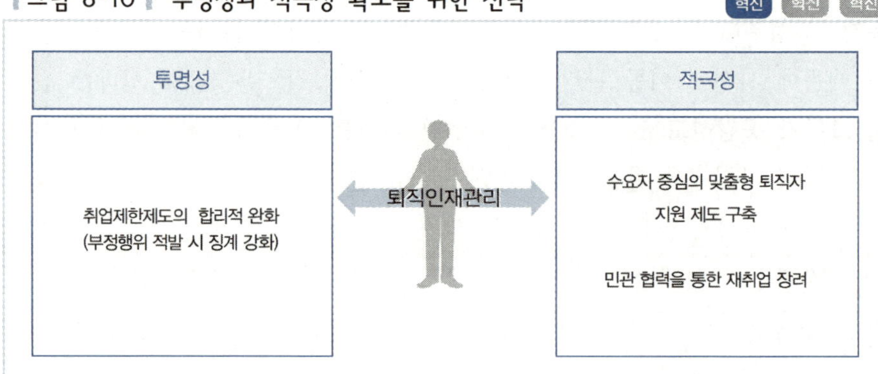

업 또는 창업에 대한 정보를 제공해야 하며, 사회봉사를 통해 행복하고 보람된 삶을 살기 원하는 퇴직자에게는 자신이 보유한 역량을 발휘할 수 있는 기관 리스트를 제공하는 등 차별화된 관리가 필요하다. 또한 선제적 차원에서 퇴직 이후의 삶을 관리해 나갈 수 있도록 퇴직 이후의 삶을 포함한 전 생애 주기적 경력개발제도를 설계해 나가야 할 것이다.

둘째, 퇴직공무원의 역량이 사장되는 것을 방지하기 위해 취업제한제도의 규정을 직급, 근무 기관, 업무 성격 등을 고려하여 합리적으로 완화할 필요가

참고 8-4 Silver 전략

S (Specialized): 개인 맞춤형 퇴직관리 설계
→ 공직 근무 시 개인이 보유한 역량을 기반으로 개인 맞춤형 퇴직관리 제도를 구축하여 퇴직 이후 새로운 직업을 가질 수 있도록 방향성 제시

I (Incorporating): 퇴직 공직자의 경험적 역량이 사회적 차원에서 적극적으로 활용 및 수용될 수 있도록 다양한 기회 제공
→ 국내에서는 공직 근무 경험을 바탕으로 공공 갈등을 조정하고 관리하는 등의 역할을 수행할 수 있으며 국내에서는 개발도상국이 컨설팅 등이 역할을 수행할 수 있도록 기회 제공

L (Leading): 스스로 퇴직 경로 설계를 주도
→ 개인에게 자율권을 부여하여 스스로 자신의 퇴직 경로를 설계해 나갈 수 있도록 하며 특히 퇴직 전 약 5년 동안은 Competency−driven / Health−driver / Family−driven 등 개인이 가장 중시하는 가치를 선택하여 해당 가치를 기초로 복지 혜택을 받을 수 있도록 지원

V (Venturesome): 모험적 여정 지원
→ 퇴직 이후 새롭고 모험적인 제2의 여정을 설계할 수 있도록 적극적 지원

E (Ethical): 윤리적인 여정 지원
→ 퇴직 이후에도 이전 공직자로서의 윤리적·도덕적 사명감을 마음속에 간직할 수 있도록 관리

R (Realistic): 실현가능한 퇴직관리 체계 구축
→ 퇴직관리 체계가 실질적으로 퇴직자에게 도움을 주고 퇴직관리 제도 및 복지혜택 등이 적극적으로 구현될 수 있도록 퇴직관리담당자와 퇴직예정자 간의 능동적 의사소통 및 협조적 조직문화 형성

자료: 조윤직·박성민·조문석(2016)

있으며 유명무실화 되고 있는 재취업지원제도를 개선하기 위해 중앙인사기관을 중심으로 통합 퇴직인력뱅크를 구축하고 이를 민간 기관과 공유하여 활용함으로써 퇴직자의 역량과 기업의 수요를 연계해 나가야 할 것이다.

토론 문제

다음 질문에 대해 함께 토론해 보세요.

1. 퇴직공무원의 재취업 과정에서 자주 발생하는 관피아, 낙하산 인사와 같은 문제점을 근절하기 위한 방안에 대해 논의해보자.

2. 사회적 차원에서 우리나라 공무원이 보유하고 있는 역량을 적극적으로 활용할 수 있도록 퇴직공무원 재취업 프로그램을 구성해보고 이의 실질적인 구현방안에 대해 논의해보자.

3. 퇴직관리가 보다 체계적으로 이루어지기 위해서는 장기적 관점에서 경력관리제도가 퇴직 이후의 삶을 포용할 수 있어야 한다. 이를 위해 제도적으로 보완되어야 할 요소에 대해 논의해보자.

제 3 편

인사혁신의 중기 과제: 사람혁신

제9장

사람혁신의 토대적 차원

제9장 사람혁신의 토대적 차원

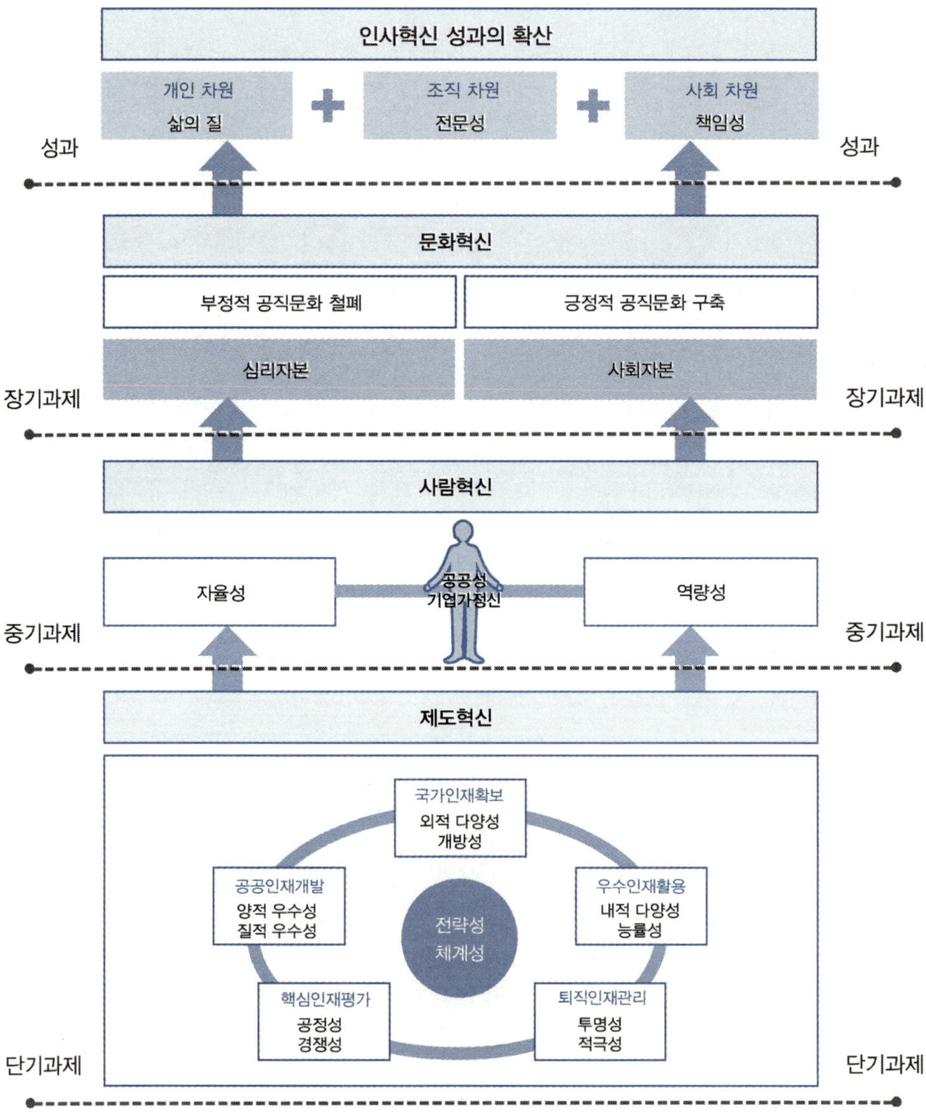

개 요

☞ 공공성

핵심 인사혁신 가치로서 공공성의 의의	
공익 실현의 실질적 주체인 공무원에게 자신들의 존재 목적인 공공 가치와 이를 달성하는 데 있어 요구되는 행태적·정서적 규범인 공공 윤리를 내재화하고 이의 적극적 실천을 위해 공공 봉사 동기를 강화해 나가고자 하는 노력	
혁신 장벽	**혁신 전략**
공공성 개념의 모호성 및 측정의 한계	공공 봉사 동기 측정을 위한 방법론적 다양화
외재적 직업선택동기의 강화	공공 부문 동기의 공공 봉사 동기로의 전환
공직자의 부정부패	내부고발제도의 실효성 확보
공공성 향상 교육·훈련 제도의 효과성 저하	장기적인 관점에서 전문적이고 특화된 공공성 향상 교육·훈련 프로그램의 제공

☞ 기업가정신

핵심 인사혁신 가치로서 기업가정신의 의의	
공공성의 수호를 위해 불확실성에 대한 개인적 위험을 감수하고 모험정신과 도전정신을 바탕으로 혁신을 주도해 나가는 진취적 행태를 공공조직 구성원들에게 내재화하려는 노력	
혁신 장벽	**혁신 전략**
공공조직 내에서 기업가정신에 대한 개념적 모호성 및 중요성에 대한 공감 부족	공공조직 내에서 기업가정신에 대한 교육·훈련 프로그램의 제공
과도한 규정과 규율의 존재	자율성 확대
혁신적 리더십의 부재	혁신적 리더십 발현을 위한 제도적·정책적 노력 전개

핵심 용어
공공성, 기업가정신, 공공 가치, 공공 윤리, 공공 봉사 동기

제1절 사람혁신의 토대적 차원에 대한 이해

1. 혁신의 배경

토대적 차원에서의 사람혁신은 "국민이 공무원에게 기대하는 바람직한 공직자의 모습은 무엇인가?"라는 질문에서 시작한다. 민간조직 구성원들과 달리 공공조직 구성원들은 국가와 국민에 대한 봉사자로서 보다 높은 수준의 윤리 규범을 준수할 것을 요청받는다. 특히 최근 우리나라에서 발생한 크고 작은 행정 실패의 핵심 원인으로 공무원의 부정적 행태가 지적되면서 사회적 차원에서 바람직한 공직자상의 재정립 및 이의 내재화에 대한 강력한 요구가 제기되었다.

이에 본서에서는 공무원에 대한 신뢰 저하 문제가 어느 때보다 심각한 현 시점에서 공무원이 갖추어야 할 기본적 소양이 무엇인가에 대한 고민을 담아내기 위해 SWOT 분석을 통해 공공 인적자원관리 사람혁신의 토대적 차원에서 내·외부적 환경을 이해하고 이를 기반으로 혁신의 방향을 도출하였다. 이러한 분석을 통해 혁신 과정에서 내부적 차원의 강점 요인과 외부적 차원의 기회 요인을 효과적으로 활용해 나갈 수 있으며 내부적 차원의 약점 요인과 외부적 차원의 위협 요인에 선제적으로 대응해 나갈 수 있다. 궁극적으로는 종합적 시각에서 진행된 내·외부 환경 분석 프로세스를 바탕으로 사회적 변화와 사회적 수요를 적실하게 담아낸 혁신 과제를 도출하여 혁신 활동의 당위성과 타당성을 확보하고자 하였다. 공공 인적자원관리 사람혁신의 토대적 차원에서 내부적 차원의 강점(Strengths) 및 약점(Weaknesses) 요인과 외부적 차원의 기회(Opportunities) 및 위협(Threats) 요인을 살펴보면 다음과 같다.

첫째, 내부적 차원의 강점(Strengths) 요인으로 공무원 선발에서 공직가치 검증 과정을 강화했다는 점을 살펴볼 수 있다. 위국보민(爲國保民)형 인재를 채용을 위해 2017년부터 5급 공무원 공개경쟁채용시험 및 외교관후보자 선발시험에 헌법 과목이 추가되며 모든 경력경쟁채용시험의 한국사능력검정시험에서 일정 등급 이상을 획득한 경우 5% 범위 이내에서 가점을 부여할 수 있도록 제도를 개선하였다. 특히 국가관, 공직관, 윤리관 등 공직가치에 대한 철저한 검증을 위해 면접시험에서 공직가치관 인성면접의 비중을 확대하였다(인사혁신처, 2015d).

둘째, 내부적 차원의 약점(Weaknesses) 요인으로 공직자의 비위행위에 대한 소극적 징계 및 직무수행 과정에서 소극적 태도의 만연 문제를 살펴볼 수 있다. 먼저 우리나라의 경우 과거에 비해 공직자 비위 행위의 빈도는 줄어들었으나 여전히 근절되지 않는 문제로 남아있는 실정이다. 비위 행위를 근절하기 위해서는 모든 비위 행위에 대한 강력한 처벌이 이루어져야 하는데 실제 공공조직 내에서 공직자의 비위 행위가 적발될 경우 온정적 조직문화로 인해 소극적 징계에 그치고 있어 이를 근절하는 데 있어 어려움이 따르고 있다. 이와 함께 직업의 안정성 보장, 위계적 문화 등으로 인해 직무수행 과정에서 조직 구성원들에게 적극적·진취적 태도를 기대하기 어려우며 이에 소극행정이 만연해 있다는 문제점을 살펴볼 수 있다.

셋째, 외부적 차원의 기회(Opportunities) 요인으로 공공조직의 부정부패 문제가 국가 브랜드 가치 및 국가 경쟁력을 저하시키는 핵심 요소라는 점에 범국가적 차원의 공감대가 형성되고 있다는 점을 살펴볼 수 있다. 이러한 흐름에 따라 우리나라도 국가공무원법, 공직자윤리법, 공무원 징계령 시행규칙 개정 등 공직자의 부정부패를 근절하고 바람직한 공직자상의 확립 및 이의 내재화를 지원하기 위한 법적·제도적 노력을 다양하게 전개하고 있다. 일명 '김영란법'이라 불리는 최근 제정된 「부정청탁 및 금품 등 수수의 금지에 관한 법률」 역시 사회적 차원에서 공직자 비위 문제에 대한 심각성을 인식하고 이를 사전에 예방하여 근절하고자 하는 노력으로 이해할 수 있다.

넷째, 외부적 차원의 위협(Threats) 요인으로 급변하는 행정환경으로 인해 공공조직 내에서 도전적·혁신적 과제의 비중이 증가하고 있다는 점을 살펴볼 수 있다. 과거에는 정책결정을 담당하는 상위직급 공무원들을 제외한 대부분의 공무원들이 정해진 규칙과 규정에 따라 수동적으로 업무를 처리하는 역할을 담당하고 있었다. 그러나 행정환경의 다변화와 복잡성의 증대로 인해 행정수요가 다변화되면서 도전적·혁신적 과제의 비중이 증가하게 되면서 전 직급의 공무원에게 도전적·혁신적 자세를 요구하게 되었다. 그러나 우리나라 공공조직은 문화적·제도적 특성으로 인해 개별 조직 구성원들에게 진취적 자세를 기대하기 어려워 변화된 행정수요에 적실하게 대응해 나가는데 한계를 보이고 있다.

2. 혁신의 과제

공공 인적자원관리의 사람혁신의 토대적 차원에서 SWOT 분석 내용을 종합해 볼 때 인사혁신의 방향은 국가와 국민에 대한 봉사자로서 바람직한 공직자 상을 재정립하여 이를 조직 구성원들에게 내재화시키고 행정환경 변화에 대응하기 위해 도전적·혁신적 자세를 함양해 나갈 수 있도록 설정되어야 함을 확인할 수 있었다.

그림 9-1 사람혁신의 토대적 차원에서 혁신 과제

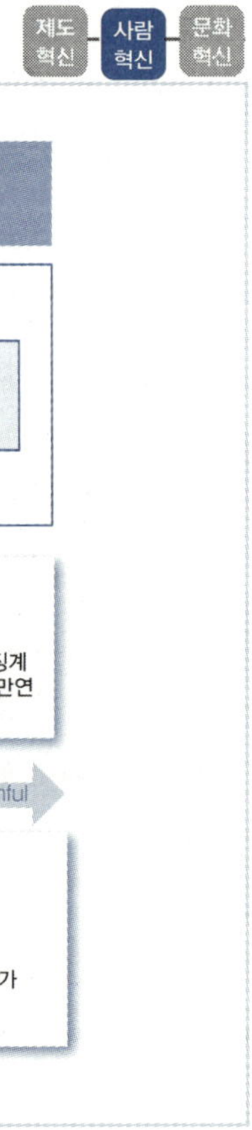

이에 본서에서는 사람혁신의 토대적 차원에서 핵심 인사혁신 가치로서 공공성과 기업가정신을 제시하였다. 공공성은 공익 실현의 실질적 주체인 공무원에게 자신들의 존재 목적인 공공 가치와 이를 달성하는 데 있어 요구되는 행태적·정서적 규범인 공공 윤리를 내재화하고 이의 적극적 실천을 위해 공공 봉사 동기를 강화해 나가고자 하는 노력을 의미하며, 기업가정신은 공공성의 수호를 위해 불확실성에 대한 개인적 위험을 감수하고 모험정신과 도전정신을 바탕으로 혁신을 주도해 나가는 진취적 행태를 공공조직 구성원들에게 내재화 하려는 노력을 의미한다.

참고 9-1 부정청탁 및 금품 등 수수의 금지에 관한 법률(김영란법)

일명 김영란 법으로 불리는 「부정청탁 및 금품등 수수의 금지에 관한 법률」은 공직자에 대한 국민의 신뢰를 회복하고 부정부패 없는 투명하고 청렴한 대한민국 사회를 건설하기 위한 노력으로 시작되었다. 특히나 우리사회는 오랫동안 청탁관행, 접대문화와 같은 부패유발적 사회문화를 가지고 있어, 공직자에 대한 국민의 의혹과 불신이 팽배해져 있다. 이에 본 법률은 사회의 폐습으로 작용하는 부정청탁과 금품수수 관행을 근절하기 위한 배경 하에 추진되었으며(국민권익위원회, 2016), 2015년 3월 3일 국회 본회의에서 통과돼 2015년 3월 27일 공포, 1년 6개월의 유예기간을 거쳐 2016년 9월 28일부터 시행되었다.

〈금품 등의 수수 유형과 부정청탁의 행위 유형〉

제2절 핵심 인사혁신 가치로서 공공성과 기업가정신

1. 공공성의 이해

1) 개념적 이해

정부 인사혁신의 세 가지 차원의 구성 요소 중 사람혁신의 토대적 차원에서 공공성(Publicness)은 행정의 목표인 공익을 수호하기 위해 공무원으로서 지향해야 할 목표이자 내재화해야 할 윤리적·정서적·행태적 규범을 의미한다. 이에 본서에서는 사람혁신의 토대적 차원의 핵심 인사혁신 가치로서 공공성을 공공 가치(Public Values), 공공 윤리(Public Ethics), 공공 봉사 동기(Public Service Motivation) 등 세 가지 차원을 포함하는 개념으로 구성하였다. 공공 가치는 목적적 가치로 이해할 수 있고, 공공 윤리와 공공 봉사 동기는 공공 가치를 달성하는 데 있어 필요한 수단적 가치로 이해할 수 있다. 이를 구체적으로 살펴보면 다음과 같다.

첫째, 공공 가치(Public Values)는 공익의 출발점이자 공공 생산(Public Production)을 정당화하고, 공공조직과 공무원의 존재 이유를 설명하는 핵심적인 요소로서 대표적인 공공 가치로는 자유, 평등, 형평성, 민주성 등을 제

| 그림 9-2 | 공공성의 하위 요소

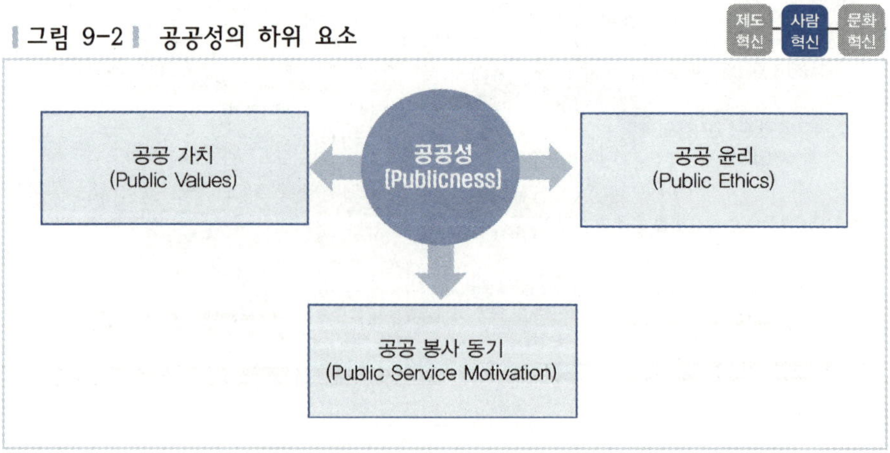

시할 수 있다(Moore, 1995; Rainey, 2009). 특히 Bozeman(2007)과 Rainey(2014)는 공공 가치를 개인적 차원과 사회적 차원으로 구분하여 설명하였다. 먼저 Bozeman(2007)은 개인적 차원에서의 공공 가치란 개인적인 선호, 그리고 시민으로서 누릴 수 있는 권리, 의무, 혜택 및 시민과 그들의 대표에게 기대되는 의무 등으로 설명하였다. 사회적 차원에서의 공공 가치란 시민으로서 누릴 수 있는 권리, 의무, 특혜, 그리고 사회 혹은 국가의 구성원인 시민으로서의 의무, 나아가 정부와 정책의 기초가 되는 원리 등에 대한 규범적 합의로 정의하였다(Bozeman, 2007: 13-14). Rainey(2009)는 이러한 논의를 종합하여 개인적 차원의 공공 가치는 개개인의 가치가 집합된 합의로 이해할 수 있으며, 사회적 차원의 공공 가치는 사회 구성원들에게 필요한 가치를 인지하고 이를 사회에 환원하여 국정운영 및 일하는 방식의 기초로서 역할을 수행하게 된다고 이야기한다(Rainey, 2009: 71). 이러한 논의를 통해 공공 가치란 국정운영의 작동 원리이자 행정과 공무원이 지향해야 할 궁극적 목표로 이해할 수 있다.

둘째, 공공 윤리(Public Ethics)란 공공조직의 구성원들이 지켜야 할 윤리 규범으로서 공무원에게 요구되는 직업 윤리(Professional Ethics)로 이해할 수 있다(이종수, 2009). 따라서 공공 윤리는 공공조직의 존재 목적인 공익을 수호하는 과정에서 공무원들이 준수해야 할 바람직한 행동 규범으로 이해할 수 있다(Bowman, 2001). 특히 공공 윤리는 소극적 차원과 적극적 차원으로 구분하여 해석할 수 있다(임성근, 2014). 소극적 차원의 공공 윤리란 공공조직에서 발생할 수 있는 부정적 행태를 방지하기 위해 필요한 행동 규범으로 국가공무원법, 형법, 헌법, 공무원윤리법, 부정부패방지법 등 법률 규정에 근거하여 청렴 및 성실 의무 등의 이행을 의미하며 적극적 차원의 공공 윤리란 공무원 스스로 자신이 보유한 역량을 국민과 국가, 공익을 수호하는 데 활용하고 정책 윤리를 준수하려고 하는 능동적 자세를 의미한다(박경원, 2012: 33, 임성근, 2014; 22-23). 이에 공공 윤리란 공무원의 부정적 행태를 방지하고 바람직한 행동을 유도하는 윤리적 행동 규범으로 이해할 수 있다.

셋째, 공공 봉사 동기(Public Service Motivation)는 공공조직 구성원들에게 고유하게 나타나는 동기차원의 특성으로 내재적·이타적 동기를 의미한다(Perry & Wise, 1990). Perry & Wise(1990)은 공공 봉사 동기란 “공공부문에서 주요하게, 고유하게 나타나는 동기 차원의 특성으로 공공 정책 결정에 대한 호감도, 공익에 대한 몰입, 동정심과 희생정신 등으로 구성된다"라고 설명하였고, Rainey & Steinbauer(1999)는 공공 봉사 동기란 "지역공동체, 국민, 국가, 인류를 위해 봉사하려는 일반적인 이타적 동기를 의미한다"라고 설명하였다. 특히 Perry(1996)와 Perry & Wise(1990)는 공공 봉사 동기를 합리적 동기(Rational Motive), 규범적 동기(Norm-based Motive), 감정적 동기(Affective Motive) 등 세 가지 요소로 구성되어 있음을 설명하였다. 합리적 동기는 공공 정책 결정에 대한 호감으로서 정책과정에서의 적극적 참여, 공공 정책에 대한 동일시, 특정 이해관계자에 대한 지지 등을 통해 만족감, 자긍심을 느끼는 공공조직 구성원들의 특징을 의미한다. 또한 규범적 동기는 공익에 대한 몰입으로서 공익에 대한 봉사, 정부와 국가에 대한 충성, 사회적 형평의 추구에 대한 공공조직 구성원들의 적극적 행태를 의미한다. 마지막으로 정서적 동기는 타인에 대한 동정, 희생 등을 포함하는 것으로서 사회적 중요성을 기반으로 해당 정책에 대한 몰입적 태도, 모든 국민에 대한 광범위한 사랑과 이들의 기본적 권리를 보호해주고자 하는 공공조직 구성원들의 마음가짐을 의미한다. Perry(1996)와 Perry & Wise(1990)의 논의를 종합해 보면 공공 봉사 동기는 타인을 도우려는 자발적 행태를 의미하는 친사회적 동기(Pro-Social Motivation)과 유사한 개념으로 이해할 수 있다(Eisenberg & Mussen, 1989: 3). 친사회적 동기는 자신의 이익과 관련 없이 순수하게 타인을 도우려는 이타성(Altruism)과 이기적 관점에서 타인을 도우려는 합리성(Rationality)을 모두 포함하는 개념이다. 공공 봉사 동기 중 합리적 동기는 이기적 관점에서 타인을 도우려는 친사회적 동기의 일종으로 이해할 수 있고, 규범적 동기와 감정적 동기는 이타적 관점에서 타인을 도우려는 친사회적 동기의 일종으로 이해할 수 있다. 이에 공공 봉사 동기란 친사회적 동기와 유사한 개념으로 국민과 국가를 위해 헌신하는 공무원들에게 요구되는 바람직한 동기 구조로 이해할 수 있다.

이에 본서에서는 사람혁신의 토대적 차원에서 핵심 인사혁신 가치로서 공공성을 "공익 실현의 실질적 주체인 공무원에게 자신들의 존재 목적인 공공 가치와 이를 달성하는 데 있어 요구되는 행태적·정서적 규범인 공공 윤리를 내재화하고 이의 적극적 실천을 위해 공공 봉사 동기를 강화해 나가고자 하는 노력"으로 정의하였다. 사람혁신의 토대적 차원에서 핵심 인사혁신 가치로서 공공성의 중요성은 사회적으로 지향해야 할 바람직한 가치실현을 통한 행정의 책임성 강화와 윤리적 태도 함양을 통해 공직 신뢰 향상에 기여할 수 있으며 궁극적으로 공익 실현에 기여할 수 있다는 측면에서 그 중요성을 살펴볼 수 있다.

그림 9-3 사람혁신의 토대적 차원에서 공공성의 의의

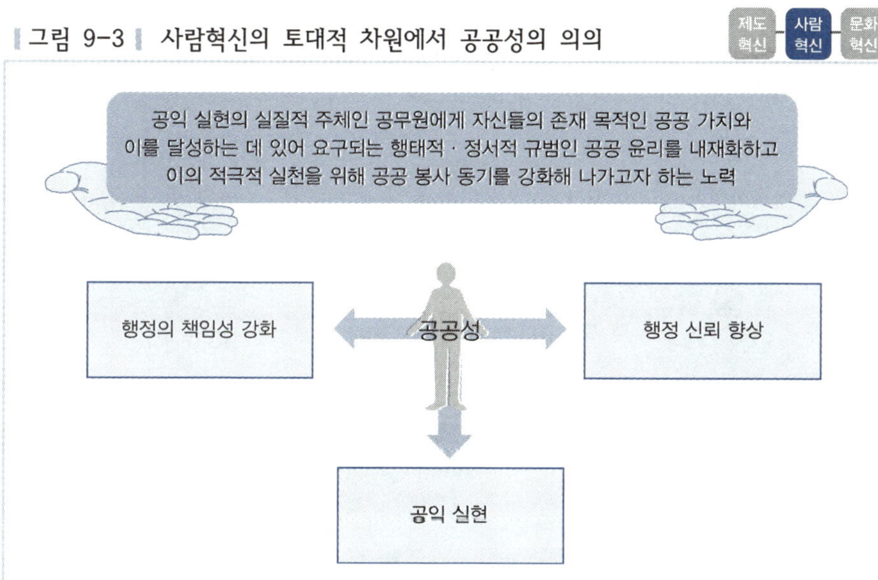

참고 9-2 공공 가치

Moore(1995)는 공공조직과 민간조직의 조직 운영 및 관리적 측면의 차이를 설명하면서 공공 가치는 공공 생산(Public Production)을 정당화하는 개념이라고 주장했다. 특히 Moore(1995)는 공무원이 업무 수행과정에서 두 가지 방식으로 공공 가치를 창출할 수 있다고 설명하였다. 하나는 공무원이 특정한 고객이나 수혜자를 위해 자신들에게 맡겨진 공공 자금과 자신들에게 부여된 권한을 효율적으로 사용하면서 공공 가치를 창출하는 것이며, 다른 하나는 공무원들이 생산적인 공공조직의 운영과 시민의 요구를 충족할 수 있는 제도와 정책을 구현함으로써 공공 가치를 창출하는 것이다. Moore(1995)와 Rainey(2009)는 공무원들이 공공 가치를 창출하는 과정에 적극적으로 참여해야 하며, 그 과정에서 비용보다 고객의 이익을 더욱 중요하게 고려해야 한다고 설명하였다.

참고 9-3 공직 가치에 관한 인식조사

인사혁신처에서는 국민 1,000명과 공무원 4,085명을 대상으로 '공직 가치에 관한 인식조사'를 실시하여 현재와 미래에 필요한 공직 가치를 선정했다. 그 결과 우리 국민과 공무원들은 공직사회에 현재 필요한 공직 가치로 청렴성과 사명감, 책임성을, 미래에 요구되는 가치로는 청렴성 외에 다양성과 투명성, 공정성을 꼽았다. 인사혁신처는 앞서 조사한 국민·공무원 인식조사 결과를 바탕으로 각계각층 간담회, 전문가 포럼 등 다양한 여론 수렴과 소통의 과정을 거쳐 핵심 공직 가치를 체계화하였다. 결국 국민이 원하는 바람직한 공무원 像이란 핵심 공직 가치를 내재화하여 '신뢰받는 깨끗한 정부'와 '국민이 행복한 대한민국'을 만들어가는 공무원이라고 할 수 있다.

〈공직 가치에 관한 인식조사 결과〉

자료: 인사혁신처(2015: 13)

2) 정책적 이해

사람혁신의 토대적 차원에서 공공성이라는 인사혁신 가치를 담아내고자 하는 시도는 공공 가치 함양을 위한 교육·훈련 프로그램 운영 및 공공 윤리 강화를 위한 관리 제도 운영 등의 노력으로 구체화되어 나타난다. 공공 가치 함양을 위한 교육·훈련 프로그램은 국가공무원인재개발원 주관으로 시행되고 있으며 공공 윤리 강화를 위한 관리 제도는 청렴연수원 주관으로 운영되고 있는 청렴 교육 과정과 징계 제도 등이 있다. 이를 구체적으로 살펴보면 다음과 같다.

| 그림 9-4 | 사람혁신의 토대적 차원에서 공공성의 정책적 실현

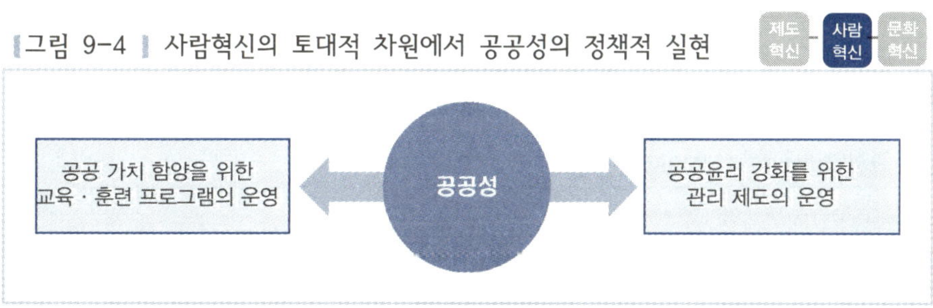

(1) 공공 가치 함양을 위한 교육·훈련 프로그램 운영

국가공무원인재개발원은 공공 가치 함양을 위해 4급 이하 공무원 및 공공기관 차장급 이하를 대상으로 공직 가치 함양 교육을 시행하고 있다. 해당 교육과정에서는 공직 가치 및 비전에 대한 토론과 발표를 통해 자신의 공직생활에 대해 뒤돌아보고 바람직한 공직자 상을 정립하며, 공직 가치의 구체적인 실천방안을 도출하는 것을 지원한다. 국가공무원인재개발원은 해당 교육 프로그램의 운영을 통해 관리자급 공무원에게 바람직한 국가관을 정립함으로써 올바른 국가관을 정부 조직과 사회에 전파 및 확산할 수 있을 것으로 기대하고 있다. 해당 교육훈련 프로그램은 <표 9-1>에서 보는바와 같이 국가관·공직관·윤리관 등의 공공 가치 핵심 3대 분야의 기본지식을 습득하고, 참여식 프로그램을 통해 공직자로서의 자긍심 고취 및 공직 가치 실천역량(행동변화)을 다짐하며, 이를 제고하는 과정으로 이루어진다(국가공무원인재개발원, 2016).

표 9-1 공직 가치 함양과정의 교과편성

주요 교육내용	교육시간			
	계	강의	참여	기타
계	21	9	11	1
○ 희망의 새시대와 공직자의 역할(공직관)	2	2		
○ 다산사상과 공직윤리(윤리관)	2	2		
○ 공직자와 역사의식(국가관)	2	2		
○ 헌법정신과 공직가치(국가관)	3	3		
○ 바람직한 공직자 상 돌아보기	4		4	
○ 공직 가치 실천방안 모색(내재화)	3		3	
○ 비전과 출발다짐	3		3	
○ 과정안내(Ice-breaking) 및 평가	2		1	1

자료: 국가공무원인재개발원(2016)

(2) 공공 윤리 강화를 위한 관리 제도의 운영

① 청렴연수원 주관: 청렴역량 강화를 위한 기관별 맞춤형 청렴교육과정

청렴연수원은 각급 기관 공직자의 청렴에 대한 인식 제고를 위해 공무원 및 각급 공직유관단체 임·직원을 대상으로 청렴교육과정을 운영하고 있다. 해당 교육과정은 공무원 개인의 청렴 민감성(Sensitivity), 도덕적 판단력(Judgement), 청렴 동기화(Motivation), 청렴 수행력(Character)의 강화를 바탕으로 정부기관 전반의 청렴성 제고를 목표로 운영되고 있다. 이에 공무원에게 조직 내 청렴문화 확산의 필요성을 강조하고 효과적인 청렴역량 계획을 수립하여 이를 실천할 수 있도록 지원한다. 특히 교육의 효과성을 향상시키고자 "청렴"이라는 주제를 다양한 프로그램과 접목하여 교육함으로써 친근한 접근을 유도하여 심리적 저항감을 최소화하고 실제 업무현장에서의 적극적 실천을 도모하고 있다.

현재 청렴연수원에서 운영되고 있는 교육과정은 기관대상 청렴교육, 청렴

리더십 함양 과정, 청렴교육 전문강사 양성과정(기본/심화), 청렴역량 강화과정(기본/심화)과정 등이 있다. 이 중에서 기관대상 청렴교육은 교육내용에 각 급 기관의 특수성을 반영하여 교육 방향과 목표에 따라 교육 내용을 차별화하여 운영하고 있다(<표 9-2> 참조). 뿐만 아니라 수요기관 청렴도 등을 사전에 진단하여 필요할 경우 교육 실시 전 조직 구성원들을 대상으로 조직 내 청렴 위해 요소를 진단하고 이를 교육과정에 반영하고 있다(청렴연수원, 2016).

표 9-2 기관대상 청렴교육내용

구분	교과목	교육시간(단위: 시간)				
		계	강의	사이버	참여실습	기타
합계						
교육	• 청렴콘서트		2		–	
	• 청렴연극		1		–	
	• 청렴소양 특강		2~3		–	
	• 청렴역량 측정	–	1~2	–	1~2	–
	• 청렴실습 – 붓글씨, 인장 제작 등				2~3	
	• 분임토의		–		2~3	
	• 청렴기행(현충사, 청남대 등)		–		3~4	
행정 등	• 입교식/수료식 • 설문조사	1	–		–	1

※각 기관에서 필요한 교육 과목을 선택하여 기관 특성에 적합한 교육 운영
자료: 청렴연수원(2016)

② 징계[1)]

우리나라 정부는 공직기강을 확립하고 국정운영의 안정성을 확보하기 위해 공무원의 의무 위반 사항 및 부정적 행태에 대해 행정상 제제를 가하는

1) 해당 내용은 저자가 유민봉·박성민(2014)의 <한국인사행정론(박영사, 2014: 501-503)>에서 제시했던 내용을 본서의 구조에 맞춰 재구성하고 수정·보완한 것이다.

징계 제도를 운영하고 있다. 현재 공무원에 대한 징계는 국가공무원법 제78조에 의거하여 첫째, 국가공무원법 및 해당 법에 따른 명령을 위반한 경우, 둘째, 직무상의 의무에 위반하거나 직무에 태만한 경우, 셋째, 직무의 내외를 불문하고 그 체면 또는 위신을 손상하는 행위를 한 경우 등으로 규정하고 있다. 현재 공무원에게 적용되는 징계의 유형은 파면, 해임, 강등, 정직, 감봉, 견책 등 다섯 개 유형으로 구분할 수 있다(<참고 9-4> 참조).

참고 9-4 공무원 징계의 종류

- 파면: 공무원관계로부터 배제 및 5년간 공무원임용 제한
  → 퇴직급여(수당)의 1/2 감액(단, 5년 미만 재직자는 퇴직급여의 1/4 감액)
- 해임: 공무원관계로부터 배제 및 3년간 공무원임용 제한
  → 금전 비리인 뇌물·향응수수, 공금 유용·횡령으로 해임된 경우 퇴직급여(수당)의 1/4 감액(단, 5년 미만 재직자는 퇴직급여의 1/8)
- 강등: 1계급 아래로 직급을 내리고, 공무원 신분은 보유하나 3개월간 직무에 종사하지 못함
  → 고위공무원은 3급으로 강등, 연구관 및 지도관은 연구사 및 지도사로 강등
  → 외무공무원은 1등급 강등, 교육공무원은 하위직위에 임명
- 정직: 공무원신분은 보유하나 직무에 종사하지 못함 -정직기간 중 보수의 2/3(연봉적용자는 연봉월액의 7할) 감액
  → 정직기간 및 정직처분 종료 후 18개월간 승진 및 승급 제한
- 감봉: 감봉기간 중 1/3(연봉적용자는 연봉월액의 4할) 감액 -감봉기간 및 감봉처분 종료 후 12개월간 승진 및 승급 제한
- 견책: 6개월간 승진 및 승급 제한
- 징계부가금: 금품 및 향응수수, 공금 횡령·유용의 경우 징계처분 외에 금품 및 향응 수수액, 공금 횡령액·유용액의 5배 이내 징계부가금 병과

자료: 국가공무원법 제79조, 제80조.

특히 인사혁신처는 국민 눈높이에 맞는 청렴한 공직사회를 구현하고 국민에게 신뢰받는 공직사회를 만들어나가기 위해 공직사회 3대 주요비위(성, 금품, 음주운전 관련)에 대한 징계기준을 강화하고 직무와 무관한 사고 등의 징계기준은 감경하는 내용을 담아 「공무원 징계령 시행규칙」을 공포하여 시

행하고 있다(<표 9-3> 참조). 개정된 「공무원 징계령 시행규칙」에서는 공무원의 성폭력 관련 중징계 사유를 ‘미성년자 대상’에서 ‘업무상 우월적 지위를 이용한 경우’, ‘미성년자 또는 장애인 대상 성폭력’으로 확대하였다. 특히 금품 관련 비위에 대해서는 처벌 대상을 확대하여 금품 관련 비위가 발생하면 행위자는 물론 비위와 관련된 지휘감독자와 부패행위를 제안한 주선자에게도 책임을 물을 수 있도록 개정하였다. 뿐만 아니라 상사, 동료 등의 부패행위를 알고도 신고·고발 의무를 다하지 않은 공무원에 대해서는 최고 파면

표 9-3 공무원 징계령 수행 규칙

비위의 정도 및 과실 여부 / 비위의 유형		비위의 정도가 심하고 고의가 있는 경우	비위의 정도가 심하고 중과실이거나, 비위의 정도가 약하고 고의가 있는 경우	비위의 정도가 심하고 경과실이거나, 비위의 정도가 약하고 중과실인 경우	비위의 정도가 약하고, 경과실인 경우
1. 성실의무 위반					
기존	개정				
가. 공금횡령·유용, 업무상 배임	가. 공금횡령·유용, 업무상 배임	파면	파면-해임	해임-강등	정직-감봉
나. 직권남용으로 타인 권리침해	나. 직권남용으로 타인 권리침해	파면	해임	강등-정직	감봉
다. 직무태만 또는 회계질서 문란	다. 직무태만 또는 회계질서 문란	파면	해임	강등-정직	감봉-견책
(신설)	라. 직무관련 주요 부패행위*의 신고·고발 의무 불이행	파면-해임	강등-정직	정직-감봉	감봉-견책
라. 기타	마. 기타	파면-해임	강등-정직	감봉	견책
7. 품위유지의 의무 위반					
기존	개정				
가. 성폭력(미성년자)	가. 성폭력(업무상 위력 등에 의한 성폭력, 미성년자 또는 장애인 대상 성폭력)	파면	파면-해임	해임-강등	강등-정직
나. 그 밖의 성폭력	나. 그 밖의 성폭력	파면	파면-해임	강등-정직	감봉-견책
다. 성희롱·성매매	다. 성희롱	파면	파면-해임	강등-감봉	감봉-견책
	라. 성매매	파면-해임	해임-강등	정직-감봉	견책
라. 기타	마. 기타	파면	해임	강등-정직	감봉-견책

자료: 인사혁신처(2015b)

처분을 내릴 수 있도록 하는 징계 기준을 신설하였다. 또한 음주운전 비위에 대해서도 '원 스트라이크 아웃'을 적용하는 등 징계 기준을 강화하였다(인사혁신처, 2015).

2. 기업가정신의 이해

1) 개념적 이해

정부 인사혁신의 세 가지 차원의 구성 요소 중 사람혁신의 토대적 차원에서 기업가정신(Entrepreneurships)은 혁신성(Innovativeness), 진취성(Pro-activeness), 위험감수(Risk-taking) 등의 정신을 포괄하는 용어로 모험정신과 도전정신을 바탕으로 새로움을 추구하는 적극적·발전적 행태를 의미한다(Covin and Slevin, 1991; Barringer, 1995; Diefenbach, 2011). 최근 이러한 기업가정신이 조직의 성과에 직·간접적으로 영향을 미칠 뿐만 아니라 조직구성원들의 직무만족, 조직몰입, 창의성 등과 같은 긍정적 행태와 밀접한 관련이 있음이 밝혀지면서 민간조직과 공공조직 모두에서 그 중요성이 강조되고 있다(Covin & Slevin, 1991; 윤종록·위홍복, 2002; 이상진 외, 2010; 정연웅, 2011).

이러한 맥락에서 공공조직에서는 보다 효율적이고 생산적인 공직사회를 만들기 위한 전략으로서 '공공 부문의 기업가정신'을 개념화하고 조직 구성원들에게 이를 내재화하고 확산시키기 위해 다양한 노력을 전개하고 있다. 공공조직에서 논의되는 '공공 부문의 기업가정신'은 공공성의 수호를 위해 개인적 위험을 감수하고 혁신적·진취적으로 직무를 수행하는 태도를 의미하며 불확실한 행정환경에 과감히 맞서는 모험정신과 도전정신을 포함한다. 특히 행정환경의 복잡성과 다양성의 증대로 행정수요가 다변화되면서 공무원이 수행해야 하는 도전적·혁신적 과제가 증가하게 되었고 이에 대응하기 위한 전략으로서 기업가정신의 중요성이 지속적으로 강조되고 있다.

이에 본서에서는 사람혁신의 토대적 차원에서 핵심 인사혁신 가치로서 기업가정신을 "공공성의 수호를 위해 불확실성에 대한 개인적 위험을 감수하고 모험정신과 도전정신을 바탕으로 혁신을 주도해 나가는 진취적 행태를 공공조직 구성원들에게 내재화 하려는 노력"으로 정의하였다. 사람혁신의 토대적 차원에서 핵심 인사혁신 가치로서 기업가정신은 조직 구성원들의 진취적 행태를 토대로 다변화된 행정수요에 적실하게 대응해 나감으로써 행정의 책임성 강화에 기여할 수 있으며 공공조직 내 무사안일 및 복지부동과 같은 부정적 문화를 철폐하여 공공조직의 경쟁력 향상에 기여할 수 있다는 측면에서 그 중요성을 살펴볼 수 있다.

그림 9-5 사람혁신의 토대적 차원에서 기업가정신의 의의

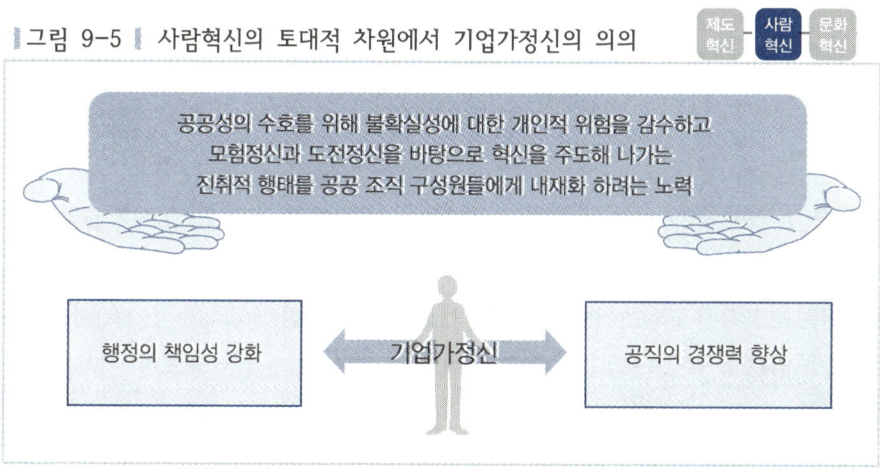

2) 정책적 이해

사람혁신의 토대적 차원에서 기업가정신이라는 인사혁신 가치를 담아내고자 하는 시도는 책임운영기관제도(Executive Agency System)의 구현으로 구체화되어 나타났다. 책임운영기관제도는 조직 운영에 있어 자율성을 확대하는 제도로 인사관리보다는 조직관리 차원에서 보다 중요하게 다루어지는 제도이다. 다만 조직관리에 있어 인사 및 재정 운영의 자율성 확대를 통해 궁극적으로 혁신성과 진취성의 확산 및 성과 향상을 지향하고 있다는 점을 고려할 때 책임운영기관제도의 양적·질적 성장을 위한 제도운영 활성화 전략은 공공조직 내에서 기업가정신을 보다 적극적으로 실현하기 위한 정책적 노력의 일환으로 이해할 수 있다. 이에 기업가정신이라는 인사혁신 가치를 적

그림 9-6 사람혁신의 토대적 차원에서 기업가정신의 정책적 실현

제도 혁신 – 사람 혁신 – 문화 혁신

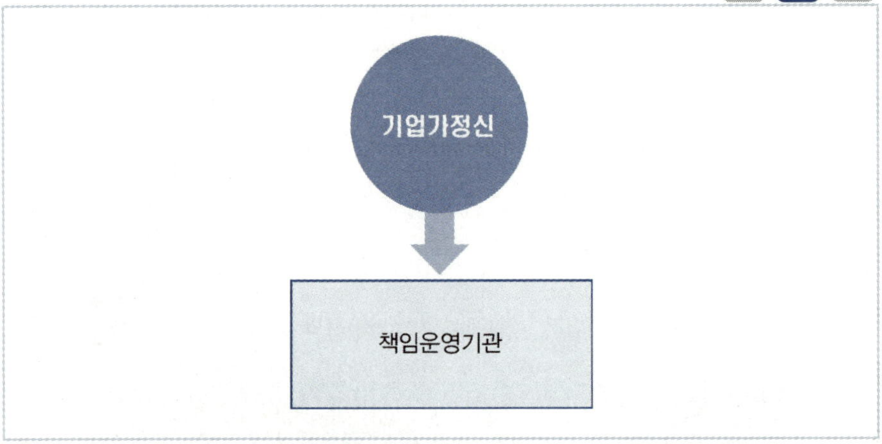

극적으로 담아내기 위한 정책적 노력으로 도입·운영되고 있는 책임운영기관 제도에 대해 구체적으로 살펴보면 다음과 같다.

책임운영기관제도는 1988년 영국에서 국방·보건·교도소 등 140개의 부서를 책임운영기관으로 지정하면서 처음 도입되어 운영되었으며 이후 미국과 일본, 호주, 캐나다 등 다수의 국가들로 확산된 조직 운영 제도이다(이종수 외, 2009). 우리나라에서는 1999년 관련 법률이 제정되어 2000년부터 운영되기 시작하였으며 현재 2016년 3월 기준으로 49개의 책임운영기관이 운영되고 있다(행정자치부, 2016).

참고 9-5 2016년 책임운영기관 현황

유형		기관명	소속중앙부처	정원(명)	지정시기
조사 연구형 (20개)	조사 및 품질 관리형 (10개)	국립종자원	농림축산식품부	201	2006년
		국토지리정보원	국토교통부	112	2001년
		항공교통센터		242	2016년
		국립해양측위정보원	해양수산부	53	2016년
		경인지방통계청	통계청	341	2009년
		동북지방통계청		298	2009년
		호남지방통계청		343	2009년

		동남지방통계청		227	2009년
		충청지방통계청		239	2009년
		항공기상청	기상청	114	2001년
	연구형 (10개)	국립재난안전연구원	국민안전처	70	2013년
		국립과학수사연구원	행정자치부	396	2006년
		국립생물자원관	환경부	108	2011년
		국립수산과학원	해양수산부	544	2006년
		통계개발원	통계청	45	2007년
		국립문화재연구소	문화재청	178	2007년
		국립해양문화재연구소		63	2016년
		국립원예특작과학원	농촌진흥청	326	2006년
		국립축산과학원		320	2001년
		국립산림과학원	산림청	241	2001년
교육훈련형 (5개)		국립국제교육원	교육부	73	2001년
		통일교육원	통일부	65	2016년
		한국농수산대학	농림축산식품부	89	2008년
		해양수산인재개발원	해양수산부	23	2016년
		관세국경관리연수원	관세청	50	2016년
문화형 (7개)		국립중앙과학관	미래창조과학부	74	2000년
		국립과천과학관		77	2009년
		국방홍보원	국방부	159	2000년
		국립중앙극장	문화체육관광부	94	2000년
		국립현대미술관		99	2006년
		한국정책방송원		112	2000년
		국립아시아문화전당		32	2015년
의료형 (9개)		국립정신건강센터	보건복지부	302	2006년
		국립공주병원		126	2006년
		국립나주병원		180	2006년
		국립춘천병원		113	2006년
		국립부곡병원		177	2006년
		국립마산병원		98	2006년
		국립목포병원		74	2001년
		국립재활원		314	2001년
		경찰병원	경찰청	587	2006년
시설관리형 (5개)		해양경비안전정비창	국민안전처	214	2000년
		국방전산정보원	국방부	40	2016년

	정부통합전산센터	행정자치부	287	2016년
	대산지방해양수산청	해양수산부	69	2001년
	국립자연휴양림관리소	산림청	92	2006년
기타형 (2개)	고용노동부고객상담센터	고용노동부	52	2016년
	국세청고객만족센터	국세청	127	2016년
중앙책임운영기관	특허청		1600	2006년

자료: 행정자치부(2016)

「책임운영기관 설치·운영에 관한 법률」에 따르면 책임운영기관은 '부가 수행하는 사무 중 공공성을 유지하면서도 경쟁원리에 따라 운영하는 것이 바람직하거나, 전문성이 있어 성과관리를 강화할 필요가 있는 사무에 대하여 책임을 지도록 하는 행정기관'이라고 명시되어 있다. 책임운영기관의 유형은 조사연구형, 교육훈련형, 문화형, 의료형, 시설관리형 등으로 구분된다.

책임운영기관은 일반 행정기관과 달리 업무의 전문성과 특수성이 강하기 때문에 조직 운영에 있어 유연성이 강조되며 조직 구성원들에게는 업무 성과 향상을 위해 보다 적극적인 태도가 요구된다. 이로 인해 책임운영기관으로 지정된 기관의 기관장은 중앙행정기관으로부터 인사 및 예산 등 사업 목표를 달성하는데 필요한 조직 관리 및 운영에 대한 자율성을 위임받는다. 기관장은 이러한 자율성을 토대로 사업 목표를 달성하기 위한 전략을 수립하고 행정 서비스의 질적 향상 및 효율성 향상을 위한 다양한 활동을 유연하게 추진할 수 있으며 조직 구성원들 역시 창의적이고 진취적이며 혁신적인 자세로 업무를 수행해 나갈 수 있게 된다. 이에 책임운영기관에서는 자율성 및 성과지향적 문화를 바탕으로 조직 구성원들로 하여금 보다 높은 수준의 기업가정신의 발현을 요구하며 이러한 성과중심형 문화와 업무체계를 주도하는 기관장에게는 혁신적 리더십을 요구하게 된다.

참고 9-6 공공부문의 혁신적 리더십

최근 공공조직에서 혁신에 대한 요구가 어느 때보다 강하게 제기되면서 혁신의 바람을 누구보다 잘 이끌어나갈 혁신적 리더를 필요로 하게 되었다. 혁신적 리더십은 기존의 리더십 이론과 달리 단편적이고 평면적 관점이 아니라 통합적이며 입체적인 관점에서 리더십 개념에 접근한다.

이러한 맥락에서 혁신적 리더십은 리더의 행동이 단편적 성과 창출에 머무르지 않고 개인과 조직에게 혁신적 영감을 불러일으켜 혁신적 성과물의 지속적 확산에 기여하는 리더의 긍정적 영향력으로 이해할 수 있다. 이에 혁신적 리더십은 조직 구성원들에게 기업가정신을 내재화하고 조직 내 혁신 활동의 정착을 지원하는 리더십으로 이해할 수 있다. 따라서 혁신적 리더십은 조직 미션에 대한 강력한 의지 표명, 혁신 활동에 있어 리더의 적극적 지원, 혁신을 위한 실천적 행동, 리더의 높은 도덕성 및 윤리 수준, 조직 구성원들의 존경 등으로 구성되며 아래와 같은 문항을 통해 간접적으로 측정할 수 있다.

- 우리 기관의 기관장은 인사혁신에 큰 관심을 갖고 있다.
- 우리 기관의 기관장은 인사혁신 활동에 필요한 인력을 실질적으로 지원하고 있다.
- 우리 기관의 기관장은 인사혁신 활동에 필요한 예산을 실질적으로 지원하고 있다.
- 우리 기관의 기관장은 정직하고 진실한 행동을 장려한다.
- 나는 우리 기관의 기관장을 존경한다.

제3절 공공성과 기업가정신 확보의 장벽

1. 공공성 확보에 있어 주요 장벽

정부 인사혁신의 세 가지 구성 요소 중 사람혁신의 토대적 차원에서 핵심 인사혁신 가치로서 공공성은 공익 실현의 실질적 주체인 공무원에게 자신들의 존재 목적인 공공 가치와 이를 달성하는 데 있어 요구되는 행태적·정서적 규범인 공공 윤리를 내재화하고 이의 적극적 실천을 위해 공공 봉사 동기를 강화해 나가고자 하는 노력으로 이해할 수 있다. 우리나라 정부 인사혁신에서 사람혁신의 토대적 차원에서 공공성이라는 인사혁신 가치를 담아내고자 하는 시도는 공공 가치 함양을 위한 교육·훈련 프로그램의 운영 및 공공 윤리 강화를 위한 관리제도 운영 등의 노력으로 구체화되어 나타났고 이는 행정의 책임성 강화 및 공직 신뢰 향상에 기여할 수 있다는 측면에서 그 중요성을 살펴볼 수 있었다. 하지만 현재 공공 가치 함양을 위한 교육·훈련 프로그램의 운영 및 공공 윤리 강화를 위한 관리 제도의 운영을 중심으로 사람혁신의 토대적 차원에서 공공성 확보를 위해 다양한 노력을 전개하고 있음에도 불구하고 작동 과정에서 내·외부적으로 존재하는 장벽으로 인해 혁신 가치의 실질적 실현에 있어 한계에 직면하고 있다. 사람혁신의 토대적 차원에서 공공성 확보에 있어 혁신장벽으로 작용하는 요소들을 구체적으로 살펴보면 다음과 같다.

첫째, 정부에서 제시하고 있는 공공 가치 혹은 공직 가치에 대한 개념적 모호성 및 공공 봉사 동기의 측정에 있어 방법론적 한계이다. 우선 정부에서 제시하고 있는 공직 가치는 국가관 차원에서 애국심, 헌신성, 다양성을, 공직관 차원에서 책임성, 공평성, 전문성을, 윤리관 차원에서 청렴성, 정직성, 투명성을 제시하고 있다. 그러나 이러한 개념에 대한 모호성으로 인해 전달 및 내재화에 다소 어려움을 나타내고 있다. 특히 현재 공공 인적자원관리에서 공무원의 공공 봉사 동기는 설문을 통해 측정하는 경우가 대부분이어서 관대화 경향(Social Desirability Bias)으로 인해 측정의 타당성 및 신뢰성 저하 문제가 야기될 수 있다. 이에 실제와 달리 대부분의 공무원들이 공공 봉사 동기를 보유하고 있는 것처럼 보일 수 있다. 뿐만 아니라 해당 공공 봉사 동기 척도가 미국 등 서구의 사회·문화적 환경을 바탕으로 개발되었기 때문에 한국적 맥락에 타당하게 적용될 수 있는지에 대한 의문이 제기되고 있다.

둘째, 공공 윤리는 공공조직에서 발생할 수 있는 부정적 행태를 방지하기 위한 행동 규범으로서의 역할을 수행할 뿐만 아니라 보다 적극적 차원에서 공무원 스스로 자신이 보유한 역량을 국민과 국가, 공익을 수호하는 데 활용하고 정책 윤리를 준수하려고 하는 능동적 자세를 유도한다(박경원, 2012: 33, 임성근, 2014; 22-23). 그러나 최근 공직에 입직한 공무원들의 직업선택동기를 조사하면 공직에 대한 사명감 및 국가와 국민에 대한 헌신과 봉사와 같은 내재적 동기보다는 공직사회에서 제공하는 신분보장, 연금, 복리후생 등과 같은 외재적 동기에 의해 직업을 선택하는 비율이 점차 많아지고 있는 추세이다. 이에 국민에 대한 봉사자로서 자신의 희생을 감수할 수 있는 공공성을 보유한 사람이 공직에 입직하는 비율이 점점 낮아지고 있는 추세이다.

셋째, 근절되지 못한 공직자의 부정부패 문제이다. 공직자의 부정부패 문제는 공무원 스스로 공공성을 훼손하는 행위로 이는 국민에 대한 신뢰 저하 문제를 야기하고, 경제 발전 및 민주주의의 발전을 저해하여 국가 경쟁력 및 국가 브랜드를 약화시키는 핵심 요인으로 지적되고 있다. 우리나라의 경우 과거에 비해 공직자 비리 발생 빈도는 감소하였으나 완전히 근절되지 못한 채 여전히 끊이지 않고 발생하고 있다. 이에 조직 내부적 차원에서 부정부패에 대한 관리·감독을 강화하기 위해 내부고발제도를 시행하고 있으나 한국사회는 집단주의 문화가 강해 내부고발자가 공직 내에서 배신자로 낙인 찍히거나 인사상의 불이익을 받는 경우가 종종 발생하여 내부고발제도는 사실상 실효성을 담보하지 못하고 있다.

넷째, 공공 봉사 동기 함양을 위한 교육·훈련 제도의 효과성에 대한 논란이다. 현재 우리나라는 공공 가치 및 공공 윤리 함양을 위해 단기적 차원의 교육·훈련 프로그램을 구축하여 운영하고 있다. 그러나 공공 가치, 공공 윤리, 공공 봉사 동기 등 공공성을 소속 구성원들에게 내재화하기 위해서는 보다 장기적 관점에서 교육·훈련 프로그램을 구축하여 제공할 필요가 있다.

2. 기업가정신 확보에 있어 주요 장벽

정부 인사혁신의 세 가지 구성 요소 중 사람혁신의 토대적 차원에서 핵심 인사혁신 가치로서 기업가정신은 공공성의 수호를 위해 불확실성에 대한 개인적 위험을 감수하고 모험정신과 도전정신을 바탕으로 혁신을 주도해 나가는 진취적 행태를 공공조직 구성원들에게 내재화 하려는 노력으로 이해할 수 있다. 우리나라 정부 인사혁신에서 사람혁신의 토대적 차원에서 기업가정신이라는 인사혁신 가치를 담아내고자 하는 시도는 책임운영기관제도의 구현 등의 노력으로 구체화되어 나타났고 이는 행정의 책임성 강화와 공공조직의 경쟁력 향상에 기여할 수 있다는 측면에서 그 중요성을 살펴볼 수 있었다.

하지만 현재 책임운영기관제도의 운영 등을 중심으로 사람혁신의 토대적 차원에서 기업가정신의 확보를 위해 다양한 노력을 전개하고 있음에도 불구하고 작동 과정에서 내·외부적으로 존재하는 장벽으로 인해 혁신 가치의 실질적 실현에 있어 한계에 직면하고 있다. 사람혁신의 토대적 차원에서 기업가정신의 확보에 있어 혁신장벽으로 작용하는 요소들을 구체적으로 살펴보면 다음과 같다.

첫째, 공공조직 내에서 기업가정신에 대한 개념적 이해와 이의 중요성에 대한 공감 부족 문제이다. 기업가정신은 민간부문에서 탄생하여 최근에서야 공공부문에 도입되기 시작한 개념이다. 이에 많은 공공조직 구성원들이 아직 '혁신성', '진취성', '위험감수' 등과 같은 개념을 낯설어 하고 있다. 특히나 법·제도적 규제가 강한 공공조직에서 이러한 기업가정신의 개념적 요소들이 다소 이상적인(Ideal Type) 것으로 여겨지고 있는 실정이다.

둘째, 업무 수행과정에서 과도한 규정과 규율이 존재하여 기업가정신의 발현을 제한하고 있다는 점이다. 실제 우리나라 공공조직 내에서는 구성원들에게 부여된 자율성의 범위가 제한되어 있어 정해진 틀과 범위 내에서만 업무를 수행하는 경우가 일반적이다. 또한 공무원 개인이 보다 적극적·진취적으로 직무를 수행하려 할지라도 법적 제약으로 인해 좌절되는 문제가 발생하고 있다.

셋째, 조직 구성원들에게 기업가정신을 내재화하고 이를 지속적으로 확산

그림 9-7 공공성과 기업가정신 확보의 장벽

제도혁신 사람혁신 문화혁신

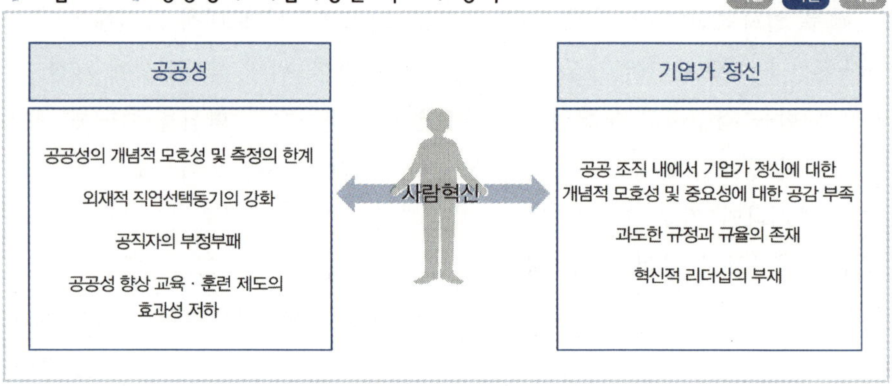

해 나가기 위해서는 기관장의 혁신적 리더십이 필요한데 우리나라 공공조직 내에서는 이러한 혁신적 리더십의 적극적 개발과 육성을 기대하기 어려운 실정이다. 혁신적 리더십의 발현을 위해서는 장기적 차원에서 혁신을 추진해 나갈 수 있는 여건이 마련되어야 하는데 우리나라의 경우 외부적 요인으로 인해 기관장의 임기가 짧은 편이어서 단기적 관점에서 가시적인 성과를 창출하는데 집중하는 등의 혁신적 리더십 내재화에 있어 내·외부적 제약이 존재하고 있다.

제4절 공공성과 기업가정신 확보를 위한 전략

1. 공공성 확보를 위한 주요 전략

우리나라 정부는 사람혁신의 토대적 차원에서 공공 가치 함양을 위한 교육·훈련 프로그램의 운영 및 공공 윤리 강화를 위한 관리제도의 운영을 중심으로 공공성이라는 핵심 인사혁신 가치를 실현하기 위한 다양한 노력을 전개하고 있다. 그러나 개념적 모호성 및 측정에 있어 방법론상의 한계, 외재적 동기에 의해 공직에 입직하는 조직 구성원들의 증가, 공직자의 부정부패 문제, 단기적 차원의 교육·훈련 프로그램 운영 등 공공성 실현에 있어 몇 가지 장벽이 존재하고 있음을 확인할 수 있었다. 이에 이러한 장벽을 극복하고 사람혁신의 토대적 차원에서 핵심 인사혁신 가치인 공공성을 적극적으로 실현하기 위한 혁신 전략을 논의하면 다음과 같다.

첫째, 공공 가치의 구성요소를 보다 구체화하고 공공 봉사 동기를 측정하는 데 있어 다양한 방법론을 활용할 필요가 있다. 특히 설문조사가 갖고 있는 사회 관대화 경향을 최소화 하기 위해 개인단위가 아닌 기관단위의 조사를 실시해야 할 것이며, 개인과 조직의 공공성을 진단하는 데 있어 정성적 평가를 적극적으로 확대해야 할 것이다. 이와 더불어 Perry & Wise(1990)가 제시한 공공봉사동기를 한국적 맥락에서 해석하여 우리나라의 사회적·문화적 환경을 고려한 한국형 공공 봉사 동기 척도의 개발 노력이 함께 이루어져야 할 것이다.

둘째, 공공 부문 동기(Public Sector Motivation)를 보유하고 있는 공무원들의 동기 구조를 공공 봉사 동기(Public Service Motivation)로 전환하기 위한 노력이 필요하다. 개인이 특정 직업을 선택하게 되는 배경과 동기는 모두 상이하게 나타나지만 공공 인적자원관리에서는 국가와 국민을 위해 헌신하고자 하는 마음가짐과 책임감을 보유한 공직자를 선별하여 선발하는 것이 무엇보다 중요하다. 이에 모집·선발 단계에서 공공성을 검증할 수 있는 절차를 강화할 필요가 있다.

셋째, 공직자의 청렴성을 강화해 나가기 위해 내부고발제도가 자체 감시제도로서 실효성 있게 운영될 수 있도록 제도적 보완이 이루어져야 하며 공공성의 내재화를 위해 “The Carrot & Stick” 전략을 적절히 활용할 필요가 있다. 조직 내에서 발생하는 부정부패 문제를 초기에 발견하고 이를 근절하기 위해서는 내부적으로 감시체계가 작동할 수 있어야 한다. 이에 내부고발자의 익명성을 보장하고, 그들의 신변을 보호해줄 수 있는 제도를 마련해야 하며 조직 내 부정부패에 대한 제보를 활성화 시킬 수 있는 유인책을 마련할 필요가 있다. 이와 더불어 공직자들에게 보다 엄격한 윤리 기준을 제시하고, 체계적인 감독방안을 마련해야 한다. 공직자의 비위 행위에 대해서는 ‘무관용의 원칙’을 적용하여 강력한 징계 조치를 취해 공직 비위에 대한 경각심을 일깨우고 공직기강을 확립해 나가야 할 것이며 공공성의 확산에 기여한 공직자에 대해서는 조직 차원에서 그 공로를 인정해주어 공직자로서의 자긍심과 사명감을 고취시켜 나가야 할 것이다.

넷째, 국가공무원인재개발원과 청렴연수원을 중심으로 장기적 차원에서 보다 전문적이고 특화된 공공 가치 및 공공 윤리 교육훈련 프로그램을 구축해 나가야 할 것이다. 이 경우 각급 기관을 대상으로 공공성 컨설팅을 실시하여 기관의 업무 및 정책 특성을 반영하려는 노력이 필요하다. 특히 공공성은 Top-Down 방식으로 주입되는 것이 아니라 공무원 스스로 인식과 가치관의 전환을 통해 내재화 시켜 나갈 수 있기 때문에 일방향적 교육의 제공에 중점을 둘 것이 아니라 공직자 스스로 공공성의 의미와 중요성에 대해 공감하고 이를 적극적으로 실천해 나갈 수 있도록 지원하는 쌍방향적 교육체계를 구축해야 할 것이다.

참고 9-7 개념 자세히 이해하기: 공공 봉사 동기와 공공 부문 동기

■ 공공 봉사 동기(Public Service Motivation)

공공 봉사 동기(Public Service Motivation)는 내재적 동기에 중점을 두어 민간조직 구성원들과 차별화된 공공조직 구성원들의 동기구조의 특수성을 강조하는 개념이다. 이에 공공 봉사 동기는 공공 정책 결정에 대한 호감도, 공익에 대한 몰입, 동정심과 희생정신 등 내재적 동기를 중심으로 공공조직 구성원들의 동기 구조를 설명한다(Perry, 1990; Perry & Wise, 1996). 따라서 공공 봉사 동기는 타인을 도우려는 자발적 행태를 의미하는 친사회적 동기(Pro-Social Motivation)와 유사한 개념으로 이해할 수 있다.

■ 공공 부문 동기(Public Sector Motivation)

공공 부문 동기(Public Sector Motivation)는 외재적 동기에 중점을 두어 민간조직 구성원들과 공공조직 구성원들 간의 동기구조의 유사성을 강조하는 개념이다. 이에 공공 부문 동기는 보수, 직무의 안정성, 연금과 같은 복리후생 등 공직에 입직함으로써 획득할 수 있는 외재적 인센티브를 중심으로 공공조직 구성원들의 동기 구조를 설명한다(Gabris & Simo, 1995; Posner & Schmidt, 1996). 따라서 공공 부문 동기는 합리적·경제적 인간관과 주인-대리인적 계약관계를 바탕으로 공공조직 구성원들의 동기 구조를 설명한 개념으로 이해할 수 있다.

2. 기업가정신 확보를 위한 주요 전략

우리나라 정부는 사람혁신의 토대적 차원에서 책임운영기관제도의 운영 등을 중심으로 기업가정신이라는 핵심 인사혁신 가치를 실현하기 위해 다양한 노력을 전개하고 있다. 그러나 공공조직 내에서 기업가정신에 대한 개념적 이해 및 중요성에 대한 공감 부족, 업무 수행과정에서 과도한 규정과 규율의 존재, 혁신적 리더십의 부재 등 기업가정신 확보에 있어 몇 가지 장벽이 존재하고 있음을 확인할 수 있었다. 이에 이러한 장벽을 극복하고 사람혁신의 토대적 차원에서 핵심 인사혁신 가치인 기업가정신을 적극적으로 실현하기 위한 혁신 전략을 논의하면 다음과 같다.

첫째, 기업가정신은 공공조직의 발전 및 혁신의 지속에 있어 필수적인 요소이기 때문에 이의 내재화를 위해서는 공공조직 구성원들에게 기업가정신에 대한 개념적 이해를 높이고 기업가정신의 중요성에 대한 공감을 이끌어 낼 수 있는 교육훈련 프로그램을 제공해야 한다. 교육훈련을 바탕으로 구성원들의 동의와 공감, 협조와 노력을 바탕으로 기업가정신의 내재화를 통한 진취적 행태를 기대할 수 있을 것이다.

참고 9-8 기업가정신의 내재화 및 확산을 위한 세부 전략

■ 기업가정신의 내재화를 위한 전략

1. 혁신 지향적 공무원 인재상 정립

새로운 시대에 맞는 혁신 지향적 공무원 인재상을 정립하고 이를 기반으로 진취적으로 업무를 수행하고 혁신을 추구할 수 있는 인재를 전략적으로 모집·선발한다.

2. 기업가정신 교육

체계적인 교육훈련을 통해 공공 부분 기업가정신의 개념과 역할, 중요성에 대한 이해 및 공감을 바탕으로 기업가정신을 내재화한다.

3. 롤 모델링

공공조직 내에서 기업가정신을 적극적으로 발현한 우수 공무원을 선발하여 이들을 롤모델로 설정한 후 우수 공무원의 행태를 기반으로 구체적인 행동역량을 학습해 나간다.

■ 기업가정신의 확산을 위한 전략

1. 혁신적 업무 처리를 위한 행정 제도 도입

적극행정면책 제도 등과 같이 개인에게 자율성을 부여하고 진취적으로 업무를 수행할 수 있는 제도를 운영한다.

2. 기업가정신 사례집 발간

진취적이고 혁신적으로 업무를 수행하여 긍정적인 결과를 창출했던 성공사례와 좋은 성과를 얻진 못했으나 교훈을 줄 수 있는 실패사례를 발굴 및 공유하여 기업가정신의 확산 및 이의 실천을 지속한다.

3. 기업가정신 발현에 대한 인센티브 제도 확립

공무원이 진취적·혁신적으로 업무를 수행한 사례를 발굴하여 '기업가정신을 보유한 우수인재'로 선발하여 인센티브를 부여하고 승진 등에 반영할 수 있도록 성과관리 체계를 개선하여 기업가정신이 확산될 수 있도록 해야 한다.

둘째, 공공조직 구성원들이 자율성을 갖고 업무에 임할 수 있도록 권한위임이 이루어져야 한다. 창의적 행정 및 혁신적 행정이 어느 때보다 강조되는 현 시점에서 공직사회가 과도한 규율과 규제의 틀에 얽매인다면 기업가정신의 발현이 아닌 내재화조차 기대할 수 없게 된다. 이에 공공조직 구성원들이 진취적으로 업무를 수행해 나갈 수 있도록 자율성을 부여할 필요가 있다. 많은 규정과 규율 속에서 자의반 타의반으로 소극행정을 이어나가는 공무원들이 자신이 보유한 역량을 적극적으로 활용할 수 있도록 적극행정면책제도를 뛰어넘는 정책적 지원이 이루어져야 할 것이다. 또한 기업가정신의 확산을 위해서는 진취적 행태를 발현한 사례를 적극적으로 발굴하여 공유하는 노력과 더불어 이러한 진취적 행태가 개인 및 조직의 성과평가에 반영될 수 있도록 해야 한다.

셋째, 기관장이 혁신적 리더십을 발현할 수 있도록 제도적·정책적 노력이 수반되어야 한다. 기관장에게 기대되는 부처별 혁신적 리더십에 대한 유형화, 사례화, 모형화 작업과 함께 합리적인 평가가 이루어져야 할 것이다. 또한 단기적 차원에서는 기관장 리더십 교육을 통해 혁신적 리더십을 내재화하고 장기적 차원에서는 이러한 리더십을 안정적으로 발휘해 나갈 수 있도록 일정 기간의 임기보장 규정을 마련해 둘 필요가 있다.

그림 9-8 공공성과 기업가정신 확보를 위한 전략

제도혁신 - 사람혁신 - 문화혁신

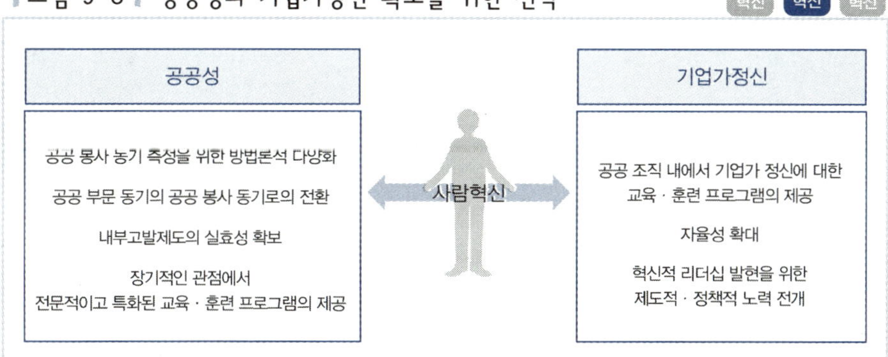

토론 문제

다음 질문에 대해 함께 토론해 보세요.

1. 조직 구성원들의 공공가치, 공공윤리, 공공 봉사 동기 수준을 진단하는 데 있어 타당성과 신뢰성을 확보할 수 있는 정성적·정량적 측정 도구 개발에 대해 논의해보자.

2. 공공가치, 공공윤리, 공공 봉사 동기 수준을 지속적으로 향상시킬 수 있는 효과적인 교육·훈련 체계 구현 방안에 대해 논의해보자.

3. 우리나라 공공 인적자원관리에 있어 기업가정신의 의미에 대해 논의해보고 공공조직 구성원들에게 이를 내재화시키기 위한 방안에 대해 논의해보자.

제10장

사람혁신의 발전적 차원

제10장 사람혁신의 발전적 차원

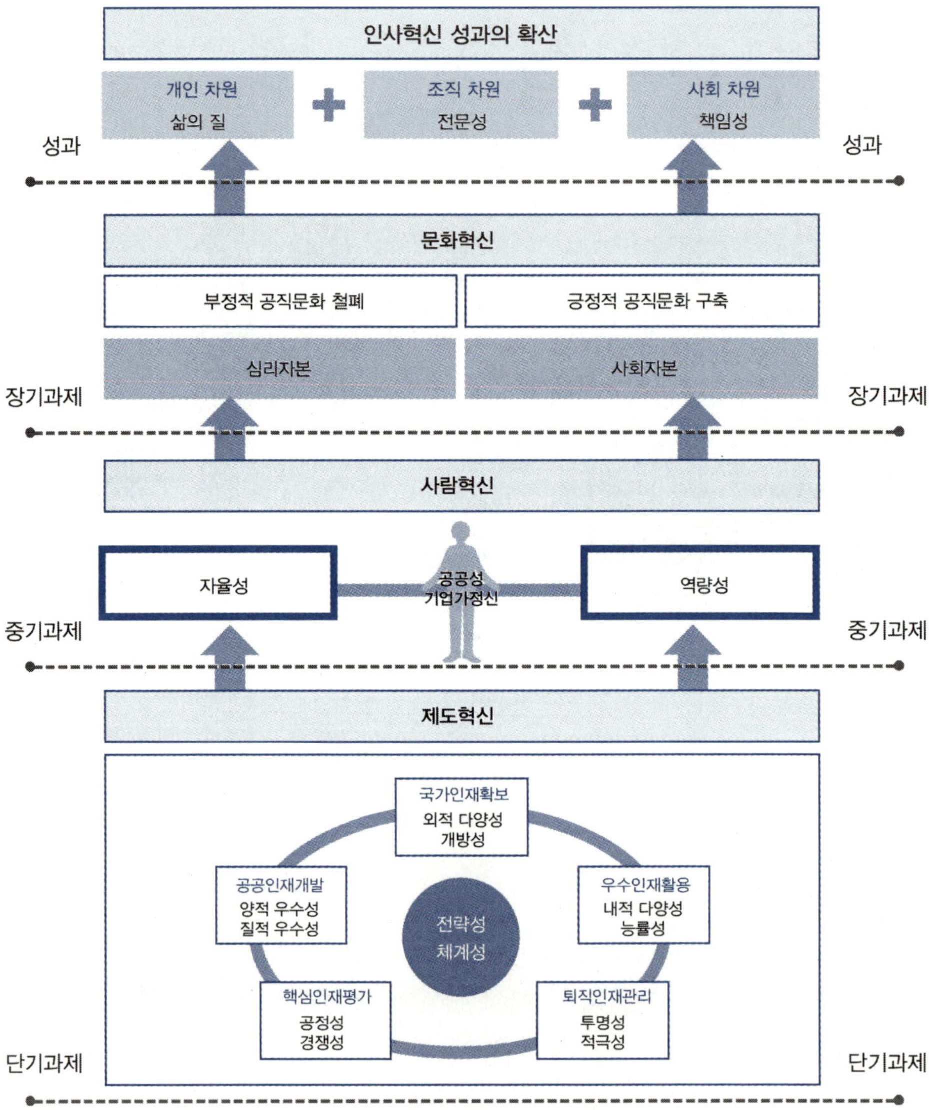

개 요

☞ 자율성

핵심 인사혁신 가치로서 자율성의 의의	
조직 내의 업무 수행 과정과 의사 결정 과정에서 개별 조직 구성원들에게 자기결정권을 부여하고 조직 구성원들의 능동적 활동을 장려하는 노력	
혁신 장벽	**혁신 전략**
상명하복의 체계 및 경직적·위계적 조직문화	자율적 조직 문화 형성 및 레드테잎의 그린테잎화
공무원들에게 부여된 최소한의 재량권	적극행정 활동의 장려

☞ 역량성

핵심 인사혁신 가치로서 역량성의 의의	
조직 차원에서 공공조직 구성원들에게 요구되는 공통 핵심 역량과 직급 및 직무 특성에 따라 차별화된 전문 직무 역량을 도출하여 이의 내재화를 지원하고자 하는 노력	
혁신 장벽	**혁신 전략**
핵심 역량 도출 및 측정을 위한 진단 시스템의 부재	핵심 역량 도출 및 측정을 위한 진단 시스템의 구축
공무원에게 기대하는 요구 역량과 현재 보유 역량 간의 불일치	직무역량 및 능력 중심의 인사관리 체계 구축과 부처별 역량평가센터의 발전적 도입 및 운영

핵심 용어
자율성, 역량성, 적극행정, 역량기반 교육훈련

제1절 사람혁신의 발전적 차원에 대한 이해

1. 혁신의 배경

발전적 차원에서의 사람혁신은 “국민이 공무원에게 요구하는 전문 직업인으로서의 역할은 무엇인가?”라는 질문에서 시작한다. 우리나라의 공공 인적자원관리는 계급제를 중심으로 운영하고 있어 일반행정가 양성을 특징으로 한다. 그러나 행정환경의 복잡성과 다양성의 증대로 행정수요가 다변화되면서 전문행정가 양성을 필요로 하게 되었고 공무원에게 기존과 다른 다양한 역할을 요구하게 되었다.

이에 본서에서는 급변하는 행정환경 속에서 공무원이 자신에게 요구되는 역할을 충실히 수행나가기 위해 필요한 요소들이 무엇인가에 대한 고민을 담아내기 위해 SWOT 분석을 통해 공공 인적자원관리 사람혁신의 발전적 차원에서 내·외부적 환경을 이해하고 이를 기반으로 혁신의 방향을 도출하였다. 이러한 분석을 통해 혁신 과정에서 내부적 차원의 강점 요인과 외부적 차원의 기회 요인을 효과적으로 활용해 나갈 수 있으며 내부적 차원의 약점 요인과 외부적 차원의 위협 요인에 선제적으로 대응해 나갈 수 있다. 궁극적으로는 종합적 시각에서 진행된 내·외부 환경 분석 프로세스를 바탕으로 사회적 변화와 사회적 수요를 적실하게 담아낸 혁신 과제를 도출하여 혁신 활동의 당위성과 타당성을 확보하고자 하였다. 공공 인적자원관리 사람혁신의 발전적 측면에서 내부적 차원의 강점(Strengths) 및 약점(Weaknesses) 요인과 외부적 차원의 기회(Opportunities) 및 위협(Threats) 요인을 살펴보면 다음과 같다.

첫째, 내부적 차원의 강점(Strengths) 요인으로 직업공무원제의 확립을 통해 젊고 유능한 인재를 확보하고 있다는 점을 살펴볼 수 있다. 우리나라는 계급제를 바탕으로 직업공무원제가 확립되어 있기 때문에 강한 신분보장과 함께 일정 조건을 갖추게 되면 은퇴 후 연금을 지급하고 있다. 이에 우수한 역량을 보유한 유능한 조직 구성원들을 확보할 수 있게 되었다.

둘째, 내부적 차원의 약점(Weaknesses) 요인으로 공직사회 내에 위계적 조직 문화가 형성되어 있다는 점을 살펴볼 수 있다. 이에 우수한 역량을 갖추고 있다 할지라도 하급자일 경우 상급자의 지시가 없는 한 자신의 역량을 제대로 활용할 수 있는 기회를 부여받지 못하고 있다. 이에 우수한 조직 구성원들의 역량이 제한적으로 활용되고 있다는 문제점이 발생하고 있다.

셋째, 외부적 차원의 기회(Opportunities) 요인으로 인사교류의 범위 확대를 통해 조직 구성원들에게 보다 다양한 역량 발전 기회를 제공할 수 있게 되었다는 점을 살펴볼 수 있다. 기존에 공공조직으로 한정하였던 인사교류의 범위를 민간조직 및 국제기구로 확대하였고 민간근무휴직제도가 부활하면서 조직 구성원들에게 보다 다양하고 전문화된 역량 발전 기회를 제공할 수 있게 되었다.

넷째, 외부적 차원의 위협(Threats) 요인으로 급변하는 행정환경으로 인해 공무원에 요구되는 역할과 역량이 다변화되고 있다는 점을 살펴볼 수 있다. 현재 우리나라 공무원은 공직자로서 누구나 갖추고 있어야 하는 공통 기초 역량과 더불어 전문 직업인으로서 직급, 직위, 직무별로 차별화된 다양한 업무 역량을 요구받게 되었다. 이에 기존의 일반행정가 중심의 인적자원관리 체계 및 일원화된 인재개발 제도로는 공무원의 역할에 대한 사회적 요구에 적실히게 대응해 나가는데 한계를 나타나게 되었다.

2. 혁신의 과제

공공 인적자원관리의 사람혁신의 발전적 차원에서 SWOT 분석 내용을 종합해 볼 때 인사혁신의 방향은 조직 구성원들이 보유하고 있는 역량을 충분히 발현할 수 있는 환경을 조성하고 공무원의 역할에 대한 사회적 요구에 맞추어 이들의 역량을 지속적으로 개발해 나갈 수 있도록 설정되어야 함을 확인할 수 있었다.

이에 본서에서는 사람혁신의 발전적 차원에서 핵심 인사혁신 가치로서 자율성과 역량성을 제시하였다. 자율성은 조직 내의 업무 수행 과정과 의사결정 과정에서 개별 조직 구성원들에게 자기결정권을 부여하고 조직 구성원들의 능동적 활동을 장려하는 노력을 의미하며 역량성은 조직 차원에서 공공조직 구성원들에게 요구되는 공통 핵심 역량과 직급 및 직무 특성에 따라 차별화된 전문 직무 역량을 도출하여 이의 내재화를 지원하고자 하는 노력을 의미한다.

그림 10-1 사람혁신의 발전적 차원에서 혁신 과제

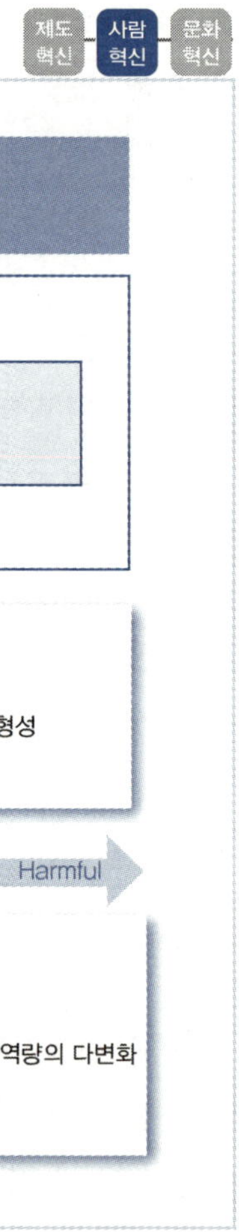

제2절 핵심 인사혁신 가치로서 자율성과 역량성

1. 자율성의 이해

1) 개념적 이해

정부 인사혁신의 세 가지 차원의 구성 요소 중 사람혁신의 발전적 차원에서 자율성(Autonomy)은 업무 수행과정에서 조직 구성원들에게 재량권을 부여하고 조직 내 의사결정 과정에서 관련 조직 구성원들의 참여를 보장하려는 노력을 의미한다. 인적자원관리에서 자율성은 조직 구성원들의 동기 부여에 직접적인 영향을 미치는 핵심적인 요소임이 밝혀지면서 그 중요성이 지속적으로 강조되고 있다.

대표적으로 Hackman & Oldham(1980)은 직무특성이론(Job Characteristics Theory)에서 조직 구성원에게 자신의 작업 일정 및 과업을 결정하는 데 있어 권한을 위임하고 재량권을 부여하면 조직 구성원들이 높은 수준의 책임의식을 바탕으로 직무를 수행함으로써 직무 만족을 향상시켜 동기를 부여하고, 궁극적으로 이를 통해 직무 성과가 향상될 수 있음을 설명하였다(Hackman & Oldham, 1980). 이와 함께 Ryan & Deci(2000)는 자기결정성 이론(Self-Determination Theory)을 통해 내재적 동기를 유지하고 강화하는 핵심 요인으로 자율성(Autonomy), 역량성(Competence), 관계성(Relatedness) 등을 제시하였다. 특히 Ryan & Deci(2000)는 자율성, 역량성, 관계성 중에서 내재적 동기의 강화에 있어 자율성이 가장 핵심적인 조절기제로서의 역할을 담당한다고 설명하면서 자율성 부여 수준이 극대화 될 때 흥미, 즐거움, 만족감 등을 느끼게 되면서 외재적 동기가 내재적 동기로 전환되어 지속적으로 강화될 수 있다고 주장하였다(Ryan & Deci, 2000).

이에 본서에서는 사람혁신의 발전적 차원에서 핵심 인사혁신 가치로서 자율성을 “조직 내의 업무 수행 과정과 의사 결정 과정에서 개별 조직 구성원들에게 자기결정권을 부여하고 조직 구성원들의 능동적 활동을 장려하는 노력"으로 정의하였다. 사람혁신의 발전적 차원에서 핵심 인사혁신 가치로서 자율성의 중요성은 개인적 차원에서는 내재적 동기의 극대화 측면에서 살펴볼 수 있으며, 조직적 차원에서는 내재적 동기의 극대화를 통해 능동적 행태가 발현되어 조직성과 향상에 기여할 수 있다는 측면에서 그 중요성을 살펴볼 수 있다.

그림 10-2 사람혁신의 발전적 차원에서 자율성의 의의

제도혁신 · 사람혁신 · 문화혁신

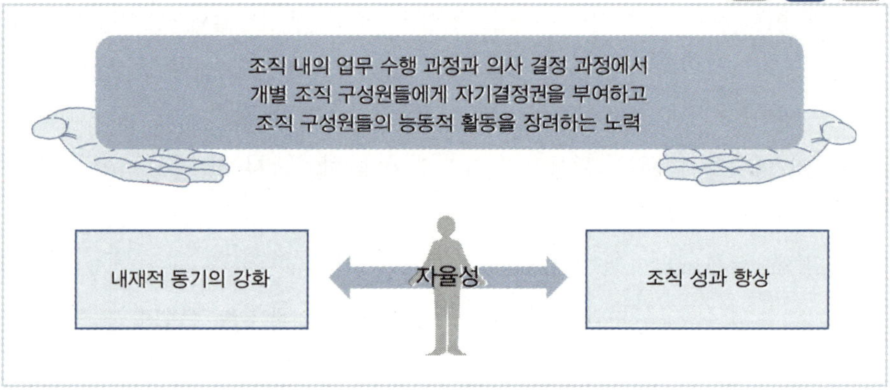

참고 10-1 Hackman & Oldham(1980)의 직무특성이론[1)]

Hackman & Oldham(1980)은 직무특성이론(Job Characteristics Theory)을 통해 개인의 동기를 직무 자체의 특성과 연관지어 설명하였다. Hackman & Oldham은 모든 직무를 다음의 다섯 가지 핵심직무 차원을 바탕으로 설명할 수 있다고 제시하였다(Hackman & Oldham, 1980; 유민봉 & 임도빈, 2007; Robbins & Judge, 2011).

첫 번째 직무 차원은 기능 다양성(Skill Variety)으로서 이는 직무가 개인에게 얼마만큼 다양한 활동을 요구하는가를 의미한다. 기능 다양성 수준에 따라 조직 구성원은 자신의 지식, 기술, 능력을 사용하는 정도가 달라지는데 일반적으로 기능 다양성의 수준이 높을수록 직무 만족도가 높아진다.

두 번째 직무 차원은 과업 정체성(Task Identity)으로서 이는 개인의 과업이 전체

---

1) 해당 내용은 저자가 유민봉·박성민(2014)의 <한국인사행정론(박영사, 2014: 416–417)>에서 제시했던 내용을 본서의 구조에 맞춰 재구성한 것이다.

적인 직무를 완성하는 데 있어 차지하는 비중을 의미한다. 즉, 특정 개인이 담당하는 과업이 전체 직무의 일부에 해당하는 것이 아니라 전체를 아울러 수행할 수 있는 기회를 부여함으로써 성취감을 느낄 수 있도록 하는 것이다.

세 번째 직무 차원은 과업 중요성(Task Significance)으로서 이는 개인의 과업이 타인에게 혹은 사회적으로 어떠한 중요성을 갖는지, 그 공헌도를 의미한다. 즉, 과업 중요성 수준이 높을수록 개인은 자신의 직무를 보다 가치 있는 것으로 여기게 되어 적극적으로 직무를 수행할 수 있게 된다.

네 번째 직무 차원은 자율성(Autonomy)으로서 이는 조직 구성원이 자신의 작업 일정 및 과정을 결정하는 데 있어서 자유의 정도를 나타내는 것으로서 권한위임, 재량권 등을 의미한다. 개인에 대한 조직의 자율성 부여 수준이 높을수록 개인은 보다 높은 책임의식을 갖고 직무를 수행하게 된다.

다섯 번째 직무 차원은 환류(Feedback)로서 이는 개인의 직무성과에 대한 평가 결과를 당사자에게 알리는 것을 의미한다. 이러한 환류를 통해 개인은 자신의 직무 성과를 보다 직접적으로 확인함으로써 직무수행에 따른 성취감 및 자긍심을 느낄 수 있다.

Hackman & Oldham은 직무가 이러한 다섯 가지 차원을 충족하고, 이것이 조직 구성원의 성장에 대한 욕구 및 강도와 결합할 때, 내재적 동기가 유발될 수 있으며, 이는 높은 작업성과, 높은 직무만족, 낮은 이직률 등이 조직효과성 향상과 연계될 수 있음을 설명하였다.

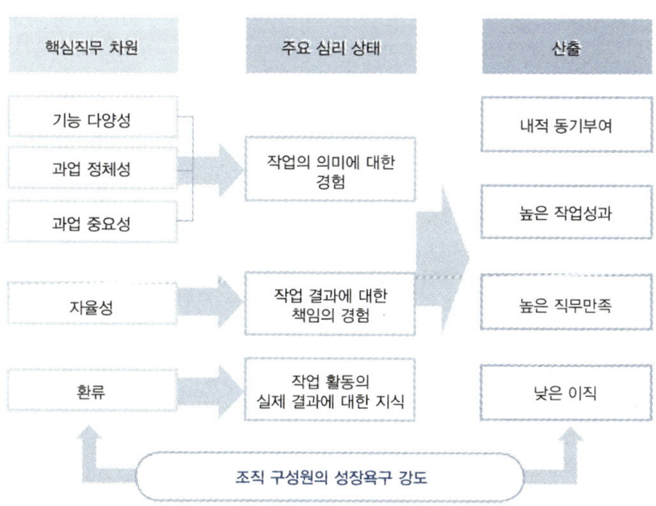

자료: Hackman & Oldham(1980)

참고 10-2 Ryan & Deci(2000)의 자기결정성이론[2)]

Ryan & Deci(2000)는 자기결정성 이론(Self-Determination Theory)을 통해 무동기·외재적 동기·내재적 동기가 자기결정성 수준에 따라 연속선상에 존재하며, 이러한 동기는 사회적 맥락에 따라 변화할 수 있는 유기체적 성격을 갖고 있다고 주장하였다. 자기결정성 이론에 따르면 개인이 자신의 행동을 스스로 결정하고 선택할 수 있는 '자기결정성(Self-Determination)' 수준이 가장 높을 때 내재적 동기가 발현될 수 있으며 개인이 지각하는 자기결정성의 수준에 따라 외재적 동기 역시 다양한 형태로 존재할 수 있다고 설명한다. 특히, 자기결정성 이론에 따르면 내재적 동기는 특정한 조직적 상황, 보상이나 규율과 같은 사회 환경적 요소, 작업 환경, 조직 문화 등에 따라 강화되거나 약화 될 수 있으며(Park & Word, 2012), 외재적 동기 역시 사회화·내면화 과정을 통해 내재적 동기로 변화할 수 있음을 강조하고 있다(Ryan & Deci, 2000).

무동기는 행동할 의도가 결핍된 상태로서, 무동기 상태의 조직 구성원들은 어떠한 행동도 하지 않거나, 목표가 결여된 채로 행동하게 된다. 따라서 무동기 상태에서는 조절기제가 존재하지 않으며, 의도가 결여, 가치가 부여되지 않은 행동, 과제를 해 낼 수 있는 능력의 결핍, 원하는 결과가 산출된 것이라는 기대의 결핍, 통제의 결핍 등으로 인해 발생한 것으로 이해할 수 있다.

외재적 동기는 조절기제의 내면화 수준과 통합의 정도에 따라 외재적 조절 동기, 순응적 조절 동기, 동일화 조절 동기 등 세 가지 유형으로 구분된다. 외재적 조절 동기는 외적인 요구를 만족시키거나 외재적 보상을 획득하기 위한 목적으로 유발되는 동기를 의미한다. 즉, 자기결정성이 결여된 채 타율적으로 행동하는 상태로 이해할 수 있다. 다음으로 순응적 조절 동기는 죄책감, 불안감 등을 회피하거나 자신감과 같은 자존감의 향상을 추구하기 위한 목적으로 유발되는 동기를 의미한다. 즉, 약간의 자기결정성을 보유하고 조절기제를 어느 정도 흡수한 상태로 이해할 수 있다. 마지막으로 동일화 조절 동기는 행동의 목표 또는 조절기제의 가치를 인식하여 자신에게 중요한 것으로 받아들인 상태에서 유발되는 동기를 의미한다. 즉, 상대적으로 높은 수준의 자기결정성을 보유하고 목표, 조절기제와 자신을 동일시한 상태로 이해할 수 있다.

이와 달리 내재적 동기는 활동 그 자체에 내재된 만족감, 즉 특정 업무를 수행하는 과정에서 발현되는 흥미, 즐거움으로 인해 행동하는 것을 의미한다. 따라서 흡수, 숙련, 자발적 흥미, 탐구 등과 같은 자연적 성향으로 이해할 수 있다.

2) 해당 내용은 저자가 유민봉·박성민(2014)의 <한국인사행정론(박영사, 2014: 403-406)>에서 제시했던 내용을 본서의 구조에 맞춰 재구성한 것이다.

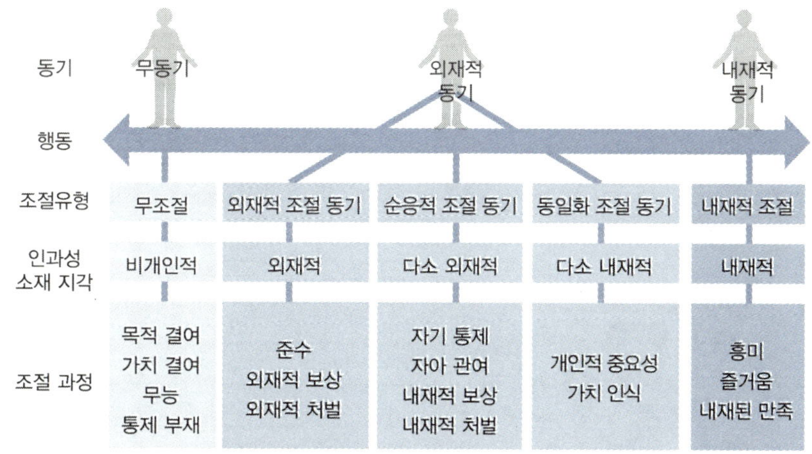

자료: Ryan & Deci(2000)의 내용을 토대로 재구성

2) 정책적 이해[3]

우리나라 공공 인적자원관리 프로세스 중 사람혁신의 발전적 차원에서 자율성이라는 인사혁신 가치를 담아내고자 하는 시도는 적극행정면책제도의 운영으로 구체화되어 나타났다. 이를 구체적으로 살펴보면 다음과 같다.

그림 10-3 | 사람혁신의 발전적 차원에서 자율성의 정책적 실현 제도혁신 사람혁신 문화혁신

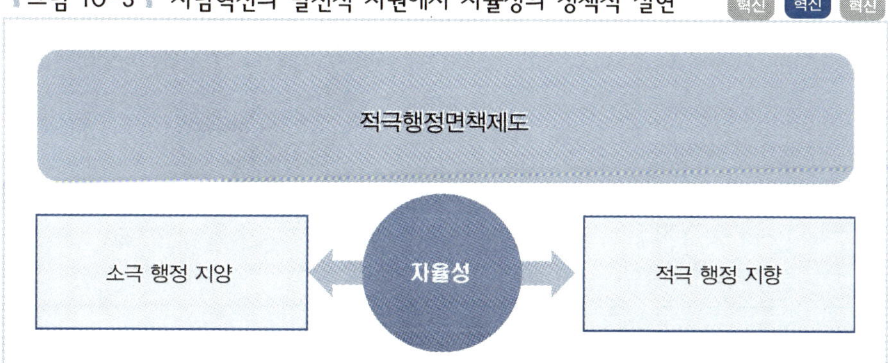

3) 해당 내용은 인사혁신처(2015e)에서 발간한 <2015 소극행정·적극행정 사례집: 적극적인 공무원, 행복한 국민>에서 적극행정 면책제도와 소극행정사례에 대한 내용을 발췌하여 수정·보완한 것이다.

참고 10-3 공무원들이 인식하는 소극행정의 원인과 극복방안

소극행정의 원인

적극행정에 대한 이해 및 동기 부족, 보수적인 인사 제도, 경직적인 조직 문화 등으로 인하여 발생

원인	비율
① 적극행정에 대한 이해 부족	18.7%
② 관행에 따른 업무처리 및 안정주의 조직 문화	13.5%
③ 사후적 처벌 및 실적 위주의 감사	13.0%
④ 인력 및 예산 부족으로 적극적 업무처리 곤란	11.4%
⑤ 형식적 성과평가 등 적극행정에 대한 동기 부족	10.9%
⑥ 적극행정에 대한 관리자 관심 부족	9.8%
⑦ 적극행정에 따른 불이익 발생 우려	7.2%
⑧ 기타	15.5%

소극행정의 극복방안

공무원 스스로 적극적인 업무를 할 수 있도록 공직문화를 바꾸는 종합 처방이 필요

극복방안	비율
① 적극행정 사례에 대한 교육 강화	18.0%
② 적극행정을 위한 제도 활성화	17.1%
③ 적극행정에 대한 인센티브 부여	16.6%
④ 인력 · 예산 확보 및 업무 전문성 강화	11.8%
⑤ 적발에서 예방으로 감사방향 전환	9.5%
⑥ 적극행정 실현을 위한 관리자 관심 제고	9.0%
⑦ 불필요한 규제 개선	7.6%
⑧ 기타	10.4%

자료: 인사혁신처(2015e), 「소극행정의 원인과 극복방안」

적극행정면책제도는 공무원이 업무 수행 과정에서 행하게 되는 소극행정을 최소화하기 위해 설립된 제도이다. 소극행정이란 해야 할 일을 하지 않거나 할 수 있는 일을 적극적으로 수행하지 않아 국민 생활 및 기업 활동에 불편을 주거나 권익을 침해하고 국가 예산에 손실을 발생하게 하는 업무 행태를 의미한다. 구체적으로 적당편의, 업무해태, 탁상행정, 관중심 행정 등이 대표적인 소극행정 행태로 지적되고 있다. 의무적 차원에서 "해야 할 일을 하지 않는" 소극행정은 징계 사유에 해당하여 업무 담당자가 법적 책임을 져야 하는 반면 능동적 차원에서 "할 수 있는 일을 적극적으로 수행하지 않는" 소극 행정에 대해서는 업무 담당자에게 부여되는 법적 책임은 가벼우나 공직자로서 도덕적·사회적 책임을 다하지 못했다는 내적·외적 비판을 받게 된다. 공공조직 내에서 이러한 소극행정 행태가 발생하는 이유로는 적극행정에 대한 이해부족 및 안정적 조직 문화 등이 지적되고 있었으며 실적 위주의 감사 및 형식적 평가체계의 운영 등도 주요한 원인으로 제시되고 있다(<참고 10-3> 참조).

이에 적극행정면책제도는 2008년 감사원의 주도로 "경제난 극복지원 및 공직활력 제고를 위한 감사운영 대책"의 일환으로 공무원의 능동적 업무 추진을 지원하기 위해 시행된 제도이다. 구체적으로 적극행정면책제도는 공무원이 공공의 이익을 위해 적극적이고 성실하게 업무를 처리하였음에도 불구하고 부정적인 결과를 초래했을 때 고의나 중과실이 없을 경우 책임을 면제하거나 감경해주는 내용을 핵심으로 한다. 이에 국민 생활에 편익을 주고 국가의 이익에 긍정적인 영향을 미치는 과제를 능동적으로 처리하는 과정에서 발생한 과실에 대해서는 징계 의결을 요구할 때 그 내용을 법령상의 서식에 따라 기재하도록 하여 징계를 면책하거나 감경하도록 하고 있다.

특히 우리나라 정부는 2015년에 공무원의 복지부동 관행을 타개하고 공무원들이 적극적으로 행정활동에 임할 수 있도록 감사원법을 개정하여 '적극행정에 대한 면책' 조항을 신설하였고 이에 해당 제도가 보다 실효성 있게 운영될 수 있게 되었다.

참고 10-4 적극행정에 대한 감사원법 관련 규정

적극행정면책 등 감사소명제도의 운영에 관한 규칙(감사원규칙 제 267호)

제5조(적극행정면책의 기준)
감사원의 감사를 받는 자가 적극행정면책의 대상이 되기 위하여는 다음 각 호에서 정한 기준들을 충족하여야 한다.

1. 감사원 감사를 받는 자의 업무처리가 불합리한 규제의 개선, 공익사업의 추진 등 공공의 이익을 위한 것일 것
2. 감사원 감사를 받는 자가 업무를 적극적으로 처리하였을 것
3. 감사원 감사를 받는 자의 행위로 인하여 결과가 발생하였을 것
4. 감사원 감사를 받는 자에게 고의 또는 중대한 과실이 없을 것

제6조(고의 또는 중과실의 추정)
감사원의 감사를 받는 자가 다음 각 호에서 정한 바를 모두 충족한 때에는 제5조 제4호에서 정한 고의 또는 중과실이 없는 것으로 추정한다.

1. 감사원 감사를 받는 자와 대상 업무 사이에 사적인 이해관계가 없을 것
2. 대상 업무의 처리에 필요한 정보를 충분히 검토하였을 것
3. 법령에서 정한 필수적인 행정절차를 거쳤을 것
4. 대상업무를 처리하면서 필요한 결재 절차를 거쳤을 것

제34조 3(적극행정에 대한 면책)
① 감사원 감사를 받는 사람이 불합리한 규제의 개선 등 공공의 이익을 위하여 업무를 적극적으로 처리한 결과에 대하여 그의 행위에 고의나 중대한 과실이 없는 경우에는 이 법에 따른 징계 요구 또는 문책 요구 등 책임을 묻지 아니한다.

2. 역량성의 이해[4)]

1) 개념적 이해

정부 인사혁신의 세 가지 차원의 구성 요소 중 사람혁신의 발전적 차원에서 역량성(Competency)은 공공조직의 구성원으로서 요구되는 공통 핵심 역량과 더불어 자신의 직위 및 업무에 따라 요구되는 각기 다른 관리·직무 역량

4) 해당 내용은 저자가 유민봉·박성민(2014)의 <한국인사행정론(박영사, 2014: 320-325)>에서 제시했던 내용을 본서의 구조에 맞춰 재구성하고 수정·보완한 것이다.

┃그림 10-4┃ 사람혁신의 발전적 차원에서 역량성의 의의

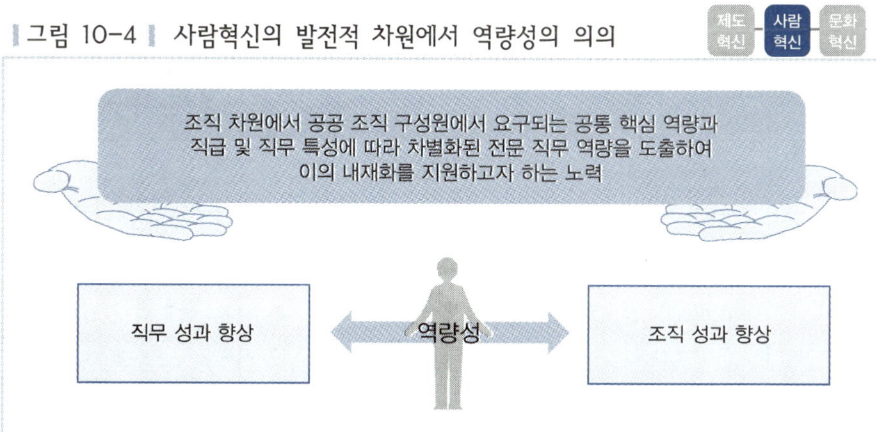

을 지속적으로 개발하기 위한 노력을 의미한다. 인적자원관리에서 역량성은 고성과 조직 및 고성과자에게 나타나는 공통적 속성으로 이의 발굴과 개발 노력은 조직의 성과 향상을 위해 필수적인 요소이다.

역량(Competency)은 능력(Ability)과 비슷한 개념으로서 조직효과성 제고의 주요 요인으로 고려되고 있는 개념이다. 인적자원관리에서 역량은 성과 극대화를 위한 수단으로서의 의미를 지니며 동기(Motive), 특질(Trait), 자아인식(Self Concept), 지식(Knowledge), 기술(Skill) 등의 내재적 특성이 우수한 고성과자의 개인적 특성으로 설명할 수 있다(Spencer & Spencer, 1993). 즉, 역량은 우수한 성과를 전제로 성립되는 개념으로서, 외적으로 관찰 가능하고 측정 가능한 형태의 언행과 관계가 있는 개인의 내적 행동특성을 의미한다. 특히 역량은 현재뿐만 아니라 미래의 바람직한 기능과 역할을 고려하는 것으로서, 미래 업무환경에서 조직 구성원에게 요구되는 행태나 태도를 의미한다. 이러한 역량을 도출하기 위해서는 미래 업무환경에 비추어 비전과 미션을 분석하고 조직의 핵심역량(Core Competency)을 파악하는 것이 필요하다. 일반적으로 조직 내에서 역량은 공통 핵심 역량, 관리 역량, 직무 전문 역량 등 세 가지 차원으로 구성된다(<표 10-1> 참조).

이에 본서에서는 사람혁신의 발전적 차원에서 핵심 인사혁신 가치로서 역량성을 "조직 차원에서 공공조직 구성원들에게 요구되는 공통 핵심 역량과 직급 및 직무 특성에 따라 차별화된 전문 직무 역량을 도출하여 이의 내재화

표 10-1 역량의 유형

역량구분	적용취지	적용범위	도출근거
공통 핵심 역량	전 조직 구성원이 공통적으로 핵심 역량	전체 조직 구성원	조직의 미션, 가치, 전략
관리 역량	조직의 원활한 운영을 지원하고 보다 나은 방향으로 변화하도록 유도하는 역량	관리자 및 특정계층의 조직 구성원	부서 내 업무의 효과적 수행요건 및 부서 간 협조의 관건
전문 직무 역량	개별 조직 구성원들이 자신의 직무를 효과적으로 수행하기 위한 전문적인 직무 역량	업무유형별 담당자	개인단위 업무의 내역 및 성과요인

자료: 김현주(2003); 유민봉·박성민(2014)

를 지원하고자 하는 노력"으로 정의하였다. 사람혁신의 발전적 차원에서 핵심 인사혁신 가치로서 역량성의 중요성은 개인적 차원에서는 조직 구성원에게 요구되는 필요 역량에 기반을 둔 교육훈련을 제공함으로써 능력 발전을 통한 직무 성과 향상에 기여하고, 조직적 차원에서는 조직이 필요로 하는 역량에 대한 점검 결과를 인적자원관리 프로세스 전 과정에 활용함으로써 조직이 필요로 하는 최적의 인재를 양성하여 조직성과 향상에 기여할 수 있다는 측면에서 살펴볼 수 있다.

2) 정책적 이해

우리나라 공공 인적자원관리 프로세스 중 사람혁신의 발전적 차원에서 역량성이라는 인사혁신 가치를 담아내고자 하는 시도는 역량기반 교육훈련 체계의 구축 노력으로 구체화되어 나타났다. 이를 구체적으로 살펴보면 다음과 같다.

역량기반 교육훈련(CBC: Competency-based Curriculum)은 조직의 성과향상을 목적으로 장기적이고 거시적인 측면에서 요구되는 역량을 파악하여 교육훈련을 통해 미래 요구 역량과 현재 보유 역량 간의 격차를 좁혀가는 과정

그림 10-5 사람혁신의 발전적 차원에서 역량성의 정책적 실현

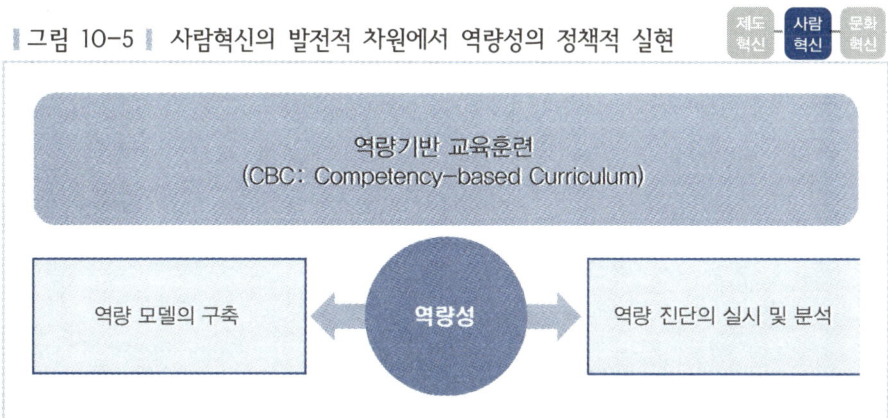

으로 이해할 수 있다. 이러한 역량기반 교육훈련의 중요성은 두 가지 측면에서 살펴볼 수 있다. 먼저 자신의 현재 수준을 정확히 진단하여 조직에서 요구하는 역량과 자신의 보유 역량 간의 격차 및 고성과자와의 격차를 줄이는 방향으로 교육훈련이 진행되기 때문에 일방향적이고 형식적인 전통적 교육훈련의 한계를 보완할 수 있다. 또한 역량분석 및 역량진단을 바탕으로 구축된 역량모델을 통해 개인의 성장과 조직의 발전을 지원하는 코칭과 피드백 틀(Framework)을 제공함으로써 개인과 조직 모두 지속적인 성장이 가능해진다. 이와 더불어 개인의 기술, 지식, 태도뿐만 아니라 조직에 필요한 역량에 중점을 두고 이를 통합적으로 고려한 교육훈련이 이루어지기 때문에 역량기반 교육훈련은 전략적 인적자원관리에서 핵심적인 기능을 담당할 수 있다.

실제 조직 내에서 역량기반 교육훈련이 실시되기 위해서는 다음의 세 가지의 전제조건이 충족되어야 한다. 우선 조직에서 필요로 하는 핵심 역량 및 지식, 기술, 태도를 바탕으로 인적자원 관리의 핵심 인프라로서 체계적인 역량모델이 확립되어야 한다. 그후 구축된 역량모델을 바탕으로 개인과 조직에 요구되는 역량수준을 진단·예측하여 현재 수준과 미래에 요구되는 격차(Gap)를 확인해야 한다. 이는 성과 지향적 인적자원관리 관점에서 개인과 조직의 요구를 정확히 진단할 필요가 있음을 강조하는 것이다. 마지막으로 역량진단을 통해 도출된 역량 격차를 해소하기 위해 조직의 비전, 미션, 목표에

참고 10-5 직급별 역량 모델 및 역량 교육 체계

■ 직급별 역량 모델

구분	사고: Thinking	업무: Working	관계: Networking
고공단	(문제인식) 전략적 사고	성과지향 변화관리	고객지향 조정통합
과장급	정책기획	조직관리 성과관리 동기부여	의사소통 이해관계 조정
5급	기획력 논리적 사고	상황인식, 판단력	의사소통 능력 조정능력

■ 직급별 역량 교육 체계

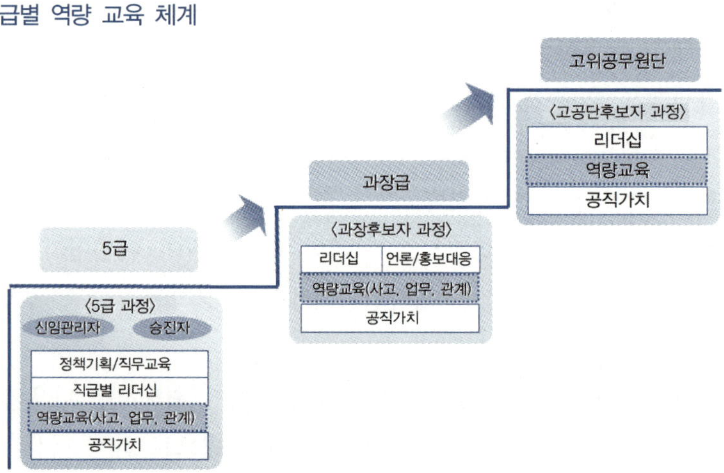

자료: 국가공무원인재개발원(2016)

근거한 체계적인 역량기반 교육훈련체계의 구축이 이루어져야 한다. 이러한 조건이 성립되면 조직은 역량기반 교육훈련을 실시할 수 있게 된다.

제3절 자율성과 역량성 확보의 장벽

1. 자율성 확보에 있어 주요 장벽

정부 인사혁신의 세 가지 구성 요소 중 사람혁신의 발전적 차원에서 핵심 인사혁신 가치로서 자율성은 조직 내의 업무 수행 과정과 의사 결정 과정에서 개별 조직 구성원들에게 자기결정권을 부여하고 조직 구성원들의 능동적 활동을 장려하는 노력으로 이해할 수 있다. 우리나라 정부 인사혁신에서 사람혁신의 발전적 차원에서 자율성이라는 인사혁신 가치를 담아내고자 하는 시도는 적극행정면책제도의 운영으로 구체화되어 나타났고 이는 내재적 동기의 극대화 및 조직성과 향상에 기여할 수 있다는 측면에서 그 중요성을 살펴볼 수 있었다. 하지만 현재 적극행정면책제도의 운영을 중심으로 사람혁신의 발전적 차원에서 자율성 확보를 위해 다양한 노력을 전개하고 있음에도 불구하고 작동 과정에서 내·외부적으로 존재하는 장벽으로 인해 혁신 가치의 실질적 실현에 있어 한계에 직면하고 있다. 사람혁신의 발전적 차원에서 자율성 확보에 있어 혁신장벽으로 작용하는 요소들을 구체적으로 살펴보면 다음과 같다.

첫째, 우리나라 공직사회에 형성되어 있는 상명하복의 체계와 경직적·위계적 조직 문화이다. 이러한 문화적 특수성으로 인해 우리나라 공공조직에서의 하급자는 상사가 지시한 업무 혹은 직무 기술서에 기술된 업무 내용 외에 자발적인 행동을 최소화하고자 하며 자발적인 업무 몰입, 창의적·혁신적 행동을 기대하기 어려운 실정이다. 이로 인해 공공조직 내 절차적·결과적 형식주의 문제가 만연하게 되었다.

둘째, 다양한 법적 체계에 따라 업무 권한의 범위가 결정되는 공무원들은 최소한의 재량권을 가지고 업무를 수행하게 된다. 이에 자신이 재량을 발휘하여 업무를 진행하게 되었을 때 행정 과실로 오판될 수 있는 상황이 생기면 이것이 '자율 행정', '적극적 재량행정'으로 인식되기 어렵다는 것을 잘 알고 있기 때문에 공무원들은 창의적이고 혁신적인 아이디어가 있어도 이를 업무에 적극적으로 적용하려고 하지 않게 된다. 업무 수행과정에서 발생할 수 있는 의도하지 않은 실수로 인해 불이익을 받는 것이 두렵기 때문에 자율적·창의적 업무 행동을 최소화 하려고 하며 이로 인해 공직사회에 소극적 행정이 고착화되게 된 것이다.

2. 역량성 확보에 있어 주요 장벽

정부 인사혁신의 세 가지 구성 요소 중 사람혁신의 발전적 차원에서 핵심 인사혁신 가치로서 역량성은 조직 차원에서 공공조직 구성원들에게 요구되는 공통 핵심 역량과 직급 및 직무 특성에 따라 차별화된 전문 직무 역량을 도출하여 이의 내재화를 지원하고자 하는 노력으로 이해할 수 있다. 우리나라 정부 인사혁신에서 사람혁신의 발전적 차원에서 역량성이라는 인사혁신 가치를 담아내고자 하는 시도는 역량기반 교육훈련 체계 구축 노력으로 구체화되어 나타났고 이는 직무성과 향상 및 조직성과 향상에 기여할 수 있다는 측면에서 그 중요성을 살펴볼 수 있었다. 하지만 현재 역량기반 교육훈련 제도 운영을 중심으로 사람혁신의 발전적 차원에서 역량성 확보를 위해 다양한 노력을 전개하고 있음에도 불구하고 작동 과정에서 내·외부적으로 존재하는 장벽으로 인해 혁신 가치의 실질적 실현에 있어 한계에 직면하고 있다. 사람혁신의 발전적 차원에서 역량성 확보에 있어 혁신장벽으로 작용하는 요소들을 구체적으로 살펴보면 다음과 같다.

첫째, 우리나라 공무원이 갖추어야 할 핵심 역량을 도출하고 측정할 수 있는 과학적 시스템의 부재이다. 성과지향적 관리 기조인 신공공관리론이 정부혁신의 핵심 패러다임으로서의 역할을 수행하게 되면서 인적자원관리에서 "핵심 역량"이라는 용어가 사용되고 있으나 우리나라 공공 인적자원관리에서는 역량의 개념이 인적자원관리 과정에 내재화되지 못하고 있다. 역량의 개념이 보다 의미 있게 활용되기 위해서는 과학적 직무분석을 바탕으로 직급 및 직무에 따른 역량을 체계적으로 도출할 수 있어야 하는데 우리나라는 현재 이러한 시스템이 부재한 실정이다. 고위공무원을 대상으로 역량 평가를 실시하고 있고 역량기반 교육훈련을 시행하고 있으나 전 직급, 직위, 직무별 체계화된 역량 진단 및 이의 측정이 이루어지지 못하고 있다.

둘째, 공무원에게 기대되는 요구 역량과 현재의 보유 역량 간의 불일치 문제이다. 행정환경의 복잡성과 다양성의 증대로 인해 공무원에게 요구되는 전문 직무 역량에 대한 기대 수준이 지속적으로 높아지고 있는 데 반해 공무원이 현재 보유한 전문 직무 역량 수준은 이에 미치지 못하고 있는 실정이다. 특히 우리나라 공공 인적자원관리는 일반행정가 양성에 적합한 계급제에 기반하여 운영되고 있기 때문에 전문성이 요구되는 보직에 적절한 인력을 배치할 수 없는 상황이 종종 발생하고 있다. 계급제적 구조 하에서 순환보직제, Z자형 경력개발제도를 중심으로 역량개발이 이루어지다 보니 직위 배치 시 공무원 개인의 적성이 고려되지 못하고 있고 이에 개인은 역량 개발을 위한 기회를 충분히 부여받지 못하고 있다.

그림 10-6 자율성과 역량성 확보의 장벽

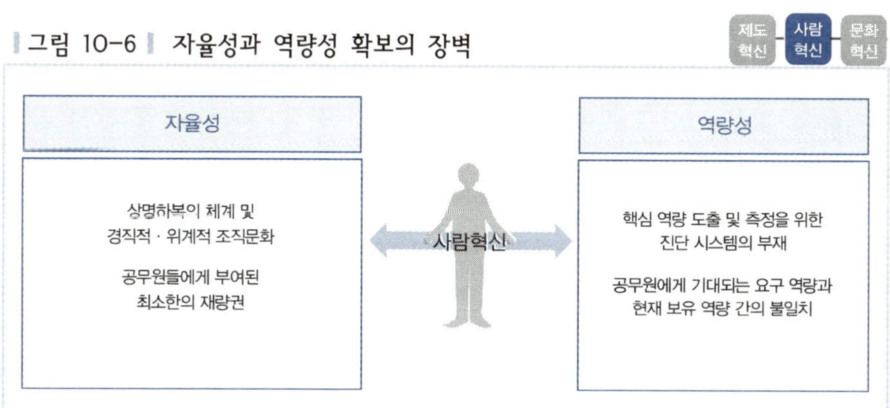

제4절 자율성과 역량성 확보를 위한 전략

1. 자율성 확보를 위한 주요 전략

우리나라 정부는 사람혁신의 발전적 차원에서 적극행정면책제도를 중심으로 자율성이라는 핵심 인사혁신 가치를 실현하기 위한 다양한 노력을 전개하고 있다. 그러나 상명하복 체계 및 경직적·위계적 조직문화, 법적 체계에 따라 공무원에게 부여되는 최소한의 재량권 등 자율성 실현에 있어 몇 가지 장벽이 존재하고 있음을 확인할 수 있었다. 이에 이러한 장벽을 극복하고 사람혁신의 발전적 차원에서 핵심 인사혁신 가치인 자율성을 적극적으로 실현하기 위한 혁신 전략을 논의하면 다음과 같다.

첫째, 공직사회에 만연한 위계적·경직적 문화를 탈피하여 개개인의 자율성을 존중하는 조직문화를 형성해 나갈 수 있도록 지원해야 한다. 현재 법적 환경의 영향으로 공무원 개인에게 부여된 업무 권한이 상당 부분 제한되어 있으며 연공서열 중심의 관료제와 상명하복 문화로 인해 하급자의 업무 자율성 수준이 매우 낮은 실정이다. 이에 업무 권한 규정을 적정 수준으로 완화할 필요가 있으며 조직 내에 존재하는 불필요한 형식적 절차 및 규칙 등을 재정비하여 레드테잎(Red-Tape)의 그린테잎(Green-Tape)화를 지향해야 할 것이다.

둘째, 적극행정에 대한 공무원들의 이해를 높여 해당 행동을 장려해야 할 것이다. 무엇보다 현재 적극 행정행위에 대한 부정적 결과로 인해 받게 되는 징계 및 처벌로부터 공무원을 보호하는 '적극행정면책제도'를 '적극행정장려제도'로 발전시켜 운영할 필요가 있다. 이를 위해 개인적 차원에서는 기업가 정신의 발현을 통한 행정의 적극화 노력이 필요하며 조직적 차원에서는 적극 행정 활동 및 장려 활동에 관한 우수 사례를 지속적으로 발굴하여 이를 범정부적 차원에서 공유하여 확산시켜 나갈 수 있도록 지원해야 할 것이다.

2. 역량성 확보를 위한 주요 전략

우리나라 정부는 사람혁신의 발전적 차원에서 역량기반 교육훈련제도를 중심으로 역량성이라는 핵심 인사혁신 가치를 실현하기 위한 다양한 노력을 전개하고 있다. 그러나 역량 도출 및 측정 시스템의 부재, 필요 역량과 보유 역량 간의 상당한 차이 등 역량성 실현에 있어 몇 가지 장벽이 존재하고 있음을 확인할 수 있었다. 이에 이러한 장벽을 극복하고 사람혁신의 발전적 차원에서 핵심 인사혁신 가치인 역량성을 적극적으로 실현하기 위한 혁신 전략을 논의하면 다음과 같다.

첫째, 공공 인적자원관리에서 직급, 직위, 직무별 체계화된 역량의 도출 및 이의 측정을 가능케 하는 시스템의 구축과 전 직급에 대한 역량 모델 설계가 필요하다. 현재 공공 인적자원관리에서는 해당 직급 및 직위, 직무별로 필요로 하는 역량을 도출하고 공무원 개인의 역량을 측정할 수 있는 체계가 부재한 실정이다. 이를 가능케 하는 지원 시스템을 구축한다면 공무원 개인 차원에서는 자신의 보유 역량과 필요 역량에 대한 진단을 바탕으로 맞춤형 경력경로를 설계해 나갈 수 있을 것이며 이를 바탕으로 보다 효과적인 교육훈련 계획을 세워 나갈 수 있을 것이다. 더불어 조직 차원에서는 필요 역량 중심의 교육훈련을 통해 조직이 필요로 하는 역량을 갖춘 조직 구성원을 양성하여 조직의 성과 향상을 기대할 수 있다.

둘째, 조직 구성원들이 현재 보유한 역량의 지속적 발전을 지원해 나갈 수 있도록 직무 역량 및 직무 능력 중심의 인사관리체계를 구축하고, 부처별 역량평가센터의 발전적 도입 및 운영이 필요하다. 현재 우리나라의 공공 인적자원관리는 계급제 원리를 기반으로 Z자형 경력개발제도, 순환보직제를 활용하여 인적자원을 관리해 나가기 때문에 개인의 전문적 직무 역량 향상에 어려움을 겪고 있나. 이에 직무 역량의 개발을 지원할 수 있는 한국형 직위분류제의 실행 및 Y자형 경력개발제도의 운영 등 보완적 인사제도의 도입이 필요하다. 직위분류제 원리를 도입하게 될 경우 체계적인 직무 기술서를 바탕으로 직무 중심의 인적자원 관리가 가능해지기 때문에 공무원의 업무가 명확해지고, 역량기반 교육훈련의 운영을 지원하며, 전문적 직무 역량을 갖춘 최적화된 인재가 유입되면서 조직의 역량 향상에 기여할 수 있게 된다. 특히 Y자형 경력개발제도의 경우 개인의 자질과 선호에 따라 관리자형(일반행정가) 경로와 전문가형(전문행정가) 경로를 선택할 수 있게 하여 개인과 직무의 적합성을 향상시키고 궁극적으로 직무 역량을 향상시키는 데 기여할 수 있을 것이다. 이와 더불어 직무와 성과 중심의 보수체계를 적극적으로 활용하여 직무 역량을 지속적으로 향상시켜 나갈 수 있도록 지원해야 할 것이다. 뿐만 아니라 조직 구성원 모두를 대상으로 역량성을 향상시키기 위한 노력과 더불어 저성과자에 대한 관리 제도를 강화해 나갈 필요가 있다. 이에 저성과자에 대한 교육훈련, 멘토링, 심리상담소 등을 운영하여 조직 구성원들의 역량 수준이 하향 평준화 되지 않도록 대응해 나가야 할 것이다. 또한 공공부문에 있어 보다 전문화, 자율화, 선진화된 부처별 역량평가센터를 지속적으로 설계, 신설, 운영, 확대해 나감으로써 역량평가의 타당성, 공정성, 수용성, 예측타당도를 점진적으로 높여나가야 할 것이다. 이러한 역량평가센터의 발전적 도입을 통해 우수공무원들의 적극적 발굴과 배치는 물론 내실 있는 역량교육의 현실화도 이룰 수 있을 것이다. 이를 위해서는 민간기업과의 상호 협력체제 구축을 통해 평가프로그램 및 역량모델 개발을 도모하고 해외 선진사례의 적극적 검토 및 맞춤식 도입을 통해 공공역량평가센터의 '조직역량'을 제고해 나가는 등의 노력이 수반되어야 한다.

제도 혁신 | 사람 혁신 | 문화 혁신

그림 10-7 자율성과 역량성 확보를 위한 전략

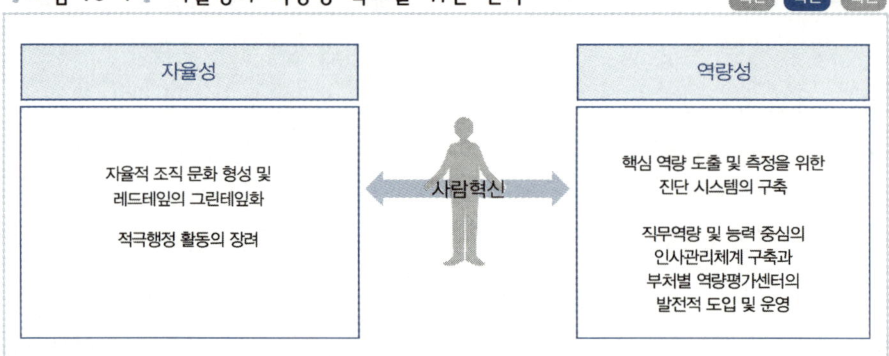

토론 문제

다음 질문에 대해 함께 토론해 보세요.

1. 우리나라 공무원이 적극 행정 활동을 전개한 실제 사례를 조사해보고 범정부적 차원에서 이를 장려하기 위한 제도적 장치들에 대해 논의해보자.

2. 우리나라 공무원 모두에게 적용될 수 있는 핵심 공통 역량들을 도출하고 해당 역량의 향상 방안에 대해 논의해보자.

3. 우리나라 공무원의 입직 계급인 5급, 7급, 9급 공무원의 직급 공통 역량들을 도출하고 각 직급별로 해당 역량을 향상시키기 위한 방안에 대해 논의해보자.

제 4 편

인사혁신의 장기 과제: 문화혁신

제11장

문화혁신의 토대적 차원

제11장 문화혁신의 토대적 차원

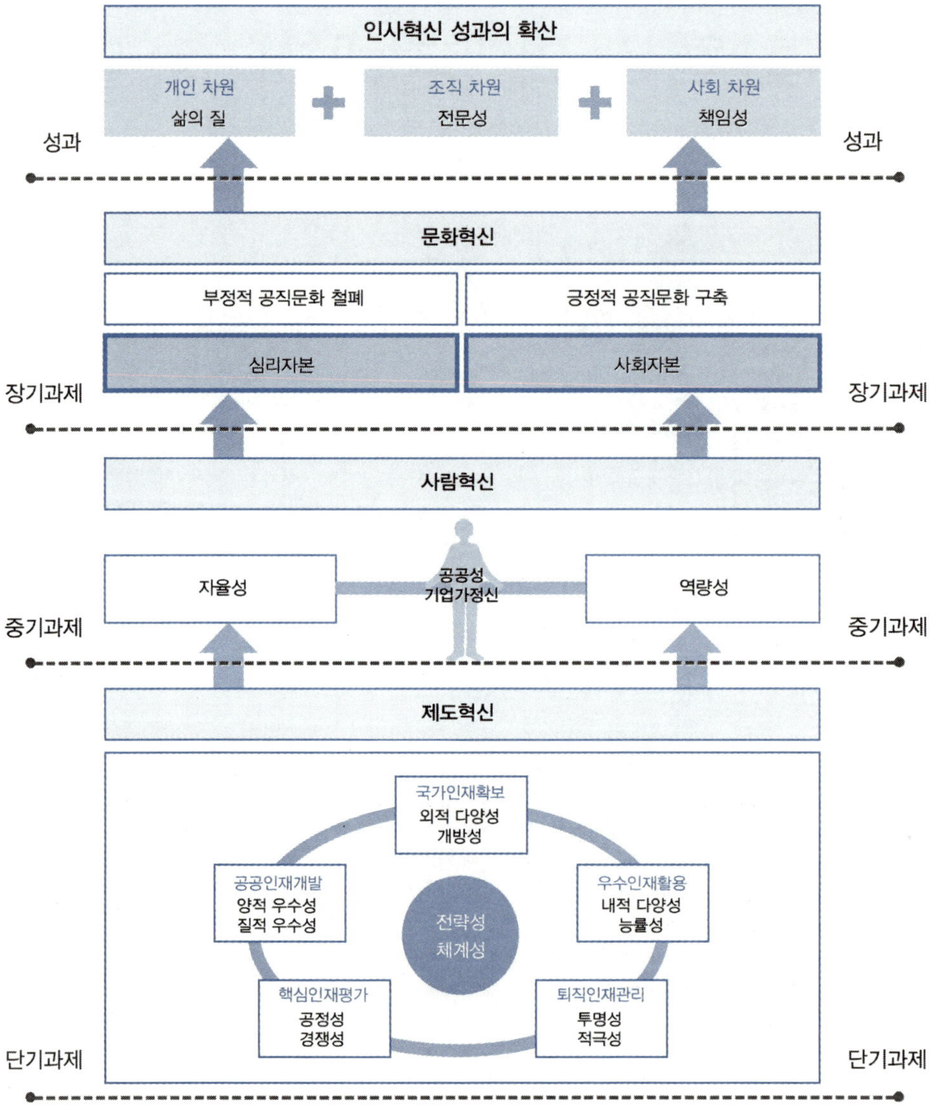

개 요

☞ 심리자본

핵심 인사혁신 가치로서 심리자본의 의의	
자기효능감, 희망, 낙관주의, 회복탄력성과 같이 조직 구성원들의 긍정적인 마음 상태에 관심을 기울이고 이를 조직 차원으로 확산해 나가고자 하는 노력	
혁신 장벽	혁신 전략
신공공관리 중심의 인사관리로 인한 인본주의적 가치 소홀	인사관리에 있어 신공공관리 패러다임과 후기-신공공관리 패러다임의 공존 체계 구축
일 우선주의 문화로 인한 높은 업무 강도 및 스트레스	일과 삶 균형 정책의 적극적 활용을 위한 조직적 차원의 정서적·문화적 지원 강화

☞ 사회자본

핵심 인사혁신 가치로서 사회자본의 의의	
인적네트워크를 기반으로 구성원 간의 신뢰를 형성하고 조직 내 상호협력을 강화해 나가고자 하는 노력	
혁신 장벽	혁신 전략
사회적 갈등 요소의 증대	갈등관리 전문가 양성 및 갈등중재기관의 역할 강화
인사교류 단절화 현상	인사교류의 활성화

핵심 용어
심리자본, 사회자본, 자기효능감, 희망, 낙관주의, 회복탄력성, 신뢰, 갈등

제1절 문화혁신의 토대적 차원에 대한 이해

1. 혁신의 배경

토대적 차원에서의 문화혁신은 “바람직한 공직문화를 형성하기 위해 근본적으로 조직 구성원들이 공유해야 하는 바람직한 가치는 무엇인가?”라는 질문에서 시작한다. 지금까지 대부분의 국가에서 진행된 인사혁신은 제도혁신을 중심으로 진행되어 왔다. 하지만 조직 문화는 조직 구성원들의 신념과 행동에 영향을 미치는 공유된 생활양식으로 조직 구성원들이 생각하는 방식, 행동하는 방식을 결정하는 데 있어 핵심적인 역할을 담당하기 때문에 조직문화에 대한 혁신 노력이 함께 수반되지 않는다면 인사혁신은 지속가능성을 확보할 수 없다. 조직문화는 개인으로 하여금 인식의 방식을 결정하고 행동과 패턴을 결정하는 데 영향을 주는 것으로 집단 구성원들이 공유하는 가치, 규범, 신념체계 등 집단 생활의 양식으로 특정 조직을 다른 조직과 구분할 수 있도록 하는 구성원들에 의해 공유된 의미체계로 이해할 수 있다(Schein, 1992; Slocum & Hellriegel, 2011; Robbins & Judge, 2011). 인적자원관리에 있어 문화를 이해하는 것이 중요한 이유는 문화가 그 집단을 구성하고 있는 구성원들이 현상을 인식하는 방식에 영향을 미치고 조직 구성원들의 행동을 규정하기 때문이다. 특히 어떠한 문화적 속성을 갖고 있는 조직이냐에 따라 어떻게 조직 구성원들에게 동기를 부여할 것인지, 효과적인 리더는 어떠한 자질을 갖추고 있어야 하는지, 의사소통의 방식 및 문제해결 방식 등이 달라질 수 있기 때문에 인사혁신에 있어 문화혁신은 필수적인 과제라 할 수 있다(박성민·김선아, 2015). 즉, 조직 구성원들에게 혁신 DNA를 이식시키기 위해서는 조직문화에 대한 개선이 함께 수반되어야 하기 때문에 본서에서는 인사혁신의 패러다임으로 제도, 사람, 문화혁신의 선순환 구조를 제시하였다.

특히 본서에서는 공직사회가 지향해야 할 바람직한 문화란 무엇인가에 대한 고민에 앞서 이러한 바람직한 문화를 지향해 나가기 위해 공공조직 구성원들에게 심어주어야 하는 문화적 가치가 무엇인가에 대한 고민을 담아내고자 하였다. 이에 SWOT 분석을 통해 공공 인적자원관리 문화혁신의 토대적 차원에서 내·외부적 환경을 이해하고 이를 기반으로 혁신의 방향을 도출하였다. 이러한 분석을 통해 혁신 과정에서 내부적 차원의 강점 요인과 외부적 차원의 기회 요인을 효과적으로 활용해 나갈 수 있으며 내부적 차원의 약점 요인과 외부적 차원의 위협 요인에 선제적으로 대응해 나갈 수 있다. 궁극적으로는 종합적 시각에서 진행된 내·외부 환경 분석 프로세스를 바탕으로 사회적 변화와 사회적 수요를 적실하게 담아낸 혁신 과제를 도출하여 혁신 활동의 당위성과 타당성을 확보하고자 하였다. 공공 인적자원관리 문화혁신의 토대적 측면에서 내부적 차원의 강점(Strengths) 및 약점(Weaknesses) 요인과 외부적 차원의 기회(Opportunities) 및 위협(Threats) 요인을 살펴보면 다음과 같다.

첫째, 내부적 차원의 강점(Strengths) 요인으로 인사관리 및 조직관리에 있어 조직 구성원들의 만족도, 삶의 질 및 직장생활의 질, 행복감 등에 대한 중요성이 강조되고 있다는 점과 수평적 조직문화가 확산되고 있다는 점을 살펴볼 수 있다. 심리적·정서적 요소에 대한 관심의 증대로 인해 조직 구성원들의 각급 조직 내에서 만족도, 행복감을 향상시키기 위한 신바람 나는 공직문화 형성 노력을 전개하고 있다. 또한 수평적 조직 문화의 형성 및 소통의 강화 등 개개인의 자율성이 존중되는 문화로 발전하기 위한 첫 걸음마를 시작하고 있다.

둘째, 내부적 차원의 약점(Weaknesses) 요인으로 부처 이기주의 및 할거주의가 발생하고 있다는 점을 살펴볼 수 있다. 범정부적 차원에서 개방, 공유, 협력, 소통과 같은 가치를 강조하고 있으나 우리나라 공공조직 내에서는 부처 간 교류가 활발하게 이루어지지 못하고 있어 업무 과정에 있어 많은 장벽이 존재하고 있다. 이에 직무수행과정에 있어 부처 간 지식의 공유 및 업무 협력을 기대하기 어려운 실정이다.

셋째, 외부적 차원의 기회(Opportunities) 요인으로 내·외부 인사교류의 중요성에 대한 공감대 확산과 소통의 통로 다변화를 살펴볼 수 있다. 내·외부 인사교류의 중요성에 대한 공감대가 확산되면서 공공조직으로 한정되어 있던 인사교류의 범위를 민간조직 및 해외기관으로 확대하여 운영할 수 있도록 제도적 기반을 마련하고 있다. 이를 통해 협력 네트워크의 확대를 기대할 수 있게 되었다. 또한 정보통신기술의 발전으로 인해 소통의 경로를 다변화 하여 조직 구성원들 간의 활발한 의사소통을 지원할 수 있게 되었다.

넷째, 외부적 차원의 위협(Threats) 요인으로 정부 및 공무원에 대한 부정적 인식의 확산 및 사회적 갈등요소의 증대를 살펴볼 수 있다. 최근 발생했던 크고 작은 행정실패 사례들로 인해 정부 및 공무원에 대한 부정적 인식이 확산되었고 이로 인해 조직 구성원들의 사기가 심각하게 저하되어 있는 상태이다. 뿐만 아니라 세대갈등, 지역갈등, 이념갈등 등 사회적 갈등 요소들이 공직 내부에도 투영되면서 조직 구성원들 간의 신뢰 저하 및 협력 저하 문제를 낳고 있다.

2. 혁신의 과제

본서에서는 공직사회가 지향해야 할 바람직한 문화란 무엇인가에 대한 고민에 앞서 이러한 바람직한 문화를 지향해 나가기 위해 공공조직 구성원들에게 내재화해야 하는 혁신 DNA가 무엇인가에 대한 고민을 담아내고자 하였다. 이에 공공 인적자원관리 문화혁신의 토대적 차원에서 SWOT 분석 내용을 종합해 볼 때 문화혁신을 추진하기 위해서는 문화혁신의 실질적 주체인 공공조직 구성원들이 이에 적극적으로 참여해 나갈 수 있도록 조직 구성원들의 심리적·정서적 요소에 관심을 갖고 조직 구성원들 간, 부처 간 신뢰 및 협력을 강화해 나가야 함을 확인할 수 있었다.

이에 본서에서는 이러한 문화혁신을 가능케 하는 조직 구성원들의 문화혁신 DNA를 행복역량(Happiness Capacity)으로 정의하고 문화혁신의 토대적 차원에서 핵심 인사혁신 가치로서 개인적 차원의 행복역량으로 심리자본을, 조직적 차원의 행복역량으로 사회자본을 제시하였다. 심리자본은 자기효능감, 희망, 낙관주의, 회복탄력성과 같이 조직 구성원들의 긍정적인 마음 상태에 관심을 기울이고 이를 조직 차원으로 확산해 나가고자 하는 노력을 의미하고 사회자본은 인적네트워크를 기반으로 구성원 간의 신뢰를 형성하고 조직 내 상호협력을 강화해 나가고자 하는 노력을 의미한다.

그림 11-1 문화혁신의 토대적 차원에서 혁신 과제

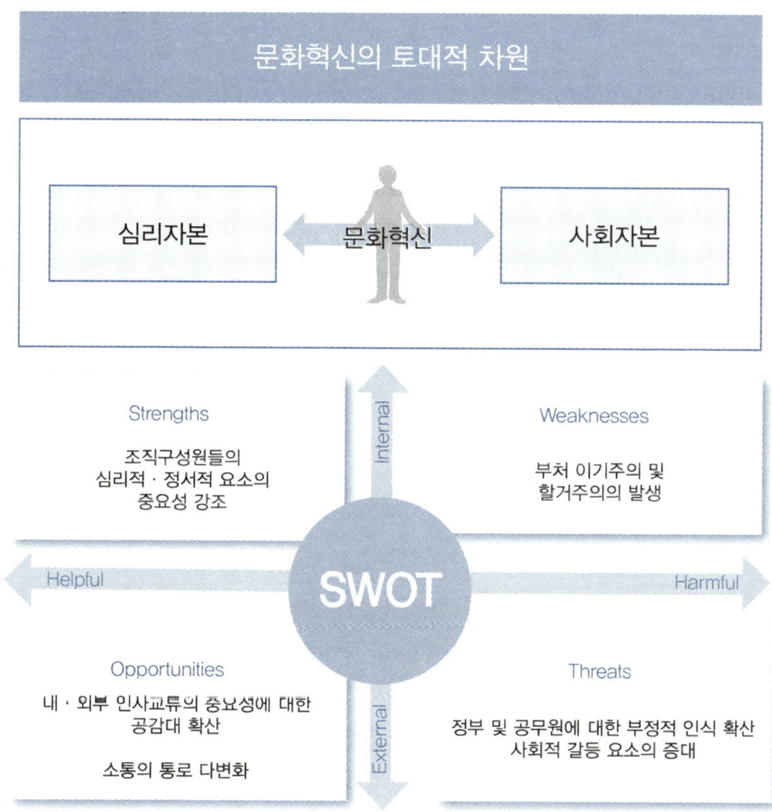

참고 11-1 조직 문화[1)]

문화(Culture)는 다소 추상적인 개념으로 명확히 정의를 내리는 것이 쉽지 않다. 문화에는 모든 집단이 공유하는, 즉 누구에게나 옳다고 여겨지는 가치를 중심으로 하는 보편적 측면도 존재하고, 각 국가, 각 조직을 다른 집단과 구분될 수 있게 하는 특수성도 갖고 있다. 이에 특정 집단과 조직을 이해하고 묘사하는데 문화라는

1) 해당 내용은 저자가 박성민·김선아(2015)의 <조직과 인간관계(박영사, 2015: 154-157)>에서 제시했던 내용을 본서의 구조에 맞추어 재구성한 것이다.

개념이 자주 사용된다. Deal & Kennedy(1982)는 문화란 "여기서 우리의 행동양식이 결정되어지는 방식(the way things get done around here)"이라고 정의하였고, Schein(1992)과 Slocum & Hellriegel(2011)은 문화란 "개인으로 하여금 인식의 방식을 결정하고 행동과 패턴을 결정하는 데 영향을 주는 것으로 집단 구성원들이 공유하는 가치, 규범, 신념체계 등 집단 생활의 양식"이라고 정의하였다. 또한 Robbins & Judge(2011)는 문화란 "특정 조직을 다른 조직과 구분할 수 있도록 하는 구성원들에 의해 공유된 의미 체계이다"라고 정의하였다. 이에 조직 문화는 조직 구성원들의 신념 및 행동에 영향을 미치는 공유된 생활양식으로 이해할 수 있다.

조직 관리 및 인사관리에 있어 문화를 이해하는 것이 중요한 이유는 문화의 개념 정의에서 살펴본 바와 같이 문화가 그 집단을 구성하고 있는 구성원들이 현상을 인식하는 방식에 영향을 미치고 그들의 행동을 규정하기 때문이다. 즉, 어떠한 문화적 속성을 갖고 있는 조직이냐에 따라 어떻게 그 구성원들에게 동기를 부여할 것인지, 효과적인 리더는 어떠한 자질을 갖추고 있어야 하는지, 의사소통 방식, 문제해결 방식 등이 달라질 수 있기 때문이다. 이에 조직 문화는 때때로 조직 내에서 긍정적인 역할을 수행하기도 하고 부정적인 역할을 수행하기도 한다.

※ 문화의 긍정적 역할

: 문화는 조직 구성원들이 다른 조직과 구분되는 차별화된 정체성을 확립하게 함으로써 이러한 정체성을 기반으로 조직 구성원들 간의 협력을 유지할 수 있게 한다. 뿐만 아니라 문화는 구성원들이 조직의 목표에 맞는 행동을 하고 조직의 가치에 헌신할 수 있도록 유도하며, 이러한 문화적 속성을 기반으로 조직은 안정적으로 영속해 나갈 수 있게 된다.

※ 문화의 부정적 역할

: 문화는 경우에 따라 부정적 역할을 하기도 하는데, 주요 내용은 변화에 대응하는 것을 어렵게 만들고, 자신들과 다른 특성을 갖고 있는 사람에 대한 거부감, 즉 다양성 수용에 있어 부정적인 태도를 유발하게 한다는 것이다. 또한 현대사회와 같이 빠르게 변화하는 조직 환경을 생각할 때, 문화는 이러한 변화에 빠른 대응을 어렵게 만든다.

제2절 핵심 인사혁신 가치로서 심리자본과 사회자본

1. 심리자본의 이해

1) 개념적 이해[2)]

정부 인사혁신의 세 가지 차원의 구성 요소 중 문화혁신의 토대적 차원에서 심리자본(Psychological Capital)은 개인이 행복을 바라보는 관점이자 행복을 증진시킬 수 있는 내재화된 역량으로 개인적 차원의 행복 역량(Happiness Capacity)으로 이해할 수 있다(박성민·김선아, 2016). 심리자본이라는 개념은 Seligman(1999)에 의해 강조된 개념으로 Seligman(1999)는 그동안 부정적인 감정들을 개선하는 것에 중점을 두었던 심리학의 패러다임을 전환해야 한다고 설명하였다. 이에 앞으로 심리학이 다루어야 할 핵심 과제는 개인이 보유하고 있는 긍정적인 감정들에 관심을 갖고 이를 관리해서 사람들이 보다 행복한 삶을 영위해 나갈 수 있도록 하는 것이라고 설명하였다(Seligman, 1999). 그 후 Seligman(2002)은 자신의 저서에서 보다 행복한 삶을 영위하기 위해서는 행복을 바라보는 '관점'을 바꿔야 하고, 그러한 관점을 구성하는 요소가 바로 심리자본이라 언급하였다(Seligman, 2002). 이에 심리자본은 개인 및 조직의 성장과 성과 창출을 가능케 하는 긍정적 심리상태로 이해할 수 있으며 심리자본의 하위 요소로 희망, 회복탄력성, 자기 효능감, 자아 존중감, 몰입, 목표 의식, 낙관주의 등을 살펴볼 수 있다(Luthans, 2001; Luthans & Youssef, 2007). 특히 Luthans & Youssef(2007)는 다양한 학자들의 논의를 종합하여 심리자본의 핵심 구성 요소로 자기 효능감(Self-Efficacy), 희망(Hope), 낙관주의(Optimism), 회복탄력성(Resilience) 등 4개로 구분하여 제시하였다(Luthans & Youssef, 2007). 이를 구체적으로 살펴보면 다음과 같다.

자기효능감(Self-Efficacy)은 Bandura(1997)에 의해 제안된 개념으로 자신 스스로의 능력으로 과업을 해결하고 목표를 달성할 수 있을 것이라는 자신에

2) 해당 내용은 저자가 박성민·김선아(2015)의 <조직과 인간관계(박영사, 2015: 196-198)> 에서 제시했던 내용을 본서의 구조에 맞추어 재구성하고 수정·보완하였다.

대한 신념과 믿음을 의미하며(Bandura, 1997), 희망(Hope)은 미래에 자신이 원하는 목표가 계획적으로 잘 수행될 수 있을 것이라는 믿음에 기초하여 이를 추구하고자 하는 의지와 경로에 대한 긍정적인 동기 부여 상태로 이해할 수 있다. 또한 낙관주의는 긍정적인 상황은 내재적이고, 항구적이며 지배적인 요인들에 의한 결과물로 바라보는 반면 부정적인 상황은 일시적이고 특수한 사건으로 인식하는 행태를 의미한다. 이에 낙관주의적 성향이 강한 경우 좋은 상황을 발생시킬 수 있는 긍정적인 기대들을 지속적으로 발전시키고 이를 적극적으로 실천해 나가고자 한다(Seligman, 1999; Carver & Scheier, 2002). 마지막으로 회복탄력성은 좌절, 실패, 역경의 상황을 겪은 후 이를 회복하여 심리적 균형점으로 되돌아 올 수 있는 능력을 의미한다.

이에 본서에서는 문화혁신의 토대적 차원에서 핵심 인사혁신 가치로서 심리자본을 "자기효능감, 희망, 낙관주의, 회복탄력성과 같이 조직 구성원들의 긍정적인 마음 상태에 관심을 기울이고 이를 조직 차원으로 확산해 나가고자 하는 노력"으로 정의하였다(김선아·박성민, 2016a). 문화혁신의 토대적 차원의 핵심 인사혁신 가치로서 심리자본은 스트레스와 같은 부정적 심리 상태를 치유하고 긍정적 심리 상태를 확산하여 개인과 조직 모두의 행복감을 향상시킬 수 있으며 궁극적으로 개인과 조직 모두의 성장을 가능케 한다는 측면에서 그 중요성을 살펴볼 수 있다.

그림 11-2 문화혁신의 토대적 차원에서 심리자본의 의의

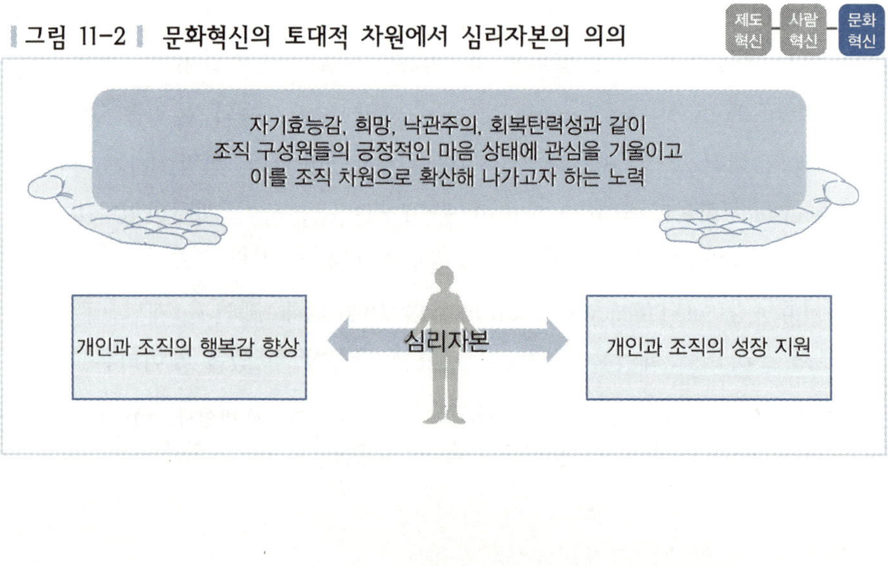

참고 11-2 스트레스[3)]

우리가 살고 있는 사회의 병리현상이나 면역력 저하 및 우울증 증가 등 개인의 신체적·정서적 병리현상을 설명하는 데 있어 늘 언급되는 단어가 있다. 바로 스트레스(Stress)라는 개념인데, 이처럼 우리나라에서 스트레스는 모두에게 너무나 친숙한 일상어가 되어버렸다. 스트레스(Stress)는 라틴어 "Stricture"와 "Stringere"에서 유래하였는데, 이는 각각 "팽팽하다", "좁다"라는 의미를 내포하고 있다. 초기에 스트레스의 개념은 물리학에서 주로 다루어졌는데, 이러한 스트레스의 개념을 인간에게 적용하고, 개념의 체계화를 시도했던 의학자 Selye(1956)가 스트레스를 "외부의 자극으로부터 자신의 신체를 보호하기 위한 비특이적 반응이다"라고 정의하면서 스트레스 개념이 보다 널리 활용되었다. Seaward(1999)는 논의의 범위를 축소하여 스트레스를 "자신의 역량 이상으로 자신에게 무언가가 요구될 때 느끼게 되는 흥분, 불안, 긴장과 같은 심리적 불안 상태를 의미한다."라고 정의하면서 심리적 특성에 초점을 두었다. 즉, 스트레스는 개인이 외부 자극에 대응할 수 있을 만큼 충분한 신체적, 심리적 역량을 갖고 있지 못할 때 느끼는 신체적·심리적 불균형 상태를 의미한다.

특히 Selye(1956)의 연구를 중심으로 다양한 학자들의 연구에서 스트레스가 정신적, 육체적 질병의 원인으로 작용한다는 점이 밝혀지면서 스트레스는 현대사회에서 심각한 사회 문제로 여겨지고 있다. 다만 Selye(1974)는 모든 스트레스가 질병을 유발하는 것은 아니며 긍정적인 역할을 담당하는 스트레스도 존재함을 언급하였다. 즉, 경우에 따라 개인의 삶에 긍정적인 역할을 하는 스트레스가 존재하며 이는 동기부여, 즐거움, 활력을 가져다 줄 수 있다고 설명하면서 이를 유스트레스(Eustress)라고 명명하였다. 그리고 개인에게 부정적인 영향을 미치는 일반적인 의미의 스트레스를 디스트레스(Distress)라고 명명하였다.

그렇다면 유스트레스와 디스트레스를 결정하게 되는 요인은 무엇일까? Posner & Leitner(1981)은 유스트레스와 디스트레스를 결정하는 것은 상황에 대한 예측가능성(Predictability)과 통제가능성(Controllability)이라고 설명하였다. 즉, 자신에게 주어질 외부 자극을 예측할 수 있고, 이를 자신이 조절하거나 통제할 수 있다고 느낀다면 외부 자극은 개인에게 부정적인 영향을 미치는 디스트레스가 아닌, 긍정적인 영향을 미치는 유스트레스가 될 수 있다고 설명하였다. 조직 관리 및 인사관리에서 우리가 보다 중요하게 다루는 스트레스는 개인과 조직 모두에게 부정적인 영향을 미치게 되는 디스트레스라 할 수 있다.

이처럼 스트레스는 예측가능성과 통제가능성의 수준에 따라 개인에게 긍정적인

---

3) 해당 내용은 저자가 박성민·김선아(2015)의 <조직과 인간관계(박영사, 2015: 186-193)> 에서 제시했던 내용을 본서의 구조에 맞추어 재구성한 것이다.

영향을 미치는 유스트레스가 되기도 하고, 부정적인 영향을 미치는 디스트레스가 되기도 한다. 즉, 이는 스트레스를 유발하는 동일한 스트레스원(Stressores)이 존재한다 할지라도 개인의 인지 방식의 차이에 따라 스트레스 수준과 영향력이 달라질 수 있음을 의미하는 것이다. 이에 좀 더 본질적으로 스트레스를 이해하기 위해 스트레스원(Stressors)을 살펴보면 스트레스원은 일생상활 영역과 조직생활 영역으로 구분하여 살펴볼 수 있다. 일상생활에서의 주된 스트레스원으로는 가족의 죽음, 이혼이나 별거, 재결합 등 생활방식의 변화를 가져오는 중대한 사건 등을 살펴볼 수 있으며, 조직생활에서의 주된 스트레스원으로는 열악한 근무 환경, 과중한 업무 부담, 낮은 개인-조직 적합성(Person-Organization Fit), 낮은 개인-직무 적합성(Person-Job Fit), 목표 및 역할의 모호성, 역할 긴장과 역할 모순과 같은 역할 갈등, 낮은 사회적 지원, 조직의 영속가능성 및 안정성과 관련된 조직의 불확실성 정도 등을 살펴볼 수 있다.

2) 정책적 이해

문화혁신의 토대적 차원에서 심리자본이라는 인사혁신 가치를 담아내고자 하는 시도는 제도혁신의 노력과 함께 전개된다. 제도혁신의 일과 삶 균형 정책 등이 문화적 차원에서 심리자본을 확산하기 위한 정책적 노력으로 이해할 수 있다.[4] 다만 심리자본 '확산'의 전 단계로서 심리자본의 '형성'을 도모하기 위해서는 조직 구성원들이 느끼는 스트레스, 우울감 등 부정적 감정들을 최소화하려는 노력이 선행되어야 한다. 따라서 공공조직 구성원들을 대상으로 기관, 직급, 직무별 스트레스 유발요인을 규명하고 상시적으로 이러한 스트레스 수준을 진단하여 상담하는 등의 스트레스 관리 노력 역시 심리자본

그림 11-3 문화혁신의 토대적 차원에서 심리자본의 정책적 실현

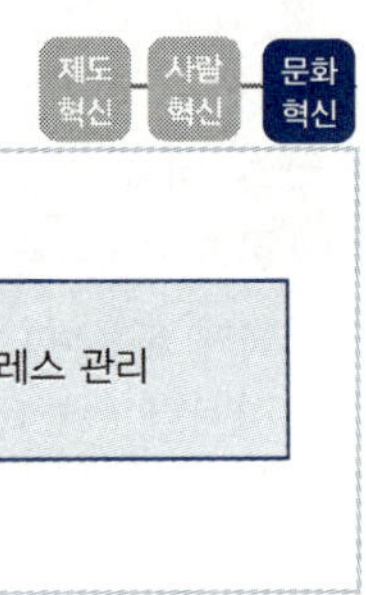

4) 일과 삶 균형 정책은 본서 제2편의 "제6장 제도혁신의 발전적 차원: 우수인재활용"에서 보다 자세하게 소개하였다.

의 확산을 위한 핵심 과제로 이해할 수 있다. 이에 문화혁신의 토대적 차원에서 심리자본의 확산을 위한 정책적 노력으로 우리나라 공공 인적자원관리에서 운영되고 있는 스트레스 관리 프로그램을 살펴보면 다음과 같다.

현재 정부세종청사에서는 중앙부처 공무원들을 대상으로 각종 업무저해 요인에 의해 발생하는 스트레스를 치료하는 것 뿐만 아니라 스트레스를 예방하고 사후관리까지 통합적으로 전담하는 전문상담기관인 상담지원센터 '마음톡톡'을 운영하고 있다. 이러한 상담지원센터는 공무원들의 삶의 질을 향상시키고, 정신 건강을 증진시키기 위한 도움을 제공하여 자신의 잠재력과 내면의 가능성을 개발하고 변화와 성장을 이끌어 내주는 역할을 수행하고 있다(마음톡톡, 2016). '마음톡톡' 상담지원센터에서는 심리학 기반의 상담심리전문가들이 정부부처 공무원을 위하여 개인상담, 집단상담 그리고 직접 상담센터를 찾아오기 어려운 공무원들을 위한 특별상담 등을 제공하고 있으며 모든 상담의 내용은 비밀 보장을 원칙으로 하고 있다(마음톡톡, 2016). 이를 구체적으로 살펴보면 다음과 같다.

표 11-1 정부세종청사 스트레스 상담지원센터 상담 주제

직장 관련 주제	개인 관련 주제	가족 관련 주제
• 직무 스트레스 • 리더십 코칭 • 업무 역량 강화 • 동료 간 소통 능력 • 불만 고객 응대 • Work Life Balance	• 성격 진단 • 스트레스 관리 • 우울, 불안, 장애, 분노, 강박 등 정서문제 • 건강관리(금연/절주/비만 등)	• 부부: 관계갈등, 성문제, 맞벌이, 주말부부 • 자녀: 학습 코칭(학업/진로 등), 또래관계, 발달(사춘기 등), 행동(ADHD 등) • 기타: 가족 내 정신적 질환, 부모 부양 등

자료: 마음톡톡(2016)

(1) 개인상담

'마음톡톡' 상담지원센터에서 제공하는 개인상담은 일반적으로 50분 기준으로 진행되며, 부부(가족) 상담은 80분 이내에서 진행된다. 개인상담은 편안한 분위기 속에서 상담자의 지지를 바탕으로 내담자가 자신의 내면의 문제를 탐색하고 다룰 수 있도록 한다. 또한 정기적인 상담을 통해 생활 속에서 부딪치는 크고 작은 문제를 그때그때 다룰 수 있도록 지원한다(마음톡톡, 2016).

표 11-2 개인상담 주제

주제	세부주제	
직무관련 주제	직무스트레스	직무와 관련한 문제로 인한 신체적, 정신적 피로감 감소
	PTSD	외상적 사건에의 노출 후 발생된 PTSD 증상 치료
	감정노동	대민업무, 콜센터 등 감정노동에 따른 스트레스 해소
	직장 내 대인관계	동료와의 갈등에 따른 스트레스 해소 및 개선방법 코칭
	경력 관리 및 코칭	조직 내 자기개발, 자원관리 등
	Work and Life balance	조직과 가족의 상충된 요구에 따른 정서적 어려움 해소
개인관련 주제	심리검사	종합심리검사, 우울증검사, 성격유형검사 등
	자기성장	건강하고 행복한 삶, work-life balance를 위한 상담
	정서적 문제	우울, 불안, 분노 등 정서 관리 능력 향상
	대인관계 문제	의사소통 능력 향상, 반복적인 갈등 패턴 개선
	스트레스 관리	스트레스 관리 능력 향상, 스트레스 면역력 강화
가족관련 주제	부부관계	관계 갈등, 주말부부, 맞벌이, 성생활
	자녀양육	자녀의 발달, 성격, 학습, 진로 등에 관한 주제
	기타	부모 부양 등 기타 가족 관련 주제에 대한 상담
기타 주제	그 외 위의 범주에 속하지 않는 모든 심리적 문제 및 인생전반의 고민	

자료: 마음톡톡(2016)

(2) 집단상담

'마음톡톡' 상담지원센터에서 제공하는 집단상담은 유사한 문제를 가지고 있는 사람들이 문제 해결 및 변화를 위해 함께 모여 논의하는 형태로 진행된다. 집단상담에서는 심리상담전문가가 리더 역할을 맡고, 참여자들은 작은 사회를 구성하여 서로에게 도움을 주고받게 된다. 이러한 과정을 통해 참여자들은 생활상의 문제를 새로운 각도에서 볼 수 있게 되며, 사회관계에서 자신과 타인을 새롭게 받아들일 수 있게 된다. 특히 함께 참여하는 집단 구성원들끼리의 결속력을 통해 서로를 지지하는 분위기 속에서 위로를 주고받게 된다(마음톡톡, 2016).

그림 11-4 집단상담 주제

제도혁신 - 사람혁신 - 문화혁신

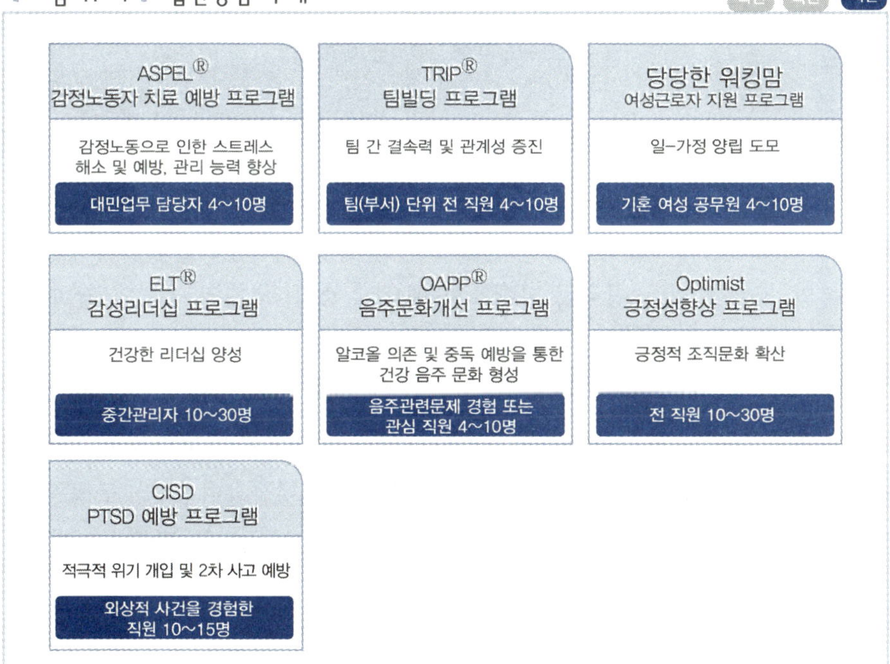

자료: 마음톡톡(2016)

(3) 특별상담

'마음톡톡' 상담지원센터에서 제공하는 특별상담은 상담센터로의 접근성이 낮은 단독청사 및 소속기관 구성원들을 위해 심리상담전문가가 해당 근무지로 방문하여 직접 상담을 진행하는 파견·순회 상담서비스이다. 특별상담 시 상담주제는 개인상담과 동일하게 운영된다(마음톡톡, 2016).

이처럼 문화혁신의 토대적 차원에서 심리자본이라는 인사혁신 가치를 담

| 그림 11-5 | 심리자본 확산을 위한 정책적 과제

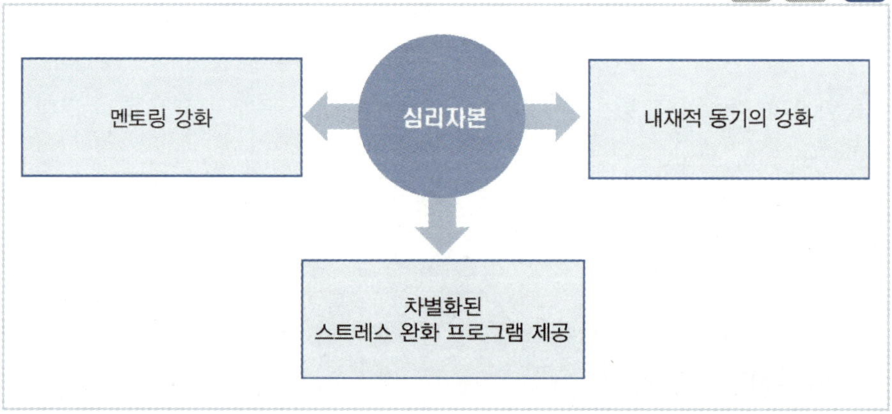

아내고자 하는 시도는 일과 삶 균형 정책 등의 제도혁신 노력과 스트레스 관리 프로그램의 제공 등으로 구체화되어 나타난다. 이와 함께 본서에서는 심리자본의 확산을 위한 정책적 과제로서 멘토링 강화, 내재적 동기의 강화, 차별화된 스트레스 완화 프로그램의 제공 등 3대 핵심 과제를 제시하였다. 이를 구체적으로 살펴보면 다음과 같다.

첫 번째 실행과제는 멘토-멘티 관계 형성을 바탕으로 멘토링을 강화해 나가는 것이다. 공식적·비공식적 멘토-멘티 관계를 형성하여 조직 구성원 개인이 스트레스나 위기 상황에 직면했을 때 멘토와의 상담을 통해 이러한 어려움들을 극복해 나갈 수 있도록 지원해야 할 것이다.

두 번째 실행과제는 내재적 동기의 강화이다. 심리자본은 내재적 동기와 유사한 개념이기 때문에 Ryan & Deci(2000)가 자기결정성 이론에서 제시한 자율성(Autonomy), 역량성(Competence), 관계성(Relatedness) 등을 강화하여 내재적 동기의 향상을 통한 심리자본의 구축을 기대할 수 있을 것이다. 이에 권한위임을 통해 자율성을 확보하고, 교육훈련을 통해 역량성을 강화하고, 공식적·비공식적 인적 교류의 활성화를 통해 관계성을 강화해 나갈 수 있도록 지원해야 할 것이다.

세 번째 실행과제는 차별화된 스트레스 완화 프로그램의 제공이다. 스트레스의 완화는 자기효능감, 희망, 낙관주의, 회복탄력성을 강화하기 위한 선행 조건이라 할 수 있다. 다만 스트레스 완화 프로그램을 제공하는 데 있어 일괄적인 프로그램을 개발하여 제공하기보다는 기관, 직급 및 직무, 직렬별로 직면하게 되는 공통 스트레스 유형이 무엇인지에 대한 분석을 바탕으로 차별화된 관리 프로그램을 제공해야 할 것이다.

참고 11-3 소방공무원 '외상후스트레스·우울증' 등 심리장애 치료

국민안전처는 소방공무원들의 참혹한 현장 경험에 따른 외상후 스트레스 장애(PTSD), 우울증, 수면장애 등 정신건강장애 완화 및 예방을 위해 '소방공무원 심리안정프로그램'을 운영한다고 22일 밝혔다.

심리안정프로그램은 끔찍한 현장을 경험하거나 심신건강관리가 필요한 현장대원을 선발, 전문기관에 위탁해 3박 4일 일정으로 PTSD이해, 개인심리상담, 심리불안정 극복 등을 실시하는 프로그램이다.

심리안정프로그램의 주요 운영내용은 참혹한 현장경험에 의한 심리적 충격 완화 및 치유를 위한 개인별 스트레스 측정 및 설명, 직무수행과 PTSD, 우울증, 수면장애의 연관성 이해 교육, 심리불안정 극복방법(심신안정화, 이완요법 등) 교육 등이다.

미술, 음악, 공예 등의 예술을 활용한 심리치료 및 집단상담, 정신건강의학과 전문의나 전문심리상담사 등 전문가의 개인심리상담 등도 이뤄진다.

프로그램 참여대상자는 시·도 소방본부별로 참혹한 현장에 노출된 직원, 심신건강관리가 필요한 직원, 공무원 폭행 및 과도한 출동 등으로 심신피로 호소 직원 등을 추천받아 930명을 선발하고, 오는 10월부터 11월까지 전국 5개 권역별로 전문기관 위탁 방식으로 진행할 예정이다.

국민안전처 관계자는 "심리안정프로그램 위탁 기관은 소방공무원의 심리문제와 대처방안에 대한 이해도, 프로그램 구성 충실도, 프로그램 설계 및 운영인력의 전문성, 최근 유사용역 수행실적 등을 종합적으로 평가해 선정할 계획"이라고 말했다.

자료: 국민일보(2016.09.22)

2. 사회자본의 이해

1) 개념적 이해[5)]

정부 인사혁신의 세 가지 차원의 구성 요소 중 문화혁신의 토대적 차원에

5) 해당 내용은 저자가 박성민·김선아(2015)의 <조직과 인간관계(박영사, 2015: 198-199)>에서 제시했던 내용을 본서의 구조에 맞추어 재구성하고 수정·보완하였다.

서 사회자본(Social Capital)은 조직 내 구성원들을 끈끈하게 엮어주고, 이어주고, 결합시키는 역할을 수행하는 무형자산으로 조직 구성원 간 협력을 가능케 하는 조직 차원의 행복 역량(Happiness Capacity)으로 이해할 수 있다(Putnam, 1993; 1995; Fukuyama, 1995; 박성민 & 김선아, 2016). 사회 자본(Social Capital)은 심리자본(Psychological Capital)과 문화자본(Cultural Capital) 등과 같이 다양한 자본이 확장된 형태로서 물리적 실체가 없는 무형 자산이다(전병관, 2004; 이향수, 2008). Coleman(1988, 1990)은 사회자본이란 "조직 구성원들 간의 관계 속에 존재하는 것으로서 인적자본이나 물적자본과 마찬가지로 생산적이며 새로운 목표 달성을 가능하게 하는 요소"라고 설명하였고, Fukuyama(1995)는 사회자본을 "집단 혹은 조직 내에서 사람들이 공통의 목표를 갖고 함께 일할 수 있는 능력으로 구성원들의 협력활동을 가능하게 하는 공유된 가치와 규범"이라고 설명하였다. 이러한 논의와 더불어 Leung et al.(2011), Helliwell et al.(2014) 등이 개인과 조직, 국가의 행복 수준의 차이를 이해하는 데 있어 물질적 환경보다 사회자본이 더욱 중요한 요소임을 설명하게 되면서 인사관리 및 조직관리 차원에서 사회자본의 중요성이 지속적으로 강조되고 있다(Leung et al., 2011: 444; Helliwell et al., 2014). 이러한 사회자본은 구조적(Structura) 차원, 관계적(Relational) 차원, 인지적(Cognitive) 차원 등 3가지 핵심 구성 요소로 구분하여 살펴볼 수 있다(Nahapiet & Ghoshal, 1998). 이를 구체적으로 살펴보면 다음과 같다.

첫째, 사회자본의 구조적 차원은 개인과 개인 혹은 조직과 조직 간의 연결망 또는 네트워크 형태를 의미한다. 이러한 구조적 요소는 정보와 지식 등 다양한 자원들을 조직 내에 확산시키는 통로의 역할을 담당한다. 사회자본의 구조적 측면은 다양한 요소로 구체화시킬 수 있는데, Granovetter(1985)는 사회자본의 구조적 차원을 상호관계의 속성, 네트워크 형태, 관계 패턴 등으로 제시하였으며 Inkpen & Tsang(2005)는 네트워크상에서 개별 구성원들의 위치, 상호작용, 접촉 강도 및 네트워크 안정성 등으로 제시하였다. 그리고 장용선·김재구(2006)는 네트워크 연결 형태와 구성을 제시하였으며 김경재·정범구(2008)는 네트워크 중심화 정도와 관계 강도 등을 제시하였다. 또한 이향수(2008)는 네트워크의 연계성, 구성형태, 안정성 등을 제시하였으며 한진우

외(2009)는 네트워크 연결의 강도, 네트워크 범위, 네트워크 밀도, 네트워크 중심성 등을 제시하였다.

둘째, 사회자본의 관계적 차원은 타인과의 상호작용과정을 통해 구축된 결과물을 의미한다. Nahapiet & Ghoshal(1998)은 사회자본의 관계적 차원을 신뢰, 규범, 의무 등으로 제시하였으며 최종렬(2004)은 호혜성의 규범과 신뢰 등을 제시하였다. 그리고 배병룡(2005)은 신뢰를, 이영찬(2007)은 신뢰와 협력 등을 사회자본의 관계적 차원으로 제시하였다.

셋째, 사회자본의 인지적 차원은 조직 구성원들 간에 공유된 비전 및 규범 등을 의미한다. Coleman(1990)과 Putnam(1993)은 사회자본의 인지적 차원을 사회적 규범으로 제시하였으며 Nahapiet & Ghoshal(1998)은 공통코드와 언어, 공유된 이야기 등을 제시하였다. 또한 박희봉 외(2003)는 규범을 제시하였으며 이영찬(2007)은 공유된 가치 및 행동, 호혜적 규범 등을 제시하였다.

이에 본서에서는 문화혁신의 토대적 차원에서 핵심 인사혁신 가치로서 사회자본을 "인적네트워크를 기반으로 구성원 간의 신뢰를 형성하고 조직 내 상호협력을 강화해 나가고자 하는 노력"으로 정의하였다(김선아·박성민, 2016). 사회자본을 연구한 많은 학자들은 조직 내에서 사회자본의 형성을 통해 불필요한 갈등을 예방할 수 있다고 설명하고 있다. 이와 함께 많은 학자들이 개

그림 11-6 문화혁신의 토대적 차원에서 사회자본의 의의

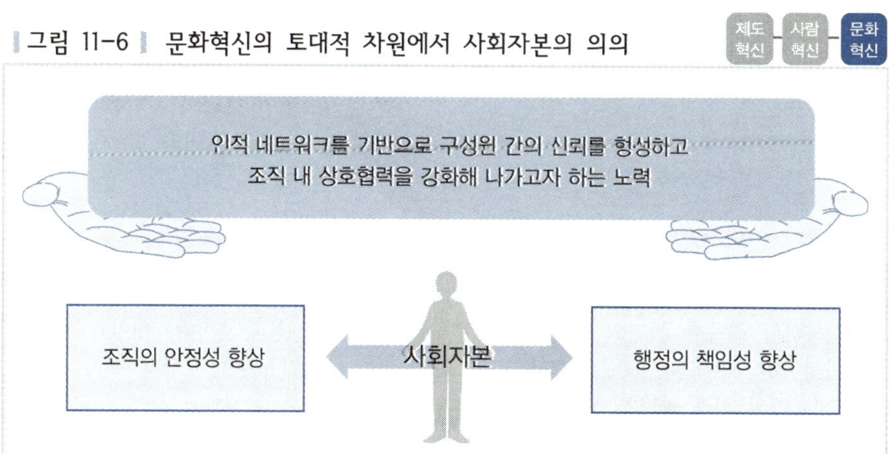

인과 조직, 국가의 행복 수준, 삶의 질을 향상시키는 데 있어 물질적 환경보다 사회자본이 더욱 중요한 역할을 하고 있음을 강조하고 있다(Leung et al., 2011: 444; Helliwell et al., 2014). 특히 Leung et al.(2011)은 사회자본의 구성요소 중 관계적 차원인 대인 신뢰, 사회 신뢰 등이 행복과 가장 연관성이 높은 요소라고 설명하였다. 이러한 맥락에서 문화혁신의 토대적 차원의 핵심 인사혁신 가치로서 사회자본의 중요성은 조직 구성원 간의 신뢰 형성을 바탕으로 갈등을 완화하여 조직의 안정성을 향상시키고, 궁극적으로 행정의 책임성 향상에 기여할 수 있다는 측면에서 살펴볼 수 있다.

참고 11-4 갈등[6)]

인사관리 및 조직관리에서의 갈등은 조직 구성원이 자신에게 부여된 다양한 과업과 역할을 수행하는 과정에서 경험하게 되는 내적 혼란과, 조직 구성원 간 또는 집단 내부, 집단 간의 감정적 대립 및 의견 불일치 상태로 이해할 수 있다. 이러한 갈등은 유형, 속성, 정도에 따라 긍정적인 역할을 하는 경우도 있고 부정적인 역할을 하는 경우도 있다.

※ 갈등의 긍정적 역할
: 적정 수준의 과업 갈등 및 과정 갈등은 개인의 동기를 유발하고, 창의적 문제해결을 촉진하며, 업무 내용 및 업무 처리 방식을 합리적으로 개선하고, 변화에 능동적으로 대응하여 혁신을 가능케 하는 등 조직성과를 향상시키는 역할을 한다.

※ 갈등의 부정적 역할
: 일반적으로 갈등은 개인으로 하여금 스트레스를 유발하고, 만족감을 저하시켜 결근율 및 이직율의 증가, 직무 만족 및 직무 관여, 조직 몰입의 저하를 가져오고, 타인에게 적대적 행동을 유발하여 조직 내 신뢰, 협력의 저하 등 사회자본의 손실을 가져와 결과적으로 조직 성과를 저해하는 역할을 한다.

조직 내에서 흔히 발생하는 갈등은 주로 과업 갈등(Task Conflict), 과정 갈등(Process Conflict), 관계 갈등(Relationship Conflict) 등으로 구분하여 살펴볼 수 있다. 과업 갈등은 조직의 목표, 업무의 목표, 업무의 내용과 관련된 개인과 개인, 개인과 조직 간의 의견 불일치 상태를 의미하며, 과정 갈등은 업무를 처리하는 방식과 관련된 의견 불일치 상태를 의미한다. 관계 갈등은 동료, 상사 등 조직 구성원들의 관계적 차원의 갈등을 의미한다(Jehn, 1997). 일반적으로 과업 갈등과 과정 갈등은 갈등 수준 및 상황에 따라 조직성과에 부정적인 영향을 미치는 경우도 있고 긍정적인 영향을 미치는 경우도 있기 때문에 그 속성 및 수준에 따라 좋은 갈등으로 분류되기도 하고 나쁜 갈등으로 분류되기도 하기 때문에 이를 적정 수준으로 관리하는 것이 중요하다. 그러나 관계 갈등의 경우 대부분의 상황에서 조직성과에 부정적인 영향을 미치는 나쁜 갈등으로 분류되기 때문에 이를 최소화하고 예방하는 것이 가장 중요하다.

2) 정책적 이해

문화혁신의 토대적 차원에서 사회자본이라는 인사혁신 가치를 담아내고자 하는 시도는 제도혁신 및 사람혁신 노력과 함께 전개된다. 제도혁신의 인사교류 강화, 사람혁신의 공공성 강화 노력 등이 문화적 차원에서 사회자본을 확산하기 위한 정책적 노력으로 이해할 수 있다.[7] 제도혁신의 인사교류 강화는 공공조직 내 신뢰 형성에 기여하고 있으며 사람혁신의 공공성 강화 노력은 공공조직 내 바람직한 규범 형성에 기여하고 있다. 이와 더불어 사회자본 유성형 멘토링 및 코칭프로그램의 제공과 갈등관리 전문연구센터 설립 등 조직 구성원 간, 그리고 조직 간 상호협력을 강화하기 위한 다양한 노력을 전개하고 있다.

| 그림 11-7 | 문화혁신의 토대적 차원에서 사회자본의 정책적 실현

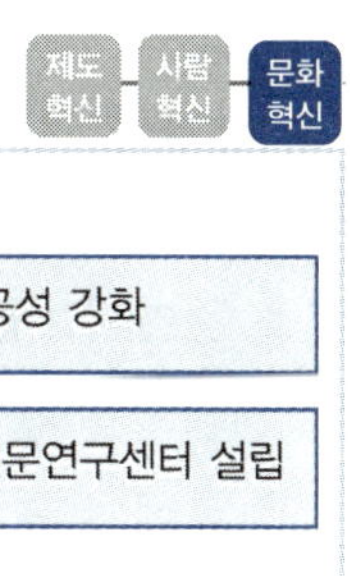

6) 해당 내용은 저자가 박성민·김선아(2015)의 <조직과 인간관계(박영사, 2015: 282-293)>에서 제시했던 내용을 본서의 구조에 맞추어 재구성한 것이다.
7) 인사교류 강화는 본서 제2편의 "제4장 제도혁신의 발전적 차원: 국가인재확보"에서, 공공성 강화는 본서 제3편의 "제9장 사람혁신의 토대적 차원"에서 보다 자세하게 소개하였다.

이처럼 문화혁신의 토대적 차원에서 사회자본이라는 인사혁신 가치를 담아내고자 하는 시도는 인사교류 강화, 멘토링 및 코칭프로그램의 제공, 전문연구센터 설립 등의 제도혁신 노력과 공공성 강화 등의 사람혁신 노력으로 구체화되어 나타난다. 이와 함께 본서에서는 사회자본의 확산을 위한 정책적 과제로서 인적네트워크 강화, 교육훈련의 강화, 우수사례 발굴 등 3대 핵심과제를 제시하였다. 이를 구체적으로 살펴보면 다음과 같다.

| 그림 11-8 | 사회자본 확산을 위한 정책적 과제

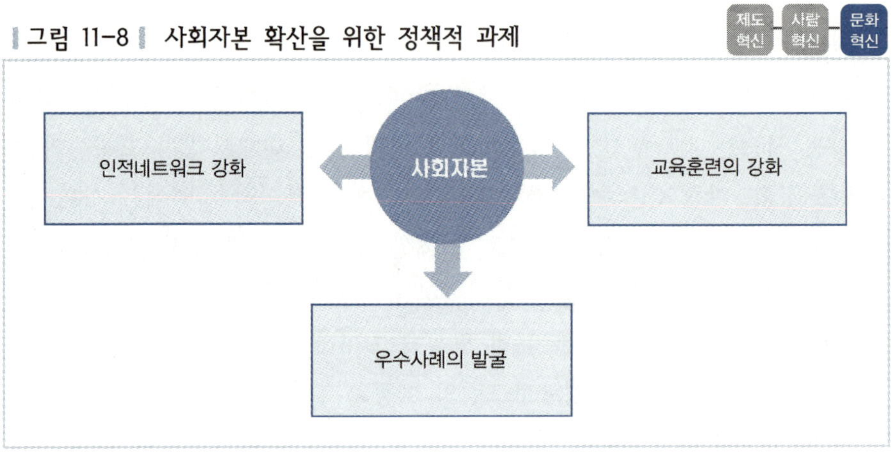

첫 번째 실행과제는 인적네트워크의 강화를 제시할 수 있다. 사회자본의 구축을 위해서는 조직 구성원들이 서로를 알아가고 이해하는 과정이 필요하다. 이에 조직적 차원에서 멘토링 및 코칭과 비공식적 모임을 활성화시켜야 한다. 멘토링 및 코칭을 통해 구성원들 간의 활발한 의사소통을 기대할 수 있을 것이며 이를 바탕으로 수평적 조직문화를 형성하여 경직되고 정체된 조직 분위기를 생동감 넘치고 활기차게 변화시킬 수 있을 것이다. 특히 이러한 과정 속에서 조직 구성원들이 가치관과 신념 등을 공유하게 되면서 공감대를 형성해 나갈 수 있을 것이다. 또한 자발적 학습 조직과 같은 비공식적 모임의 참여를 적극적으로 장려하여 조직 구성원 간 상호 이해를 도모하고 지식의 공유 및 확산을 가능케 하여 협력적 팀워크 형성 등을 기대할 수 있을 것이다.

두 번째 실행과제는 갈등관리 및 협상기술에 대한 교육훈련의 강화를 제시할 수 있다. 갈등의 완화는 사회자본 형성을 위한 선행조건이라 할 수 있다. 이에 국가공무원인재개발원을 중심으로 갈등관리 및 협상기술에 관한 교육훈련 프로그램을 개발하여 제공할 필요가 있다. 이와 함께 각급 조직 내에서 갈등관리를 전담하는 직무를 재설계하고 갈등관리 전문가 양성을 위한 전문교육을 제공해 나가야 한다.

세 번째 실행과제는 우수사례의 발굴을 제시할 수 있다. 사회자본의 확산을 위해 조직 내에서 발생한 갈등을 성공적으로 해결한 사례와 사회자본 구축을 위해 노력하여 긍정적인 결과를 얻었던 사례들을 발굴하여 범정부적 차원에서 이를 공유해 나가야 할 것이다. 뿐만 아니라 실패 사례의 경우에도 이를 반면교사 삼아 유사사례 발생 시 재발방지를 위한 교훈을 얻을 수 있기 때문에 실패사례에 대한 공유도 의미가 있을 것이라 생각된다.

제3절 심리자본과 사회자본 확보의 장벽

1. 심리자본 확보에 있어 주요 장벽

정부 인사혁신의 세 가지 구성 요소 중 문화혁신의 토대적 차원에서 핵심 인사혁신 가치로서 심리자본은 자기효능감, 희망, 낙관주의, 회복탄력성과 같이 조직 구성원들의 긍정적인 마음 상태에 관심을 기울이고 이를 조직 차원으로 확산해 나가고자 하는 노력으로 이해할 수 있다. 문화혁신의 토대적 차원에서 심리자본을 확산하려는 시도는 제도혁신의 일과 삶 균형 정책 등과 함께 전개되고 있고 이는 개인과 조직의 행복을 향상시키고 이들 모두의 성장을 가능케 한다는 측면에서 그 중요성을 살펴볼 수 있다. 하지만 현재 제도혁신과 함께 문화혁신의 토대적 차원에서 심리자본 확산을 위한 다양한 노력을 전개하고 있음에도 불구하고 작동 과정에서 내·외부적으로 존재하는 장벽으로 인해 혁신 가치의 실질적 실현에 있어 한계에 직면하고 있다. 문화혁신의 토대적 차원에서 심리자본의 확산에 있어 혁신장벽으로 작용하는 요소를 구체적으로 살펴보면 다음과 같다.

첫째, 조직 내에서 여전히 신공공관리론 중심의 관리가 이루어지고 있다는 점이다. 현재 우리나라의 정부혁신은 단기적 관점에서 가시적인 성과를 창출하는 것에 중점을 두었기 때문에 소통, 신뢰, 공유, 협력 등과 같은 후기-신공공관리론 패러다임 중심의 혁신 가치들이 중요하게 다루어지지 못하였다. 신공공관리론 패러다임 중심의 인사관리로 인해 사람보다는 조직을, 과정보다는 결과를 중시하게 되면서 조직 구성원들의 심리적·정서적, 인본주의적 요소의 중요성이 간과되었다. 하지만 신공공관리 패러다임 중심의 혁신 가치들은 우리나라 공공조직 내에서 많은 담론적, 정책적 약점들을 보여주고 있는 실정이다. 이에 조직 문화의 건전성을 증진시키기 위해 장기적인 관점에서 지속적인 체질 개선이 요구되면서 후기-신공공관리론 패러다임 중심의 혁신 가치를 문화혁신에 포함시킬 것을 요청받고 있다(삼성경제연구소, 2011).

둘째, 일우선주의 문화의 형성으로 업무 강도 및 스트레스 수준이 매우 높다는 점이다. 우리나라는 OECD 회원국 중 노동시간이 가장 높은 국가로 꼽히고 있는데 이는 조직 구성원들이 느끼는 업무강도가 매우 높음을 방증하는 결과이다. 또한 조직적 차원에서 일과 삶 균형 정책을 제도화하여 운영하고 있으나 이에 대한 정서적 지지가 부족하여 실제 활용에 있어 한계를 나타내고 있다. 이로 인해 과중한 업무 부담으로 인한 스트레스 수준이 매우 높아 심리자본의 형성을 기대하기 어려운 실정이다.

2. 사회자본 확보에 있어 주요 장벽

정부 인사혁신의 세 가지 구성 요소 중 문화혁신의 토대적 차원에서 핵심 인사혁신 가치로서 사회자본은 인적네트워크를 기반으로 구성원 간의 신뢰를 형성하고 조직 내 상호협력을 강화해 나가고자 하는 노력으로 이해할 수 있다. 우리나라 정부 인사혁신에서 문화혁신의 토대적 차원에서 사회자본을 확산하려는 시도는 제도혁신의 인사교류 강화, 사람혁신의 공공성 강화 노력 등과 함께 전개되고 있고 이는 조직의 안정성 제고 및 행정의 책임성 향상에 기여할 수 있다는 측면에서 그 중요성을 살펴볼 수 있다. 하지만 현재 제도혁신 및 사람혁신과 함께 문화혁신의 토대적 차원에서 사회자본 확산을 위한 다양한 노력을 전개하고 있음에도 불구하고 작동 과정에서 내·외부적으로 존재하는 장벽으로 인해 이의 실질적 실현에 있어 한계에 직면하고 있다. 문화혁신의 토대적 차원에서 사회자본의 확산에 있어 혁신장벽으로 작용하는 요소를 구체적으로 살펴보면 다음과 같다.

첫째 대내외적으로 불안정한 정치적, 사회적 형세를 극복하기 위해 어느 때보다 협력과 통합이 강조되고 있는 시점이지만 지역갈등, 이념갈등, 세대갈등 등으로 인해 공직사회가 요동치고 있다는 점을 살펴볼 수 있다. 이러한 갈등요인은 공직사회에만 머무르는 것이 아니라 국정운영 전반에 걸쳐 불안정성을 유발하는 강력한 파급효과를 지닌다. 이에 공직사회 내 갈등을 해소하기 위해 구성원 간 소통을 바탕으로 이러한 갈등을 극복해 나갈 수 있어야 하는데 이를 관리할 수 있는 전문가가 부족하여 갈등과 분열이 반복되고 있다.

둘째, 공공조직 내부의 인사교류 및 민간조직, NGO, 해외 공공기관 등 외부 조직과의 인사교류가 적극적으로 이루어지고 있지 않다는 점을 살펴볼 수 있다. 이로 인해 현재 우리나라 공공조직에서는 부처 이기주의 및 할거주의라는 표현이 일상어처럼 사용되고 있고, 이에 조직 내에서 정보의 공유, 상호 신뢰 등을 기대하기 어려운 실정이다.

그림 11-9 심리자본과 사회자본 확보의 장벽

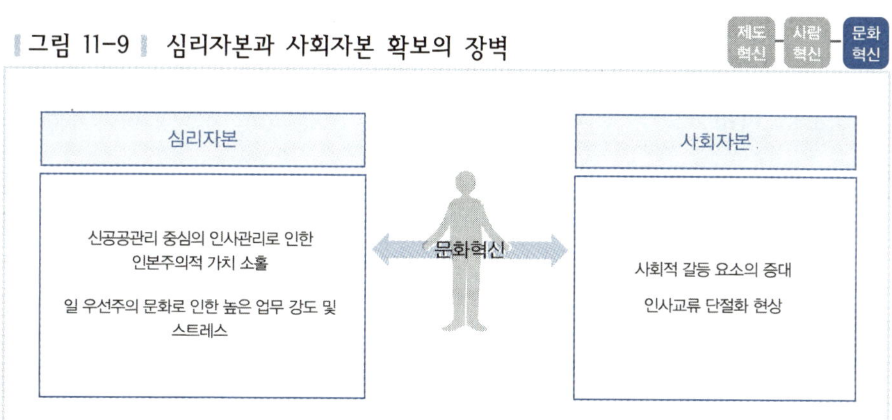

제4절 심리자본과 사회자본 확보를 위한 전략

1. 심리자본 확보를 위한 주요 전략

우리나라 정부는 문화혁신의 토대적 차원에서 제도혁신 노력과 함께 심리자본을 확산하기 위한 다양한 노력을 전개하고 있다. 그러나 공공 인적자원관리의 패러다임이 여전히 신공공관리에 머무르는 등 심리자본 확산에 있어 몇 가지 장벽이 존재하고 있음을 확인할 수 있었다. 이에 이러한 장벽을 극복하고 문화혁신의 토대적 차원에서 핵심 인사혁신 가치인 심리자본의 확산을 적극적으로 추진하기 위한 혁신 전략을 논의하면 다음과 같다.

첫째, 인사관리에 있어 신공공관리 중심의 혁신 가치와 더불어 후기-신공공관리론 중심의 혁신 가치를 반영할 수 있도록 해야 한다. 현재 우리나라의 정부혁신은 단기적 관점에서 가시적인 성과를 창출하는 것에 중점을 두었기 때문에 소통, 신뢰, 공유, 협력 등과 같은 후기-신공공관리론 패러다임 중심의 혁신 가치들이 중요하게 다루어지지 못하였다. 하지만 인사관리에 있어 조직 구성원들의 스트레스, 갈등 수준과 같은 부정적 심리상태와 자긍심, 즐거움 등과 같은 긍정적 심리상태가 동기부여 및 직무열의를 결정하는 핵심 요소라는 것이 밝혀지면서 민간조직의 인적자원관리에 있어서는 이러한 심리적·정서적 측면의 부정적인 요소들을 완화하고 긍정적인 요소들을 강화하기 위한 노력이 적극적으로 이루어지고 있다. 이에 공공 인적자원관리에 있어서도 후기-신공공관리론 패러다임을 반영하여 조직보다는 사람을, 결과보다는 과정을 보다 중시해야 할 것이며 그 과정에서 조직 구성원들의 심리적·정서적 요소의 중요성에 공감하고 이를 적극적으로 관리해 나갈 필요가 있다.

둘째, 일과 삶 균형 정책이 보다 적극적으로 활용될 수 있도록 조직적 차원에서 정서적·문화적 지원을 강화해 나갈 필요가 있다. 심리자본 '확산'의 선행조건으로서 심리자본의 '형성'을 도모하기 위해서는 과도한 업무 부담에 따른 스트레스 등 조직 구성원들이 느끼는 부정적 감정을 최소화하기 위한 노력이 요구된다. 이에 조직 구성원들이 느끼는 업무 부담, 스트레스, 우울감 등을 관리할 수 있는 체계적인 프로그램을 제공하고 일과 삶 균형 정책을 적극적으로 활성화 시켜 나가야 한다.

2. 사회자본 확보를 위한 주요 전략

우리나라 정부는 문화혁신의 토대적 차원에서 제도혁신 노력과 함께 사회자본을 확산하기 위한 다양한 노력을 전개하고 있다. 그러나 다양한 유형의 갈등으로 협력과 통합이 저해되고 있고 내·외부 조직과의 인사교류가 적극적으로 이루어지지 못하고 있는 등 사회자본 확산에 있어 몇 가지 장벽이 존재하고 있음을 확인할 수 있었다. 이에 이러한 장벽을 극복하고 문화혁신의 토대적 차원에서 핵심 인사혁신 가치인 사회자본의 확산을 적극적으로 추진하기 위한 혁신 전략을 논의하면 다음과 같다.

첫째, 공공조직 내부에서 발생할 수 있는 갈등을 선제적으로 관리할 수 있는 갈등관리 전문가의 양성 및 중재기관의 역할 강화가 요구된다. 특히 효과적인 갈등관리를 위해 조직 내에서 발생하는 갈등 중 조직 효과성 향상에 있어 긍정적인 영향을 미칠 수 있는 과업갈등 및 과정갈등은 적정수준으로 유지하는 관리가 필요하며 부정적인 영향을 미칠 수 있는 관계갈등은 최소화하는 관리가 필요하다. 따라서 갈등관리 전문가 및 중재기관은 창의적 행동을 유발하고 선의의 경쟁을 이끌어 낼 수 있도록 좋은 갈등은 적정수준으로 관리하고 협력과 신뢰를 훼손하는 나쁜 갈등은 최소화 할 수 있도록 관리해 나가야 할 것이다.

둘째, 조직 내·외부 인사교류를 활성화하여 상대에 대한 이해의 폭을 넓히고 인적네트워크를 강화함으로써 지식의 공유와 업무 협력을 강화해 나갈 수 있도록 해야 할 것이다. 특히 공공조직 내부의 인사교류 뿐만 아니라 민간조직과의 협력을 강화해 나갈 수 있도록 민간근무 지원을 적극적으로 확대할 필요가 있다. 이에 민간근무휴직 대상기관 및 직위를 확대하고 민간조직 근무 시 인사상 인센티브를 제공하는 등의 노력이 필요하다. 현재 우리나라 중앙인사기관인 인사혁신처에서는 부처 간 협력 강화를 위해 국정과제 및 협업과제를 중심으로 범정부적 인사교류 및 전략 교류의 활성화를 장려하고 있다(인사혁신처, 2016a). 이러한 노력의 지속을 통해 조직 내부적 차원 뿐만 아니라 범정부적 차원에서 사회자본의 확산을 기대할 수 있을 것이다.

| 그림 11-10 | 심리자본과 사회자본 확보를 위한 전략

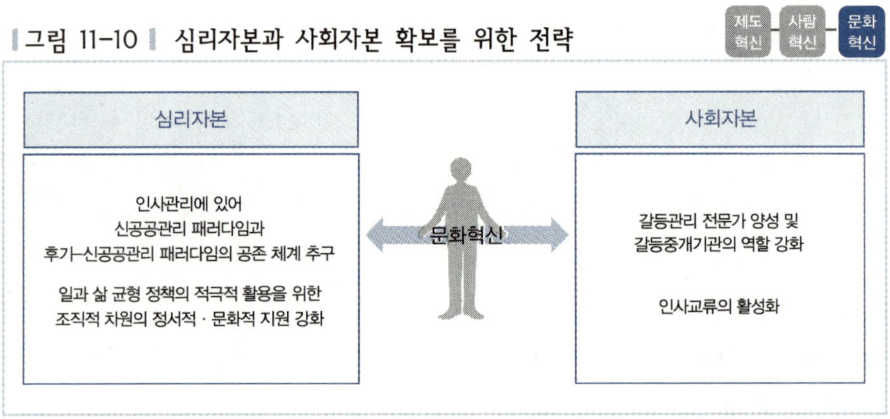

토론 문제

다음 질문에 대해 함께 토론해 보세요.

1. 우리나라 공공조직 구성원들의 심리자본 및 사회자본을 저해하는 요소에 대해 논의해보고 이의 극복방안에 대해 논의해보자.

2. 우리나라 공공조직 구성원들이 직면하게 되는 스트레스의 유형에 대해 논의하고 이를 최소화하기 위한 대안으로서 개인적 차원에서 심리자본을 향상시키기 위한 방안에 대해 논의해보자.

3. 우리나라 공공조직 내에서 발생하는 갈등의 유형에 대해 논의하고 이를 최소화하기 위한 대안으로서 조직적 차원에서 사회자본을 확보하기 위한 방안에 대해 논의해보자.

제12장

문화혁신의 발전적 차원

제12장 문화혁신의 발전적 차원

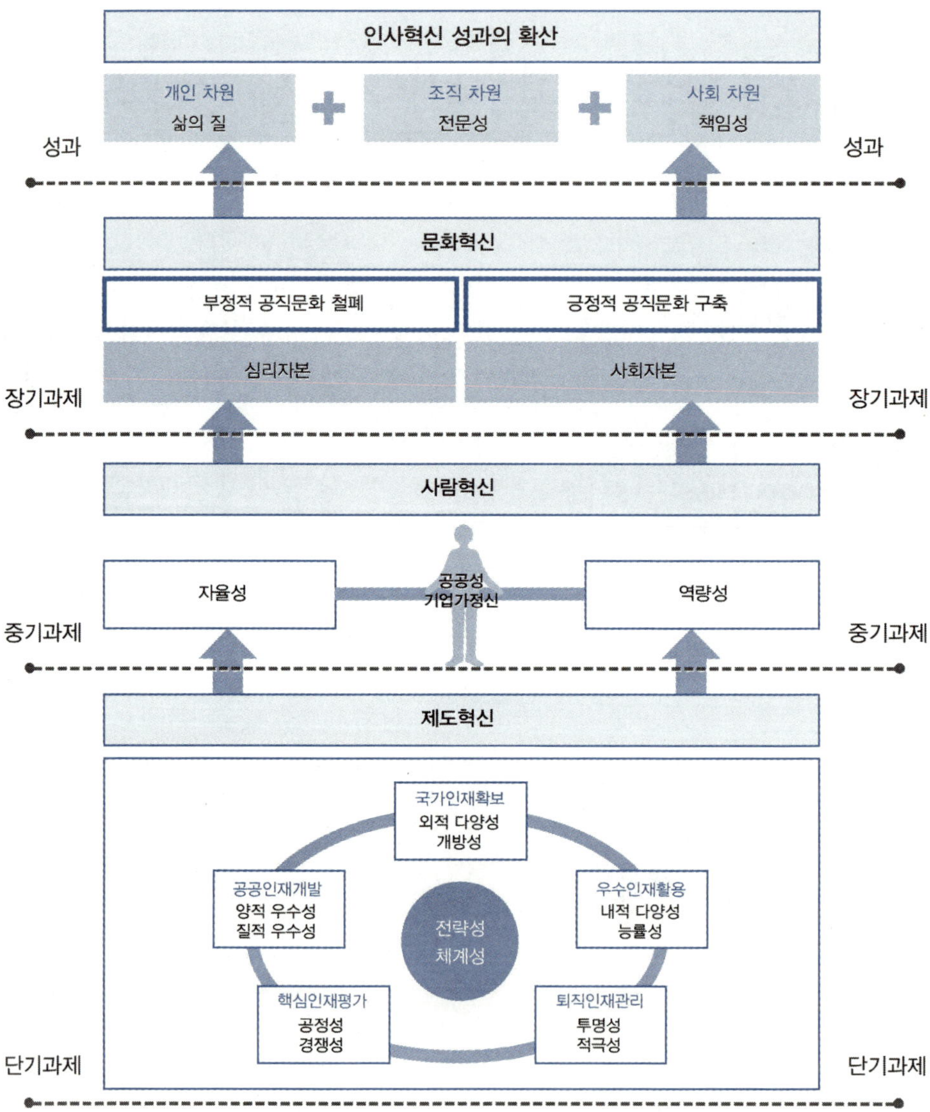

개 요

☞ 부정적 공직문화 철폐

핵심 인사혁신 가치로서 부정적 공직문화 철폐의 의의	
권위주의, 복지부동, 무사안일 등과 같이 공공조직 내에 존재하는 부정적인 요소를 철폐하고 이를 통해 조직의 민주성과 창의성 및 혁신성을 강화하려는 노력	
혁신 장벽	**혁신 전략**
경직된 조직문화의 양산	미래지향적 문화혁신 추구
조직문화에 순응하는 조직 구성원들의 소극적 태도	문화혁신 과정에서 조직 구성원들의 자발적 참여 유도

☞ 긍정적 공직문화 구축

핵심 인사혁신 가치로서 긍정적 공직문화 구축의 의의	
우리나라 공공조직의 문화에 성과·경쟁·시장·복지·공정·지식·융합 지향 문화 등 신공공관리론적 혁신 가치와 후기-신공공관리론적 혁신 가치를 통합적으로 내재화하여 조직의 경쟁력을 강화해 나가고자 하는 노력	
혁신 장벽	**혁신 전략**
조직문화 관리 전담 조직 및 진단 도구의 부재	조직문화 관리 전담 조직 설립 및 부처의 특수성을 반영한 진단 도구의 개발
집단주의적 특성과 개인주의적 특성의 불균형으로 인한 공공조직 건진싱 저해	집단주의적 특성과 개인주의적 특성의 균형을 통한 긍정적 상승효과 제고

핵심 용어
부정적 공직문화 철폐, 긍정적 공직문화 구축, 권위주의, 복지부동, 무사안일, 성과지향 문화, 경쟁지향 문화, 시장지향 문화, 복지지향 문화, 공정지향 문화, 지식지향 문화, 융합지향 문화

제1절 문화혁신의 발전적 차원에 대한 이해

1. 혁신의 배경

발전적 차원에서의 문화혁신은 "우리나라 공공조직이 지양해야 하는 부정적 특성과 지향해야 하는 긍정적 특성은 무엇인가?"라는 질문에서 시작한다. 국가의 문화와 조직의 문화를 설명하는 데 있어 많이 활용되는 Cameron & Quinn(2007)의 경쟁가치모형과 GLOBE 연구에 의하면 우리나라 공공조직의 문화는 통제(Control)적 특성이 강하고, 유교적 아시아 문화권으로 그룹 내 제도주의, 제도적 집단주의, 성과지향적 특성이 강한 것으로 이해할 수 있다(<참고 12-1>, <참고 12-2>, <참고 12-3> 참조). 특히 GLOBE 연구에서 설명하고 있는 것처럼 우리나라는 유교문화권의 특성을 갖고 있어 인사관리 및 조직관리에 있어 연공서열, 온정주의적 요소들의 영향을 받아왔다. 공공조직 내에서 이러한 유교적 특성은 규칙과 규정, 절차, 위계를 강조하는 관료제적 특성과 직업의 안정성 보장이라는 직업공무원제적 특성과 결합하면서 권위주의, 복지부동, 무사안일 등의 병폐현상을 유발하였고 이러한 문제들이 인사관리 및 조직관리의 효과성을 저해하는 핵심 요소로 지적되고 있다.

이에 본서에서는 우리나라 공공조직이 문화적 차원에서 지양해야 하는 부정적 특성과 지향해야 하는 긍정적 특성이 무엇인가에 대한 고민을 담아내기 위해 SWOT 분석을 통해 공공 인적자원관리 문화혁신의 발전적 차원에서 내·외부적 환경을 이해하고 이를 기반으로 혁신의 방향을 도출하였다. 이러한 분석을 통해 혁신 과정에서 내부적 차원의 강점 요인과 외부적 차원의 기회 요인을 효과적으로 활용해 나갈 수 있으며 내부적 차원의 약점 요인과 외부적 차원의 위협 요인에 선제적으로 대응해 나갈 수 있다. 궁극적으로는 종합적 시각에서 진행된 내·외부 환경 분석 프로세스를 바탕으로 사회적 변화와 사회적 수요를 적실하게 담아낸 혁신 과제를 도출하여 혁신 활동의 당위성과 타당성을 확보하고자 하였다. 공공 인적자원관리 문화혁신의 발전적 측면에서 내부적 차원의 강점(Strengths) 및 약점(Weaknesses) 요인과 외부적 차원의 기회

(Opportunities) 및 위협(Threats) 요인을 살펴보면 다음과 같다.

첫째, 내부적 차원의 강점(Strengths) 요인으로 실적주의제의 확립 및 자율성의 강화 등을 살펴볼 수 있다. 우리나라 공공 인적자원관리에 있어 연공서열 등의 문제가 바람직한 조직문화를 저해하는 요소로 작용하였는데 실적주의제 확립을 통해 성과 및 능력 중심의 인사관리 체계를 구축하여 비실적적 요소가 인적자원관리 과정에 개입되는 것을 방지하였다. 이를 통해 성과 지향 및 공정 지향 문화 형성에 기여할 수 있게 되었다. 또한 유연근무제 등의 확대를 통해 자기주도적인 자율적 문화 정착을 위해 노력하고 있다.

둘째, 내부적 차원의 약점(Weaknesses) 요인으로 직업공무원제의 확립 및 기업가정신의 부재로 인한 소극적 행태의 만연을 살펴볼 수 있다. 우리나라의 경우 직업공무원제의 확립으로 인해 공무원의 신분이 정년까지 보장되고 있는데 이러한 직업의 안정성으로 인해 자신에게 주어진 일에 최소한의 노력만을 기울이고 할 수 있는 일임에도 불구하고 적극적으로 나서지 않는 무사안일, 복지부동과 같은 병폐 현상이 유발되고 있다. 뿐만 아니라 현재 공공조직 내에는 기업가정신의 부재로 인해 높은 수준의 창의성 및 혁신성을 기대하기 힘들며 이에 현실에 안주하려 하는 경향을 보이고 있다.

셋째, 외부적 차원의 기회(Opportunities) 요인으로 정부혁신의 패러다임이 신공공관리론에서 후기-신공공관리론으로 변화하고 있다는 점을 살펴볼 수 있다. 과거 정부혁신에 있어서는 성과 및 결과지향, 시장 및 고객 지향, 목표 및 전략 지향 등의 신공공관리론 혁신 가치만을 강조하였으나 현재는 사회적 형평성, 인본주의, 민주성 등의 후기-신공공관리론 가치를 함께 강조하고 있다(Park & Joaquin, 2012). 이에 과거에는 사람보다는 조직을, 과정보다는 결과를 강조하였으나 현재의 인사관리 및 조직관리는 사람과 조직의 상생, 과정과 결과의 조화를 추구하게 되었다. 이러한 정부혁신 패러다임의 변화는 조직과 결과중심의 우리나라 공공조직 문화를 개선하는 데 있어 긍정적인 영향을 미칠 것으로 기대된다.

넷째, 외부적 차원의 위협(Threats) 요인으로 급변하는 행정환경으로 인해 공공조직에 요구되는 역할이 다변화되고 있다는 점을 살펴볼 수 있다. 과거에는 지금과 같이 행정수요가 다변화되지 않았기 때문에 위계와 통제 중심의 관료제적 문화가 조직관리에 있어 효과적인 역할을 수행하였다. 하지만 행정수요가 다변화되고 융합적 문제해결능력을 요구하는 복합적 문제들이 증가하게 되면서 이에 효과적으로 대응하기 위해 문화적 차원에서 자율, 개방, 협력, 공유, 소통 등의 새로운 가치들을 요구받게 되었다. 하지만 공공조직 내부에 위계·통제 중심의 문화가 고착화되어 있어 새로운 가치들을 받아들이는데 어려움을 겪고 있다.

2. 혁신의 과제

공공 인적자원관리 문화혁신의 발전적 차원에서 SWOT 분석 내용을 종합해 볼 때 인사혁신의 방향은 과거의 신공공관리 중심의 혁신 가치와 함께 후기-신공공관리 중심의 혁신 가치를 조직에 내재화하여 사람과 조직의 상생, 과정과 결과의 조화를 추구해 나갈 수 있도록 설정되어야 함을 확인할 수 있었다. 이에 문화혁신을 위해 조직 내에 존재하는 권위주의, 복지부동, 무사안일과 같은 부정적인 문화적 요소를 개선하고 소통, 협력, 개방 등의 긍정적인 문화적 요소를 확산시켜 나가야 함을 알 수 있었다.

이에 본서에서는 문화혁신의 발전적 차원에서 핵심 인사혁신 가치로서 부정적 공직문화 철폐와 긍정적 공직문화 구축을 제시하였다. 부정적 공직문화의 철폐는 권위주의, 복지부동, 무사안일 등과 같이 공공조직 내에 존재하는 부정적인 요소를 철폐하고 이를 통해 조직의 민주성과 창의성 및 혁신성을 강화하려는 노력을 의미하며 긍정적 공직문화 구축은 우리나라 공공조직의 문화에 성과·경쟁·시장·복지·공정·지식·융합 지향 문화 등 신공공관리론적 혁신 가치와 후기-신공공관리론적 혁신 가치를 통합적으로 내재화하여 조직의 경쟁력을 강화해 나가고자 하는 노력을 의미한다.

그림 12-1 문화혁신의 발전적 차원에서 혁신 과제

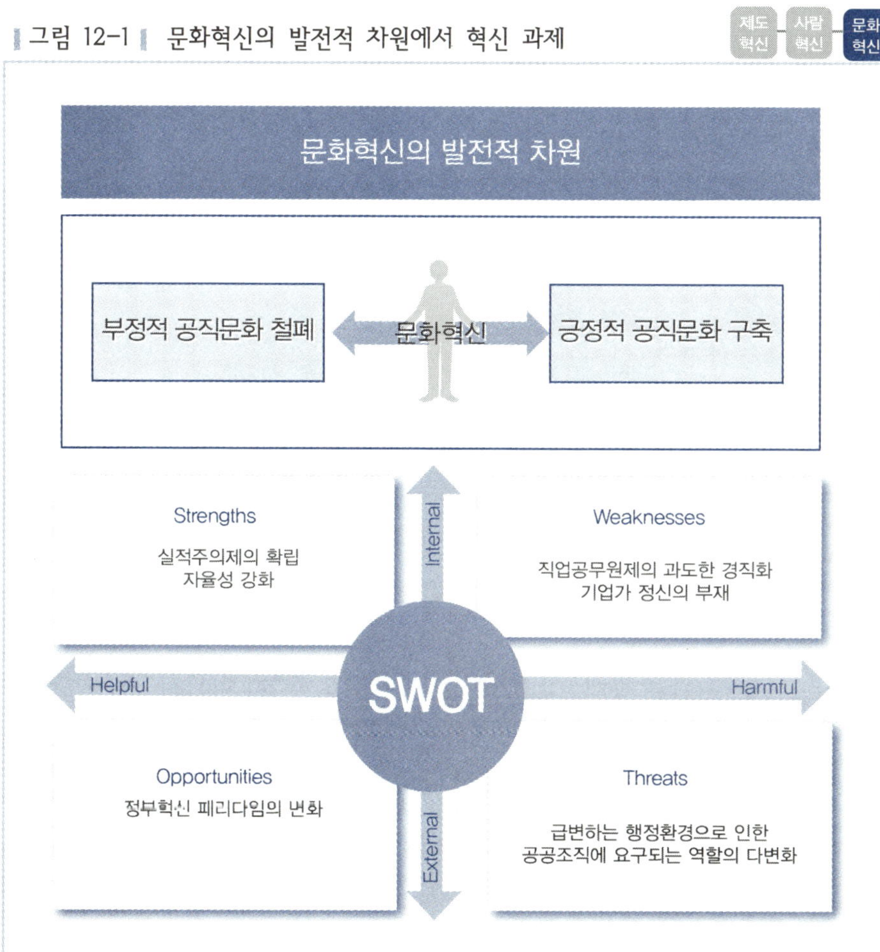

참고 12-1 Cameron & Quinn(2007)의 경쟁가치모형[1]

Cameron & Quinn(2007)은 각 조직에서 중시하는 가치 차원을 기준으로 조직문화를 구분하였다. 조직의 문화 유형을 구분하는데 기준이 된 가치는 가로축은 내부(통합), 외부(경쟁) 중 무엇을 더 중요시 여기는지에 의해 구분되었고, 세로축은 변화 및 유연성과 질서 및 안전성 중 무엇을 더 중요시 여기는지에 의해 구분되었다. 이처럼 가치 차원을 설정하는 데 있어서, 상충되는 가치, 즉 양립 불가능한 경쟁 관계에 놓인 가치를 연속선상에 배열하였기 때문에 이를 '경쟁가치모형(Competing

Value Mode)'이라고 부른다. 이러한 가치 차원에 따라 조직 문화를 통제(Control) 문화, 협력(Collaborate) 문화, 경쟁(Compete) 문화, 창조(Create) 문화로 구분하였다.

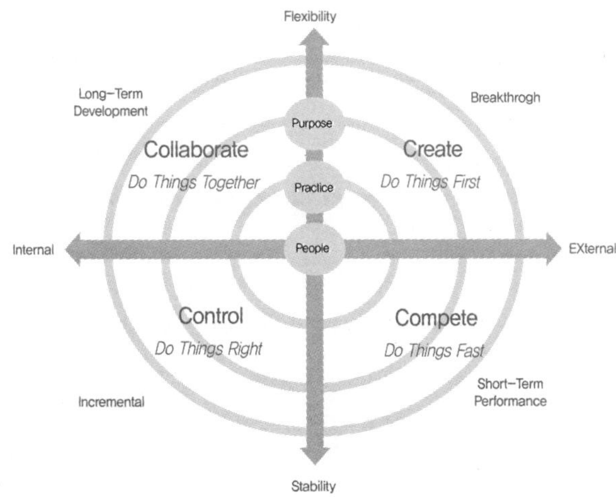

※ 통제(Control) 문화

: 외부(경쟁)보다는 내부(통합)를 중시하고 변화 및 유연성보다는 질서 및 안정성을 중요시 여기는 조직 문화이다. 이러한 조직은 조직구성원들이 옳은 일을 하는 것에 높은 가치를 부여한다. 이에 규칙과 규정의 준수를 중요시 여기는 등 관리상의 일관성을 유지하여 점진적인 개선이 이루어질 수 있도록 많은 노력을 기울인다. 따라서 지시적이고 통제적인 리더십 스타일이 통제 문화에 가장 적합한 리더십 유형이라 할 수 있다.

※ 협력(Collaborate) 문화

: 외부(경쟁)보다는 내부(통합)를 중시하고 질서 및 안전성보다는 변화 및 유연성을 중요시 여기는 조직 문화이다. 이러한 조직은 조직 구성원들이 함께 일하는 것에 높은 가치를 부여한다. 이에 조직 구성원 간 신뢰를 구축하고 응집력을 높여 장기적인 발전을 이루어 낼 수 있도록 많은 노력을 기울인다. 따라서 정서적 가치를 중시하는 관계중시형 리더십이 협력 문화에 가장 적합한 리더십 유형이라 할 수 있다.

※ 경쟁(Compete) 문화

: 내부(통합)보다는 외부(경쟁)를 중시하고 변화 및 유연성보다는 질서 및 안정성을 중요시 여기는 조직 문화이다. 이러한 조직은 조직 구성원들이 빠르게 움

직이는 것에 높은 가치를 부여한다. 이에 경쟁과 공격적인 방식으로 단기적인 성과를 향상시킬 수 있도록 많은 노력을 기울인다. 따라서 과업지향형 리더십 스타일이 경쟁 문화에 가장 적합한 리더십 유형이라 할 수 있다.

※ 창조(Create) 문화

: 내부(통합)보다는 외부(경쟁)를 중시하고 질서 및 안정성보다 변화 및 유연성을 중요시 여기는 조직 문화이다. 이러한 조직은 조직 구성원들이 개척자로서의 역할을 하는 것에 높은 가치를 부여한다. 이에 혁신적이고 창의적인 방식으로 과업을 수행하여 새로운 돌파구를 찾을 수 있도록 많은 노력을 기울인다. 따라서 조직 구성원들에게 영감을 부여하고 창조적 혁신을 강조하는 리더십 스타일이 창조 문화에 가장 적합한 리더십 유형이라 할 수 있다.

참고 12-2 GLOBE 연구[2)]

글로벌 리더십 및 조직행동 효과성(GLOBE: Global Leadership and Organizational Behavior Effectiveness) 연구는 권력 격차, 불확실성의 회피, 개인주의와 집단주의, 남성주의와 여성주의, 장기 지향과 단기 지향 등 5개 속성을 기준으로 국가의 문화적 차이를 설명했던 Hofstede(1980)의 연구를 확장한 연구이다. Hofstede(1980)가 제시한 문화적 속성에 기초하여 GLOBE 연구는 적극성 지향(Assertiveness Orientation), 미래 지향(Future Orientation), 성 평등(Gender Egalitarianism), 인간 지향(Human Orientation), 그룹 내 집단주의(In-Group Collectivism), 제도적 집단주의(Institutional Collectivism), 성과 지향(Performance Orientation), 권력 거리(Power Distance), 불확실성 회피(Uncertainty Avoidance) 등 9개 문화적 속성을 제시하였다.

※ 적극성 지향(Assertiveness Orientation)

: 구성원들이 얼마만큼 적극적이고 지배적이며 공격적으로 행동하는가에 관한 것이다.

※ 미래 지향(Future Orientation)

: 장기적 관점에서 계획, 투자가 이루어지고 미래 지향적 행동에 대해 지원을 하

1) 해당 내용은 저자가 박성민·김선아(2015)의 <조직과 인간관계(박영사, 2015: 165-167)>에서 제시했던 내용을 본서의 구조에 맞추어 재구성한 것이다.
2) 해당 내용은 저자가 박성민·김선아(2015)의 <조직과 인간관계(박영사, 2015: 161-165)>

는 행위를 의미한다.

※ 성 평등(Gender Egalitarianism)
: 성별 역할 차이를 최소화 하고 성 평등을 촉진하는 정도를 의미한다.

※ 인간 지향(Human Orientation)
: 공정성, 이타주의, 자비, 친절 등과 같은 인본주의적 요소를 격려하는 정도를 의미한다.

※ 그룹 내 집단주의(In-Group Collectivism)
: 조직 및 가정 내에서 사람들이 자부심, 충성심, 응집력을 표현하는 정도를 의미한다.

※ 제도적 집단주의(Institutional Collectivism)
: 조직이나 사회가 제도적 혹은 사회적 집단 행동을 장려하는 정도를 의미한다.

※ 성과 지향(Performance Orientation)
: 조직과 사회가 성과 향상 및 우수성을 위해 구성원들을 장려하고 보상하는 정도를 의미한다.

※ 권력 거리(Power Distance)
: 조직의 구성원들이 권력의 불평등을 수용하는 정도를 의미한다.

※ 불확실성 회피 정도(Uncertainty Avoidance)
: 예측불가능성, 위험, 모호성에 두려움을 느껴 조직 내 규칙과 절차에 의존하는 정도를 의미한다.

GLOBE 연구는 이러한 문화적 속성을 바탕으로 62개 국가를 언어, 지리, 종교, 역사적 측면의 유사성을 기준으로 유교적 아시아, 남아시아, 라틴 아메리카, 북유럽, 앵글로, 게르만 유럽, 라틴 유럽, 사하라 아프리카, 중동 지역 등으로 9개 유형으로 클러스터화 하였으며 각 기준별로 이들의 문화적 속성을 규명하였다(House et al., 2004). 우리나라는 이중에서 유교적 아시아로 구분되어 그룹 내 집단주의, 제도적 집단주의, 성과지향적 특성이 강한 것을 확인할 수 있었다.

에서 제시했던 내용을 본서의 구조에 맞추어 재구성한 것이다.

참고 12-3 GLOBE 연구로 분석한 한국 공직문화 유형

성균관대학교 박성민 교수의 Global Research Network 연구팀에서는 공공조직의 기업가정신, 조직문화, 유교적 가치, 조직효과성 등을 분석하기 위하여 공공기관 구성원들을 대상으로 「공공부문 기업가정신에 관한 설문 조사」를 실시하였다. 본 조사에서는 공공기관의 조직 유형을 1) 국가기관 및 중앙행정기관, 2) 책임운영기관, 3) 공기업으로 구분하여 각 기관이 가지고 있는 문화적 특성을 살펴보았다. <그림 12-2>는 3가지 유형의 공공기관이 가지고 있는 조직문화의 특성을 그림을 통해 제시한 것이다.

한국 공공부문의 조직문화 분석 결과를 구체적으로 살펴보면, 국가기관 및 정부행정기관의 경우 권력거리, 제도적 집단주의, 적극성 수준이 가장 높은 것으로 나타났다. 또한 책임운영기관의 경우 성평등 수준이 가장 높은 것으로 나타났으며 공기업의 경우 불확실성 회피, 조직 내 집단주의, 미래지향, 성과지향, 인간지향 수준이 가장 높은 것으로 나타났다.

〈그림 12-2〉 GLOBE 연구로 분석한 한국 공직문화 유형

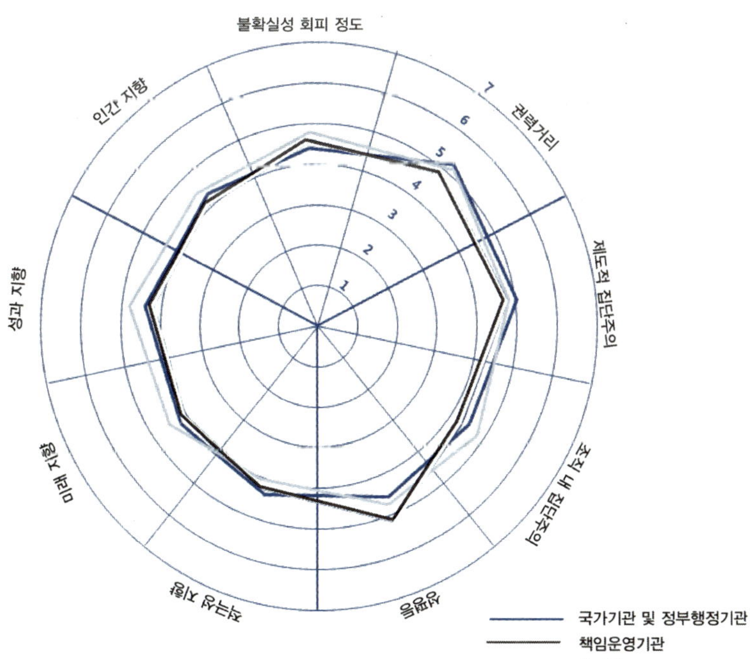

제2절 핵심 인사혁신 가치로서 부정적 공직문화 철폐와 긍정적 공직문화 구축

1. 부정적 공직문화 철폐의 이해

1) 개념적 이해

정부 인사혁신의 세 가지 차원의 구성 요소 중 장기적 과제인 문화혁신의 발전적 차원에서 부정적 공직문화의 철폐는 한국 공직사회 내에 존재하는 부정적인 문화적 특성을 개선하기 위한 노력을 의미한다. 우리나라는 유교문화권의 특성을 갖고 있어 인사관리 및 조직관리에 있어 연공서열, 온정주의적 요소들의 영향을 받아왔다. 특히 민간조직보다 공공조직 내에서 이러한 유교적 특성이 규칙과 규정, 절차, 위계를 강조하는 관료제적 특성과 직업의 안정성 보장이라는 직업공무원제적 특성과 결합하면서 권위주의, 복지부동, 무사안일 등의 병폐현상을 유발하였고 이러한 문제들이 인사관리 및 조직관리의 효과성을 저해시키는 핵심적 요소로 지적되고 있다. 공공조직의 문화적 측면의 주요 병폐현상으로 지적되고 있는 권위주의, 복지부동, 무사안일 등의 구체적인 내용을 살펴보면 다음과 같다.

먼저 권위주의는 조직 내에 권력(Power) 및 권한(Authority)에 기초한 상하관계 및 위계질서가 명확히 설정되어 있고 이러한 권한에 무조건적인 복종을 요구하는 문화적 특성을 의미한다(임운식·김무형, 2010). 권위주의적 문화가 강한 조직에서는 권위자가 비권위자에게 특정한 것을 강요할 수 있으며, 비권위자는 이러한 요구에 대한 옳고 그름의 판단과는 관계없이 복종을 강요받게 된다(박동서, 1991). 이에 권위주의는 조직 내 민주성 및 자율성 결여의 문제를 낳게 된다. 다음으로 복지부동은 자신에게 주어진 임무 혹은 마땅히 해야 할 일에 대해 몸을 사리며 소극적으로 대하는 자세를 비유적으로 이르는 말이다(국립국어원 표준국어대사전, 2016). 유사한 맥락에서 무사안일은 창의적이고 적극적으로 직무를 수행하기보다는 현상 유지에만 급급한 수동적인 직무태도를 의미한다(이종수, 2008). 즉, 복지부동과 무사안일은 상사가 시키는 일만 수동적으로 수행하거나 규정에 따라 자신에게 요구되는 업무만 형식적으로 최소한의 노력만을 투입하여 임하는 자세를 의미한다. 특히 우리나라의 공공 인적자원관리에서는 직업공무원제의 확립으로 직무에 적극적으로 임하지 않아도 신분이 보장되어 복지부동과 무사안일이라는 표현이 공공조직을 지칭하는 일상어처럼 사용되어 왔고 최근에는 공공조직 구성원들의 이러한 행태를 비판적으로 일컫는 '오대수(오늘만 대충 수습하자)'라는 신조어가 등장하기도 하였다(서울신문, 2016.08.18). 복지부동과 무사안일적 행태는 업무 수행 과정에서 능동성 및 창의성의 결여 및 변화에 대한 저항을 유발하여 행정의 책임성 및 대응성 저하 문제를 야기하게 된다(이유진·정재삼, 2013; 이윤경, 2014).

이에 본서에서는 문화혁신의 발전적 차원에서 핵심 인사혁신 가치로서 부정적 공직문화 철폐를 "권위주의, 복지부동, 무사안일 등과 같이 공공조직 내에 존재하는 부정적인 요소를 철폐하고 이를 통해 조직의 민주성과 창의성 및 혁신성을 강화하려는 노력"으로 정의하였다. 문화혁신의 발전적 차원에서

그림 12-3 문화혁신의 발전적 차원에서 부정적 공직문화 철폐의 의의

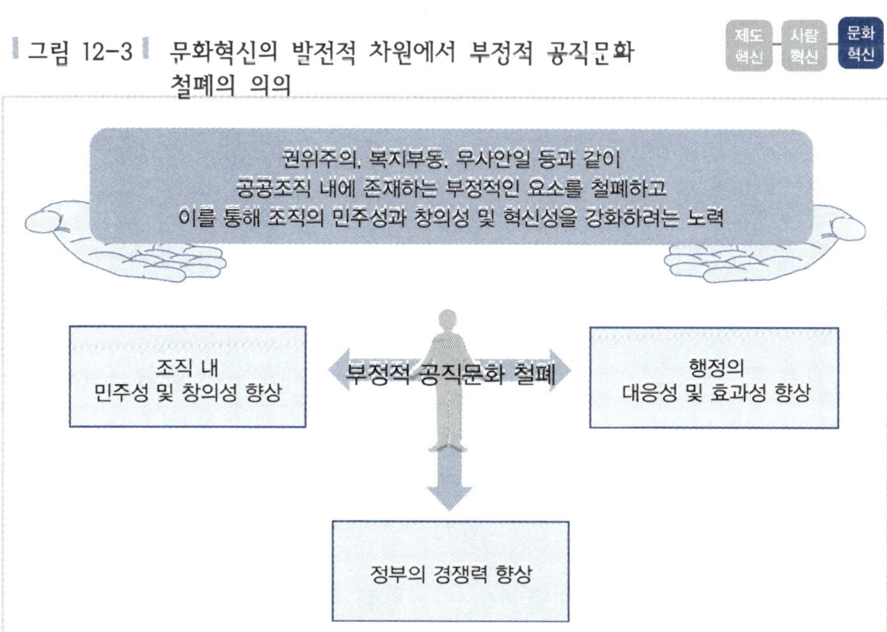

핵심 인사혁신 가치로서 부정적 공직문화 철폐의 중요성은 조직 내 민주성 및 창의성의 향상을 통해 행정의 대응성 및 효과성을 향상시키고 부정적 요소의 제거를 통해 긍정적인 조직문화 형성의 토대를 마련함으로써 정부의 경쟁력 향상에 기여할 수 있다는 측면에서 그 중요성을 살펴볼 수 있다.

2) 정책적 이해

문화혁신의 발전적 차원에서 부정적 공직문화 철폐라는 인사혁신 가치를 담아내고자 하는 시도는 제도혁신, 사람혁신 노력과 함께 전개된다. 제도혁신의 공정한 평가·보상체계의 운영, 저성과자 퇴출제도, 사람혁신의 적극행정면책제도 등이 문화적 차원에서 권위주의, 복지부동, 무사안일 등과 같은 부정적 공직문화를 철폐하기 위한 정책적 노력으로 이해할 수 있다.[3)]

그림 12-4 부정적 공직문화 철폐의 정책적 실현

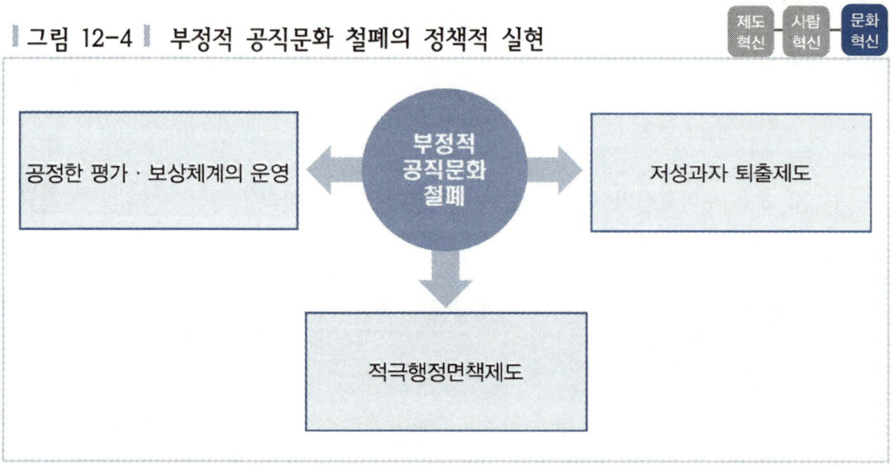

이처럼 문화혁신의 발전적 차원에서 부정적 공직문화 철폐라는 인사혁신 가치를 담아내고자 하는 시도는 공정한 평가·보상체계의 운영, 저성과자 퇴출제도 등과 같은 제도혁신 노력과 적극행정면책제도 등과 같은 사람혁신 노력으로 구체화되어 나타난다. 이와 함께 본서에서는 부정적 공직문화 철폐를

3) 공정한 평가·보상체계의 운영 및 저성과자 퇴출제도는 본서 제2편의 "제7장 제도혁신의 발전적 차원: 핵심인재평가"에서, 적극행정면책제도는 본서 제3편의 "제10장 사람혁신의 발전적 차원"에서 보다 자세하게 소개하였다.

그림 12-5 부정적 공직문화 철폐를 위한 정책적 과제

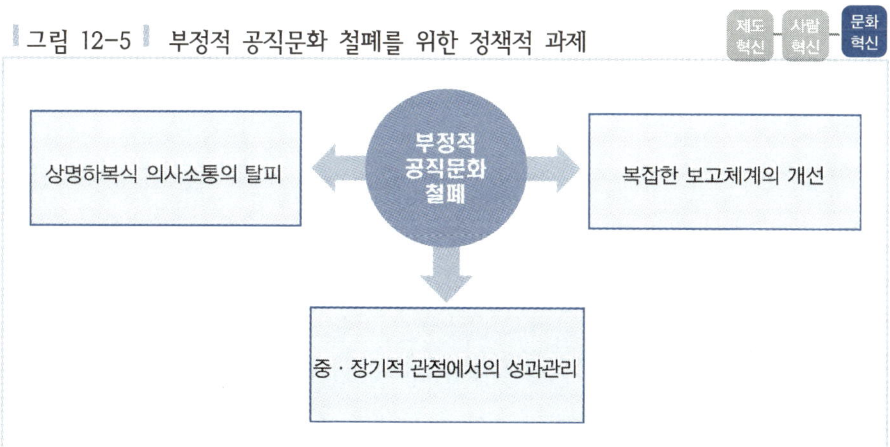

위한 정책적 과제로서 상명하복식 의사소통의 탈피, 중·장기적 관점에서의 성과관리, 복잡한 보고체계의 개선 등 3대 핵심 과제를 제시하였다. 이를 구체적으로 살펴보면 다음과 같다.

첫 번째 실행과제는 상명하복식 의사소통의 탈피를 제시할 수 있다. 우리나라 공공조직에 형성되어 있는 상명하복의 보수적이고 위세적인 문화에서 벗어나 자유로운 의사소통이 이루어지는 개방적이고 수평적인 인간관계를 구축하는 것은 부정적 공직문화 철폐의 출발점이라 할 수 있다.

두 번째 실행과제는 복잡한 보고체계의 개선을 제시할 수 있다. 현재 공공조직에서는 대면보고가 중심을 이루고 있는데 서면보고 및 전자결재 등을 활용하여 절차에 얽매이지 않고 효율성을 확보해 나갈 수 있도록 해야 한다.

세 번째 실행과제는 단기 성과주의를 지양하고 중·장기적 관점에서의 성과관리를 제시할 수 있다. 이에 현재와 같이 단기적인 성과에 매몰되어 조직을 운영하기보다는 단기·중기·장기 계획을 구분하고 각각의 목표 및 성과를 제시하여 이를 전략적으로 관리해 나갈 필요가 있다.

2. 긍정적 공직문화 구축의 이해

1) 개념적 이해

정부 인사혁신의 세 가지 차원의 구성 요소 중 장기적 과제인 문화혁신의 발전적 차원에서 긍정적 공직문화의 구축은 한국 공직사회가 지향해야 할 긍정적인 문화적 특성을 내재화하기 위한 노력을 의미한다. 조직의 문화는 집단을 구성하고 있는 구성원들이 현상을 인식하는 방식에 영향을 미치고 조직 구성원들의 행동을 규정하기 때문에 조직 구성원들의 긍정적인 행태를 유발하기 위해서는 바람직한 문화적 특성을 조직 내에 내재화하려는 노력이 무엇보다 중요하다(박성민·김선아, 2015). 정부혁신의 패러다임과 각각의 패러다임이 지향하는 핵심 혁신 가치들을 통합적으로 탐색한 Park & Joaquin(2012)의 연구를 바탕으로 공공조직이 지향해야 할 문화적 속성으로 신공공관리론(NPM)의 맥락에서 성과 지향, 경쟁 지향, 시장 지향 등의 3가지 속성을 도출할 수 있었고, 후기-신공공관리론(Post-NPM)의 맥락에서 복지 지향, 공정 지향, 지식 지향 등의 3가지 속성을 도출할 수 있었다. 또한 추가적으로 신공공관리론의 혁신 가치인 개방과 후기-신공공관리론의 혁신 가치인 협력이라는 가치를 모두 포괄하는 융합 지향 문화를 도출할 수 있었다. 이를 구체적으로 살펴보면 다음과 같다.

먼저 신공공관리론의 맥락에서 공공조직이 지향해야 할 바람직한 문화적 속성으로 성과 지향, 경쟁 지향, 시장 지향 문화 등을 살펴볼 수 있다. 성과 지향 문화는 조직 구성원들이 조직이 달성하고자 하는 성과에 몰입할 수 있도록 유도하고 이의 달성을 강조하는 문화를 의미한다. 이에 조직은 성과 지향 문화의 정착을 위해 조직 구성원들이 창출한 산출(Output)과 성과(Outcome)를 중심으로 평가 및 보상체계를 운영하는 등의 노력을 전개하게 된다. 또한 경쟁 지향 및 시장 지향 문화는 조직 및 인사관리에 있어 경쟁과 개방을 강조하는 문화를 의미한다. 이에 조직 구성원 간 선의의 경쟁을 바탕으로 지속적인 성과창출이 일어날 수 있도록 유도하며 인재채용 및 공공서비스 제공 방식에 있어 민간 개방을 강화하여 효율성 향상 및 고객 만족도 향상을 강조하게 된다.

다음으로 후기-신공공관리론의 맥락에서 공공조직이 지향해야 할 문화적 속성으로 복지 지향 문화, 공정 지향, 지식 지향 문화 등을 살펴볼 수 있다. 복지 지향 문화는 구성원의 내·외적 다양성을 포용하기 위해 다양한 복지 제도를 구축하고 조직 차원에서 이러한 제도의 활용을 적극적으로 장려하는 문화를 일컫는다. 이에 복지 지향 문화의 형성은 조직 구성원들의 동기와 충성심을 향상시켜 궁극적으로 조직 효과성 향상에 기여하게 된다. 또한 공정 지향 문화는 조직의 의사결정과 제도들이 조직 구성원에게 바람직한 것으로 받아들여질 수 있도록 분배 및 절차적 차원의 공정성을 강조하는 문화를 일컫는다. 이에 공정 지향 문화의 형성은 조직의 결정 및 제도에 대한 수용성을 향상시켜 관리적 차원의 효과성 향상에 기여하게 된다. 다음으로 지식 지향 문화는 지식 습득을 업무의 일부로 바라보고 모든 조직 구성원들이 지식의 창출과 공유, 습득에 적극적으로 참여할 수 있도록 장려하는 문화를 의미한다(Shandler, 2000). 이에 조직은 지식 지향 문화의 정착을 위해 조직 구성원들

그림 12-6 문화혁신의 발전적 차원에서 긍정적 공직문화 구축의 의의

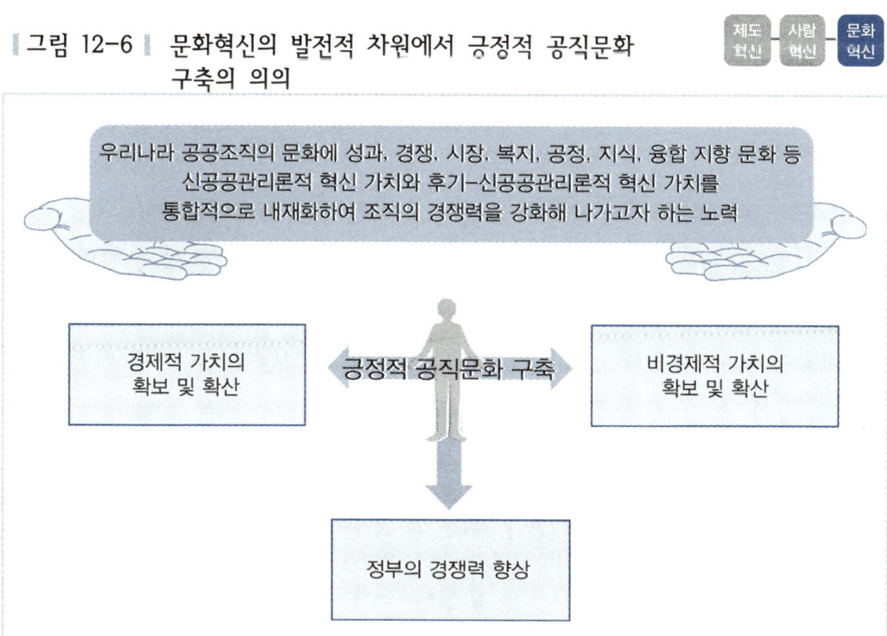

에게 지속적인 학습의 기회를 제공하고 조직 내에서 자발적인 학습행태가 활성화 될 수 있도록 공식적·비공식적 학습 공동체 운영을 적극적으로 지원한다.

마지막으로 신공공관리론의 개방과 후기-신공공관리론의 협력의 가치를 담은 융합 지향 문화는 공직의 문호 개방 및 인적 교류의 확대를 통해 내·외부 인적네트워크를 확산시켜 업무 협력을 강화하고 복합적 문제해결능력의 향상을 가능케 하는 문화를 일컫는다. 이에 융합 지향 문화의 형성은 개인 이기주의 및 부처 할거주의로 인해 발생하는 비능률성의 최소화에 기여하게 된다.

이에 본서에서는 문화혁신의 발전적 차원에서 핵심 인사혁신 가치로서 긍정적 공직문화 구축을 "우리나라 공공조직의 문화에 성과·경쟁·시장·복지·공정·지식·융합 지향 문화 등 신공공관리론적 혁신 가치와 후기-신공공관리론적 혁신 가치를 통합적으로 내재화하여 조직의 경쟁력을 강화해 나가고자 하는 노력"으로 정의하였다. 문화혁신의 발전적 차원에서 핵심 인사혁신 가치로서 긍정적 공직문화 구축은 조직 내에서 효율성·효과성과 같은 경제적 가치의 확보 및 확산과 함께 민주성·책임성과 같은 비경제적 가치의 확보 및 확산을 가능케 함으로써 궁극적으로 보다 경쟁력을 갖춘 공공조직으로 발전해 나가는 데 기여할 수 있다는 측면에서 그 중요성을 살펴볼 수 있다.

2) 정책적 이해

문화혁신의 발전적 차원에서 긍정적 공직문화 구축이라는 인사혁신 가치를 담아내고자 하는 시도는 제도혁신 및 사람혁신 노력과 함께 전개된다. 제도혁신의 일과 삶 균형 정책의 운영, 직급별 차별화된 평가·보상체계의 운영, 개방형 직위의 확대, 인사교류의 활성화 등과 사람혁신의 역량기반 교육훈련의 강화 등이 성과·경쟁·시장·복지·공정·지식·융합 지향 등 긍정적 공직문화를 구축하기 위한 정책적 노력으로 이해할 수 있다.[4)]

---

4) 일과 삶 균형 정책은 본서 제2편의 "제6장 제도혁신의 발전적 차원: 우수인재활용"에서, 직급별 차별화된 평가·보상체계의 운영은 제2편의 "제7장 제도혁신의 발전적 차원: 핵심인재평가"에서, 개방형 직위의 확대 및 인사교류의 활성화는 본서 제2편의 "제4장 제도혁신의 발전적 차원: 국가인재확보"에서, 역량기반 교육훈련의 강화는 본서 제3편의 "제10장 사람혁신의 발전적 차원"에서 보다 자세하게 소개하였다.

| 그림 12-7 | 문화혁신의 발전적 차원에서 긍정적 공직문화 구축의 정책적 실현

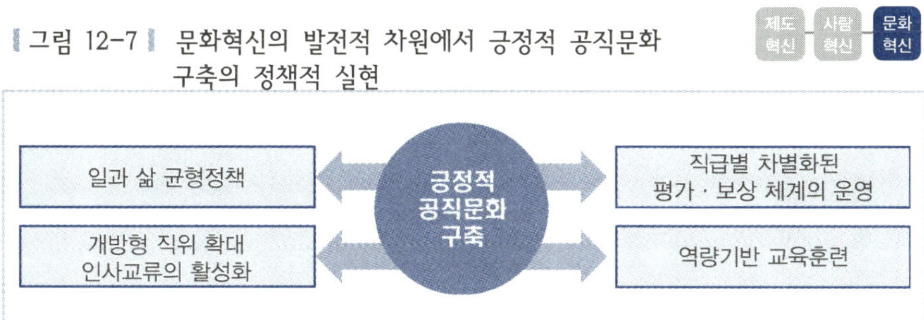

이처럼 문화혁신의 발전적 차원에서 긍정적 공직문화 구축이라는 인사혁신 가치를 담아내고자 하는 시도는 일과 삶 균형 정책의 운영, 직급별 차별화된 평가·보상체계의 운영, 개방형 직위의 확대, 인사교류의 활성화 등의 제도혁신 노력과 역량기반 교육훈련 강화 등의 사람혁신 노력으로 구체화되어 나타난다. 이와 함께 본서에서는 긍정적 공직문화 구축을 위한 정책적 과제로서 전체주의 및 이기주의 지양, 권한위임, 능력중심의 성과관리 체계 확립 등 3대 핵심 과제를 제시하였다. 이를 구체적으로 살펴보면 다음과 같다.

첫 번째 실행과제는 전체주의 및 이기주의 지양을 제시할 수 있다. 바람직한 공직문화 형성을 위해 조직 전체를 강조하기보다는 개인의 개성 및 선호, 가치를 존중하는 문화를 형성해야 하고 개별 부서 및 개별 부처의 이익이 아닌 공공조직 전체와 국가 전체의 이익을 위한 협업과 공존을 강조해야 한다.

두 번째 실행과제는 권한위임을 제시할 수 있다. 수평적이고 자율적인 조직문화 구축을 위해 구성원들에게 능동적 권한위임이 이루어져야 한다. 다만 권한위임으로 인해 발생할 수 있는 권한의 오용과 남용을 방지하기 위해 제도적 뒷받침과 함께 공공 가치 및 공공 윤리의 내재화 노력이 함께 수반되어야 한다.

세 번째 실행과제는 능력중심의 성과관리 체계 확립을 제시할 수 있다. 즉, 연공서열적 요소가 성과평가 체계에 개입되는 것을 방지하고 능력과 성과 중심의 평가 보상체계의 확립이 필요하다. 이를 위해 성과평가 과정에서 개인의 주관적인 판단과 감정이 이입되지 않도록 평가 요소 및 척도를 객관화할 필요가 있다.

| 그림 12-8 | 긍정적 공직문화 구축을 위한 정책적 과제

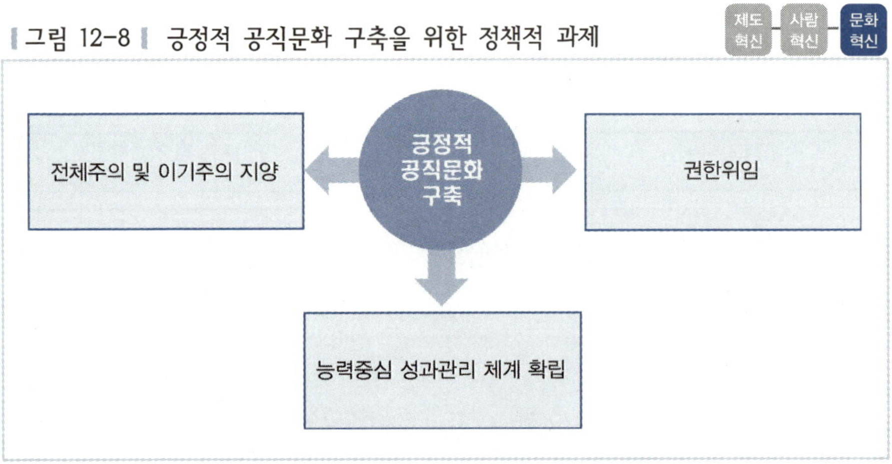

제3절 부정적 공직문화 철폐와 긍정적 공직문화 구축의 장벽

1. 부정적 공직문화 철폐에 있어 주요 장벽

정부 인사혁신의 세 가지 구성 요소 중 문화혁신의 발전적 차원에서 핵심 인사혁신 가치로서 부정적 공직문화 철폐는 권위주의, 복지부동, 무사안일 등과 같이 공공조직 내에 존재하는 부정적인 요소를 철폐하고 이를 통해 조직의 민주성과 창의성 및 혁신성을 강화하려는 노력으로 이해할 수 있다. 우리나라 정부 인사혁신에서 문화혁신의 발전적 차원에서 부정적 공직문화를 철폐하려는 시도는 제도혁신의 저성과자 퇴출제도, 사람혁신의 적극행정면책제도 등과 함께 전개되고 있고 이는 조직 내 민주성 및 창의성 향상, 행정의 대응성 및 효과성 향상을 통해 궁극적으로 정부의 경쟁력 향상에 기여할 수 있다는 측면에서 그 중요성을 살펴볼 수 있었다. 하지만 현재 제도혁신 및 사람혁신과 함께 문화혁신의 발전적 차원에서 부정적 공직문화 철폐를 위한 다양한 노력을 전개하고 있음에도 불구하고 작동 과정에서 내·외부적으로 존재하는 장벽으로 인해 혁신 가치의 실질적 실현에 있어 한계에 직면하고 있다. 문화혁신의 발전적 차원에서 부정적 공직문화 철폐에 있어 혁신장벽으로 작용하는 요소들을 구체적으로 살펴보면 다음과 같다.

첫째, 우리나라 공직사회에서 개방성과 다양성을 확보하기가 어렵고 이로 인해 경직된 조직문화가 지속적으로 양산되고 있다는 점을 살펴볼 수 있다. 우리나라는 과거의 관계나 관습을 중시하는 과거지향적이고 폐쇄지향적인 유교문화적 특성을 가지고 있다. 특히 우리나라의 공공조직에서는 과거 국가 발전을 주도한 관료제의 성공 공식에 얽매여 새로운 변화에 저항하고 과거로 회귀하려는 조직 관성(Organizational Inertia) 문제가 발생하고 있다. 이로 인해 현재 우리나라 공공조직은 현상 유지와 안정에 치중하면서 새로운 변화에 적절히 대응하지 못하고 있으며 조직이 변화나 위험에 직면하더라도 이를 즉각적으로 인지하지 못하는 문제점이 발견되고 있다.

둘째, 부정적 조직문화에 순응하는 구성원들의 소극적 태도를 살펴볼 수 있다. 조직문화의 변화를 통해 성공적인 인사혁신을 가능케 하기 위해서는 구성원들이 변화를 적극적으로 받아들이고 참여해야 한다. 이를 위해 조직은 조직 구성원들과의 활발한 의사소통을 통해 문화혁신의 필요성에 대한 공감대를 형성하고 인사관리 및 조직관리 전반에 걸친 정보를 조직 구성원들에게 투명하게 공개해야 한다. 그러나 우리나라 공직사회에서는 조직침묵이 겸손과 배려의 가치로 미화되는 문화가 형성되어 있어 구성원 간의 활발한 의사소통이 어렵고 이에 부정적인 문화를 철폐하기 위한 혁신에 있어 구성원들의 적극적 태도와 자발적 참여를 기대하는 것이 어렵다.

2. 긍정적 공직문화 구축에 있어 주요 장벽

정부 인사혁신의 세 가지 구성 요소 중 문화혁신의 발전적 차원에서 핵심 인사혁신 가치로서 긍정적 공직문화 구축은 우리나라 공공조직의 문화에 성과·경쟁·시장·복지·공정·지식·융합 지향 문화 등 신공공관리론적 혁신 가치와 후기-신공공관리론적 혁신 가치를 통합적으로 내재화하여 조직의 경쟁력을 강화해 나가고자 하는 노력으로 이해할 수 있다. 우리나라 정부 인사혁신에서 문화혁신의 발전적 차원에서 긍정적 공직문화를 구축하려는 시도는 제도혁신의 일과 삶 균형 정책의 운영, 직급별 차별화된 평가·보상체계의 운영, 개방형 직위의 확대, 인사교류의 활성화 등과 함께 전개되고 있고 이는 공직 경쟁력 향상에 기여할 수 있다는 측면에서 그 중요성을 살펴볼 수 있었다. 하지만 현재 제도혁신과 함께 문화혁신의 발전적 차원에서 긍정적 공직문화 구축을 위한 다양한 노력을 전개하고 있음에도 불구하고 작동 과정에서 내·외부적으로 존재하는 장벽으로 인해 혁신 가치의 실질적 실현에 있어 한계에 직면하고 있다. 문화혁신의 발전적 차원에서 긍정적 공직문화 구축에 있어 혁신장벽으로 작용하는 요소를 구체적으로 살펴보면 다음과 같다.

첫째, 현재 공직사회에서 조직문화의 기능에 대한 이해도가 낮고 조직 내 문화의 중요성을 간과하고 있다는 점을 살펴볼 수 있다. 조직문화는 조직구성원들에게 다른 조직과 구분되는 차별화된 정체성을 확립하게 함으로써 이러한 정체성을 기반으로 조직 구성원들 간의 협력을 유지할 수 있게 하는 등 긍정적인 기능을 수행한다(박성민·김선아, 2015). 뿐만 아니라 조직문화는 조직구성원들이 조직의 목표에 맞는 행동을 하고 조직의 가치에 헌신할 수 있도록 유도하며 조직이 당면한 문제를 해결하는 데 있어 지침으로서의 역할을 수행하기도 한다(김호섭 외, 2011; 박성민·김선아, 2015). 그러나 조직문화는 경우에 따라 환경변화에 유연한 대응을 어렵게 만들고 다양성 수용에 있어 부정적인 태도를 유발하는 등 역기능적 역할을 수행하기도 한다(박성민·김선아, 2016). 이에 긍정적인 공직문화를 형성하기 위해서는 공공조직 내에서 어떠한 문화적 특성이 긍정적인 기능을 수행하는지, 부정적인 기능을 수행하는지에 대해 진단하고 이를 효과적으로 관리해 나갈 수 있도록 이를 지원하는 전담 부서 및 조직 진단과 관리를 위한 세부 지침의 개발이 적극적으로 요구되고 있다.

둘째, 집단주의적(Collectivism) 특성과 개인주의적(Individual) 특성의 불균형 문제이다. 우리나라는 개인보다 집단의 이익과 목표를 중시 여기는 집단주의적 특성이 강한 국가이다. 이러한 국가의 문화적 특성이 조직 및 인사관리에 영향을 미치게 되어 조직 내에서 조직 구성원들의 개별적인 의견을 존중하기보다는 이의 통합을 더욱 강조한다. 하지만 개별 조직적 차원에서는 개인주의적 특성이 매우 강하게 나타나 부처 이기주의 및 할거주의 문제가 공공조직의 건전성을 저해하는 요소로 지적되어 왔다. 집단주의적 특성과 개

제도 혁신 - 사람 혁신 - 문화 혁신

그림 12-9 부정적 공직문화 철폐와 긍정적 공직문화 구축의 장벽

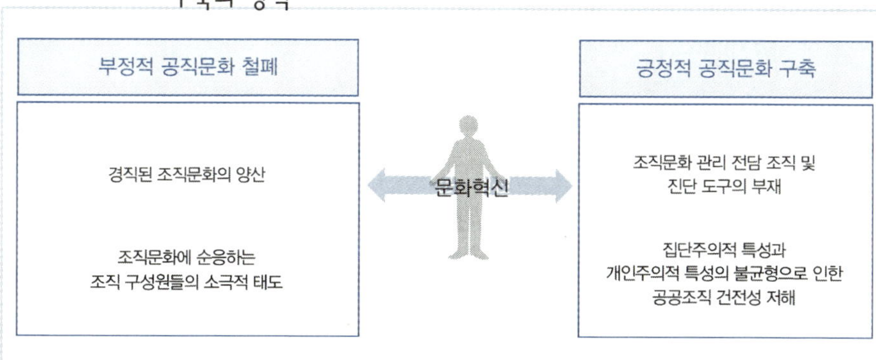

인주의적 특성의 불균형 문제는 성과·경쟁·공정·융합 지향 문화의 정착을 방해하는 요소로 작용하고 있다.

제4절 부정적 공직문화 철폐와 긍정적 공직문화 구축을 위한 전략

1. 부정적 공직문화 철폐를 위한 주요 전략

우리나라 정부는 문화혁신의 발전적 차원에서 제도혁신 및 사람혁신 노력과 함께 부정적 공직문화 철폐를 위한 다양한 노력을 전개하고 있다. 그러나 공직사회의 개방성과 다양성 확보의 어려움으로 인한 경직된 조직문화의 지속적 양산, 부정적 조직문화에 순응하는 조직 구성원들의 소극적 태도 등 부정적 공직문화 철폐에 있어 몇 가지 장벽이 존재하고 있음을 확인할 수 있었다. 이에 이러한 장벽을 극복하고 문화혁신의 발전적 차원에서 핵심 인사혁신 가치인 부정적 공직문화 철폐를 적극적으로 추진하기 위한 혁신 전략과 과제를 논의하면 다음과 같다.

첫째, 과거지향적이고 폐쇄지향적인 문화적 특성을 극복하기 위해 미래지향적 요소를 반영하여 문화혁신을 추구해 나가야 한다. 특히 결과 및 성과만을 강조하는 신공공관리론에서 한걸음 나아가 인본주의, 사회적 형평성,

민주성 등의 가치를 강조하는 후기-신공공관리론적 문화혁신을 추구해 나갈 필요가 있다.

둘째, 문화혁신에 있어 구성원들의 자발적 참여를 유도해야 한다. 이를 위해서는 조직의 관리자 차원의 노력과 함께 학계의 노력이 수반되어야 한다. 정부 및 기관 차원에서 권위적이고 위계적인 문화를 개선하기 위해 관리자들이 솔선수범하여 호칭, 말투, 복장, 자리 등의 행태적, 물리적 변화들을 함께 추구해 나감으로써 수평적이고 유연한 조직문화를 조성해 나갈 수 있으며 조직 구성원 역시 이러한 문화혁신의 중요성에 공감하고 그 과정에 적극적으로 참여해 나갈 수 있을 것이다. 이와 함께 학계에서는 우리나라 공공조직의 조직문화와 개인 행태 및 조직 효과성 간의 관계를 규명하는 등 조직문화 혁신과 관련한 다양한 담론적, 실험적, 실증적 연구를 진행하여 문화혁신에 있어 의미 있는 정책적 제언을 지속적으로 제공해 나가야 할 것이다.

2. 긍정적 공직문화 구축을 위한 주요 전략

우리나라 정부는 문화혁신의 발전적 차원에서 제도혁신 노력과 함께 긍정적 공직문화 구축을 위한 다양한 노력을 전개하고 있다. 그러나 공공조직에서 조직문화의 기능에 대한 이해도 및 문화의 중요성을 간과하고 있는 등 긍정적 공직문화 구축에 있어 몇 가지 장벽이 존재하고 있음을 확인할 수 있었다. 이에 이러한 장벽을 극복하고 문화혁신의 발전적 차원에서 핵심 인사혁신 가치인 긍정적 공직문화 구축을 적극적으로 추진하기 위한 혁신 전략과 과제를 논의하면 다음과 같다.

첫째, 긍정적인 공직문화 구축을 위해 무엇보다 선행되어야 할 노력은 체계적으로 조직문화를 진단하고 관리할 수 있는 전담 부서의 설립과 조직 진단 도구의 개발이다. 조직의 문화는 구성원들 간의 결속력을 강화하여 조직의 성과를 향상시키는 긍정적인 역할을 수행하기도 하지만, 반대로 변화에 대한 저항을 유발하여 혁신을 저해하는 등의 부정적인 역할을 수행하기도 한다(박성민·김선아, 2015). 이에 조직 문화의 긍정적 역할을 강화해 나가기 위해서는 각급 조직에 형성되어 있는 조직 문화에 대한 이해를 도울 수 있는 진단 도구를 개발할 필요가 있다. 이를 통해 조직 문화를 정확히 진단하고 이에 알맞은 관리 방안을 도출할 수 있는 관리 체계를 마련해야 한다. 특히 이러한 진단도구의 타당성을 향상시키기 위해서는 조직의 위상, 예산규모, 현원규모 등의 일반 특성과 업무 특성, 정책 특성 측면에서의 특수성을 반영할 수 있도록 설계되어야 한다(김선아·박성민, 2016b).

둘째, 집단주의적(Collectivism) 특성과 개인주의적(Individual) 특성 간의 균형을 유지할 필요가 있다. 보다 건강한 문화를 형성해 나가기 위해 조직 내에서는 조직 구성원들의 의견과 개별 구성원들의 다양성을 존중하는 문화를 형성해 나가야 하며, 개별 부처 간에는 공동체적 의식을 바탕으로 협력적 관계를 지속해 나가야 할 것이다. 특히 조직 내부적 차원에서는 기업가정신을 확산하여 개별 조직 구성원들의 적극적·도전적 자세를 존중하고 이를 바탕으로 발전적인 공직문화를 구축해 나가야 할 것이다.

그림 12-10 부정적 공직문화 철폐와 긍정적 공직문화 구축을 위한 전략

제도혁신 – 사람혁신 – 문화혁신

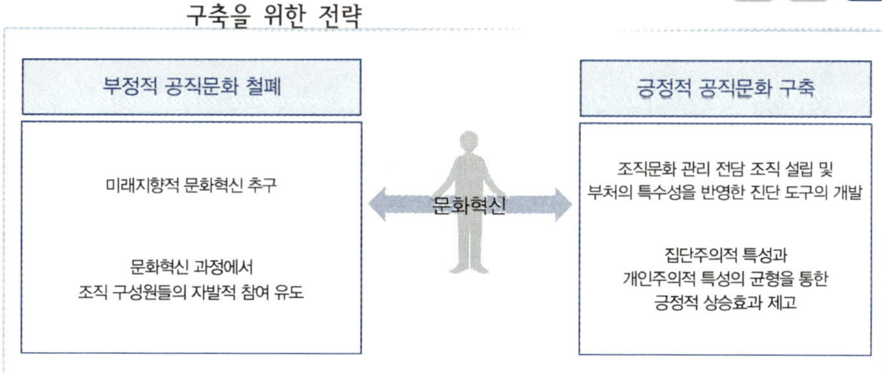

토론 문제

다음 질문에 대해 함께 토론해 보세요.

1. 우리나라 공공조직의 문화적 측면에서 부정적 요소를 내포하고 있는 실제 사례를 제시하고 인사혁신의 맥락에서 이를 개선하기 위한 방안에 대해 논의해보자.

2. 우리나라 공공조직의 문화적 측면에서 긍정적 요소를 내포하고 있는 실제 사례를 제시하고 인사혁신의 맥락에서 이를 확산하기 위한 방안에 대해 논의해보자.

3. 부정적인 공직문화를 철폐하고 긍정적인 공직문화를 구축하는데 있어 제도혁신 및 사람혁신의 역할에 대해 논의해보자.

제 5 편

인사혁신의 미래

제13장

인사혁신의 성과

제13장 인사혁신의 성과

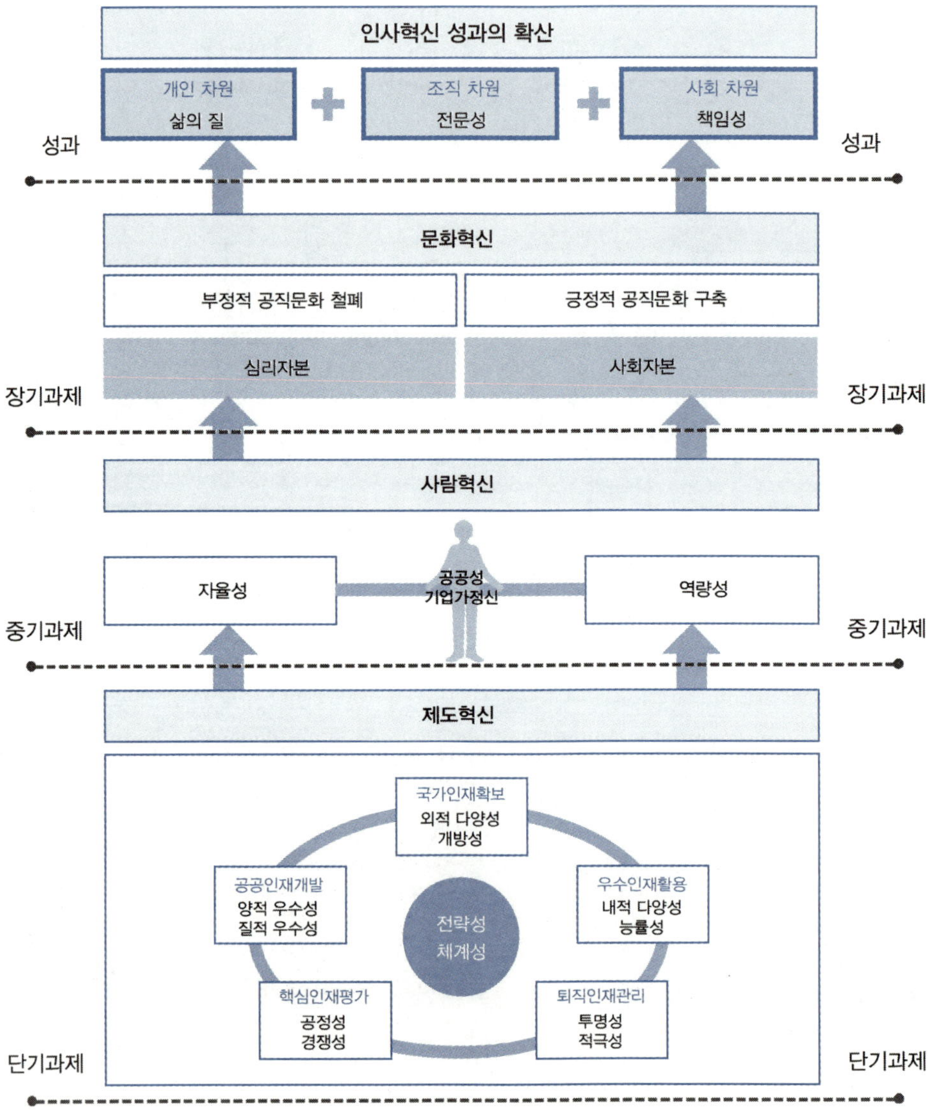

개 요

인사혁신의 성과

① 개인적 차원의 인사혁신 성과의 확산
: 삶의 질 (후기-신공공관리론 가치)
② 조직적 차원의 인사혁신 성과의 확산
: 전문성 (신공공관리론 가치)
② 사회적 차원의 인사혁신 성과의 확산
: 책임성 (신공공관리론 가치와 후기-신공공관리론 가치의 공존)

핵심 용어

삶의 질, 전문성, 책임성

제1절 인사혁신 성과의 내재화

인사혁신은 공공 인적자원관리 프로세스를 지속적으로 발전시키고 이를 토대로 사람과 문화를 바람직한 방향으로 변화시켜나가는 과정이다. 본서에서는 인사혁신을 제도혁신, 사람혁신, 문화혁신 등의 3개 단계로 구분하여 구성하였다. 제도혁신은 국가인재확보, 공공인재개발, 우수인재활용, 핵심인재평가, 퇴직인재관리 등 공공인적자원관리 프로세스를 개선하기 위한 단기적 차원의 인사혁신 과제를 의미한다. 이와 더불어 사람혁신은 공무원 개인에게 올바른 직업관을 정립하고 올바른 윤리의식을 확립하기 위한 노력으로 중기적 차원의 인사혁신 과제로 이해할 수 있으며, 문화혁신은 공공조직 내에서 발생하는 부정적인 관행을 개선하고 바람직한 공직문화를 형성해 나가고자 하는 노력으로 장기적 차원의 인사혁신 과제로 이해할 수 있다. 인사혁신에 대한 단계별 논의와 함께 본서에서는 인사혁신의 3단계를 각각 토대적 차원과 발전적 차원으로 구분하여 구성하였다. 토대적 차원은 각 단계의 혁신을 가능케 하는 동력 확보 단계로 이해할 수 있으며 발전적 차원은 실질적 개선을 통해 제도, 사람, 문화에 올바른 가치를 내재화하여 바람직한 모습으로 변화해 나가는 단계로 이해할 수 있다. 인사혁신 성과의 내재화를 위해 본서에서 제시한 각 단계 및 차원별 핵심 인사혁신 가치와 이의 성과를 살펴보면 다음과 같다.

1. 제도혁신

1) 토대적 차원

인사혁신의 단기적 과제인 제도혁신의 토대적 차원에서 핵심 인사혁신 가치로는 전략성과 체계성에 대해 논의하였다. 전략성은 공무원이 국정운영에 있어 핵심적인 역할을 수행할 수 있도록 지원하기 위해 국정운영의 목표를 공공 인적자원관리 체계에 내재화시키고 이를 중심으로 기능 간의 유기적 연계를 강화해나가는 노력을 의미하며 이는 공공조직의 성과 향상, 인적자원 관리의 효율성 향상, 조직과 국가의 지속적인 경쟁우위 확보를 가능케 한다는 측면에서 그 성과를 살펴볼 수 있다.

이와 함께 체계성은 직무와 사람에 대한 과학적 분석을 토대로 거시적 차원에서 국정운영을 안정적으로 지원하는 선진화된 인적자원관리 체계를 구현하기 위한 노력을 의미하며 이는 인적자원관리의 합리성 및 효율성 향상, 업무 공백의 최소화를 통한 조직의 안정적 발전 지원 등의 측면에서 그 성과를 살펴볼 수 있다.

2) 발전적 차원

(1) 국가인재확보

제도혁신의 발전적 차원에서 국가인재확보 단계의 핵심 인사혁신 가치로는 외적 다양성과 개방성에 대해 논의하였다. 외적 다양성은 국가인재확보 과정에서 소수집단에 대한 배려를 통해 인적 구성의 다양성을 확보하고 이들을 포용적으로 관리하고자 하는 노력을 의미하며 이는 사회적 형평성 강화 측면에서 그 성과를 살펴볼 수 있다.

이와 함께 개방성은 민간부문에 공직의 문호를 개방하고 공공부문 내에서의 인사교류 활성화를 통해 조직 내에 새로운 인적자원을 적극적으로 충원하고자 하는 노력을 의미하며 이는 조직의 경쟁력 강화 및 정부 조직 간 협력 강화 측면에서 그 성과를 살펴볼 수 있다.

(2) 공공인재개발

제도혁신의 발전적 차원에서 공공인재개발 단계의 핵심 인사혁신 가치로는 양적 우수성과 질적 우수성에 대해 논의하였다. 양적 우수성은 공공인재개발 프로그램의 운영에 있어 수요자의 선호를 반영하고 다변화된 행정수요에 대응할 수 있는 다양한 역량 개발을 지원하기 위해 교육의 내용, 교육의 장소, 교육의 유형 등의 측면에서 다양성을 확보하려는 노력을 의미하며 이는 교육·훈련의 효과성 향상 및 행정 서비스 품질 향상 측면에서 그 성과를 살펴볼 수 있다.

이와 함께 질적 우수성은 공공인재개발 프로그램의 운영에 있어 과정적·내용적 측면의 질적 관리를 통해 공공인재개발 체계의 타당성과 효과성을 향상시키기 위한 노력을 의미하며 이는 조직의 지속적인 경쟁 우위 확보를 가능케 하며 행정의 안정성과 지속성 확보에 기여할 수 있다는 측면에서 그 성과를 살펴볼 수 있다.

(3) 우수인재활용

제도혁신의 발전적 차원에서 우수인재활용 단계의 핵심 인사혁신 가치로는 내적 다양성과 능률성에 대해 논의하였다. 내적 다양성은 조직 생활과 일상 생활에 대한 통합적 관리를 바탕으로 조직 구성원들의 심리적·문화적 차이를 포용하여 삶 전반에서 즐거움을 느끼는 행복한 인재를 양성하기 위한 노력을 의미하며 이는 개인적 차원에서는 직무만족을 향상시키고 조직적 차원에서는 조직 효과성을 향상시키며 사회적 차원에서는 삶의 질 향상에 기여할 수 있다는 측면에서 그 성과를 살펴볼 수 있다.

이와 함께 능률성은 개인의 역량과 노력에 상응하는 직무 성과를 도출하고 조직 구성원의 역량을 행정수요에 적실하게 활용할 수 있도록 지원하는 합리적인 역량 관리 체계 구축 노력을 의미하며 이는 개인-직무 적합성의 향상 및 행정 서비스 품질 향상에 기여한다는 측면에서 그 성과를 살펴볼 수 있다.

(4) 핵심인재평가

제도혁신의 발전적 차원에서 핵심인재평가 단계의 핵심 인사혁신 가치는 공정성과 경쟁성에 대해 논의하였다. 공정성은 평가체계의 도구적·내용적 타당성 확보를 통해 조직 구성원들의 노력과 실적을 정확히 평가하고 이에 합당한 보상이 이루어질 수 있도록 지원하기 위한 노력을 의미하며 이는 조직 구성원에게 동기를 부여하고 긍정적인 행태를 유발한다는 측면에서 그 성과를 살펴볼 수 있다.

이와 함께 경쟁성은 온정주의, 연공서열, 보직우선 관행 등을 탈피하고 직무 성과 중심의 핵심인재평가 체계의 운영을 통해 공공 인적자원관리 체계에 실적주의와 성과주의 문화를 확립하기 위한 노력을 의미하며 이는 조직 구성원 간 선의의 경쟁을 유도하여 무사안일, 복지부동과 같은 부정적 행태를 예방하고 행정의 효율성 향상에 기여한다는 측면에서 그 성과를 살펴볼 수 있다.

(5) 퇴직인재관리

제도혁신의 발전적 차원에서 퇴직인재관리 단계의 핵심 인사혁신 가치는 투명성과 적극성을 제시하였다. 투명성은 퇴직공무원의 재취업에서 발생하는 비윤리적 행태를 근절하기 위해 구체적이고 명확한 취업심사 기준을 마련하여 이를 교육하고 위반사항을 철저하게 관리하고자 하는 노력을 의미하며 이는 행정의 공공성 수호를 통해 국민 신뢰 향상에 기여할 수 있다는 측면에서 그 성과를 살펴볼 수 있다.

이와 함께 적극성은 퇴직공무원의 역량이 사회적 차원에서 적극적으로 활용될 수 있도록 지원함으로써 은퇴 이후 개인의 사회적·경제적 삶의 질을 보장하고 사회의 안정적 성장을 가능케 하는 노력을 의미하며 이는 퇴직자의 은퇴 이후의 삶 지원을 통한 사회의 안정성 증대 및 지적 자산의 사회적 활용을 통한 국가 경쟁력 향상에 기여한다는 측면에서 그 성과를 살펴볼 수 있다.

2. 사람혁신

1) 토대적 차원

인사혁신의 중기적 과제인 사람혁신의 토대적 차원에서 핵심 인사혁신 가치는 공공성과 기업가정신에 대해 논의하였다. 공공성은 공익 실현의 실질적 주체인 공무원에게 자신들의 존재 목적인 공공 가치와 이를 달성하는데 있어 요구되는 행태적·정서적 규범인 공공 윤리를 내재화하고 이의 적극적 실천을 위해 공공 봉사 동기를 강화해 나가고자 하는 노력을 의미하며 이는 행정의 책임성 강화 및 공직 신뢰 향상에 기여할 수 있다는 측면에서 그 성과를 살펴볼 수 있다.

이와 함께 기업가정신은 공공성의 수호를 위해 불확실성에 대한 개인적 위험을 감수하고 모험정신과 도전정신을 바탕으로 혁신을 주도해 나가는 진취적 행태를 공공조직 구성원들에게 내재화 하려는 노력을 의미하며 이는 행정의 책임성 강화 및 공공조직의 경쟁력 향상에 기여할 수 있다는 측면에서 그 성과를 살펴볼 수 있다.

2) 발전적 차원

사람혁신의 발전적 차원에서 핵심 인사혁신 가치는 자율성과 역량성에 대해 논의하였다. 자율성은 조직 내의 업무 수행 과정과 의사 결정 과정에서 개별 조직 구성원들에게 자기결정권을 부여하고 조직 구성원들의 능동적 활동을 장려하는 노력을 의미하며 이는 내재적 동기의 극대화 및 조직성과 향상에 기여할 수 있다는 측면에서 그 성과를 살펴볼 수 있다.

이와 함께 역량성은 조직 차원에서 공공조직 구성원들에게 요구되는 공통 핵심 역량과 직급 및 직무 특성에 따라 차별화된 전문 직무 역량을 도출하여 이의 내재화를 지원하고자 하는 노력을 의미하며 이는 직무성과 향상 및 조직성과 향상에 기여할 수 있다는 측면에서 그 성과를 살펴볼 수 있다.

3. 문화혁신

1) 토대적 차원

인사혁신의 장기적 과제인 문화혁신의 토대적 차원에서 핵심 인사혁신 가치는 심리자본과 사회자본에 대해 논의하였다. 심리자본은 자기효능감, 희망, 낙관주의, 회복탄력성과 같이 조직 구성원들의 긍정적인 마음 상태에 관심을 기울이고 이를 조직 차원으로 확산해 나가고자 하는 노력을 의미하며 이는 개인과 조직의 행복을 향상시키고 이들 모두의 성장을 가능케 한다는 측면에서 그 성과를 살펴볼 수 있다.

이와 함께 사회자본은 인적네트워크를 기반으로 구성원 간의 신뢰를 형성하고 조직 내 상호협력을 강화해 나가고자 하는 노력을 의미하며 이는 조직의 안정성 향상 및 행정의 책임성 향상에 기여할 수 있다는 측면에서 그 성과를 살펴볼 수 있다.

2) 발전적 차원

문화혁신의 발전적 차원에서 핵심 인사혁신 가치는 부정적 공직문화 철폐와 긍정적 공직문화 구축에 대해 논의하였다. 부정적 공직문화의 철폐는 권위주의, 복지부동, 무사안일 등과 같이 공공조직 내에 존재하는 부정적인 요소를 철폐하고 이를 통해 조직의 민주성과 창의성 및 혁신성을 강화하려는 노력을 의미하며 이는 행정의 대응성 및 효과성 향상을 통해 궁극적으로 정부의 경쟁력 향상에 기여할 수 있다는 측면에서 그 성과를 살펴볼 수 있다.

이와 함께 긍정적 공직문화 구축은 우리나라 공공조직의 문화에 성과·경쟁·시장·복지·공정·지식·융합 지향 문화 등 신공공관리론적 혁신 가치와 후기-신공공관리론적 혁신 가치를 통합적으로 내재화하여 조직의 경쟁력을 강화해 나가고자 하는 노력을 의미하며 이는 공직 경쟁력 향상에 기여할 수 있다는 측면에서 그 성과를 살펴볼 수 있다.

제2절 인사혁신 성과의 확산[1)]

인사혁신은 공공 인적자원관리 프로세스를 지속적으로 발전시키고 이를 토대로 사람과 문화를 바람직한 방향으로 변화시켜 나가는 과정을 의미한다. 선진화된 관리 체계를 구축하고, 작동 방식을 효율적으로 개선한다 할지라도 국정운영에서 핵심적인 역할을 담당하는 공무원의 행태가 변화하지 않는 한 혁신의 성과는 한계에 직면할 수밖에 없기 때문에 정부혁신을 추진하는 데 있어 그 중요성이 지속적으로 강조되고 있는 것이 인사혁신이다. 이에 대부분의 국가에서 인사혁신은 정부혁신의 핵심 도구로서의 역할을 수행해왔다.

국가와 시대에 따라 인사혁신의 세부 도구는 서로 상이하게 나타났지만

1) 해당 내용은 저자가 김선아·박성민(2016a), 김선아·박성민(2016c)에서 제시했던 내용을 본서의 구조에 맞추어 재구성하고 수정·보완한 것이다.

인사혁신이 작동하는 원리와 인사혁신이 지향하고자 하는 목표는 대부분의 국가에서 유사하게 나타나고 있다. 인적자원관리 프로세스를 개선하고 조직 구성원들에게 올바른 가치를 내재화함으로써 바람직한 공직문화를 형성하여 개인적 차원에서는 조직 구성원의 성장과 삶의 질 향상을 유도하고, 조직적 차원에서는 진취적이고 역동적인 공직문화를 형성하여 전문성을 향상시키며, 사회적 차원에서는 이러한 혁신 가치가 확산되어 궁극적으로 책임성 향상을 목표로 하는 것이다.

이에 제도혁신, 사람혁신, 문화혁신 활동에 대한 인사혁신 성과의 확산 차원에서 개인적 차원의 목표로는 삶의 질을, 조직적 차원의 목표로는 전문성 향상을, 사회적 차원의 목표로는 책임성 향상을 살펴볼 수 있다. 개인적 차원의 목표인 삶의 질은 후기-신공공관리론의 인본주의적 가치를 기반으로 하는 것이며, 조직적 차원의 목표인 전문성은 신공공관리론의 성과지향적 가치를 기반으로 도출된 것이다. 마지막으로 사회적 차원의 목표인 책임성은 신공공관리론의 고객지향적 가치와 후기-신공공관리론의 민주주의 가치를 기반으로 도출된 목표로 이해할 수 있다. 이를 구체적으로 살펴보면 다음과 같다.

1. 개인적 차원의 인사혁신 성과의 확산: 삶의 질(후기-신공공관리론 가치)

인사혁신에 있어 개인적 차원의 목표인 삶의 질은 후기-신공공관리론의 인본주의적 가치를 기반으로 설정된 목표로 이해할 수 있다. 인사관리에 있어 조직 구성원들의 삶의 질 향상을 핵심 목표로 다루어야 하는 이유는 삶의 질이 조직의 생산성 증가, 업무 성과 향상, 조직의 창의성 증진 및 인식적 유연성 증대, 협력 및 협업 증진에 있어 핵심 선행요인으로 밝혀지고 있기 때문이다(UN, 2013). 삶의 질 개념은 행복감(Happiness), 만족감(Satisfaction), 생활 만족도(Life Satisfaction), 안녕감(Well-Being), 주관적 안녕감(Subjective Well-Being), 긍정적-부정적 감정(Positive-Negative Affect), 긍정적-부정적 느낌(Positive-Negative Feelings) 등과 혼용되어 사용되곤 하는데, 여러 학자들의 견해를 종합해 볼 때 삶의 질은 인간이 인간다운 삶을 영위해 나가는데 필요한 상황적 적정성과 이에 대한 인지적 반응으로 나타나는 자신의 삶에 대한 주관적 만족감이라고 정의할 수 있다(김선아·박성민, 2014). 구체적으로 삶의 질은 일상 생활의 질(QoL: Quality of Life) 차원과 직장 생활의 질(QWL: Quality of Work Life) 차원으로 구분하여 살펴볼 수 있다.

일상 생활의 질은 건강 만족도(Health Satisfaction), 경제적 상황 만족도(Economic Situation Satisfaction), 가족 만족도(Family Satisfaction), 사회 관계 만족도(Social Relation Satisfaction), 여가 만족도(Leisure Satisfaction) 등을 포함한다. 우리에게 잘 알려진 "인간은 생물학적 존재인 동시에 사회적 존재이다"라는 명제는 삶의 질 구성요소와도 맥락을 같이 한다. 생물학적 존재로서 인간다운 삶을 영위해 나가는 데 있어서는 건강과 소득과 같은 물리적 요소들이 충족되어야 하며, 사회적 존재로서 안정감, 친밀감 등의 욕구를 충족하기 위해서는 타인과 관계를 맺고 상호작용하는 활동이 필요하다. 따라서 생물학적 존재로서의 욕구 충족 과정으로 건강 만족도와 경제 상황 만족도 등을 이해해 볼 수 있으며 사회적 존재로서의 욕구 충족 과정으로 가족 만족도, 사회 관계 만족도, 여가 만족도 등을 이해해 볼 수 있다.

삶의 질의 또 다른 차원인 직장 생활의 질은 조직 내 근로자들의 안녕감(Well-Being)과 만족도(Satisfaction)로 이해할 수 있다. 청소년기 이후 인간은 대부분 생존을 위해 혹은 관계적 욕구 충족 및 성장 욕구 충족을 위해 직업을 선택하고 특정 조직의 구성원으로 활동하게 된다. 이에 전반적인 삶의 질을 결정하는 데 있어 직장 생활의 질이 차지하는 비중은 매우 크다고 할 수 있다. Sirgy et al.(2001)은 직장 생활의 질을 "직장 생활에서 느끼는 다양한 유형의 만족도로서 특정 조직 구성원으로서 누릴 수 있는 자원 및 활동에 관한 욕구 충족의 정도"라고 설명하였다. 특히 Sirgy et al.(2001)은 직장 생활의 질이 직장 내에서의 각종 요소에 대한 만족도뿐만 아니라 비 직장 생활의 영역인 가족 생활, 여가 생활, 사회 생활 등 무수히 많은 삶의 영역에 영향을 미치는 핵심 요소라고 설명하였다. 관리적 차원에서 이러한 직장 생활의 질이 중요한 이유는 행복한 근로자는 생산적이고, 조직에 헌신적으로 충성하는 근로자이기 때문에 직장 생활의 질 향상은 조직 몰입(Organizational Commitment),

직무 만족(Job Satisfaction), 직무 관여(Job Involvement), 직무 성과(Job Performance) 등과 같은 긍정적 행태의 향상으로 연계됨과 동시에 이직 의도(Turnover Intention), 조직침묵, 일탈행위, 사고율 등 부정적 결과의 예방적 성격을 내포하는 등 조직 구성원들의 행태적 반응에 중요한 영향 요인으로 밝혀지고 있기 때문이다(Sirgy et al, 2001; 김선아 외, 2013).

기존에는 인사관리에 있어 직무 만족, 조직 몰입 등을 포괄하는 직장 생활의 질 개념을 중요하게 다루었지만 최근에는 전이이론(Spillover Theory)을 통해 특정 영역에서의 긍정적·부정적 감정이 다른 영역으로 전이될 수 있음이 밝혀지면서 조직의 인사관리에 있어 직장 생활의 질과 더불어 일상 생활의 질을 통합적으로 다루는 삶의 질 개념이 중요하게 다루어지고 있다(박성민·김선아, 2015). 따라서 이러한 삶의 질 향상을 위해서는 일과 삶 균형 정책과 같은 제도적 노력뿐만 아니라 조직 구성원들의 심리적·정서적 상태를 존중하는 문화적 차원의 노력이 함께 수반되어야 한다고 볼 수 있다.

2. 조직적 차원의 인사혁신 성과의 확산: 전문성(신공공관리론 가치)

인사혁신에 있어 조직적 차원의 목표인 전문성은 신공공관리론의 성과지향적 가치를 기반으로 설정된 목표로 이해할 수 있다. 전문성이란 개념은 대상에 따라 다양한 정의가 가능하다. 일반적으로 모든 직업인에게 요구되는 전문성이란 첫째, 업무 능력으로 전문적 지식과 기술, 경험, 둘째, 관리 능력으로 정보 처리 능력 및 문제의 분석 능력, 셋째, 조정 능력으로 서로 다른 의견을 조율하고, 통합하는 능력 등이다. 그러나 공무원에 요구되는 전문성은 업무 능력, 관리 능력, 조정 능력과 더불어 행정의 특수성으로 인해 발생하는 공익에 대한 바른 인식, 윤리 의식, 도덕적 자세, 성실한 자세, 소명의식 등을 포함한다(최순영·장지원, 2009; 이재필, 2010).

이에 공무원의 전문성은 개인-직무 적합성(P-J Fit: Person-Job Fit)과 개인-조직 적합성(P-O Fit: Person-Job Fit)이 모두 충족되었을 때 극대화 되는 개념으로 이해할 수 있다. 개인-직무 적합성은 개인이 보유하고 있는 직무수행 역량(KSA: Knowledge, Skill, Ability)과 직무가 요구하는 직무수행 역량이 일치하는 것을 의미하며, 개인-조직 적합성(Person-Organization Fit)은 조직이 보유한 특성과 개인이 보유한 특성이 유사할 때 발생하는 것으로 조직의 특성으로는 문화, 풍토, 가치, 규범 등이 포함되며, 개인의 특성으로는 성격, 목표, 가치, 태도 등이 포함된다(Kristof, 1996). 이에 전문성의 하위 요소로 모든 대상에게 보편적으로 적용되는 업무 능력, 관리 능력, 조정 능력 등은 개인-직무 적합성의 달성으로 이해할 수 있고, 공공조직의 존재 목적 차원에서의 특수성으로 인해 요구되는 전문성의 하위 요소로 공익에 대한 인식, 윤리 의식 등은 개인-조직 적합성의 달성으로 이해할 수 있다.

인사혁신에 있어 공무원의 전문성 향상을 주요 목표로 다루어야 하는 이유는 공무원 개개인의 전문성 향상이 행정의 전문성 향상으로 직결되기 때문이다(이재필, 2010: 5). 따라서 인사혁신에 있어 전문성 향상은 조직적 차원의 목표로 이해할 수 있는데 최순영·장지원(2009)은 공무원의 전문성 향상을 위해서는 업무 능력, 관리 능력, 조정 능력 등을 향상시키기 위한 제도적 노력과 더불어 올바른 직업관과 윤리의식을 확립할 수 있도록 문화적 차원의 노력이 함께 수반되어야 함을 언급하였다.

3. 사회적 차원의 인사혁신 성과의 확산: 책임성(신공공관리론과 후기-신공공관리론 가치의 공존)

인사혁신에 있어 사회적 차원의 목표인 책임성은 신공공관리론의 고객지향적 가치와 후기-신공공관리론의 민주성 가치를 기반으로 설정된 목표로 이해할 수 있다. 책임성의 개념은 학자에 따라 소극적 개념으로 신공공관리론적 혁신 가치로 해석되는 경우도 있었고, 적극적 개념으로 후기-신공공관리적 혁신 가치로 해석되는 경우도 있었다. 소극적 시각에서 책임성을 해석한 정우일(1997)은 책임성을 "자신들의 행위에 대해 해명, 보고, 설명하고 외부의 판단에 순응하는 것이다."라고 정의하였다. 반면 적극적 시각에서 책임성을 해석한 송석휘(2009)는 책임성이란 "시민의 필요에 반응하는 것으로 시민과 적극적으로 소통하고 시민이 요구하기 이전에 자신이 해야 할 일을 감지하는 것이다."라고 정의하였다.

이렇게 책임성을 해석하는 데 있어 서로 다른 시각이 존재하는 이유는 책임성을 유발하는 근원이 어디에 있는가에 따라 책임성을 다양한 차원으로 분류할 수 있기 때문이다. Roberts(2001)는 법률적·집행적 책임을 공식적 책임성으로 구분하였고, 철학적·문화적·규범적 책임을 비공식적 책임성으로 구분하였다. 또한 Romzek & Dubnic(1987)은 책임성을 관료적 책임성, 법적 책임성, 전문적 책임성, 정치적 책임성으로 분류하였다. 특히 이달곤(2004)은 책임성의 차원을 객관적 책임성과 주관적 책임성으로 분류하였는데, 객관적 책임은 외부로부터 부여된 기대를 수행하기 위해 유발되는 책임성으로 법규 준수, 국민에 대한 봉사자로서의 역할을 수행하는 것을 의미한다. 이와 달리 주관적 책임성은 개인의 내부에서 유발된 것으로 도덕적 의무와 소명의식으로 인해 유발되는 책임성으로 보았다.

인사혁신에 있어 공무원의 책임성 향상을 주요 목표로 다루어야 하는 이유는 공무원의 책임성 향상이 정부에 대한 국민 신뢰의 향상, 국민의 삶의 질 향상 등 궁극적으로 인사혁신 성과의 사회적 확산에 기여하기 때문이다. 따라서 인사혁신에 있어 책임성은 사회적 차원의 목표로 이해할 수 있는데 이러한 책임성은 적극적 행정을 가능케 하는 요소라는 측면에서 그 중요성을 찾아 볼 수 있다. 적극적 행정이란 공무원 개인이 자신에게 부여된 업무를 수동적으로 수행하는 것이 아니라 자신이 해야 할 일을 주도적으로 찾아서 수행하는 것으로 이는 개인이 인식하고 있는 책임성 수준이 높을 때 발현 될 수 있다. 특히 이러한 책임성의 극대화는 제도혁신 등을 통해 외부에서 규제하는 방식만으로는 기대할 수 없기 때문에 소명 의식 등 내부에 있는 근원이 책임성으로 발현될 수 있도록 사람혁신, 문화혁신 등의 노력이 함께 수반되어야 한다.

참고 13-1 인사혁신 성과확산의 실천적 사례[2)]

1) 공직가치를 갖춘 창조적 인재선발 및 육성

❖ 채용의 혁신, 교육의 정상화 지속 추진

국가공무원 채용과 교육훈련에 대한 인사혁신의 최대 화두는 '공직가치'이다. 각종 채용제도 및 면접방식 개선과 함께 「공무원 인재개발법」 개정 등이 공직가치에 그 기반을 두고 있다. 국가 공무원 5급 공채시험의 1차 시험과목에 헌법이 추가되고, 경력경쟁채용시험에서 '한국사능력검정 시험'을 취득하면 가점(5% 이내)을 부여할 수 있도록 근거규정을 마련하였다. 면접시험 방식도 5급 공채시험은 공직가치 평가를 위해 1인당 면접시간을 135분(1일)에서 240분(2일)으로 늘렸으며 7급 공채는 집단면접을, 9급 공채는 개인발표를 새롭게 도입하는 등 5·7·9급 공채시험 전반에 걸쳐 공직가치를 갖춘 인재 선발을 위해 노력을 기울였다.

2016년에는 합격한 신규 채용자에 대하여 정규임용 과정을 엄격하게 운영하고, 재직공무원은 교육자원 공동 활용과 자기개발 학습 강화를 통해 역량을 높이도록 한다. 또한, 기본 소양과 직무역량을 갖춘 인재 선발을 위해 시험과목 개편도 추진한다.

❖ 교육훈련 패러다임을 반영한 인재개발 3.0 실현

개인과 조직의 성장을 위한 종합적인 인재개발 패러다임 변화에 맞추어 공직가치와 전문성, 미래지향적 역량을 갖춘 인재를 육성하고자 한다. 이를 실현하기 위해 2016년 1월 1일 새롭게 출범한 국가공무원인재개발원은 HRD 관련 연구개발 기능과 국가인재개발의 허브기관으로서의 구심적 역할을 수행한다. 미래지향적 국가인재상을 정립하고 국내·외 인재개발 동향을 연구·분석하며, 공직가치·리더십과 공무원 역량개발에 관한 연구, 교육과정 컨설팅 기능 등을 담당한다.

또한, 공무원 교육훈련기관 간 개방·공유·협력을 바탕으로 공무원들이 언제 어느 기관에서나 필요한 교육을 받을 수 있도록 국가인재개발 분야의 All-in-one 체계도 구축한다. 교육기관 간 네트워크화를 통해 모든 공무원에게 교육과정이 개방되고, 우수 강사 정보공유 및 교육시설을 상호 활용할 수 있도록 한다. 이를 위해 2015년

---

2) 해당 내용은 인사혁신처 사보, 인사혁신 2016 Vol. 02에 소개된 2016년 업무추진내용을 바탕으로 작성되었다.

중앙부처 33개 공무원 교육훈련기관 간 MOU를 체결하였으며, 2016년에는 지방자치단체, 헌법기관과도 협업을 확대하였다. 나아가 공무원 개개인의 창의적 직무수행과 전문성 강화를 위해 자기 개발 학습을 의무화하도록 하여, 공무원 개개인이 수립한 자기개발계획을 바탕으로 공무원이 갖추어야 할 기본 소양과 직무역량을 향상시켜 나가도록 한다.

공직사회가 지속적으로 국가발전을 이끌어 나가기 위해서는 신분이 보장되고 안정적이어서 '공무원이 되고자' 하는 사람이 아닌 국가에 헌신하고 국민에게 봉사하려는 '공무원을 하고자' 하는 위국보민(爲國補民)형 인재에서 해답을 찾을 수 있다. 이를 위해 공직가치가 확고한 인재, 전문성을 갖춘 유능한 인재, 글로벌 경쟁력을 갖춘 창조적 인재를 선발· 육성하는 것이 필요하다.

2) 인사혁신 실천·확산으로 가시적 성과 창출

❖ 인사혁신 수준 진단과 맞춤형 컨설팅으로 전 부처 인사혁신 역량강화

전 부처 인사혁신 역량 강화를 적극 지원한다. 2015년에 처음 실시한 전 부처 인사혁신 수준 진단을 2016년 더욱 정교하게 발전시켜 혁신역량을 강화하고 경쟁체계를 유도할 방침이다. 이와 연계해 진단결과가 미흡한 기관에는 컨설팅을 실시함으로써 자발적 혁신여건 조성에 힘을 쏟을 것이다. 아울러 인사기능 전문화를 위해 부처 인사전담부서 설치도 최대한 지원한다.

〈그림 13-1〉 인사혁신 거버넌스 체계(예시)

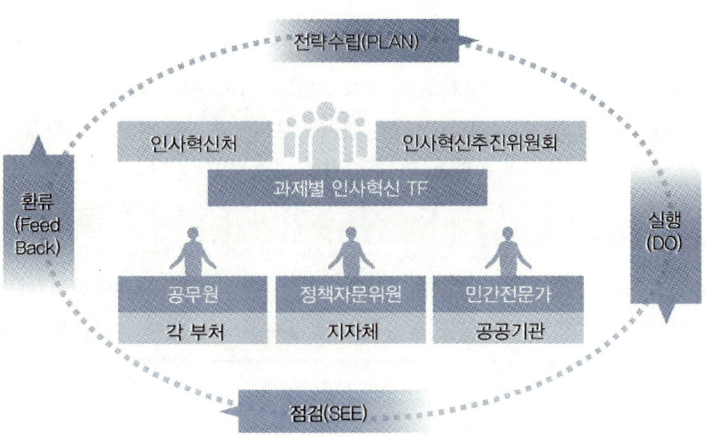

자체 인사역량 강화를 넘어 범정부적 인사혁신 공유·확산을 위한 거버넌스 구축에도 힘을 기울인다. 중앙부처의 경우 부처 책임전담관을 지정하고 인사혁신담당관 워크숍을 정례화하며 특정직 인사혁신 협의체를 확대하고, 운영하는 등의 협력체계를 강화한다. 지방자치단체와는 인사혁신 경험공유, 교류협력 채널 구축 등의 방법으로 인사혁신의 실천 및 확산에 나선다. 나아가 대국민 접점이라 할 수 있는 공공기관과도 “인사혁신 3.0협의체(가칭)”를 운영하는 등의 인사혁신 거버넌스를 구축하고 작동시켜 공유 및 확산의 매개로 활용한다(<그림 13－1> 참조).

3) 능력 있는 공직사회 구현과 공무원 자긍심 고취

❖ 공직사회 전문성 제고방안 확산 및 내실화

2015년 순환보직의 폐해를 줄이고 공무원의 전문성을 제고하기 위해 필수보직기간(2년→3년)을 강화한 데 이어, 2016년에는 각 부처별 필수보직기간 준수율 목표를 설정하고 이에 대한 이행상황을 점검·공표한다. 우수성과자의 특별승진 등 승진심사 및 교육훈련자 선발 시 필수보직기간 준수 여부를 고려하는 등의 인사관리와 연계하여 실효성을 확보할 계획이다.

2015년에는 전문직위 지정비율 확대[3] 등 양적인 부분에 비중을 두었다면, 2016년에는 인사감사를 통해 각 부처의 필수보직기간 준수, 전문관 선발, 직무수행요건 등의 부처별 운영실태를 섬섬하고, 인센티브 강화, 전문직위군 활성화 등의 제도 운영의 질적인 측면을 집중적으로 관리한다.

또한, 전문직위 근무여건 개선을 위해 전문직위 지정 시 인센티브(수당, 가점 등)를 강화하고, 전문직위군 내 경력개발 경로를 지정하여 확대한다. 즉, 업무분야가 유사한 전문직위군을 확대하여 동일 직위군내 보직이동을 유도하고, 경력개발 경로 형성 및 인사운영 유연성을 제고하여 채용 후 개인의 역량과 적성을 충분히 고려한 후 전문직위를 선택할 수 있도록 일정한 탐색기간(3년)을 부여한다.

❖ 성과형 인사관리 확산 및 성과평가 수용성 제고

우수성과자의 발탁승진이 가능하도록 승진제도를 개선한다. 현재에는 우수성과자라도 승진임용 배수범위 안에 포함되지 않으면 승진심사 대상이 될 수 없으나, 배수범위를 확대하여 우수성과자가 승진할 수 있는 기회를 확충할 것이며, 6급 이하 우수성과자를 경쟁을 통해 선발, 일정비율(승진예정인원의 10%내외) 특별승진을 실시하고 6급 우수성과자를 대상으로 역량검증을 거쳐 5급으로 속진임용하는 방안을 추진한다.

힘들고 중요한 업무를 하거나 성과가 우수한 공무원은 과감하게 보상하고, 성과가 미흡한 공무원은 보수가 동결되는 등 공무원의 보상체계를 획기적으로 개선한다. 현재는 4급 과장급 이상에 대해 적용하고 있는 성과연봉제를 5급 과장급까지 확대하여 직무 권한과 책임을 명확히 하고, 성과급 비중을 단계적으로 확대[4]하며, 국정과제, 부처 핵심과제 등 주요 직무수행자에 대해서는 중요직무급[5]을 도입하여 직무가치를 반영한 보수차등도 강화한다.

4) 일신우일신(日新又日新) 실천으로 공직문화혁신

❖ 공직가치의 재정립과 내재화를 위한 노력

대한민국 100만 공무원이 수행하고 있는 업무의 종류는 매우 다양하다. 이렇게 다양한 업무를 수행하는 과정에서 조직의 비전이나 목표만으로 해결방식이나 해결방안을 하나하나 제시받기란 쉬운 일이 아니다. 이 경우 업무매뉴얼이나 각종 지침 등을 참고할 수 있겠지만, 이 또한 만능은 아니기에 모든 조직 구성원들이 지향하거나 추구해야 할 준칙이나 방향성, 가치관 등 공동의 선을 추구하기 위한 그 무엇이 필요할 것이다.

여기서 말하는 '그 무엇'은 '공직자로서 바람직한 행동의 판단기준이며 공직을 수행하면서 추구해야 할 궁극적인 목표와 기준'을 총칭하여 '공직가치'(Public Service Value)라고 정의할 수 있다. 이와 같이 공직가치는 행정업무 수행과정상 올바른 방향을 찾기 어려울 때 일정한 기준과 목표를 제공해 줌으로써 결과적으로는 행정이 추구하는 공공의 목적을 달성할 수 있도록 지원해주는 나침판 내지 안내판 역할을 하고 있는 것이다.

인사혁신처 윤리복무국은 '공직가치'라는 다소 형이상학적이고 무거운 주제를 시대변화와 행정환경에 맞게 재정립하여 내재화하고, 이에 근거하여 청렴한 공직환경과 생산적인 공직문화를 만들어가는 부서라는 자부심을 가지고 오늘도 소기의 업무에 전념하고 있다.

---

3) 전문직위 지정현황(본부 기준): '14년말 2,147개(11.2%) → '15년말 2,851개(15.2%)
4) 2020년까지 성과급 비중 2배 수준으로 확대: (고위) 7% → 15%,(과장급) 5% → 10%
5) 직급별 월지급 상한액: 고공단 30만원, 과장급 20만원, 5급 15만원, 6급이하 10만원

토론 문제

다음 질문에 대해 함께 토론해 보세요.

1. 개인적 차원의 인사혁신 성과인 삶의 질 향상에 있어 가장 중추적인 역할을 담당하는 인사혁신 가치 및 인사혁신 단계(제도/사람/문화)에 대해 논의해보자.

2. 조직적 차원의 인사혁신 성과인 전문성 향상에 있어 가장 중추적인 역할을 담당하는 인사혁신 가치 및 인사혁신 단계(제도/사람/문화)에 대해 논의해보자.

3. 사회적 차원의 인사혁신 성과인 책임성 향상에 있어 가장 중추적인 역할을 담당하는 인사혁신 가치 및 인사혁신 단계(제도/사람/문화)에 대해 논의해보자.

제14장

인사혁신의 발전방향

제14장 인사혁신의 발전방향

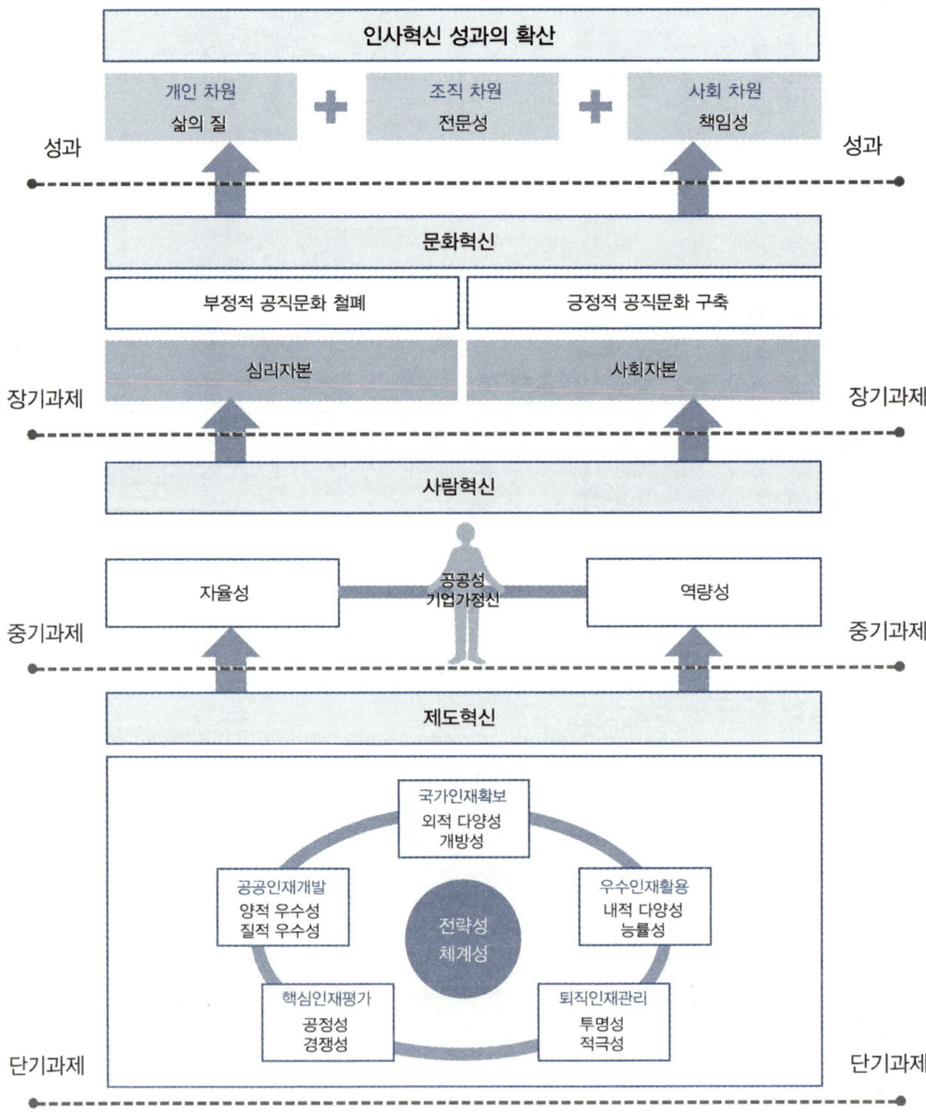

개 요

인사혁신의 발전방향

① 인사혁신 공감성의 내재화
: 공감적 수용성의 확보

② 인사혁신 공감성의 확산
: 미래지향적 인사혁신의 추진

핵심 용어

공감적 수용성, 미래지향적 인사혁신, 전략지향적 인사혁신, 문제해결적 인사혁신, 책임지향적 인사혁신

제1절 인사혁신 공감성의 내재화

1. 공감성 내재화의 기초

과거에는 혁신이라는 개념을 논의하는 데 있어 현재의 상황을 개선할 수 있는 새로운 아이디어, 도구, 기술, 관리 기법, 제도를 "도입"하는 것에 중점을 두었다(Mohr, 1969; Van de Ven, 1986; Zegans, 1992). 그러나 현재는 혁신이라는 개념을 논의할 때 새로운 관리기법의 "도입"과 더불어 이러한 새로운 관리기법이 지향하는 가치가 조직 구성원들에게 "내재화"되고 사회적 차원에서 "지지"를 받는 과정을 강조하게 되었다. 이에 혁신 활동에 대한 조직 구성원들의 이해와 사회 구성원들의 인정 등 내·외부적 차원의 공감 형성은 혁신 활동의 당위성과 지속성을 확보하는 데 있어 필수요건으로 자리 잡게 되었다. 이러한 맥락에서 본서에서는 인사혁신의 공감성 내재화를 위한 핵심요소로 수용성이라는 개념에 주목하였다.

수용성(Acceptability)이란 제도나 정책 등 특정 활동에 대해 관련 이해관계자들이 이를 받아들이거나 거부할 것을 결정하는 것으로 제도나 정책을 주체적이고 적극적·능동적으로 받아들이는 태도를 의미한다(허범, 1982; 임현준, 2011). 이러한 주체적 태도는 해당 제도와 정책의 취지, 효과성, 가치에 대해 긍정적으로 인식할 때 발현될 수 있다(이희태, 2009). 특히 Duncan(1981)은 수용성(Acceptability)이 순응(Compliance)과는 분명하게 구별되는 개념임을 강조하였다. 순응이 일정한 기준과 규정에 부합하도록 따라가는 행동을 의미한다면 수용성은 해당 제도나 정책을 따르는 외적 행동 변화뿐만 아니라 제도와 정책이 시행된 배경, 지향하는 목표 등에 진심으로 동의하는 내적 태도 변화까지 포괄하는 개념이라 설명하였다. 따라서 제도나 정책에 대한 수용성을 논의할 때는 관련 이해관계자들이 단순히 해당 제도와 정책을 "받아들였는지", 혹은 "거부하였는지"와 같은 외적 행동변화에 중점을 두는 것이 아니라 이해관계자들이 해당 제도와 정책이 시행된 배경, 지향하는 목표, 담고 있는 가치들에 진심으로 동의하고 공감을 형성해 나가는 과정에 주목해야 한다.

공공 인적자원관리에 있어 이러한 수용성의 개념은 미시적 차원에서는 평가·보상체계의 운영에서 해당 제도의 효과성을 결정짓는 핵심 변수로 이해되고 있으며 거시적 차원에서는 공공 인적자원관리 프로세스 전반의 효과성 및 조직 구성원들의 긍정적 직무태도를 유발하는 핵심 요소로서의 위상을 차지하고 있다. 특히 인사혁신에서의 수용성은 공공 인적자원관리에서 논의되는 수용성의 개념과 달리 조직 내부적 차원에서 조직 구성원들로부터의 공감뿐만 아니라 조직 외부적 차원에서 국민들로부터의 공감까지 포괄하는 개념으로 이해할 수 있다. 따라서 인사혁신의 성공적 추진을 위해서는 인사혁신을 추진하게 된 배경과 인사혁신을 통해 궁극적으로 실현하고자 하는 목표 및 효과성에 대한 공공조직 내·외부 차원의 공감 형성 과정, 즉 공감적 수용성의 확보가 필요하다.

그림 14-1 인사혁신 공감성의 내재화: 공감적 수용성

2. 공감성 내재화의 전략

인사혁신 활동에 대한 공공조직 내·외부적 차원의 공감적 수용성의 내재화를 위해서는 내부적 차원에서는 인사혁신 전략 수립 시 조직 구성원들의 참여 확대, 부처 의견 수렴의 활성화, 혁신 활동에 대한 기관장의 의지 표명 등 다양한 노력이 복합적으로 전개되어야 한다. 또한 외부적 차원에서는 인사혁신 방향 설정 시 국민들의 눈높이에서 국민들이 기대하는 공직자 상을 파악하고 이를 인사혁신 활동에 반영하려는 노력이 필요하다.

이와 더불어 인사혁신 활동에 대한 조직 내·외부 차원의 공감적 수용성

의 내재화를 위해서는 중앙인사기관 차원에서 각급 기관을 대상으로 인사혁신 우수사례를 지속적으로 발굴하고 이의 효과성에 대한 홍보를 강화해 나갈 필요가 있다. 이에 우리나라의 중앙인사기관인 인사혁신처에서는 2015년 11월 인사혁신처 출범 1주년을 맞아 "정부인사혁신 우수사례 경진대회"를 개최하는 등 범정부적 차원에서 인사혁신 우수사례를 공유하고 인사혁신 활동의 효과성과 중요성에 대한 홍보를 바탕으로 내·외부적 차원의 수용성을 확보하기 위해 노력하고 있다(<참고 14−1>).

참고 14-1 인사혁신 우수사례 발굴

<table>
<tr><th colspan="2">1. 제도혁신 분야</th></tr>
<tr><td>인사혁신을 선도할 민간 인재를 구하다!
<인사혁신처></td><td>의의: 조직의 경쟁력 강화와 전문성 제고를 위해 민간 우수인재 영입
내용: 업무 특성상 민간출신이 두각을 나타내고 정부 경쟁력을 높일 것으로 예상되는 직위에 민간전문가를 선발·임용
기대효과: 국민 눈높이에 맞는 인사혁신 추진 및 조직 내 전문성 제고
향후계획: 민간출신 공무원 근무여건 개선 및 민간 개방 지속 추진

혁신 결과
• 인사혁신처는 국·과장급 직위 38개 중 6개 직위를 개방형 직위로 지정하고, 현재까지 충원된 4개 직위 모두 민간출신 전문가를 채용(인사혁신처 전체 국과장 직위의 10.5%에 민간인 임용)하고, 공직개방을 선도했다.
• 인사혁신처 인재정보담당관실은 국가인재정보 관리 정책을 수립하고 유능한 인재를 공직후보자로 발굴해내는 정부 내 '헤드헌터'이다. 국장과 과장을 비롯해 직원의 30% 이상이 민간출신 전문가로 구성된 인재정보담당관실에서 이번에 제대로 헤드헌터 역할을 해냈다. 삼고초려 끝에 국내 기상 수치모델연구의 선구자인 이동규 서울대 명예교수를 '헤드헌팅 1호 공무원'으로 기상청에서 영입한 것이다. 민간출신이 더 경쟁력 있을 것으로 기대해 민간출신 전문가를 대거 채용한 인재정보담당관실이 이루어 낸 첫 번째 결실이다.</td></tr>
<tr><th colspan="2">2. 사람혁신 분야</th></tr>
<tr><td>「더 으뜸 인사시스템」 운영으로 성과주의 문화 정착
<병무청></td><td>의의: 「더 으뜸 인사시스템」 운영으로 열심히 일하고 성과를 낸 원이 제대로 평가·보상 받는 성과주의 문화 정착
내용: 으뜸인재
찾아내기: 상·벌 엄격 적용, 공과(功過) 관리시스템 운영
으뜸인재 키우기: 연공서열 타파, 성과중심의 평가체계 개선
으뜸인재 거듭나기: 성과미흡자 역량 강화, 희망틔움 프로그램 운영
기대효과: 으뜸인재 발굴·육성으로 조직경쟁력 및 활력 제고</td></tr>
</table>

	향후계획: 「더 으뜸 인사시스템」 정착으로 인사혁신 지속 추진 혁신 결과 • 2002년 11월에 9급으로 입사한 A직원과 B직원은 동기이다. 이중 A직원은 업무능력도 인정받고 직원들이 기피하는 기획, 계획 부서 등에서 주로 근무를 했지만, B직원은 일이 한가하고 민원이 없는 부서에서 근무하였다. 그러나 두 사람 모두 같은 날짜에 8급 승진을 하고, 2011년 같은 해에 7급으로 승진하여 근무하고 있다. 이러한 인사운영은 작게는 직원 사기저하의 문제이지만 크게는 조직이 침체되고 이로 인해 국민의 눈높이에 맞는 서비스 제공에 한계가 있었다. 이 문제를 극복하기 위해 「더 으뜸 인사시스템」을 도입하였으며 일 잘하고 역량있는 인재 발탁(A직원)과 성과 미흡자 역량 강화(B직원)라는 두 마리의 토끼를 한꺼번에 잡을 수 있었다. 앞으로 우리는 「더 으뜸 인사시스템」 정착으로 으뜸인재 발굴·육성을 더 가속화 할 예정이다.
3. 문화혁신 분야	
조직문화개선 운동(GWP)을 통한 행복하게 일하는 훌륭한 일터 만들기 <관세청>	**의의:** 조직문화 개선 운동을 통해 가정과 직장이 양립하는 행복한 일터를 만들어 생산적 공직문화 조성에 기여 **내용:** 조직문화 개선을 위해 "4가지 핵심항목(자긍심, 효율성, 전문성, 근무환경)"을 도출해 자율적으로 과제를 설정하여 추진하였고, 지속적으로 개선 가능한 조직문화를 위해 "관세청 조직문화 지수(CCI: Customs Culture Index)"를 도입해 부서(조직)별로 자긍심 및 관리 리더십 등에 관한 지수측정 / 결과 환류 **기대효과:** 바람직한 관세청 조직문화의 안정적 정착을 통해 직장과 가정이 조화되고 행복하게 일할 수 있어 업무생산성 향상 및 대내외 기관 위상제고 **향후계획:** 중단 없이 지속적으로 조직문화 개선과제를 추진하고, 다양한 홍보 활동을 통한 내·외부 공감대 확산 및 전국적으로 CCI 측정 확대 실시 혁신 결과 • 좋은 일터와 행복한 조직문화는 조직의 경쟁력과 미래모습을 결정짓는 열쇠다. 그동안 조직문화 개선을 위한 다양한 노력이 있었으나, 상급 부서의 하향식 지시 또는 일회성 캠페인에 국한되어 조직 내 공감대 형성을 통해 지속적으로 추진되지 못했다. 진정한 World Best 관세청 구현을 위해 조직문화 개선을 위한 핵심항목 4가지(자긍심 고취, 효율성 증대, 전문성 강화, 근무환경 개선)를 도출하고 조직문화 지수(CCI)를 도입·관리하는 등 조직문화 개선운동(Great Work Place)을 실시하였다. 행복하게 일하는 좋은 직장 만들기 운동을 추진한 결과, 직장과 가정의 균형을 통해 업무생산성이 향상되어, 대내외에 관세청의 위상을 제고하는 다양한 성과를 창출할 수 있었다.

제2절 인사혁신 공감성의 확산[1)]

1. 공감성 확산의 기초

인사혁신의 성공적 추진을 위해서는 1차적으로는 인사혁신 활동에 대한 조직 내·외부 차원의 공감적 수용성의 확보, 즉 공감성의 내재화 노력이 필요하며 2차적으로는 중앙인사기관 차원에서 이러한 공감성의 확산 노력이 요구된다. 본서에서는 공감성 확산의 핵심 활동으로 중앙인사기관 차원의 미래지향적 인사혁신 활동의 전개를 제시하였다. 미래지향적 인사혁신은 전략중심, 문제해결, 책임지향 등 3개 요소를 내포하는 개념이다. 이를 구체적으로 살펴보면 다음과 같다.

첫째, 전략중심적 인사혁신이란 전략적 인적자원관리의 실질적 구현을 의미한다. 즉, 국가를 위해 일할 수 있는 인재를 확보하고 이들에게 공공가치, 공공윤리, 공공봉사동기 등의 공공성과 공직 역량을 내재화하여 공공인재로 개발한 후 공공조직과 직무에 적합한 최적의 인재로 개발된 우수한 인재를 적재적소에 활용하고 핵심인재 중심의 평가·보상체계를 확립하는 것, 그리고 조직이 보유하고 있던 우수한 인재의 퇴직 이후의 삶을 관리·지원해주는 등의 다섯 가지 공공 인적자원관리의 핵심 기능을 유기적으로 연계하고 인사관리체계와 조직의 비전 및 미션과의 통합을 강화해 나가야 한다.

둘째, 문제해결적 인사혁신이란 행정환경의 복잡성과 다양성의 증대로 인한 행정수요의 다변화에 적실하게 대응할 수 있도록 조직 구성원들의 융합적 문제해결역량을 강화하는 노력을 의미한다. 이를 위해서는 미래 행정 수요에 대응하기 위해 필요한 역량을 선제적으로 분석하여 이의 배양을 위한 인재개발 체계를 구축하고 부처 간 개방·소통·공유의 강화를 통해 협업 체계를 구축해 나가야 한다.

---

1) 해당 내용은 저자가 조윤직·박성민·조문석(2016)의 <미래 국가경쟁력 강화를 위한 중앙인사기관 발전방안(인사혁신처, 2016)>에서 제시했던 내용을 본서의 구조에 맞추어 재구성하고 수정·보완한 것이다.

셋째, 책임지향적 인사혁신이란 국민에 대한 책무성 및 대응성 강화를 위한 노력을 의미한다. 이를 위해서는 실적 및 능력 중심의 인적자원관리 체계 구축과 함께 조직 구성원들에게 공공 가치, 공공 윤리, 공공 봉사 동기 등 공공성 강화 노력이 함께 수반되어야 한다.

특히 전략중심적 인사혁신, 문제해결적 인사혁신, 책임지향적 인사혁신 등 미래지향적 인사혁신의 3대 핵심 요소는 서로 배타적으로 존재하는 것이 아니라 유기적으로 연계되어 있는 특성으로 이해할 수 있다. 이에 미래지향적 인사혁신의 3대 요소를 통합적 관점에서 연계하여 추진함으로써 시너지 효과를 극대화 시킬 필요가 있다.

| 그림 14-2 | 인사혁신 공감성의 확산: 미래지향적 인사혁신

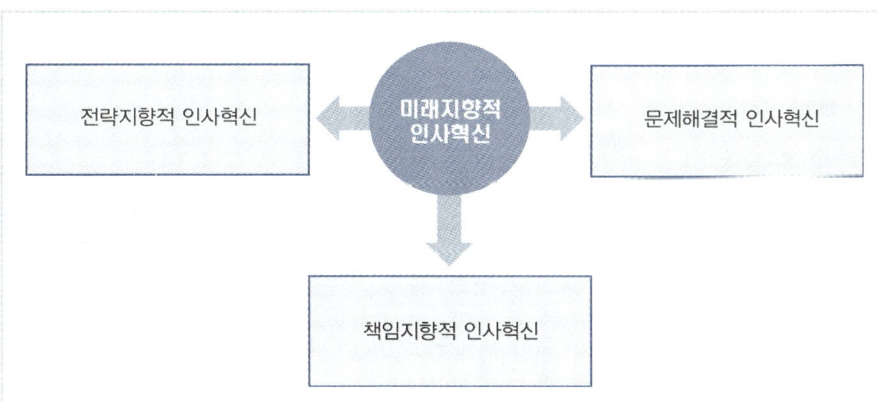

2. 공감성 확산의 전략

1) 중앙인사기관의 기능 실행 차원의 전략

(1) 전략중심적 인사혁신을 위한 전략

미래지향적 인사혁신의 3대 핵심 요소 중 전략중심형 인사혁신의 실현을 위해서는 통합적 인사관리를 강화해 나갈 필요가 있다. 이를 위해 공공 인적자원관리 기능 간의 통합 및 인적자원관리 활동과 조직의 비전 및 미션과의 통합이 필요하다. 이에 국가인재확보, 공공인재개발, 우수인재활용, 핵심인재 평가, 퇴직인재관리 등의 인적자원관리 기능이 유기적으로 연계되어야 한다. 이와 더불어 중앙–지방 간의 통합적 인사관리를 위해 중앙정부와 지방정부의 인사기능을 중앙인사기관으로 일원화 할 필요가 있다. 국가–지방 인사기능이 분리될 경우 인사혁신 전파의 한계, 중앙–지방 인사제도 통일성 저하, 인사교류·시험출제, 노조교섭(노조가입자의 79.2%가 지방공무원) 제약 등의 비효율이 초래될 수 있기 때문이다. 또한 국새·대통령 직인관리, 법정공휴일 관리 업무, 임명, 인사상의 포상 및 제재 등 의전 및 상훈 업무의 경우 인사 업무와의 연계성이 매우 높기 때문에 해당 업무 역시 중앙인사기관으로 이관될 필요가 있다. 특히 이러한 통합적 인사관리를 강화해 나가기 위해서는 대통령 직속기관 혹은 장관급 기관으로의 조직 개편 등 중앙인사기관의 권한 및 위상 제고 노력이 뒷받침 되어야 한다. 종합해서 살펴볼 때 전략중심형 인사혁신의 실현은 본서에서 제시한 제도혁신 토대적 차원의 전략성 확보 노력을 통해 달성해 나갈 수 있을 것으로 사료된다.

(2) 문제해결적 인사혁신을 위한 전략

미래지향적 인사혁신의 3대 핵심 요소 중 문제해결형 인사혁신의 실현을 위해서는 공공–민간 우수인재의 통합적 관리 및 증거 기반 관리의 강화, 인공지능의 적극적 활용이 요구된다. 우선 공공–민간 우수인재의 통합적 관리를 위해서는 경력개발제도의 공유가 필요하다. 공공조직과 민간조직 모두에서 활용될 수 있는 경력개발제도를 바탕으로 인사교류를 활성화하여 다양한 경험과 지식을 습득할 수 있도록 지원함으로써 조직 구성원들의 사고의 폭 확장을 기대할 수 있다. 또한 공동 인적자원 데이터베이스 구축을 통해 공공조직과 민간조직의 인력 Pool을 공동으로 활용할 수 있을 것이다. 이와 더불어 증거 기반 관리(Evidence–Based Management)를 강화해 나갈 필요가 있다. 이에 조직 구성원들의 심리적·정서적 특성, 역량 특성, 전문성, 책임성, 리더십, 조직 문화 등 공공 인적자원관리 활동을 종합적으로 진단할 수 있는 자료를 시계열적으로 축적해 나갈 필요가 있다. 또한 문제해결 역량 강화를 위해서는 미래 행정수요에 대한 선제적 예측 및 분석이 필요하므로 인력관리계획 수립 시 인공지능(AI)을 적극적으로 활용할 필요가 있다. 인공지능의 활용을 통해 조직의 현재 보유 역량과 미래 요구 역량을 과학적으로 파악하고 장기적 관점에서 대응 전략을 수립해 나갈 수 있을 것이다. 종합해서 살펴볼 때 문제해결형 인사혁신의 실현은 본서에서 제시한 제도혁신의 토대적 차원에서 체계성의 확보, 발전적 차원에서 국가인재확보의 개방성 강화, 공공인재개발의 양적·질적 우수성 강화, 우수인재활용의 능률성 강화 등의 노력을 통해 달성해 나갈 수 있을 것으로 사료된다.

(3) 책임지향적 인사혁신을 위한 전략

미래지향적 인사혁신의 3대 핵심 요소 중 책임지향형 인사혁신의 실현을 위해서는 성과중심 인사관리 체계 확립 및 공무원 개인의 윤리의식 강화가 요구된다. 먼저 성과중심 인사관리 체계 확립을 위해서는 개별적인 직무에 대한 객관적인 역량 평가를 바탕으로 평가체계와 보상체계 간의 연계를 강화해 나가야 한다. 또한 공무원 개인의 윤리의식 강화를 위해서 공공 가치 및 공공 윤리 함양을 위한 양질의 교육·훈련 프로그램의 제공이 필요하다. 종합해서 살펴볼 때 책임지향형 인사혁신의 실현은 본서에서 제시한 제도혁신의 발전적 차원에서 핵심인재평가의 공정성 및 경쟁성 강화, 사람혁신의 토대적 차원에서 공공성의 확보를 통해 달성해 나갈 수 있을 것으로 사료된다.

2) 중앙인사기관의 구조 설계 차원의 전략

전략중심형, 문제해결형, 책임지향형 인사혁신의 효과적 실현을 위해서는 중앙인사기관의 구조를 분권적·업무중심적으로 재설계할 필요가 있다. 이에 본서에서는 <그림 14-3>과 같은 중앙인사기관의 소식도를 제안하였다. 구체적으로 본서에서는 현대 사회에서 지속적으로 그 역할과 기능이 강조되고 있는 빅데이터(Big Data)와 인공지능(AI: Artificial Intelligence) 기능을 담당하는 미래예측관리센터의 신규 설립을 제안하였다. 이를 통해 과학적 예측을 바탕으로 미래지향적 인적자원관리를 실현해 나갈 수 있을 것이다. 또한 인사·조직 관리 전략센터의 설립을 통해 인사 전략 및 정책 연구에 있어 전략적 기능을 강화하고 미래예측관리센터와의 연계를 바탕으로 실증적·증거 중심적 행정관리를 강화해 나갈 수 있을 것이다. 특히 중앙인사기관의 조직 구조 설계에 있어 혼합형 매트릭스 구조를 바탕으로 기능별 조직(2센터, 5국)과 프로젝트 팀(Project Team) 간의 유기적 결합을 통해 프로젝트 매니지먼트(Project Management)체계의 실현방안을 고민해 보고자 하였다.

보다 구체적으로 조직도를 살펴보면 우수한 민간인재의 영입 및 임용 제도의 공정성 확보를 위해 중앙선발심사위원회의 신설을 제안하였으며 다양성 관리의 지속적 추진을 위해 성과후생국의 하위 조직으로 다양성 관리과의

그림 14-3 미래지향적 중앙인사기관의 구조 설계

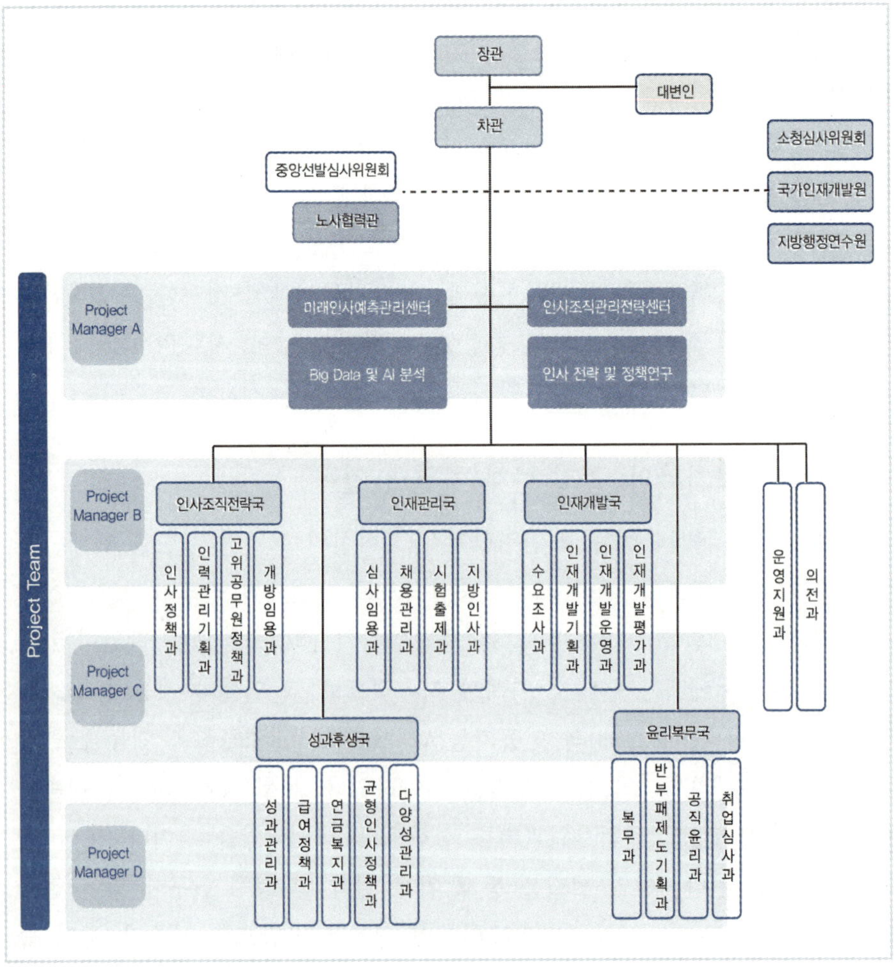

신설을 제안하였다. 또한 공무원의 부정적 행태 및 부패 척결을 위해 윤리복무국의 하위 조직으로 반부패제도기획과의 신설을 제안하였으며 인사혁신에 있어 중앙정부와 지방정부 간의 연계성 강화를 위해 행정부 공무원 전체에 대한 인사기능을 중앙인사기관으로 일원화 하고 지방행정연수원의 소속기관화를 제안하였다. 이와 더불어 인사업무와의 연계성을 고려하여 의전 및 상훈 업무의 이관 등을 제안하였다(<참고 14-2> 참조).

참고 14-2 미래지향적 중앙인사기관의 부서별 역할

▣ 미래인사예측관리센터

○ 역할

- Big Data 분석과 AI 기능으로 인사혁신전략부의 미래에 요구되는 인적자원 등 예측 업무 담당
- 독립적이지만, 인사조직관리전략센터와 유기적으로 기능함
- 5개의 기능국의 상부에 위치

▣ 인사조직관리전략센터

○ 역할

- 전략적 인적자원관리를 위한 인사정책 및 전략 연구 등을 통해 인사전략혁신부의 두뇌역할을 담당
- 독립적이지만, 미래인사예측관리센터와 유기적으로 기능함
- 5개의 기능국의 상부에 위치

▣ 인사조직전략국

○ 역할

- 전략적 인적자원관리 체계 수립과 그 집행을 총괄
- 고위직 공무원 인사관리 업무 담당

○ 구성

- 인사정책과, 인력관리기획과, 고위공무원 정책과, 개방임용과

▣ 인재관리국

○ 역할

- 중앙행정기관 및 지방자치단체 인재관리계획 총괄
- 공개경쟁채용시험 및 경력경쟁채용시험 총괄

○ 구성

- 심사임용과, 채용관리과, 시험출제과, 지방인사과

▣ 인재개발국

○ 역할

- 인적자원개발(HRD), 즉 교육훈련 업무 총괄

○ 구성

- 수요조사과, 인재개발기획과, 인재개발운영과, 인재개발평가과

▣ 성과후생국

○ 역할

- 공무원 평가제도 기획 및 운영
- 공무원 보상제도 기획 및 운영
- 균형인사제도 기획 및 운영
- 외적·내적 다양성 관리

○ 구성

- 성과관리과, 급여정책과, 연금복지과, 균형인사정보과, 다양성관리과

▣ 윤리복무국

○ 역할

- 소명 의식 및 윤리 의식 확립
- 부정행위 근절을 위한 제도 확립

○ 구성

- 복무과, 반부패제도기획과, 공직윤리과, 취업심사과

▣ 기타

○ 중앙선발심사위원회(비상설기구)

- 우수 민간 인재 영입 및 임용제도의 공정성 확보

○ 노사협력관
  - 노·사 협력 체계 구축

○ 의전과
  - 의전 및 상훈 업무 담당

○ 운영지원과
  - 중앙인사관장기관 운영·유지 및 각 부서 지원 업무 담당

○ 소속기관
  - 소청심사위원회
    - 공무원 권익 보호
  - 국가공무원 인재개발원
    - 중앙행정기관 소속 공무원 교육·훈련 담당
  - 지방행정연수원
    - 지방자치단체 소속 공무원 교육·훈련 담당

토론 문제

다음 질문에 대해 함께 토론해 보세요.

1. 인사혁신 공감성의 내재화를 위한 공감적 수용성 확보에 있어 조직 내부적 차원에서 인사혁신에 대한 조직 구성원들의 공감과 지지를 이끌어내기 위한 전략에 대해 논의해보자.

2 인사혁신 공감성의 내재화를 위한 공감적 수용성 확보에 있어 조직 외부적 차원에서 인사혁신에 대한 국민들의 공감과 지지를 이끌어내기 위한 전략에 대해 논의해보자.

3. 인사혁신 공감성의 확산을 위한 미래지향적 인사혁신의 추진에 있어 중앙인사기관의 역할에 대해 논의해보자.

이어지는 〈실제편〉에서는 지금까지 논의한

인사혁신의 이론 및 핵심가치, 미래지향적 인사혁신의 방향 등에 대해

보다 실제적인 관점에서 분석하고자

관련 인사혁신 활동에 대한 진단 지표 및 측정 지표,

실무 및 연구 사례 등을 포함하여 논의하였다.

참고문헌

국내 문헌

권경득·이주호. (2015). 기획논문: 지방자치단체의 공직개혁 2: 지방자치단체 공직자의 퇴직관리 효율성 확보방안. 지방행정연구, 29(2), 31－60.

권기헌. (2007). 정부개혁의 방향과 과제: 정부혁신, 행정개혁, 그리고 거버넌스. 국정관리연구, 2(2), 31－59.

김경재·정범구. (2007). 사회자본과 심리자본이 혁신성과에 미치는 효과. 생산성논집(구 생산성연구), 21(1), 191－217.

김미선·박성수. (2013). 조직공정성이 조직효과성에 미치는 영향에 관한 연구: 공항 특수경비원을 중심으로. 한국치안행정논집, 10(2), 91－110.

김보경·서정욱. (2014). 공공부문 성과 제고를 위한 정부 혁신에 대한 연구. 한국공공관리학보, 28(1), 137－166.

김선명. (2008). 정부혁신의 인식 비평과 성찰성－공공부문 BSC 도입 사례를 중심으로. 현대사회와 행정, 18(2), 25－53.

김선아. (2016). 정부 인사혁신 가치 실현의 최적화에 관한 연구: 중앙행정기관의 조직 특성에 따른 보편성과 특수성 검증을 중심으로. 성균관대학교 국정전문대학원 행정학 박사학위 논문.

김선아·김민영·김민정·박성민. (2013). "일과 삶 균형" 정책과 정책 부합성이 조직효과성에 미치는 영향에 관한 연구: 공공조직과 민간조직 비교를 중심으로. 한국행정학보, 47(1), 201－237.

김선아·박성민. (2016a). 정부 인사혁신 프로세스별 핵심 가치 도출에 관한 연구. 한국인사행정학회 춘계학술대회 발표논문집.

김선아·박성민. (2016b). An empirical exploration of how to optimize personnel innovation values within the Korean bureaucracy. 한국인사행정학회 춘계연합국제학술대회 발표논문집.

김선아·박성민. (2016c). 정부 인사혁신 가치 실현의 최적화에 관한 연구. 성균관대학교 국정전문대학원 콜로키움 발표자료.
김신복. (2005). 제1차 국가인적자원개발 기본계획의 추진성과와 발전방향. 직업과 인력개발, 8(1), 4-13.
김정언. (2010). 스마트워크 추진 현황과 활성화 방안. KISDI Premium Report, 10(8), 1-15.
김태기. (2000). 국가인적자원개발 비전과 추진전략. 교육부 정책과제.
김현주. (2003). 역량기반인적자원관리(CBHRM)의 도입과 발전: 한국 기업을 위한 상황론적 접근법. POSRI 경영경제연구, 3(1), 120-158.
김호섭·김판석·유홍림·김대건. (2011). 행정과 조직행태. 「대영문화사」.
류도암·김영우·문미경. (2016). 대체인력제도의 조직 적합성 요인에 대한 실증적 연구: 공공기관 근로자의 인식을 중심으로. 한국인사행정학회보, 15(1), 205-233.
박경원. (2012). 우리나라 공직윤리제도의 문제점과 개선방안. 계간감사, 봄호.
박동서. (1991). 한국행정의 개혁. 「법문사」.
박성민·김선아. (2015). 조직과 인간관계. 「박영사」.
박성민·최성주·김선아. (2015). 공직의 경쟁력 수준진단을 위한정부 인사혁신지수 개발 연구. 인사혁신처.
박홍엽. (2006). 공공갈등관리 시스템의 비교연구. 한국인사행정학회보, 5(1), 149-188.
박희봉·이희창·조연상. (2003). 우리나라 정부신뢰 특성 및 영향 요인 분석. 한국행정학보, 37(3), 45-66.
배귀희·임승후. (2008). 전략적 인적자원관리(SHRM)의 공공부문 도입에 관한 탐색적 연구. 한국사회와 행정연구, 18(4), 63-89.
배병룡. (2005). 공공조직 사회자본의 영향요인과 효과. 한국사회와 행정연구, 15(4), 49-74.
백종섭·이근주·최순영. (2007). 참여정부 인사정책에 대한 평가 소고. 한국인사행정학회보, 6(2), 1-31.
송석휘. (2009). 성과측정이 공공부문 종사자의 책임성에 미치는 영향분석. 한국인사행정학회보, 8(3), 1-26.
안양호. (2009). 정부인력관리계획의 성공적 정착방안. 한국인사행정학회보, 8(1), 121-143.
유민봉·박성민. (2014). 한국인사행정론, 「박영사」.
유민봉·임도빈. (2007). 인사행정론. 「박영사」.

이달곤. (2004). 지방 정부론. 「박영사」.

이영찬. (2007). 사회적 자본, 지식경영, 그리고 조직성과 간의 인과관계. 정보시스템 연구, 16(4), 223-242.

이재필 (2010). 대구시 공무원 전문성 제고 방안. 대구경북연구원.

이종수. (2003). 정부혁신과 인사행정. 「다산출판사」.

이종수. (2009). 한국의 정치-행정 맥락의 분석. 한국사회와 행정연구, 20(3), 17-39.

이종수. (2010). 조직혁신문화가 조직구조와 직무만족에 미치는 영향. 국가정책연구, 24(1), 29-53.

이종수·윤영진·외공. (2009). 새행정학. 「대영출판사」.

이준학·최항성·이성호. (2014). 인적자원개발론. 공동체.

이철기·이동진. (2012). 조직공정성과 이직의도 및 정서몰입의 관계. 대한경영학회지, 25(8), 3375-3395.

이향수. (2008). 정부조직의 인적 네트워크와 지식공유에 관한 탐색적 연구. 한국정책과학학회보, 12(2), 75-96.

이희태. (2009). 공직부적격자 특별관리제도에 대한 공무원의 수용성 분석. 지방정부연구, 13(1), 71-87.

임성근(2014), 공직윤리제도가 공직자의 비리예방에 미치는 효과성 연구, 한국행정연구원, 2014(12), 1-347.

임운식·김무형. (2010). 권위주의적 성격이 경찰공무원의 직무수행에 미치는 영향. 한국경찰연구, 9(1), 185-206.

임현준·김성종. (2011). 지방자치단체 성과관리제도의 수용성 분석. 한국콘텐츠학회논문지, 11(5), 347-357.

장용선·김재구. (2006). 사회적 자본의 지각이 지식활동에 미치는 영향에 관한 연구-금융기관을 중심으로. 조직과 인사관리연구, 30(1), 59-91.

전병관. (2004). 사회자본 증진을 위한 도시정부의 역할. 도시문제, 39(430), 83-91.

조윤직·박성민·조문석. (2016). 미래 국가경쟁력 강화를 위한 중앙인사기관 발전방안. 인사혁신처.

최무현. (2015). 확장된 퇴직관리 관점에서 퇴직공직자 재취업 문제에 관한 정책방안 연구. 정부학연구, 21(2), 5-35.

최보인·장철희·권석균. (2011). 개인-조직 적합성과 개인-직무 적합성의 효과성 연구. 조직과 인사관리연구, 35(1), 199-232.

최순영·장지원. (2009). 공무원 전문성 제고를 위한 경력개발제도의 재설계방안. KIPA 연구보고서 2009-11.

최종렬. (2004). 신뢰와 호혜성의 통합의 관점에서 바라본 사회자본. 한국사회학, 38(6), 97-132.

한국 교육인적자원부. (2001). 제1차 국가인적자원기본계획.

한국 교육인적자원부. (2006). 제2차 국가인적자원기본계획.

한진우·유철우·최영찬. (2009). 인터넷 지식공유에 영향을 미치는 요인 연구: 사회적 자본 이론과 자기표현욕구를 중심으로. 농촌지도와 개발, 16(1), 153-180.

허범. (1982). 정책의 수용성과 행정의 민주화. 현대사회. 겨울호. 현대사회연구소.

국외 문헌

Adams, J. S. (1963). Towards an understanding of inequity. *The Journal of Abnormal and Social Psychology*, 67(5), 422-436.

Bandura, A. (1997). *Self-efficacy: The exercise of control*. Worth Publishers.

Bozeman, B. (2007). *Public values and public interest: Counterbalancing economic individualism*. Georgetown University Press.

Cameron, K. S., Quinn, R. E., DeGraff, J., & Thakor, A. V. (2007). *Competing values leadership*. Edward Elgar Publishing.

Carver, C. S., & Scheier, M. F. (2002). The hopeful optimist. *Psychological Inquiry*, 13(4), 288-290.

Cohen-Charash, Y., & Spector, P. E. (2001). The role of justice in organizations: A meta-analysis. *Organizational behavior and human decision processes*, 86(2), 278-321.

Coleman, J. S. (1988). Social capital in the creation of human capital. *American journal of sociology*, S95~S120.

Coleman, J. S. (1990). *Foundations of Social Theory*, Belknap Press.

Colquitt, J. A., Conlon, D. E., Wesson, M. J., Porter, C. O., & Ng, K. Y. (2001). Justice at the millennium: a meta-analytic review of 25 years of organizational justice research. *Journal of applied psychology*, 86(3), 425-445.

Deal, T. E., & Kennedy, A. A. (1982). *Corporate cultures reading.* MA: Addison–Wesley.

Deal, T. E., & Kennedy, A. A. (1982). Corporate cultures: The rites and rituals of organizational life. *Reading/T. Deal, A. Kennedy.–Mass: Addison–Wesley,* 2, 98–103.

Deci, E. L., & Ryan, R. M. (2000). The "what" and "why" of goal pursuits: Human needs and the self–determination of behavior. *Psychological inquiry,* 11(4), 227–268.

Duncan, W. Jack (1981). Organizational Behavior (2nd edition), Boston: Hoghton.

Eisenberg, N., & Mussen, P. H. (1989). *The roots of prosocial behavior in children.* Cambridge University Press.

Fukuyama, F. (1995). *Trust: The social virtues and the creation of prosperity* (No. D10 301 c. 1/c. 2). New York: Free press.

Gabris, G. T., & Simo, G. (1995). Public sector motivation as an independent variable affecting career decisions. *Public personnel management,* 24(1): 33–51.

Granovetter, M. (1985). Economic action and social structure: The problem of embeddedness. *American journal of sociology,* 481–510.

Greenberg, J. (1990). Organizational justice: Yesterday, today, and tomorrow. *Journal of management,* 16(2), 399–432.

Hackman, J. R., & Oldham, G. R. (1980). Work redesign.Reading, MA: Addison–Wesley.

Helliwell, J. F., Huang, H., & Wang, S. (2014). Social capital and well–being in times of crisis. *Journal of Happiness Studies,* 15(1), 145–162.

Hellriegel, D., Jackson, S. E., Slocum, J., Staude, G., Amos, T., Klopper, H. B., … & Oosthuizen, T. (2011). *Management.* 3rd South African ed.

Homans, G. C. (1961). Social behavior in elementary forms. *A primer of social psychological theories. Monterey, CA: Brooks/Cole Publishing Company.*

Inkpen, A. C., & Tsang, E. W. (2005). Social capital, networks, and knowledge transfer. *Academy of management review,* 30(1), 146–165.

Ivancevich, J. M., & Glueck, W. F. (1986). *Foundations of personnel: Human resource management.* Business publications.

Kingsley, J. D. (1944). Representative bureaucracy.

Kristof, A. L. (1996). Person-organization fit: An integrative review of its conceptualizations, measurement, and implications. *Personnel psychology*, 49(1), 1–49.

Leung, A., Kier, C., Fung, T., Fung, L., & Sproule, R. (2011). Searching for Happiness: The Importance of Social Capital. *Journal of Happiness Studies*, 12(3)443–462.

Luthans, F. (2001). Organizational Behavior(9th Edition), Mcgraw–Hill College.

Luthans, F., & Youssef, C. M. (2007). Emerging positive organizational behavior. *Journal of management*, 33(3), 321–349.

McLean, G. N. (2006). National human resource development: A focused study in transitioning societies in the developing world. *Advances in Developing Human Resources*, 8(1), 3–11.

Mohr, L. B. (1969). Determinants of innovation in organizations. *American political science review*, 63(1), 111–126.

Mondy, R., & Noe, R. (1996). Recruitment. *Human Resource Management*, 150–154.

Moore, M. H. (1995). *Creating public value: Strategic management in government*. Harvard university press.

Moorman, R. H. (1991). Relationship between organizational justice and organizational citizenship behaviors: Do fairness perceptions influence employee citizenship?. *Journal of applied psychology*, 76(6), 845–855.

Nahapiet, J., & Ghoshal, S. (1998). Social capital, intellectual capital, and the organizational advantage. *Academy of management review*, 23(2), 242–266.

Park, S. M., & Joaquin, M. E. (2012). Of alternating waves and shifting shores: the configuration of reform values in the US federal bureaucracy. *International Review of Administrative Sciences*, 78(3), 514–536.

Perry, J. L. (1996). Measuring public service motivation: An assessment of construct reliability and validity. *Journal of public administration research and theory*, 6(1), 5–22.

Perry, J. L., & Wise, L. R. (1990). The motivational bases of public service. *Public administration review*, 367–373.

Perry, J. L., & Wise, L. R. (1990). The motivational bases of public service. Public administration review, 367−373.

Phillips, J., & Stone, R. (2002). *How to measure training results: A practical guide to tracking the six key indicators*. McGraw Hill Professional.

Posner, B. Z., & Schmidt, W. H. (1996). The values of business and federal government executives: More different than alike. *Public Personnel Management*, 25(3), 277−289.

Posner, I., &Leitner, L. A. (1981). Eustress vs. distress: determination by predictability and controllability of the stressor. *Stress*, 2, 10−12.

Putnam, R. D. (1993). The prosperous community. *The american prospect*, 4(13), 35−42.

Putnam, R. D. (1995). Bowling alone: America's declining social capital. *Journal of democracy*, 6(1), 65−78.

Rainey, H. G. (2009). *Understanding and managing public organizations*. John Wiley & Sons.

Rainey, H. G. (2014). *Understanding and managing public organizations*(5th ed.). Jossey−Bass.

Rainey, H. G., & Steinbauer, P. (1999). Galloping elephants: Developing elements of a theory of effective government organizations. *Journal of public administration research and theory*, 9(1), 1−32.

Rifkin, J. (2009). *The empathic civilization: The race to global consciousness in a world in crisis*. Penguin.

Robbins, S. P., & Judge, T. (2011). *Essentials of organizational behavior*. Pearson.

Roberts, J. (2001). Trust and control in Anglo−American systems of corporate governance: The individualizing and socializing effects of processes of accountability. *Human Relations*, 54(12), 1547−1572.

Romzek, B. S., & Dubnick, M. J. (1987). Accountability in the public sector: Lessons from the Challenger tragedy. *Public administration review*, 227−238.

Ryan, R. M., & Deci, E. L. (2000). Self−determination theory and the facilitation of intrinsic motivation, social development, and well−being. *American psychologist*, 55(1), 68−79.

Schedler, K., & Proeller, I. (2002). The New Public Management. *New public management: Current trends and future prospects*, 163-180.

Schein, E. H. (1992). How can organizations learn faster?: the problem of entering the Green Room.

Seaward, B. L. (1999). *Managing stress: Principles and strategies for health and wellbeing*. Jones & Bartlett Pub.

Seligman, M. E. (1999). Positive social science. Journal of Positive Behavior Interventions, *Journal of Positive Behavior Interventions*, 1(3), 181-182.

Seligman, M. E. (2002). Authentic Happiness: Using the New Positive Psychology to Realize Your Potential for Lasting Fulfillment, Atria Books.

Selye, I. H. (1956). *The stress of life*. New York, NY, US: McGraw-Hill.

Selye, I. H. (1974). *Stress without distress*. Lippincott Co.

Shandler, D. (2000). Competency and the learning organization. Thomson Crisp Learning.

Sirgy, M. J., Efraty, D., Siegel, P., & Lee, D. J. (2001). A new measure of quality of work life (QWL) based on need satisfaction and spillover theories. *Social indicators research*, 55(3), 241-302.

Slocum, J. W, & Hellriegel, D. (2011). *Organizatioanl behavior* (4th ed.). Pearson.

Swanson, R. A. (2008). Brief on the framework for applied Disciplines: Boundaries, Contributing, Core, Useful, Novel, and Relevant Components. *Human resource development review*, 6(3), 321-339.

UN(2013). *World Happiness Report 2013*. The Earth Institute Columbia University.

Van de Ven, A. H. (1986). Central problems in the management of innovation. *Management science*, 32(5), 590-607.

Werther, W. B., & Davis, K. (1989). *Human resources and personnel management*. Harper San Francisco.

Wright, P. M., & McMahan, G. C. (1992). Theoretical perspectives for strategic. *human resource management. Journal of management*, 18(2), 295-320.

Zegans, M. D. (1992). Innovation in the well-functioning public agency. *Public Productivity & Management Review*, 141-156.

신문기사

국민일보 (2016.09.22)
디느튜스24 (2015.10.01)
머니투데이 (2016.09.21)
서울신문 (2016.08.18)
이데일리 (2015.12.17)
이데일리 (2016.01.20)
중도일보 (2015.11.15)
파이낸셜뉴스 (2016.06.07)

기 타

국가공무원인재개발원(2016). http://www.nhi.go.kr
국가직무능력표준(2016). http://www.ncs.go.kr
국립국어원(2015). www.korean.go.kr
국민권익위원회(2016). www.acrc.go.kr
나라일터(2016). www.gojobs.go.kr
마음톡톡(2016). http://happychungsa.com
삼성경제연구소(2011). www.seri.org
스마트워크센터(2016). https://www.smartwork.go.kr
인사혁신처(2015a).「정부혁신」
인사혁신처(2015b). www.mpm.go.kr
인사혁신처(2015c). "정부 경쟁력 높이는 전략적 공직인사관리 가능해진다", 10.19. 보도자료
인사혁신처(2015d). "국가직 9급 공채 면접, 공직가치·직무능력 평가 강화" 6.17 보도자료
인사혁신처(2015e).「2015 소극행정·적극행정 사례집: 적극적인 공무원, 행복한 국민」
인사혁신처(2016a). www.mpm.go.kr
인사혁신처(2016b). "민관유착은 근절하고, 퇴직공직자 전문성은 살리고", 3.31 보도자료
중앙공무원교육원(2015). www.coti.go.kr

중앙인사위원회(2005). 「공무원인사개혁백서」
중앙인사위원회(2007). http://csc.go.kr
지방행정연수원(2016). www.logodi.go.kr
청렴연수원(2016). https://www.acrc.go.kr
통계청(2015). 「2015년 국가공무원인사통계」
행정안전부(2011). 「공무원 인사실무」
행정자치부(2016). http://www.moi.go.kr
OPM(2015). https://www.opm.gov

찾아보기

ㄱ

ㅎ

저자소개

연세대학교 정치외교학과 졸업(1997)
국가정보원 외사 정보분석팀 재직(1997–2000)
미국 컬럼비아대학교 국제공공정책대학원 공공정책학 석사(2002)
미국 조지아대학교 행정학 박사(2007)
미국 네바다주립대학교(UNLV) 그린스펀행정대학원 조교수(2007–2010)

한국행정학회 International Review of Public Administration (IRPA) 편집위원회 위원(2012–현재)
한국정책학회 International Journal of Policy Studies (IJPS) 영문편집위원회 위원장(2015–현재)
한국인사행정학회 국제협력위원회 위원장(2016–현재)
입법고시 및 행정고시 시험출제위원(2013–현재)
행정자치부 및 인사혁신처 정책자문위원회 자문 위원(2014–현재)
성균관대학교 글로벌리더학부 학부장(2014–2016)

현 성균관대학교 공공인재개발연구센터 소장(2015–현재)
성균관대학교 국정전문대학원 BK 21 PLUS 사업단 사업단장(2016–현재)
성균관대학교 행정학과 및 국정관리대학원 부교수(2010–현재)
미국 University of Southern California (USC) 정책대학원(Sol Price School of Public Policy) 초빙교수(2016–2017)

인사혁신론: 이론과 실제 -이론편-

초판발행 2017년 1월 5일
중판발행 2022년 3월 15일

지은이 박성민
펴낸이 안종만 · 안상준

편 집 배근하
기획/마케팅 강상희
표지디자인 조아라
제 작 고철민 · 조영환

펴낸곳 (주) 박영사
서울특별시 금천구 가산디지털2로 53, 210호(가산동, 한라시그마밸리)
등록 1959. 3. 11. 제300-1959-1호(倫)
전 화 02)733-6771
f a x 02)736-4818
e-mail pys@pybook.co.kr
homepage www.pybook.co.kr
ISBN 979-11-303-0412-0 94350
979-11-303-0390-1 (세트)

정 가 36,000원